経済学の分岐と総合

益永　淳　編著

中央大学経済研究所
研究叢書 68

中央大学出版部

序　　文

　本書は，中央大学経済研究所に設置された研究チーム「社会哲学と経済思想研究部会」の3年間（2013年4月～2016年3月）にわたる研究成果の一部として刊行される。同研究所に所属する経済学史・思想史研究チームによる研究叢書としては，すでに『功利主義と社会改革の諸思想』（2007年3月）および『功利主義と政策思想の展開』（2011年3月）が刊行されている。本書は，これらに続く3冊目となる。

　前2冊に比べた本書の特徴は，経済学の思想的基盤として功利主義以外の諸思想にも広く光を当てるとともに，経済学とその隣接領域（政治，倫理，歴史など）との関連に主軸を置いている点である。そのことは，本書のタイトルである『経済学の分岐と総合』に端的に表れているであろう。もちろん本書の執筆者たちの問題関心は多種多様であるため，各章は経済学のあり方の歴史的考察という本書の統一テーマの追究のみに終始しているわけではない。実際，以下の各章では，論じられる中心的な人物または問題に応じて先行文献をふまえながら各自の研究分野において新たな視点または側面を掘り起こそうとする知的努力が展開されている。この意味で本書は，経済学のあり方の歴史的変遷という問題関心を通奏低音としつつ，自己の専門分野における最先端の成果をさらに押し広げようとする諸論考を収録した論文集としての性格をもつ。詳しい内容はそれぞれの章に譲るが，以下で各章の概要を簡単に示しておこう。

　第1章の八幡論文は，グローバルな規模で展開された近代の経済発展という視角からアダム・スミスの重商主義批判の意味をとらえなおそうとしている。スミスによれば，金銀の価格はそれと交換に提供される諸商品（特に生活資料）の量で測られる。当時，ヨーロッパに比べて中国とインドでは金銀の価格が高かった。このため，金銀の追求を貿易政策の根幹に据える重商主義をとっていなかったにもかかわらず，中国やインドには多量の金銀が流入しうる。それ

は，両国が金銀と交換に大量の生活資料を提供しうる生産力を備えていたからであった。このことは，金銀の流出入を決定するのは一国の貿易政策ではなく生産力であるというスミスの基本認識を裏づける格好の実例になったと考えられる。

　第2章の前原論文は，教育が経済に与える影響という観点からアダム・スミスの『道徳感情論』と『国富論』という二大著作を相互補完的なものとして理解する可能性を探究している。その際，共感の原理に基礎づけながらスミスによる教育の経済的影響に関する議論（「教育経済論」）を解釈しようとしていることが大きな特徴である。こうした「道徳哲学的アプローチ」という分析枠組みには，経済学を広く人間の学としてとらえ直す必要があるという筆者の問題関心が強く反映されているといえるであろう。以上の意味において本章は，『道徳感情論』と『国富論』の関連という極めて大きなかつ重要なテーマに独自の視点で切り込もうとする野心的な試みである。

　第3章の荒井論文は，デュガルド・スチュアートが1800年〜1810年にエディンバラ大学で行った経済学講義をまとめた『政治経済学講義』を全体的に読み解いている。そして彼の経済学の特徴と目的を示しつつ，そこにおいて異なる国々・地域の法律，風土および生活様式の多様性がいかに重要な意味をもっていたかが強調されている。このため本章は，アダム・スミスよりもむしろジェイムズ・ステュアートとの関連でデュガルド・スチュアートを特徴づけた貴重な論考といえるであろう。また筆者の分析視角は，歴史研究として有益であるばかりではない。多様性というファクターは，経済学の数量化やエスピン・アンデルセンの福祉国家レジーム論をいかに考えるかという現代的な課題にも通底しうる。

　第4章の只腰論文は，18世紀のスコットランドから19世紀のイングランドに主要な舞台を移していくイギリス経済学の架橋者としてジェイムズ・ミルをとらえ，その観点から彼の経済学方法論を考察している。従来の研究では，主としてミルの「政府論」を素材としてその方法論を論じてきた。だがミルの経済学方法論は，「政府論」の方法論に還元しうるものではない。こうして筆者

は，天文学のような近代自然科学を基盤としつつもそこから経済学に内在した方法論が生み出されていくいわば過渡期の人物としてミルの経済学方法論の特徴を摘出している。そのことは，ベンサムとの関連だけではみえてこないミルの思想の側面に光を当て，方法論の歴史におけるミルの位置を明らかにするであろう。

　第5章の益永論文は，リチャード・ジョーンズの地代論がもつ財政的含意を分析している。ジョーンズは，資本主義的な経済のみを想定したリカードウ理論は大部分の時代および国々の実態に即していないと批判した。彼自身が構想したのは，歴史と統計の手法を重視した諸国民の経済学である。結局それは未完に終わったが，第1巻の地代論ではリカードウの学説が強烈に批判されるとともに，地代と一国の租税支払い能力というマルサス＝リカードウ以来の論点についても一定の考察がなされた。ジョーンズ研究においてこのテーマを詳細に検討した文献はほとんどない。その結果，従来の研究ではあまり注目されてこなかったジョーンズ理論のいくつかの特徴が浮き彫りにされている。

　第6章の髙橋論文は，レオン・ワルラスにおける経済理論と政策論（土地国有化と自由貿易）との関連を解き明かすことによって，社会改革に対する彼の展望を描き出す。彼の一般均衡論のみにワルラス研究の関心が集中していた以前の状況から一定の変化はみられるが，そうした傾向は依然として根強い。この章で特に強調されるのは，ワルラスの資本理論自体の中に一般均衡理論だけでなく社会進歩に関する動態的な見方と再生産論も存在することである。こうした着眼点は，ワルラスの経済理論と政策論との結びつきを考察し，そこから社会改革に対する彼のヴィジョンを読み解くために有益である。また，格差の問題と絡めてワルラスの社会改革論を論じている点は，現代的な意味をももちうるであろう。

　第7章の和田論文はフランク・ナイトを取り上げ，アメリカ経済学の創成期におけるイギリス古典派経済学批判の意味を掘り下げた極めてユニークな研究である。この批判は，双方の経済学が直面していた時代の課題の違いから生じたといえるであろう。とりわけ，ナイトがイギリス古典派分配論に組み込まれ

ていた倫理的な価値判断を問題視した背景には，19世紀以後の社会主義への対抗があった。ナイトのイギリス古典派批判はさらに，現在の（アメリカン）スタンダードな理論経済学がなぜ数学を主言語とした市場理論というあり方になっているのかという問題を歴史的に考察する一助にもなりうる。アダム・スミスの分配論から説き起こすことによって，筆者はそのことを非常に興味深く示している。

第8章の伊藤論文は，経済学史の研究において従来あまり考察されてこなかったロイ・ハロッドの『国際経済学』に焦点を当てている。同書は彼の生前に3度の改訂が施されたが，筆者はそれらの改訂の異同関係に着目した。その結果，理論と政策論の両面からハロッドの国際経済学の変遷過程が跡づけられ，ケインズ革命と第2次世界大戦後の国際経済の状況がハロッドにいかなる影響を与えたのかが明らかにされている。ハロッドの国際経済学における理論的・政策論的発展を示すだけでなく，筆者はさらに国際経済に対するハロッドのヴィジョンをも読み取ろうとしている。以上のように本章では，これまでの研究の枠を超えたスケールの大きな分析が展開されている。

第9章の音無論文は，第2次世界大戦後における日本経済の再建の問題をアダム・スミスの価値論にまで立ち戻って考察しようとした高島善哉の知的格闘を対象としている。その作業をつうじて，経済学史研究と現実とのつながりという視角から経済学のあり方に焦点が当てられる。高島によれば，戦後日本の経済の再建にとって，個別的・技術的な視点よりもむしろ全体的な視点が重要であった。そこで彼は，市民社会の全体性を把握するための理論装置としてスミスの労働価値論を位置づける。その後の経済学史研究において社会の総体的把握の基礎理論としての価値論の意義が次第に見失われたように思われるだけに，現在において現実社会と価値論との関係を再検討しようとする本章は重要である。

第10章の笹原論文は，経済学史研究の現代的意義を示す一例であろう。この章では，2007年の夏および2012年12月以降の安倍晋三内閣の足跡を丹念に辿り，いわゆる（旧）「アベノミクス」の第1の矢である強力な金融緩和政

策が学説史的に検討される。岩田規久男・日銀副総裁のようなリフレ派経済学者の見解に沿う形で、安倍内閣と日銀は非伝統的な金融政策をさらに推し進めてきた。だが、2年間で2％程度の物価上昇を目指すという当初の目標達成は、（原油価格低迷や中国経済の先行き不安のような外的要因もあるとはいえ）延期に次ぐ延期を余儀なくされている。こうした状況下で安倍内閣の金融政策を学説史的に考察する試みは、政策提言の基礎としての経済学のあり方を考えるうえでも貴重であろう。

　最後に、本書の刊行に関わったすべての方々に心からの感謝を申し上げたい。まず、本書の執筆者である同部会のメンバーの方々には、別のプロジェクトにおけるご研究、学生への教育・指導、および校務でご多忙を極めるなか、タイトなスケジュールを守ってそれぞれに興味深い論文を提出していただいたことに深くお礼申し上げる。次に、学校法人中央大学ならびに中央大学経済研究所には、研究環境の確保という点で厳しさを増すばかりの昨今の状況下では容易に得られないような手厚いサポートを受けた。ここに感謝の意を表したい。とりわけ、研究所合同事務室の宮岡朋子さんには、同部会の運営面においてつねに献身的なご助力をいただいた。各章の執筆者の方々はもちろんであるが、縁の下で我々を支えてくださった宮岡さんもまた本書の刊行にとって必要不可欠の存在であったことをここに記しておきたい。最後に、本書の編集作業において神経を使う表記の統一の問題や校正のプロセスに関してつねに緻密なチェックと有益なアドバイスをいただいた出版部の長谷川水奈さんにもひとかたならぬお世話になった。ここにお礼申し上げます。

2016年5月25日

社会哲学と経済思想研究部会

主査　　益　永　　淳

目　次

序　　文

第1章　アダム・スミスにおける金銀
　　　　──グローバル商品としての金銀──……… 八幡清文 … 1
1. はじめに ……………………………………………………………… 1
2. 貴金属市場のグローバルな発達 …………………………………… 3
3. 貴金属流通のグローバル化の諸相 ………………………………… 10
4. 国民経済と金銀 ……………………………………………………… 16
5. おわりに ……………………………………………………………… 28

第2章　アダム・スミスの教育経済論と共感論
　　　　──アダム・スミス『国富論』と『道徳感情論』
　　　　　との関連で── ……………………………… 前原直子 … 31
1. はじめに ……………………………………………………………… 31
2. 『国富論』における〈利己心の体系〉と教育経済論 …………… 34
3. アダム・スミスの「共感」原理と教育経済論 …………………… 51
4. アダム・スミスの『道徳感情論』と教育経済論 ………………… 68
5. おわりに ……………………………………………………………… 86

第3章　デュガルド・スチュアートにおける経済学の
　　　　目的と多様性
　　　　　――ジェイムズ・ステュアートの多様性論との
　　　　　　関連で――……………………………荒井智行… 93
　1. はじめに……………………………………………………… 93
　2.『政治経済学講義』の構成と特徴…………………………… 95
　3. 経済学の目的…………………………………………………101
　4.「一般的諸原理」と多様性……………………………………108
　5. ジェイムズ・ステュアートの多様性論………………………113
　6. ジェイムズ・ステュアートの多様性論からの影響…………118
　7. おわりに………………………………………………………121

第4章　ジェイムズ・ミルの経済学方法論……………只腰親和… 125
　1. イギリス経済学の架橋者としてのミル………………………125
　2. ミル「政府論」とミル方法論の関係…………………………128
　3. ミル経済学方法論の歴史的背景………………………………133
　4.『ジェイムズ・ステュアート全集』への書評における
　　　経済学方法論………………………………………………137
　5.「有益」における経済学方法論………………………………142
　6. ミル経済学方法論の特質……………………………………150

第5章　リチャード・ジョーンズの地代論
　　　　――一国の租税支払い能力の視点から――………益永　淳… 157
　1. はじめに………………………………………………………157
　2. ジョーンズの「諸国民の経済学」……………………………159
　3. ジョーンズの小農地代論
　　　――その起源，増加原因，および諸結果――………………163

4. ジョーンズの農業者地代論
    ——その起源，増加原因，および諸結果………………… 169
  5. ジョーンズの農業者地代論
    ——その起源，増加原因，および諸結果(続)…………… 176
  6. 地代と一国の租税支払い能力
    ——マルサス，リカードウ，ジョーンズ………………… 180
  7. お わ り に ……………………………………………………… 188

第6章 レオン・ワルラスの経済学とフランス経済
    ——資本理論・土地国有化・自由貿易——……… 髙 橋　聡… 193
  1. は じ め に……………………………………………………… 193
  2. 不況期のフランス経済………………………………………… 194
  3. 資 本 理 論……………………………………………………… 204
  4. 再生産論と諸政策……………………………………………… 220
  5. お わ り に……………………………………………………… 226

第7章 フランク・ナイトのリカードウ批判を
    めぐって ………………………………………… 和 田 重 司… 229
  1. は じ め に……………………………………………………… 229
  2. ナイトのリカードウ批判の指針……………………………… 230
  3. ナイトのリカードウ分配論批判……………………………… 237
  4. 古典派分配論の倫理とその思想史的継承…………………… 248

第8章 『国際経済学』におけるハロッドのヴィジョン
    ——同書の改訂内容をめぐって——……………… 伊 藤 正 哉… 257
  1. は じ め に……………………………………………………… 257
  2. 1933年版の貿易収支の理論…………………………………… 259
  3. 1933年版の政策論……………………………………………… 263

 4. 1939 年版の貿易収支の理論 …………………………………… 268
 5. 1939 年版の政策論 ……………………………………………… 272
 6. 第 2 次大戦後の改訂 …………………………………………… 278
 7. 国際資本移動の位置づけ ……………………………………… 285
 8. おわりに ………………………………………………………… 290

第 9 章　高島善哉における価値論の「復位」と展開 …… 音 無 通 宏 … 295
 1. はじめに ………………………………………………………… 295
 2. 「価値論の復位」論文のねらい ………………………………… 298
 3. 全体性認識の方法としての価値論 …………………………… 304
 4. 生産力論への移行の問題 ……………………………………… 314
 5. 媒介の論理の探求──「労働関係」と価値 ………………… 325

第 10 章　安倍政権の足跡とその施策
   ──イワ・クロ・アベノミクスにたいする
     批判も含めて── ……………………… 笹 原 昭 五 … 333
 1. はじめに──安倍首相の施政方針演説にたいする論評 …… 333
 2. 安倍内閣の足跡 ………………………………………………… 335
 3. 現内閣（第 3 次安倍政権）までの施策 ……………………… 341
 4. 安倍政権の施策の理論的吟味
  ──岩田規久男氏の所見を対象にして ……………………… 348
 5. 高橋財政の施策──イワ・クロ・アベノミクス批判のために ………… 351
 6. おわりに──イワ・クロ・アベノミクスと高橋是清見解の相違 ……… 352

第 1 章

アダム・スミスにおける金銀
——グローバル商品としての金銀——

八 幡 清 文

1. はじめに

　アダム・スミスの『国富論』*方法的特徴の１つとして，それが稀に見る国際的な視野のもとに経済問題を論じた著作であることが指摘できる。実際スミスは，イギリスはおろかヨーロッパをもはるかに超えた広大な視野で縦横無尽に様々な経済問題を考察している。そうした特徴はこの著作の全編にわたって認められるけれども，その真骨頂は通常は学説史の部分と見なされる第４編でひときわ発揮されていると言えよう。それは，スミスがこの編の主たる課題を，それまでヨーロッパで支配的であった経済政策と学説を「重商主義」と命名し，それへの詳細な批判的検討を展開することに置いているためである。重

＊　本稿では，アダム・スミスの『国富論』として，次の原書と訳書を使用する。Smith（[1776] 1976），水田監訳・杉山訳（2000-2001）。引用においては，引用文の後に，まず原書を WN と表記して引用箇所を示し，その後に訳書の分冊番号と該当ページ数を表示する。
　また，スミスの法学講義は 1762-1763 年のものと 1763-1764 年のものとの２種類があるので，慣例に従い前者を LJA，後者を LJB と表記する。『法学講義』としては，２種の講義を収録した次の原書とそれぞれの講義の訳書を使用する。Smith（1978），水田他訳（2012）（LJA の邦訳），水田訳（2005）（LJB の邦訳）。引用においては，まず原書を LJA または LJB と表記して引用箇所を示し，その後に各訳書の該当ページ数を表示する。『国富論』，『法学講義』ともに，訳文は適宜変更してある。引用文中の傍点は，断りのない限り引用者のものである。

商主義は近代初頭以来ヨーロッパ諸国が世界への進出を競い合う中で採用された政策であり，まさに世界を視野に推進された経済ナショナリズムの噴出であったから，スミスも当然にグローバルな視野のもとに重商主義への批判を展開することになったと考えられる。

近代の経済発展がグローバルなスケールで進行していることは，実はスミスによって初めて認識されたことではない。それがスミスよりもかなり早くから捉えられていた例として，ジョン・ロックが挙げられる。ロックは17世紀末に発表した利子と貨幣に関する論文の中で「航海と商業が，世界のあらゆる地域を相互に交流させ，また世界のすべての交易地域に金銀貨の使用をもたらした」[1]と述べている。この発言は，ヨーロッパ諸国の重商主義的な進出を原動力としてグローバルな市場が形成され，またそれを背景に金銀貨が世界貨幣となりつつあることを簡潔ながら早期に指摘した証言として重要な意味をもっている。ここには，近代以降にヨーロッパを推進主体として発展してきた「商業」（貿易）が世界の一体化を造り出しつつあるという世界像が原初的ながら語られているのである。

金銀に関してロックが表明したのと同様の認識は，スミスの所説にもうかがうことができる。スミスは重商主義においては貨幣すなわち金銀こそが富とされたため，金銀の保有を最大化することがヨーロッパ各国の経済政策の基本目標となってきたことを批判している。と同時にスミスは，ヨーロッパには有力な金銀山がないため，各国が貿易を通じて世界から金銀を獲得することを追求してきた結果として金銀が世界中で取引されるようになっていることにも大いに注目している。つまりスミスは，ヨーロッパ諸国の世界への進出によって，金銀がグローバルに流通する貿易品の代表となっていることを前提に，ヨーロッパ諸国による金銀の最大化政策を批判しようとしているのである。これは，スミスが金銀のグローバル商品としての流通をどのように把握しているかを分析することによって，当時において経済のグローバル化がどのように進展していたかを理解する1つの重要な手がかりを得られることを意味するであろう。

---

1) Locke（[1691, 1696] 1968, 76/訳73-74）.

本章は，こうした視点からスミスにおける金銀に関する把握を考察することを課題としている[2]。

2. 貴金属市場のグローバルな発達

スミスは紙幣も貨幣としての役割を果たしうることを承認しているから，スミスの貨幣論は貨幣を金属貨幣に限定した学説ではないけれども，考察の中心は本位貨幣となりうる金属とくに金銀に置かれている。スミスは金銀が商品であるとともに貨幣としての機能も果たしている点，すなわち金銀のもつ二重の性格を前提に貨幣論を展開しているが，スミスの金銀論の大きな特徴の1つは，金銀の貨幣としての機能だけでなく，商品として取引される金銀の特性に対しても大きな関心が払われていることである。金銀は鉱産物の一種であるが，スミスは金銀のような貴金属だけでなく，卑金属も含めた金属鉱山の特性を，炭坑と比較しつつ次のように説明している。

> 所有者にとっての炭坑の価値は，しばしばその豊度と同じく位置にも依存する。金属鉱山の価値は，その豊度に依存することが大きく，位置に依存することは小さい。貴金属ではなおのことそうであるが，卑金属でも，鉱石から分離されていれば極めて高価値で，一般に極めて長距離の陸上輸送の経費および最も遠距離の海上輸送の経費を，負担することができるほどである。それらの金属の市場は，その鉱山の近隣諸国に限られず，全世界に及んでいる。(WN 185/ 訳(1) 294)

スミスは，金属鉱山の価値が炭鉱と異なってその位置よりもはるかに豊度に依存する理由を，金属類の特性すなわちそれが財としての価値が高いことに求める。スミスはそうした高価格が卑金属も含めた金属類の全般的な属性であ

---

[2] 近代の初頭以降にグローバル経済が形成され，それとともに貴金属とりわけ銀が世界貨幣となったとする認識は，A. G. フランクによって強調されている。Frank (1998, chap. 3)。

り，そのため長距離の輸送費を負担しうるので販売先は広域となり，したがって「それらの金属の市場は，その鉱山の近隣諸国に限られず，全世界に及んでいる」としている。この一文に余すところなく語られているように，スミスの金銀論は，貴金属も卑金属もともに，すでにグローバルな市場で取引される商品となっているという認識が根本的前提になっているのである。

こうした金属類全般の市場のグローバル化をもたらした背景についてスミスは多くの叙述をしてはいない。だが金銀に関しては，それらの市場のグローバル化についてかなりの紙面をさいて説明している。金銀の市場がグローバル化したことには，世界の諸地域で多量の金銀が需要されていることが背景となっている。つまり金銀のグローバルな流通という現象は，世界の各地域で金銀の需要が増大したことを前提としている。スミスはとくに世界の諸地域における銀の市場の拡大について，かなりの筆を費やしているので，以下において分析を進めよう。

この分析の出発点となるのは，「アメリカの発見以来，その銀山の生産物に対する市場は，しだいにますます広がってきた」（WN 220/ 訳(1) 351）という一文である。これは，スミスが銀の市場の世界的拡大の起点を「アメリカの発見」という出来事に認めていることを明快に語っている。この文章は，直接にはアメリカ大陸の「発見」以来，その大陸が銀の世界的な供給地となったことを述べているが，同時にヨーロッパ人によるアメリカ大陸の「発見」が，世界の経済発展に対して単なる銀の供給にとどまらない巨大な意義をもったことを前提としている。すでに別稿で論じた主題であるから[3]，ここでは詳説しないけれども，スミスが「アメリカの発見と，喜望峰経由での東インド航路の発見とは，人類の歴史に記録された最大かつ最重要な二つの出来事である」（WN 626/ 訳(3) 234）と述べていることだけでも，アメリカの「発見」に東インド航路の開拓と並ぶ最大級の歴史的意義を認めていることが得心できよう。スミスはこのアメリカの「発見」以後の世界の経済の発展とともに進行してきた銀の市場の世界的拡大を，主要ないくつかの地域に分けて論じている。

---

3) 八幡（2011）。

スミスは最初にヨーロッパの銀市場を取り上げ「第1に，ヨーロッパの市場がしだいに広がった。アメリカの発見以来，ヨーロッパの大部分は大いに改良された」（WN 220/訳(1) 352）と，アメリカの「発見」以来，ヨーロッパの経済発展が全体として順調に進んできたことを強調する。こうした主張の背後には，アメリカにおいて有力な鉱山が開発された結果として，アメリカからヨーロッパへ大量の金銀が流入したことが，ヨーロッパの順調な経済発展と密接に関連しているとする認識がある。とはいえ，スミスのこうした認識は，ヨーロッパにおける金銀の増大がその地域の経済発展の原因ないし触媒となったということを主張するものではないことに注意しなければならない。この点もすでに論じたが[4]，スミスは「ヨーロッパにおける金銀の量の増大とその製造業と農業の発展は，ほぼ同時期に起こった二つの出来事だとはいえ，極めて異なる原因から生じ，相互にほとんど何の自然的関連もない」（WN/訳(1) 415）と，ヨーロッパへのアメリカからの金銀の大量の流入がヨーロッパの経済発展の原因となったことを明快に否定している。だから近代のヨーロッパで金銀が増大したことは事実であるが，それはあくまでヨーロッパの経済発展によってその地域における貴金属への需要が増大したことの結果であるとされる。

次に重要なのは，アメリカ大陸自体が銀の新たな市場となったことであり，それは「アメリカは，アメリカ自身の銀山の生産物の新市場であり，その需要はヨーロッパの最も繁栄しつつある国の需要よりも，はるかに急速に増大しているに違いない」（WN 222/訳(1) 355）と語られる。スミスはアメリカにおける銀需要の絶対量がヨーロッパよりも大きくなっていると主張しているのではない。スミスが強調するのは，アメリカの銀需要の増加率がヨーロッパの最先進国よりもはるかに高いということであり，それはアメリカ大陸全般が急速な経済発展を遂げてきたという認識に基づいている。スミスはとりわけ北アメリカ大陸のイングランド植民地に注目して「イングランドの植民地はまったく新しい市場であり，一部は銀貨のために，一部は銀器のために，以前は何の需要もなかった大きな大陸の全体として，たえず増大する銀の供給を必要としてい

---

4) この点については，八幡（2011）で論じている。

る」(WN 221/訳(1) 353) と述べているが，これはイングランドの植民地がヨーロッパの先進国以上に急速に経済発展を実現しつつあると把握しているからである[5]。しかしスミスは，アメリカの銀市場として北アメリカだけでなく，南アメリカにも眼を向け，「スペイン植民地とポルトガル植民地の大部分もまったく新しい市場である」(WN 221/訳(1) 353) と言明する。この言明からは，豊かな銀山をかかえる南アメリカは銀の世界的な供給地となっただけではなく，植民地建設の進展とともに銀の需要地としても発達しつつあるということ，そのため南アメリカには銀の生産と消費の内部的循環が成立しているという認識が読み取れるであろう。アメリカには，北と南の別なく，銀の「まったく新しい市場」が生成したとされる。

　スミスはさらに，東インドを銀の第3の主要な市場として挙げる。とはいえ，スミスが使用する「東インド」はインドだけを意味する概念ではないことは注意を要する。「東インド諸地方，とくに中国やインドスタン」(WN 223/訳(1) 357) という表現は，「東インド」がインドと中国はもとより，それ以外のアジア諸地域も含む広大で曖昧な概念であることを示している[6]。スミスはその中でも中国とインドを銀の大市場として重視する。しかしスミスは，中国とインドを，ヨーロッパやアメリカの場合と同一の理由で銀の大市場となっていると見なすのではない。ヨーロッパやアメリカが銀の主要な市場となったのは，それらの地域が近代以降に顕著な経済発展を遂げた結果であるとされている。けれども中国やインドにおける銀の需要は，それらの地域がヨーロッパに比肩する経済発展を遂げたことを背景にしたものであるとはされていない。それは，アジアの主食である米の生産の特徴に基因するとされる。スミスは米作農業の特徴について，次のように述べている。

　　米田は最も肥沃な穀物畑よりもはるかに多量の食物を生産する。年2回

---

[5] 八幡（2014）。
[6] 「東インド」という語のこうした広大で曖昧な用法は，スミスだけのものではなく，当時の一般的な用法であったと見られる。水田監訳・杉山訳（2000-2001, (1) 133 の訳注2）を参照。

の収穫で，各回に30ないし60ブッシェルというのが1エイカーの通常の生産高だといわれている。したがってその耕作にはより多くの労働が必要であるにしても，そのすべての労働を維持したのちに残る余剰は，はるかに大きい。したがって，米が民衆の愛好する植物性の常食で，耕作者も主として米で維持されている米産国では，穀産国よりも，このより大きな余剰のより大きな分け前が地主のものとなるはずである。(WN 176/訳(1)280)

「米田」と「穀物畑」とを比較したこの一節では，スミスは「穀物」によって主に麦類を指していると解される。だからこの一節は，スミス自身がそう言明しているわけではないが，米作を基盤とするアジアの農業と，麦類の生産を基盤とするヨーロッパの農業との比較分析として理解することができる。スミスは米作が麦作よりも多量の労働を必要とすることを認めながらも，単位面積当たりの生産性がはるかに高く，したがって生産高から耕作者の取り分を控除して地主に分配される「余剰」が麦作よりも大きいことを強調する。そうだとすれば，米作中心のアジアではたとえ農民支配が強圧的でなく，農民からの収奪が苛酷でなくとも，地主などの支配階級はヨーロッパよりも多くの余剰生産物を獲得できるということになろう。実際，スミスは次のように述べるのである。

一般に二毛作，ときには三毛作で，各国の収穫がどんなふつうの穀物の収穫よりも多い米産国では，食物は同一面積のどんな穀産国よりもはるかに豊富であるにちがいない。したがってそのような諸国では人口ははるかに多い。そのような諸国ではまた，富者が，自身で消費できる以上にもっている過剰な食物もはるかに多く，そのため，はるかに多量の他の人々の労働を購買する手段をもっていることになる。したがって中国やインドスタンの高官の従者は，だれの話でも，ヨーロッパの最も富裕な臣民の従者よりも，はるかに数も多く豪華でもある。(WN 223/訳(1)357)

スミスが，中国やインドを，土地生産性の高い米の大生産国であるため大量の余剰食物を産出することができ，そのために富者の勢力も強大な国と見ていることは明らかであろう。そうした認識から，スミスは中国やインドの富者について，「富者の競争の大きな目的物である貴金属や宝石のようなものとひきかえに，彼らはそうした食物をより多量に提供できる」(WN 223-224/訳(1) 357)と断言する。中国やインドの富者は，それらの国の高い農業生産力を背景に貴金属への巨大な購買力をもつということであり，スミスが「ヨーロッパのどの地方よりもはるかに富んだ国である中国では，貴金属の価値はヨーロッパのどの地方よりもはるかに高い」(WN 255/訳(1) 414)と断言し，さらに「インドでは貴金属以上によい価格で売れる商品はほとんどない」(WN 224/訳(1) 359)と述べるように，中国とインドは銀を高価格で購入することができる大市場なのである。スミスは，アジアの米作農業とヨーロッパの麦作農業の生産力の比較分析を通して，アジアの大農業国である中国やインドが貴金属への巨大な購買力を有する秘密を解き明かしている。

中国やインドを銀の大市場と見なすスミスの見解は，地代を主題とする『国富論』の第1編第11章で披歴されているが，この所説はそれよりも前の第1編第8章における賃金論を知る者には奇異の念を抱かせるかもしれない。というのは，スミスは第8章では，中国やインドの経済の現状についてまったく異なる把握をしているかに見えるからである。スミスは労働賃金の主要な決定因である労働需要が各国の経済成長率によって大きく影響されることを主張した上で，各国の経済状態を経済成長率の視点から「進歩的」，「停滞的」，「衰退的」の3種に分類している。そこでは「進歩的」状態の代表例としてイングランドやグレート・ブリテンの北アメリカ植民地を挙げる一方で，「停滞的」状態の事例として中国を挙げ，また「衰退的」状態の事例として「ベンガルやその他東インドのいくつかのイングランドの定住地」(WN 91/訳(1) 132)を挙げている[7]。中国やインドの経済のこうした現状認識がそれらの国を銀の一大市場

---

7) 中国が「停滞的」であり，ベンガルなどが「衰退的」であることの原因や背景についてのスミスの見解に関しては，八幡（2015）で検討している。

と見なす所説とどのように整合するのかは，解決されるべき問題である。

　この問題を解くのに鍵となるのは，スミスが中国やインドの経済について取り上げる場合に，とくにどの階層の境遇に焦点を当てつつ論じているかという点である。各国の経済状態を「進歩的」，「停滞的」，「衰退的」に分類する議論は，前述のように『国富論』の賃金論の章で見られるものであり，したがってそこではそれぞれの経済状態によって下層階級の境遇がいかに異なるかに焦点が当てられている。スミスは中国の経済規模が抜きんでて大きいことを認めながらも，長期にわたって停滞的である結果として労働賃金は非常に低く，また「中国の下層階級の人々の貧しさは，ヨーロッパの最も貧窮な諸国民の貧しさをはるかに超えている」(WN 89/訳(1) 130) と断言する。また「衰退的」と見なすベンガルなどの東インドの一部地域では労働需要の減少によって賃金は最もみじめな水準にまで低下するとし，さらに「多くの人々はこうした厳しい条件でさえ雇用を見つけることができず，飢えるか，あるいは乞食をするなり極悪非道を犯すなりして，生計を求めることになるだろう」(WN 91/訳(1) 132) と，その地の下層階級が単なる貧窮を超えた悲惨な境遇に陥らざるをえないことを強調する。「衰退的」なベンガルなどは「停滞的」な中国以上に悲惨であるが，どちらの地域の下層階級も極度の困窮状態にある点では同様なのである。

　一方，スミスが中国やインドが銀の大市場であるとする場合には，下層階級が銀の購買者と想定されているわけではない。すでに述べたように，それらの地域で銀を需要するのは地主などの上層階級であり，アジアでは水田耕作の高い生産力によって上層階級が多量の余剰食物を獲得できるため，銀の高い購買力をもつのである。したがって中国やベンガルなど東インドがヨーロッパのように経済成長をなしえていないことは下層階級の貧困の原因ではあるが，上層階級による銀の購買を不可能にするものではない。だからスミスのアジア銀市場の分析は，下層階級の貧困と上層階級の富裕とが同居するアジアの現実を期せずして明らかにしていると言いうる。

　このようにスミスは，銀の大市場として，ヨーロッパ，アメリカ，東インド（とくに中国とインド）を挙げている。すでに論じたように，スミスは金属類が

一般に高価値のため長距離輸送の経費をまかなえる特性をもつことにより，その市場は「全世界に及んでいる」としている。しかし，それが世界のあらゆる地域が同程度に貴金属の市場となることを意味してはいないことは，これまでの考察から明らかであろう。スミスが「銀に対する大きな市場は，世界のうちで商業的で文明化した部分である」(WN 194/訳(1) 307) と述べているように，銀の大市場となるのは「商業的で文明化した」地域すなわち経済的に発達した地域であり，具体的にはヨーロッパ，アメリカ，東インドの一部がそうした地域とされる。スミスは，銀が代表的なグローバル商品となった基盤を，近代初期における南アメリカの銀鉱山の発見による銀の供給力の飛躍的増大とともに，これらの地域の経済力を背景とする銀の需要の増大に認めているのである。

3. 貴金属流通のグローバル化の諸相

　銀はスミスが『国富論』で重点的に論じている商品の1つであるが，前節における考察によって，その論述が世界の各地に銀の大市場がすでにいくつも形成されているとする認識を背景にしていることが明らかにされたであろう。銀はヨーロッパ，アメリカ，アジアで大市場が形成され，それゆえにグローバルに流通している商品であると把握されているからこそ，それらの大市場の間をどのように流通しているかについてもかなり詳細な説明がなされている。スミスの叙述はとくに整理されてはいないけれども，世界における銀の流通は次のように3つの側面に分けて分析できるであろう。

　まず最初に挙げるべきは，南アメリカとヨーロッパとの大西洋をまたいだ流通である。これは，すでに述べたように，南アメリカでヨーロッパ人によって開発されたポトシなどの有力な鉱山で採掘された銀がヨーロッパへ送られるルートであり，南アメリカを征服したスペインとポルトガルが直接の輸入地である。しかし，両国は銀の流通の最終的な市場ではなく，「スペインとポルトガルが，ヨーロッパの他のすべての国に対する金銀の分配者であることは，鉱山の所有者としての両国の特有の地位である」(WN 510/訳(3) 24) と，両国が他の

ヨーロッパ諸国への金銀の「分配者」となっていることが指摘される。とはいえ，これは両国が金銀を他のヨーロッパ諸国へ積極的に輸出しているということではない。スミスの分析では事態はまったく逆であり，両国は富は金銀であるという観念にとらわれて金銀の輸出を厳しく制限するか禁止している。しかしそうした政策によって両国では金銀の価値の低下すなわち物価の上昇が起こり，両国は他のヨーロッパ諸国からの輸入の増大によって金銀の流出を招く結果となっている。この点については後述するであろう。ともかくスペインとポルトガルを入口として，南アメリカからもたらされる金銀のヨーロッパ全域における流通が成立しているのである。

　スミスは南アメリカの貴金属がヨーロッパに輸入される港町としてスペインのカディスとポルトガルのリスボンを挙げ，両港に輸入される金銀を年に約600万ポンドと見積もっている。他方でスミスは「たしかに，カディスとリスボンへの貴金属の年々の輸入額は，アメリカの諸鉱山の年々の総生産額に等しくはない。一部は年々アカプルコ船でマニラに送られているし，一部はスペイン植民地が他のヨーロッパ諸国の植民地と行う密貿易に使われ，一部は，疑いもなく，その国にとどまっている」（WN 227/ 訳(1) 363-364）と述べ，南アメリカで産出する金銀の一部がヨーロッパ以外の地域で利用されることに注意をうながしている。この一文で言及されている「アカプルコ船」はメキシコのアカプルコとフィリピンとの間を航行する貿易船であるが，これはアメリカ大陸とフィリピンすなわちアジアとの間の太平洋をまたぐ貿易ルートの成立をスミスが視野に収めていることを語っている。しかも「マニラへ航行するアカプルコ船で銀は最も高価な物品である」（WN 225/ 訳(1) 359）とされるように，銀はアカプルコ船の主要な積荷をなしている。スミスの眼には，アメリカとアジア（「東インド」）との間の太平洋をまたいだ銀の流通の存在が捉えられている。

　さらにスミスは，中国とインドの貴金属の保有について「中国やインドスタンでのこれらの金属の量は，アメリカの諸鉱山の豊富さによって多かれ少なかれ影響されてきたに違いない」（WN 254/ 訳(1) 411）と述べて，アメリカで産出される大量の金銀の一部がアジアの大国である中国とインドにも供給されてい

ることも看過していない。これはつまり，新大陸であるアメリカからの銀がフィリピンだけでなくアジアの主要地域にも供給されているということである。

　しかもスミスは，アカプルコ船をアジアにアメリカから銀が供給される唯一の手段と見てもいない。スミスの「アカプルコ船によって行われるアメリカと東インドとの直接貿易は，たえず増加し続けてきたし，またヨーロッパ経由の間接交易はさらに大きな割合で増加してきた」(WN 222/ 訳 (1) 355) という発言は，スミスがアジアへの銀の供給ルートとして，アメリカと「東インド」つまりアジアとの「直接貿易」とともに，ヨーロッパを経由する「間接交易」を発見し，しかも後者のルートを前者のそれよりも重要性を増しつつあると認識していることを示している。ということは，アメリカからヨーロッパへ供給される銀はヨーロッパの内部だけで利用されるのではなく，その一部はアジアとの交易に利用されるということである。このことの背景には，近代の初頭にポルトガルを先頭にヨーロッパ諸国がアジアへの進出を開始して以来，ヨーロッパとアジアとの貿易が順調に拡大してきたという事実があり，スミス自身も「ヨーロッパでの東インド商品の消費の増加は極めて大きく，それらすべての国民の雇用をしだいに増加させているように思われる」(WN 223/ 訳 (1) 356) と述べ，ヨーロッパで茶，磁器，香料などのアジアの物産の消費が激増していることを認めている。銀はヨーロッパがアジアから輸入する多種多様な物産の見返りの役割を果たす物品であり，こうしてアメリカで産出された銀はヨーロッパを経由して間接的にアジアに供給されるわけである[8]。スミスはこのような複数の大陸をまたぐ銀の長大な流通過程について次のように述べる。

　　新大陸の銀は，このように旧大陸の両端の間で商業が行われる主要商品の一つであるように思われるし，世界のそれらの遠隔地がたがいに結ばれるのもこれによるところが大きいのである。(WN 225/ 訳 (1) 359)

---

[8]　国際経済史の研究では，近代以降のヨーロッパと東インド（アジア）との貿易においては，ヨーロッパがアジアの各種の物産を大量に輸入した一方で，ヨーロッパの物産に対するアジアの需要は乏しかったため，ヨーロッパは見返りに大量の銀をアジアに輸出する状態が長く続いたとされている。松井（1991, 213-216）。

短文ではあるが，これは近代経済のグローバル化の進展に対するスミスの把握の核心を語る文言であると考えられる。スミスはこの一文で，「新大陸」すなわちアメリカで産出された銀が「旧大陸」すなわちユーラシア大陸の「両端」をなすヨーロッパと「東インド」との間の交易の「主要商品」であることとともに，銀のそうした大陸をまたぐ流通が世界の「遠隔地」を相互に結ぶ媒介物となっていることを端的に指摘している。スミスが，銀を近代経済のグローバルな発展の象徴と見なしていることが十分に語られているであろう。スミスにおいては，アメリカの諸鉱山の発見をきっかけに，銀が大西洋や太平洋を横断して各大陸間で流通するグローバルな商品となったことが鮮明に認識されているのである。スミスが国際的な交易品の中で銀をとくに重視し，他の物品以上に詳しく論じているのは，銀が経済のグローバルな発展を担う代表的な商品であるとする認識があるからである。

　これまで見てきたのは，銀という貴金属のグローバルな流通の認識であるが，すでに論及したように，市場が全世界に拡大しているのは貴金属だけではない。銀はグローバルに流通する典型的な金属であるが，唯一の金属ではないのである。グローバルな流通は金属類全体の特徴となっているというのがスミスの洞察であり，事実スミスは「日本の銅はヨーロッパで商品となっており，スペインの鉄はチリやペルーで商品になっている。ペルーの銀はヨーロッパに来ているばかりでなく，ヨーロッパをへて中国にも達している」（WN 185/訳(1) 294）と述べる。この文言は，銀だけでなく銅，鉄の流通においてもアメリカ，ヨーロッパ，アジアを結ぶグローバルな市場が形成されているという認識を語っている。ここで日本が銅の生産国としてそれのグローバル市場に参入しているとされていることは，「鎖国」の時代であったとされる江戸期の日本がスミスによってグローバルな経済発展と無関係に存在する国とは認識されていないという点で注目に値しよう[9]。ともあれスミスにおいては，金属類全般が市場経済のグローバル化の波頭に立つ商品として認識されているのである。

---

9) 当時における日本の銅の生産と世界とのかかわりについては，次の研究が有益である。島田（2010）。

しかし，金属類の市場のグローバル化に関するスミスの洞察は，単にその流通圏がグローバルに拡大していることだけにとどまるものではない。スミスは，金属類はその価格形成においても世界各地の市場のグローバルな連関が見出されることを，石炭の価格形成と比較しつつ，次のように説明する。

> ウェストモーランドまたはシュロプシャーでの石炭の価格は，ニューカスルでの石炭の価格にほとんど影響を及ぼしえていないし，リヨン地方での石炭の価格にはまったく影響を及ぼしえない。それほど遠く離れた炭抗の生産物は，競争し合うようには決してなりえない。金属鉱山の生産物は，最も遠く離れていてもしばしば競争し合うことがありうるし，また事実ふつうに競争し合っている。したがって世界で最も多産な鉱山での卑金属の価格，まして貴金属の価格は，世界の他のすべての鉱山での金属の価格に，多かれ少なかれ影響せずにはいない。日本の銅の価格は，ヨーロッパの銅山の銅価格にいくらかの影響を与えるに違いない。ペルーでの銀の価格，つまり銀がそこで購買する労働または他の財貨の量は，ヨーロッパの銀山だけでなく，中国の銀山での銀の価格にも，いくらかの影響を与えるに違いない。ペルーの鉱山の発見ののち，ヨーロッパの銀山はその大半が廃墟になってしまった。（WN 185/訳(1) 294-295)

すでに前節で見たように，スミスは金属類の市場が石炭よりもはるかに広く「全世界に及んでいる」としていたが，これは裏返せば石炭の市場が近隣地域に限られ，遠く離れた各炭抗の市場の間に連関性は存在しないということである。スミスは石炭市場のこうした特性を前提に，上の引用では「遠く離れた炭抗の生産物は，競争し合うようには決してなりえない」と断言するのである。

金属類の市場が石炭市場とは対照的な性格をもつとされていることが明らかであろう。スミスは，世界の様々な金属生産地が産地間競争の関係におかれていること，さらにそうした競争が金属価格に及ぼす結果について明快に説明している。金属の市場においては，世界各地の市場でそれぞれ独立して価格が決

定されるのではなく，金属類のグローバルな流通の結果として出現する産地間競争のもとで価格が決定される。スミスは，そのさい基準となるのは各金属において「世界で最も多産な鉱山」の価格であり，その価格の「いくらかの影響」によって他の地域の価格が決定されるとするが，換言すればこれは世界で最も安価な産地の価格が他の市場の価格を一定程度は規制するということであり，世界の金属価格がそれぞれの最低価格にある程度は引き寄せられるということである。スミスが「日本の銅の価格は，ヨーロッパの銅山の銅価格にいくらかの影響を与えるに違いない」と述べるのは，ヨーロッパの銅価格がそれよりも安価な日本の銅価格にある程度は引き寄せられることを示唆する言明である。同様に，ペルーで生産される世界で最も安価な銀の価格も，他地域の銀山の銀価格にある程度の影響を与えるとされている。スミスは金属のこうした国際価格の形成の構造を「どの鉱山でのどの金属の価格も，現に稼働している世界で最も多産な鉱山でのその金属の価格によって，ある程度規制される」(WN 185/訳(1) 295) と定式化している。

　スミスの「ペルーの鉱山の発見ののち，ヨーロッパの銀山はその大半が廃墟になってしまった」とする言明は，際立って安価なペルー産の銀がヨーロッパの銀産業の大半を壊滅させたという，銅の場合以上に衝撃的な影響を語るものである。スミスは「アメリカの諸鉱山は，決して世界で唯一の金山銀山というわけではない。とはいえ，アメリカの諸鉱山はずばぬけて多産である。それらの鉱山の生産量に比べれば，既知の他のすべての鉱山の生産量がとるに足りないことは認められている」(WN 227/訳(1) 364) と，アメリカにおける金銀山が「ずばぬけて多産」であることを強調する。だが，アメリカの金銀山がそれほど多産であることは，その地の金銀がずばぬけて安価であることも意味するのは明らかである。したがってアメリカ産の金銀の価格がヨーロッパの金銀の価格を大きく規制するのは当然であり，スミス自身「アメリカの豊富な諸鉱山の発見は，16世紀に，ヨーロッパの金銀の価値をそれ以前の約3分の1に引き下げた」(WN 49/訳(1) 67) と言明している。これは，近代ヨーロッパ経済史におけるいわゆる「価格革命」を指摘した文章であり，スミスがそれの原因をア

メリカにおける金銀山の発見に求めていることを示している[10]。スミスが際立って安価なペルー産の銀によってヨーロッパの銀産業の大半を壊滅させたとしているのは，アメリカ産の金銀のこうした圧倒的な価格競争力を認定しているからである。ヨーロッパの銀産業の衰退は，アメリカでの銀山の発見による銀の供給構造の大変革の結果と認識されている。

このように金属類においては，最も多産な鉱山の価格がグローバルな価格形成を主導するとされるのである。こうした価格形成の構造こそ，金銀などの金属類がすでにグローバルな商品となっていることを象徴的に表現している。スミスにおいては，銀は大陸をまたいでグローバルに流通するとともに，その価格もグローバルな市場構造のもとで形成される代表的な商品なのである。

4. 国民経済と金銀

前節までの考察によって，スミスにおいては金属類とりわけ銀がグローバルに運動する代表的な商品として把握されていることが明らかとされたとすれば，次に考察されるべきなのは，こうした銀のもつグローバルな商品としての認識がスミスの重商主義論とどのように結びついているかという問題である。銀がこのようなグローバルに流通する商品としての性格をもつようになった背景には，近代初頭以降のヨーロッパ諸国による非ヨーロッパ地域への進出があったのであり，スミスはヨーロッパ諸国のそうした対外進出を推進した経済政策を「重商主義」と呼んで批判的に分析しているのである。金銀などの金属類のグローバルな運動は，ヨーロッパ諸国によって主導された近代市場経済のグローバルな形成の一環であると理解されるべき面をもっている。

銀が世界各国の間を絶えず流通しているとしても，ある時点をとれば，世界の各国はそれぞれ，その時点で世界に存在する銀のうちの一定量を分け前として保有している。こうした各国それぞれの貴金属量を決定する要因についての

---

[10] ただし，スミスはアメリカの「発見」がヨーロッパの経済発展の起点となったと理解してはいないから，「価格革命」もヨーロッパの経済発展の促進剤となったと把握していないことは明らかである。

考察は，スミスの金銀論の主要な関心事の1つとなっている。そのさいスミスは「ある国で見出される貴金属の量は，自国の鉱山が豊かであるか痩せているかというような地域的情況の中の何かによって限定されるのではない。それらの金属は，鉱山のない国で豊富なことがしばしばある」(WN 253/訳(1) 411) という基本認識から考察を開始する。一国が保有する貴金属量は自国の鉱山の豊度という国内の自然条件によって規定されるものではないという見解であるが，これはヨーロッパには有力な金銀山がなくとも多量の貴金属を保有する国が存在するという事実が根拠となっていると考えられる。その上でスミスは次のように主張する。

　　個別のどの国でも国の貴金属量は，二つの異なる事情に依存するように思われる。第一は，その国の購買力，その国の産業の状態，その国の土地と労働の年々の生産物であって，その結果，その国は，金や銀のような余計品を自国または他国の鉱山からもってきたり購買したりするのに，多量あるいは少量の労働と生活資料を使用する余裕ができる。そして第二は，たまたまある特定の時期にこれらの金属を，商業世界に供給しうる鉱山が豊かであるか痩せているかである。鉱山から最も遠く離れた国々でのそれらの金属の量でさえ，鉱山が豊かであるか痩せているかによって，多かれ少なかれ影響されざるをえない。(WN 253-254/訳(1) 411)

スミスがここで挙げている一国の貴金属量の決定因のうちの第1の要因であるその国の「購買力」は，貴金属に対するいわば需要側の要因である。スミスはこの「購買力」を規定する要因を「その国の産業の状態，その国の土地と労働の年々の生産物」としているが，これは実質的にその国の生産力を意味するから，結局ある国の生産力が貴金属に対するその国の「購買力」を決定するということになる。この点については後でさらに考察する。
　第2の要因は貴金属鉱山の豊度であるから，供給側の要因である。ここで言われている「商業世界に供給しうる鉱山」とは，まさしくグローバルに供給し

うる鉱山のことであり，そうしたグローバルな供給力をもつ鉱山の豊度によって世界に流通する貴金属量が規制されるため，各国に配分される量もそれの影響をうけるということである。以上の2点を総合すれば，ある時点における各国の貴金属量は，その時点でグローバルに供給される貴金属量と各国それぞれの購買力の水準との二重の要因によって決定されることになる。スミスは，一国の貴金属量の決定要因を，グローバルな事情（供給力）とナショナルな事情（購買力）との二重の視点から分析しているのである。

　これまで見たのは，ある時点における一国の貴金属の存在量の決定因であるが，スミスは『国富論』の他の箇所では「貴金属の量は，どの国でも，二つの異なる原因によって増加しうる。すなわち第一には，貴金属を供給する鉱山の産出量の増大，あるいは第二に，民衆の富の増大，すなわち彼らの年々の労働の生産物の増大である」(WN 207/訳(1) 328-329) と，一国における貴金属の増加の決定因を説明している。ここでも貴金属鉱山の産出量の増大という供給側の要因と，各国の生産物の増大という需要側の要因とが指摘されているから，貴金属の増大要因の分析は貴金属の存在量の決定因の分析と一致していることが確認される。

　このようにスミスは一国の貴金属がそれの供給と需要の両面の要因で増加しうるとしながらも，上の引用に続けて「これらの原因のうちの第一のものは，疑いもなく貴金属の価値の減少と必然的に結びついているが，第二のものはそうではない」(WN 207/訳(1) 329) と述べ，貴金属の価値の変動に対して両者は対照的な影響を及ぼすことを強調する。つまり貴金属の供給の増大は，それの需要が変化しなければ貴金属の価値の低下をもたらすが，一国の貴金属への需要に起因するそれの増大はその国における貴金属の価値の低下をもたらさないのである。この命題にはスミスの金銀論を理解する上で重要な要素が内包されているので立ち入った分析が必要である。

　貴金属の供給量の増大とそれの価値の変化との関係については，スミスはより詳しく次のように説明する。

より多産な鉱山が発見されると，より多量の貴金属が市場にもちこまれる。そしてそれと交換されるべき生活の必需品および便益品の量は従前どおりであるから，等量の貴金属はより少量の商品と交換されざるをえない。したがってある国の貴金属の量の増加が鉱山の産出高の増加から生じる限り，この増加はその価値のいくらかの減少と必然的に結びついている。（WN 207/訳(1) 329）

スミスは，市場における他の生産物の量が一定であるという条件のもとでの流通手段となる貴金属の供給量の増加は，それの価値の低下をもたらすことを承認している。この一節は，スミスにもいわゆる「貨幣数量説」を想起させる所説が見出しうることを示している。貨幣数量説はすでにスミスよりもかなり以前から発達していた貨幣理論であり，様々なタイプの学説が提出されていたことは周知のとおりである[11]。だが，スミスのここでの所説は少なくとも典型的な数量説とは言い難い点をもっている。典型的な数量説においては，貨幣数量と商品の価格水準との間に比例的変化の関係が存在することが結論されるが，スミスは貴金属の量の「増加はその価値のいくらかの減少と必然的に結びついている」と述べ，貴金属量の増加とそれの価値の減少との間に「必然的」な関係があることを認めながらも，価値の変化は「いくらかの減少」であることも明言している。つまりスミスは貴金属の供給量とそれの価値との間に比例的な変化が発生するとはしていない。すでにデヴィッド・ヒュームは，西インド諸島の発見以来，ヨーロッパに流入した貨幣量の変化が物価に及ぼした影響についての歴史的事実に基づいて，貨幣量と物価の変動との関係について「貨幣量の変化は，その増減のいずれにせよ，それに比例した商品価格の変動を直ちには伴わない」[12]と指摘し，貨幣量と商品価格との比例的変化が即時的に発生することに対する疑問を提起していたから，スミスの見解はヒュームのこの

---

11) 貨幣数量説の発達については，従来のスミス研究でも関心が寄せられ，この理論とスミスとの関係についても様々に論議されてきている。さしあたって次の研究を参照。大森（1996）。
12) Hume（1987, 288/訳 234-235）。訳文は一部変更。

指摘に影響されたものかもしれない。

そもそもスミスは，金銀の価値が他の商品以上に安定的な性質をもつとし，さらに「それらの金属の価格はたしかにまったく変動を免れているわけではないが，それがこうむりやすい変化は，一般に緩慢で，漸次的で，一様である。例えば，ヨーロッパでは，前世紀と今世紀の間，金銀の価値は，スペイン領西インドからの不断の輸入のために，絶えず，ただし徐々に，低下を続けてきたらしいと，たいした根拠なしに，想定されている」(WN 437/訳(2) 272) と述べている。この文章を，スミスが「スペイン領西インド」[13]すなわちスペイン領アメリカからの金銀の輸入によって，ヨーロッパにおける金銀の価値が低下したことを全面的に否定していると解釈するのは誤解である。スミスが「たいした根拠なしに，想定されている」と批判するのは，ヨーロッパでは，金銀の価値が「前世紀と今世紀」にわたって「絶えず，ただし徐々に，低下を続けてきたらしい」とする見解である。スミスは『国富論』の第11章の地代論の第3節に付加した「過去4世紀間の銀の価値の変動についての余論」で，ヨーロッパにおける銀の価値の長期的変動を穀物と比較しつつ3期に分けて検討し，そのうちの第2期にあたる「1570年頃から1640年頃にかけての約70年間に，銀の価値と穀物の価値との割合は，まったく反対の経路をとった。銀の実質価値は下落した」(WN 210/訳(1) 334) とし，その原因として「アメリカの豊富な鉱山の発見が，銀の価値が穀物の価値との割合でこのように減少したことの唯一の原因であったように思われる」(WN 210/訳(1) 335) と断定している。だからスミスも，17世紀の中頃までの約70年間には銀の価値が低下したことは認めているのである。したがってスミスが批判するのは，金銀の価値が「前世紀と今世紀」にわたって「絶えず」低下し続けてきたとする見解である。ただ，ここで明らかなのは，スミスが過去4世紀間において銀の価値が低下したと承認するのは約70年間にすぎないということである。このような銀の価値の歴

---

13) この引用文における Spanish West Indies は，水田監訳でも，大河内一男監訳 (1978, II 90) でも「スペイン領西インド諸島」と訳されているが，西インド諸島は金銀の大産地とは考えにくいので，「スペイン領西インド」と訳すことにする。

史的変動の分析からも，スミスが金銀の価値変動の特徴として，金銀の価値は他の財貨と比較すれば安定的であり，したがって顕著な価格変動はまれな現象であると認識していることが汲み取れる。こうした金銀観も，スミスが，貨幣量の変化と商品価格の変化との間に典型的な貨幣数量説が想定するような比例的な変化が発生するのは限定的な条件のもとにおいてであると認識していることを示唆している。

このようにスミスは，多産な鉱山の開発による供給量の劇的な増加にともなって貴金属の価値が減少しうることを認め，また近代のヨーロッパ史におけるそれの実例を 17 世紀中頃までの約 70 年間に見出している。しかし，ヨーロッパ史における銀の価値のこの低下はアメリカでの有力な鉱山の発見という偶然の出来事によるものであり，またそれの影響も過去 4 世紀間のうちの約 70 年間にとどまるとされている。

またスミスは，豊鉱の開発による銀の供給力の増大の結果としてのそれの価値の低下が個々の国民経済に及ぼす影響は中立的であるとして，銀の供給増大が各国の経済に大きな変化をもたらす事象であるとは認識していない。そうした見解は「鉱山の豊かさの結果である銀の価値の低下は，商業世界の大部分を通じて平等あるいはほとんど平等に作用するから，どの個別の国にとっても極めてわずかな重要性しかない。その結果としてのすべての貨幣価格の上昇は，それを受け取る人々を実質的に以前より富ませもしないが，実質的に貧しくもしない」(WN 510/訳(3)23) という言明に余す所なく語られている。

したがってスミスが金銀の価値の変動が個々の国の経済において重要な意味をもつとして重視するのは，世界的な豊鉱からの貴金属の供給量の変動という個々の国にとっての外生的要因ではなく，各国における貴金属に対する需要という内生的な要因である。ただし，この場合の「需要」が「購買力」をともなった有効需要であることはもちろんである。スミスは一国の貴金属量を規定する 2 つの事情，すなわちその国の購買力と世界への供給力をもつ鉱山の豊度を挙げたのちに次のように述べている。

> どこでもある特定国の貴金属の量が，それらの二つの事情のうちの前者（購買力）に依存するかぎり，その実質価格は，他のすべての奢侈品や余計品の実質価格と同様，その国の富と改良とともに上昇し，貧困と不振とともに下落しがちである。労働と生活資料の余力を多量にもっている国々は，それらのものを少ししかもっていない国々よりも多量の労働と生活資料を費やして，特定量のそれらの金属を購買する余裕があるのである。(WW 254/訳(1) 411-412)

スミスが一国の貴金属量を規定する一要因としてその国における貴金属への「購買力」すなわち生産力を挙げていることはすでに見たが，この引用ではこの「購買力」が貴金属を生活資料などの必需的な生産物のより多くと交換しうるという意味で貴金属の価格上昇を負担して買い取る「余力」であることが語られている。ある国は，生産力が高まるとともに貴金属のそうした相対価格の上昇を負担しうる「余力」という意味での「購買力」を増大させる結果，多量の貴金属を獲得できるのである。これは，生産力が他国よりも発展した富める国に貴金属が自然に引き寄せられることを意味する。スミスはこの点を次のように述べる。

> 金と銀が富んだ国に自然に集まるのは，あらゆる種類の奢侈品や珍品が富んだ国に集まるのと同じ理由からであり，富んだ国でのほうが貧しい国でよりも金銀が安価だからではなく高価だから，つまりよりよい価格が金銀に与えられるからなのである。金銀を引き寄せるのは価格の優越性であり，その優越性がなくなるやいなや，金銀は必然的に，富んだ国に行かなくなるのである。(WN 234/訳(1) 376)

このように金銀は大きな「購買力」をもつがゆえに金銀価格が高い富める国に流入するが，それは金銀が一定の用途を満たすことが前提になっている。スミスは「穀物は必需品であり，銀は余計品にすぎない」(WN 210/訳(1) 333)と

述べているが，これは貴金属が無用物であるということではない。スミスは金銀について「その用途は鋳貨として商品を流通させ，金銀器として一種の家財道具を提供すること」(WN 440/ 訳(2) 277) にあると認めている。鋳貨としての用途は金銀が商品の流通手段として機能するということであり，また家財道具としては金銀が奢侈的な消費財として利用されるということである。したがってスミスは金銀が一国の経済において流通手段や消費財として効用を果たすことを十分に認識している。

けれどもスミスが同時に強調することは，国民経済における金銀の用途には限界があり，そのため一国において必要とされる金銀の量には限度があるということである。一国における鋳貨量はそれによって流通する諸商品の価値によって規制されるが，もし諸商品の価値が増加すれば，その商品の一部と交換に価値が増加した諸商品の流通させるために必要な鋳貨の追加分が国外から得られるであろう。また，一国の金銀器の量はそれを享受する家族の数と富によって規制されるが，その家族の数と富が増加すれば，その増加した富の一部と交換に必要な金銀器の追加分をどこからか購入することは可能であろう。スミスはこうした推論に基づいて「一国の富を，不必要な量の金銀を国内にもちこんだり，国内にとどめおいたりすることによって増加させようとすることは，私的家族に不必要な数の炊事道具をもたせることによって，ごちそうを増やそうとするのと同じくらいばかばかしい，ということである。……鋳貨の形であれ，食器の形であれ，金銀は道具であり，台所の用具がそうであるのと変わりないということは，想起されなければならない」(WN 440/ 訳(2) 277-278) と断言するのである。

こうしたスミスの議論に重商主義批判の意図が明確に内包されていることは容易に看取されるであろう。そこで次に，国民経済と金銀量の関係という論点に関して，スミスが「重商主義」と呼ぶ学説をどのように批判しているかを，さらに検討しよう。スミスの理解では，この学説の根底には「富は貨幣すなわち金銀」であるという「通念」(WN 449/ 訳(2) 294) があり，この学説の本質はこうした「通念」に立って，貿易差額の拡大などを通じた金銀保有の増大を経

済政策の基本目標としているところにあるが，スミスは近代のヨーロッパ諸国がこの学説に影響されて金銀の追求に血道をあげてきたことの不合理性を暴露しようとする。その場合のスミスの論証は，政府による人為的な金銀保有の最大化政策の無効性と不要性という2点からなされていると考えられる。

こうした政策の不合理性は「一国で年々売買される財貨の価値は，その財貨を流通させ，本来の消費者に配分するために，一定量の貨幣を必要とするが，それ以上の貨幣を使用することはできない。流通の水路は，それを満たすに足りる額の貨幣を必然的に引き寄せはするけれども，それ以上は決して受け入れない」(WN 441/訳(2) 279) という言明において端的に指摘されている。ここには貨幣理論の一種である流通必要量説が表明されているが，この発言の中で「流通の水路は，それを満たすに足りる額の貨幣を必然的に引き寄せはするけれども，それ以上は決して受け入れない」という文言は，とくに分析を必要とする。この文言は2つに分解でき，一国の経済が商品の流通に必要な量の貨幣を「必然的に引き寄せ」るとする見解と，その必要量「以上は決して受け入れない」とする見解との両方を含んでいる。この2つのうち，後者の見解こそ一国の流通必要量を超えた金銀の最大化を指向する政策が無効であることを主張する部分である。そこでさらに問題とすべきは，その政策を無効とするスミスの論理である。

スミスは金銀の過剰な保有政策が不可能であることを，その政策を典型的に実施したスペインとポルトガルの例から論証している[14]。アメリカ大陸に金銀山を所有するスペインとポルトガルには労せずして大量の金銀が流入するから，金銀の他国への流出の阻止が両国の金銀政策となり，スペインは金銀の輸出への課税を，ポルトガルは金銀の輸出禁止を実行している。けれどもスミスは，こうした政策によって両国では貴金属のみが異常に多量となり，しかも「貴金属のこのような過剰の必然的な結果としての金銀の安価，あるいは同じことだが，すべての商品の高価は，スペインとポルトガルの農業と製造業をと

---

[14] スペインとポルトガルの貨幣輸出制限政策に対するスミスの批判的分析については，次の論文で考察している。八幡 (2013)。

もに阻害し，他国民が両国に多くの種類の原生産物とほとんどすべての種類の製造品を，両国民自身が国内でそれらを栽培または製造して交換できるよりも少量の金銀と引き換えに，供給できるようにする」(WN 512/ 訳(3) 25-26) と批判的に評価する。国内における金銀の過剰が引き起こす高物価はスペイン，ポルトガルの生産物を他国よりも割高にすることで両国の国際競争力を低下させている。それは両国への他のヨーロッパ諸国の商品の大量の流入と，その結果としての両国の金銀のそれらの国々への流出を招いているのである。スペイン，ポルトガルでも国内の需要を超える量の金銀を保有することは不可能なのであり，スミスは「ある国に輸入される金銀の量が有効需要を超過するときには，政府がどれほど警戒しても，その輸出を阻止することはできない。スペインやポルトガルのあらゆる血まみれの法律も，金銀を国内にとどめることはできない」(WN 436/ 訳(2) 270) と断定する。スペインやポルトガルの「血まみれの法律」で阻止できない金銀の海外流出を，他国もできないのは当然であり，どの国も必要量「以上は決して受け入れない」のである。スミスは，金銀の過剰な保有政策が不可能であることをスペイン，ポルトガルだけでなくあらゆる国に該当する命題として提起していると考えられる。

　次に，一国の経済は必要な貨幣量を「必然的に引き寄せ」ること，したがって金銀が不足した場合でも政府による人為的な確保策は不要であることは，金銀が不足する国では過剰な国よりも高価格となるという事実から導出される。つまり「金銀は，他のすべての商品と同様に，自然に最良の価格が与えられる市場を求める」(WN 208/ 訳(1) 330) から，金銀が不足するために高価格となる国に自然に流入するのである。ただし，これはあらゆる商品に共通の属性であって金銀だけの性質ではない。とはいえ，スミスは金銀が一般の商品以上に高価格国へ移動する適性をもつことも強調する。というのも，どのような商品もそれの有効需要に自然に適合するが，「金銀よりも容易に，あるいは正確に，この有効需要に適合する商品はない。なぜなら，それらの金属はかさが小さく，価値が大きいため，これより容易に，ある場所から他の場所へ，価格の安い場所から高い場所へ，この有効需要を超過している場所からそれに及ばない

場所へ，運ぶことのできる商品はないからである」(WN 435/訳(2) 269-270)。こうして金銀はその商品としての特性に起因するすぐれた移動性によって，他の商品以上に国際間をすみやかに移動することにより，各国の需要にたやすく適合することができるとされる。したがって政府の手による金銀確保の政策は不要であり，「もしどこか特定の国で金銀の量が有効需要に及ばなくなり，その価格を近隣諸国での価格以上に引き上げるほどであれば，政府は金銀を輸入しようとして骨を折る必要はない」(WN 436/訳(2) 270) のであり，各国にはその国の経済規模すなわち金銀への「購買力」に応じた量の金銀がすみやかに流入するのである。

スミスはさらに，もしある国で金銀の不足が生じた場合でも，信用による売買や紙幣の発行という代替手段があるため商業活動には打撃とはならないとしつつ，「しかし貨幣の不足についての不平ほどよくある不平はない」(WN 437/訳(2) 273) と，「貨幣の不足」に不満を鳴らす実業界の風潮を批判している[15]。つまりスミスは，紙幣に対して過剰な金銀追求を不要とする便法の1つであることの効用を認めている。この点でも，スミスがそれまで支配的であった重金主義的な貨幣観の克服を意図していることが確認できよう。

以上のように，スミスは一国の経済にはそれが必要とする金銀需要があり，金銀がこの需要を超過する場合でも不足する場合でも国際間の移動によって過不足は自然に調整されるから，政府による貨幣管理政策は無効でもあり不要でもあるとして，ヨーロッパ諸国が競い合ってきた金銀追求政策を批判するのである。

これまでの分析によって，かつて J. ヴァイナーによって「経済思想史の謎の一つ」[16]とされた問題に新たな照明をあてることができよう。ヴァイナーは，スミスがヒュームとその著作に親しんでいたにもかかわらず，『国富論』では価格水準と貿易差額の変化による正貨の自動調整機構には言及せず，貨幣

---

15) H. シャハトは,「貨幣の不足」を理由により多くの貨幣の国内流入の努力を求める主張が重商主義の文献のすべてに見られると指摘している。Schacht(1900/訳 71).
16) Viner (1937, 87).

が交易に必要な量を超える場合には，余剰の貨幣は「流通の水路」から溢れ出して外国へ流出するという貨幣の流通必要量説で満足したこと，しかも『法学講義』では自動調整機構に関するヒュームの分析の優れた要約をしていたのに『国富論』ではそれが忘れられていることを「謎」としている[17]。

スミスは『法学講義』では，貨幣量の変動から国内物価が変化することで貿易収支が悪化して貨幣が国外へ流出するメカニズムについて説明している。例えば『法学講義』(1762-1763年)では「貨幣が増加すれば，財貨と労働の価格は比例して増加するに違いなく，それらは安く売ることができず，他の国民すべてによって安く売られるので，勤労は行き詰まるであろう。外国では何も販売することができず，他国はすべてより安く作るので，他国の財貨が持ち込まれるであろう。……貨幣は確かにこの仕方で王国から流出するであろう」(LJA 387/訳 411)と論述している。また『法学講義』(1763-1764年)では，スミスは自動調整機構に関するヒュームの分析を要約した上で「ヒューム氏の推論はきわめて巧みである」(LJB 507/訳 315)と賛辞を呈している[18]。しかしながら本章で論じたように，スミスは『国富論』でも，スペインとポルトガルの金銀輸出制限政策を批判するさいには，両国ではその政策によって物価が高騰して国際競争力を失った結果，貿易差額が悪化して金銀が国外へ流出したことを指摘しているから，価格水準と貿易差額の変化による金銀量の自動調整を忘却してはいないことが明らかである。ヴァイナーが論拠としている，余剰の貨幣の「流通の水路」からの溢れ出しについてのスミスの言及は『国富論』の第2編第2章にあるが，そこでは確かに余剰貨幣の国外流出が不可避であることが流通必要量説から説かれている。しかし，第4編第1章では価格と貿易のメカニズムによって金銀量の自動調整がなされることもスペインとポルトガルの事例から把握されているのであるから，ヴァイナーの見解はこの点を見落とした解

---

[17] D. P. オブライエンも，ヴァイナーと同様の疑問を提起している。O'Brien (1975, 146)。これはヴァイナーに影響された可能性がある。

[18] ヒュームの自動調整機構論についてのスミスの要約は，1762-1763年の『法学講義』には見られないが，これは原文の脱落部分（受講した学生の手稿の 34-40 ページ）に含まれていたためと推測される。

釈であると言わざるをえない。一国における金銀量の決定に関して，スミスは『国富論』で『法学講義』と異なる立場の見解を述べているとは言えないのである。

5. おわりに

スミスは重商主義の金銀観を批判するのに急であったため，その経済学は貨幣的な分析を排除した体系となったと批判的に論じられることがある。貨幣的分析の方法はスミスよりも前に経済学の大著を刊行したジェイムズ・ステュアートによって導入されていたにもかかわらず，スミスはその意義を正当に評価しえなかったとされるのである[19]。スミスは貨幣としての金銀が商品の流通手段として，また商品価値の名目的な尺度として利用されることを承認しているから，金銀が他の商品にはない固有の役割を果たすことを無視しているわけではない。けれどもスミスの金銀論の特徴が，金銀が貨幣である以前に持つ性質，すなわち一般の生産物と同様に取引される商品としての性質を重視した考察に表出していることは事実と言ってよい。スミスが金銀の用途を語る場合にはつねに鋳貨だけでなく金銀器としての用途も含め，金銀を単に貨幣材料として把握してはいないことも，スミスのそうした金銀論の特徴を表現していると解されるのである。

こうしてスミスにおいては，金銀は一般の財と同様の「価格」をもつ商品として市場で売買され，その「価格」は金銀市場における需要と供給の関係によって変動するとされる。この金銀の「価格」はそれと交換に提供される一般生産物とくに生活資料の量であり，金銀と一般の生産物との交換において，生産物の価格がそれと交換される金銀（鋳貨）量であることは，金銀の「価格」がそれと交換される一般生産物の量であることも表現すると把握される。スミスは実物的視点の徹底によって，金銀が一般の生産物と同様の商品としてもつ性質の解明を意識的に展開することで，金銀を特別の富と見なす，それまで支配的であった金銀観を批判しようとしていると考えられる。

---

19) こうした趣旨の批判の1つとして，次の研究がある。小林（1976）。

スミスがこうした金銀観を確立するようになった背景には，世界の各大陸間の貿易が発展した結果として，南アメリカを主産地とする金銀がグローバルに流通する商品となっているという認識を深めたことがあるであろう。と同時にスミスは，金銀がグローバルに流通する商品でありながら，その「価格」には明確な地域間格差が存在することも洞察している。スミスの金銀観においては，諸種の生産物を多量に産出する生産力に恵まれた富める地域では金銀の「価格」が高くなり，多量の金銀が流入することになる。そうした地域の代表として，スミスが「東インド」の中国とインドを挙げているのはとりわけ重要な意味をもっている。これらの国は現在ではヨーロッパや北アメリカのように経済がめざましく成長しているとはされていないけれども，大量の生活資料を金銀との交換に提供できるだけの生産力をもつ国であり，したがって金銀の「価格」はヨーロッパよりも高いとされているのである。こうした判断は「東インド地方，とくに中国やインドスタンでは，貴金属の価値は，ヨーロッパ人がはじめてそれらの国と貿易を始めたときには，ヨーロッパでよりもはるかに高かったし，またいまでも引き続き高い」(WN 223/訳(1) 357) という言明にも語られている。しかもスミスが，中国やインドを伝統的に近代ヨーロッパのような重商主義政策を追求してきた国とは認識していないことは特筆に値する。これらの国が金銀追求を貿易政策として推進してきた国ではないにもかかわらず，そこに大量の金銀が流入することは，金銀の流入を左右するのは順なる貿易差額を追求する政策ではなくその国の生産力とそれを基盤とする金銀への購買力であることをスミスに確信させる好個の実例であったろうと思われる。スミスは，金銀のグローバルな流通とそれを通した金銀の各国への流入の動向の透徹した観察によって，ヨーロッパ諸国で支配的であった貿易政策を批判するための1つの足掛かりを得たのであろうと推察されるのである。

参 考 文 献

Frank, A. G. 1998. *ReORIENT*. Berkeley and Los Angeles: University of California Press. 山下範久訳『リオリエント』藤原書店，2000。

Hume, D. [1752] 1987. "Of Money" in *Essays Moral, Political and Literary*, ed. by E. F.

Miller, Revised ed., Indianapolis: Liberty Fund. 田中敏弘訳『ヒューム 道徳・政治・文学論集［完訳版］』名古屋大学出版会，2011。

Locke, J. [1691, 1696] 1968. *Some Considerations of the Consequences of the Lowering of Interest, And Raising the Value of Money. In a Letter sent to a Member of Parliament,* The Second Edition Corrected, 1696, reprinted ed., New York: A. M. Kelley. 田中正司・竹本洋訳『利子・貨幣論』東京大学出版会，1978。

O'Brien, D. P. 1975. *The Classical Economics,* Oxford: Clarendon Press.

Schacht, H. 1900. *Der theoretische Gehalt des englischen Merkantilismus,* Berlin. 川鍋正敏訳『イギリス重商主義理論小史』未来社，1963。

Smith, Adam. [1776] 1976. *An Inquiry into the Nature and Causes of the Wealth of Nations,* ed. by R. H. Campbell and A. H. Skinner, 2 vols., Oxford: Oxford U. P. 水田洋監訳・杉山忠平訳 『国富論』(1)〜(4)，岩波文庫，2000-2001。大河内一男監訳 『国富論』Ⅰ〜Ⅲ，中公文庫，1978。

────1978. *Lecturers on Jurisprudence,* ed. by R. L. Meek, D. D. Raphael and P. G. Stein, Oxford: Oxford U. P. 水田洋他訳『アダム・スミス法学講義 1762-1763』名古屋大学出版会，2012（LJA の邦訳）/ 水田洋訳『法学講義』岩波文庫，2005（LJB の邦訳）。

Viner, J. 1937. *Studies in the Theory of International Trade,* London: George Allen and Unwin.

大森郁夫 1996『ステュアートとスミス―「巧妙な手」と「見えざる手」の経済理論―』ミネルヴァ書房，第 5 章。

小林昇 1976「国富論体系の成立―アダム・スミスとジェイムズ・ステュアート―」『小林昇経済学史著作集Ⅰ 国富論研究(1)』所収，未来社，第 5 章。

島田竜登 2010「世界のなかの日本銅」荒野泰典・石井正敏・村井章介編『日本の対外関係 6 近世的世界の成熟』所収，吉川弘文館。

松井透 1991『世界市場の形成』岩波書店。

八幡清文 2011「アダム・スミスのグローバリゼーション認識」『国際交流研究』（フェリス女学院大学国際交流学部紀要）(13)：35-73。

──── 2013「アダム・スミスのヨーロッパ後進国経済論―スペイン，ポルトガル経済の分析―」『国際交流研究』（フェリス女学院大学国際交流学部紀要）(15)：55-80。

──── 2014「アダム・スミスの新興地域経済論―英領北アメリカ植民地経済の分析―」『国際交流研究』（フェリス女学院大学国際交流学部紀要）(16)：169-194。

──── 2015「アダム・スミスのアジア社会経済論」『国際交流研究』（フェリス女学院大学国際交流学部紀要）(17)：63-107。

第 2 章

アダム・スミスの教育経済論と共感論
──アダム・スミス『国富論』と『道徳感情論』との関連で──

前 原 直 子

1. はじめに

本章は,アダム・スミス(Adam Smith, 1723-1790)の『道徳感情論』(*The Theory of Moral Sentiments,* 1759)と『国富論』(*An Inquiry into the Nature and Causes of the Wealth of Nations,* 1776)を相互補完的に捉え,スミスの経済理論を道徳哲学的アプローチから包括的に捉え直す試みの1つである[1]。

本章では,アダム・スミス『国富論』の体系を〈利己心の体系=「生産力の体系」〉と捉え,それを支える原理が「共感(sympathy)」[2]原理にあることを教育経済論の視点から明らかにする。

結論を先取りすれば,スミスの教育経済論とは,基礎教育(「国民教育」)と仕事における〈実際教育〉によって諸個人の知的・道徳的能力が向上し「共感」能力が高まれば,「利己心」が喚起され,「勤勉」な努力を通じての「才能

---

1) 本章は,前原直子(2015a)の構想をもとに大幅な改正を加え,新たに書き直したものである。アダム・スミス『道徳感情論』(1759)からの引用に関してはTMSと表記,『国富論』(1776)からの引用に関してはWNと表記,D. ヒューム『人性論』からの引用に関してはTHSと表記した。引用文中の〔　〕は筆者の補足説明である。また必要に応じて随時,改訳を施した。なお本文中の〈　〉は前原直子の規定,《　》は前原正美の規定であることを示す。

2) sympathyの訳語は,従来のスミス研究では一般に「同感」と訳されることが多かったが,本章では「共感」の訳語を使用した。

(talent)」＝「能力」の向上→生産力の増進→資本蓄積の進展→富裕の全般化→高賃金による生活水準の向上，という経路で教育が経済成長に結実する，という主張である。

スミス『道徳感情論』(1759)は初版で公刊されて以来，30年の歳月をかけて第6版(1790)まで改訂された。17世紀後半のスコットランドは，長期の経済的不振の時代のなかにあったが，1707年イングランドとの合邦により植民地貿易の機会を与えられ，経済的繁栄の時代を迎えた。経済的繁栄は富のために徳を捨てるという社会問題をスコットランドにもたらした。『道徳感情論』第6版で大幅な変更が加えられた背景には，こうした社会問題があった。『国富論』は『道徳感情論』初版から第6版までの改訂のあいだに執筆・公刊されている。

この時代，ニュートン (Sir Isaac Newton, 1642-1727) の万有引力の法則の発見は，社会科学の形成にも大きな影響を与え，実験哲学の導入，科学と道徳世界の統合による発展がなされた。スミスは，宇宙を秩序立てる引力のように，人間社会を秩序立てるものは何か，という疑問から「共感」原理を社会の秩序形成の原理として適応したと考えられる[3]。『道徳感情論』においてスミスは，道徳的判断力である「共感」によって社会秩序が形成されることを主張した。スミスによれば，人間諸個人が幸福を実現するためには，人間諸個人の利己心の追求・発揮と「共感」能力の向上が極めて重要である。

スミスに先立つ F. ハチスン (Francis Hutcheson, 1694-1746) も，スミスの後を継承する J. S. ミル (John Stuart Mill, 1806-1873) も，「共感」の作用によって人間諸個人が「徳」を培い，公共性を獲得し社会的存在になりうることを主張した[4]。ではスミスにおける「共感」原理との違いはいかなるものであったのか。スミスの「共感」原理については本章第3節にて検討する。

本論に入る前に近年のアダム・スミス研究の動向を概観したい[5]。

---

3) 社会科学におけるニュートン主義の問題性については，長尾 (2001) 参照。
4) J. S. ミルの「共感」原理に関しては，前原直子 (2013) を参照。
5) 1970年代から1980年代前半までアダム・スミス研究の特徴を田中 (1997) は，①「スミスの諸著作の総合解釈」と「スミス思想の総体把握」，②「商業社会の陰をも

海外のスミス研究の動向は，(1)『国富論』におけるスミス経済学を「より包括的な道徳学の構想」のなかで相対的にマイナーに位置づけ，利己心と自己改善能力に関する人間本性論，歴史理論，政治学，法学，修辞学，文体論などという，スミスの思想体系の豊潤で多面的な要素が重層的に織り込まれた作品として吟味される傾向」にある。(2) またスミスを単なる「自由市場経済の擁護者」とは捉えずに，より包括的な道徳哲学者として解釈する。そして『国富論』の経済理論をワルラス・モデルをベースとする新古典派理論の原型と見なすという新古典派的スミス解釈を批判する立場にたつ。(3) さらに『国富論』の「政府の役割」を「立法の科学」として再評価する動きがある[6]。

スコットランド啓蒙研究は，徳性を犠牲にして富のみを追求する重商主義的富国観と，富よりも徳性を説いて古典的な公民を重視するシヴィック思想との格闘を揚棄するものとして形成された。シヴィック的伝統に傾倒するウィンチは，スミスが諸個人は利己心を合理的に追求しようとするだけではなく，人びとのなかに「公共精神」を喚起し社会の幸福の増進を意図する，と捉える[7]。ウィンチ (1978) は，『国富論』をスミス政治学あるいは政治思想を具現化する著作と捉え，自由放任主義的な資本家イデオロギーという旧来のスミス像を修正しようとする。スミスにおける分配的正義や為政者の「公共精神」を強調し，伝統的なスミス研究に「修正」を加える論考にヤング (1997) がある[8]。

渡辺 (1989) は，啓蒙研究をふまえた『国富論』研究から政治の指導者たる唯一の社会層を考察し結論を導きだしている[9]。

見据えた懐疑的・政治的なスミス像」，③「制度的・法的枠組みへの注目にある」と整理する（田中 1997，上 8-10）。
6) 渡辺 (2011, 101-103)。
7) 和田 (1992, 23-24)。Winch (1978).
8) 渡辺 (2011, 104)。Young (1997).
9) 渡辺 (1989) は，『国富論』における政治と経済を再検討し，資本家階級の利益は社会の利益に反する（富裕の増進は利潤率を低下させる）から，この階級は政治の主体になる資格はない。労働者の利害は社会の利害に合致するが（富裕の増進は賃金を上昇させる），彼らの教養と見識は政治の主体にあるには不足している。一方，地主の利害は社会の利害と合致しており（富裕の増進は地代を大きくする），地主は教養も見識も公共心も身につけられる存在であり，政治の指導者になる唯一の

星野の一連の研究（2002, 2010, 2013, 2014）は，スミスの価値論を「才能価値論」と捉え，ヒュームの「勤労の増進」をスミスが継承しているというスミス⇒ヒュームの継承関係という独自の視点を主張している[10]。

前原正美（2013）は，スミス幸福論を《絶対的幸福》と《相対的幸福》という論点から経済理論にもとづいて解明する[11]。

以上の先行研究をふまえて，本章は，従来の研究で主張されてこなかった，アダム・スミスにおける教育経済論という独自の論点を「共感」原理に基礎づけて提示するものである。本章第2節では『国富論』における教育経済論，第3節では「共感」原理，第4節では『道徳感情論』における教育経済論を考察する。

2. 『国富論』における〈利己心の体系〉と教育経済論

2-1 〈利己心の体系＝「生産力の体系」〉における《相対的幸福》

『国富論』においてスミスは，富の概念を「金銀」から「生活必需品」へと転換させ，豊かさを「金銀」でなく「労働によって獲得しうる商品」とした。スミスが，富の概念を転換したことは，『国富論』における幸福論にも現われている。『国富論』によれば，人間の幸福とは生活水準の向上にある。人間は，まずは「生活必需品」の獲得，つぎに「便益品」の獲得，そして「奢侈品」の獲得という経路で生活水準を向上させていく。

スミスによれば人間の幸福とは，人生の出発点においては自らの「利己心」

　社会層だ，という結論を導いている。『国富論』において「自然的自由の体系」を展開するスミスの主張に従えば，私見（前原直子 2016）では，地主が唯一の政治指導者層であるという見解はむしろ T. R. マルサス（Thomas Robert Malthus, 1766-1834）の見解に近いと思われる。

10）　星野（2002, 2010, 2013, 2014, 133-144）。

11）　前原正美（1998, 98）は，ミルの「共感」原理を経済理論とむすびつけて分析し，ミルの「共感」には，①人間相互間の是認としての共感，②「同胞感情」としての共感，③利他心（公共心）としての共感，④感動の心としての共感の4点があることをはじめて解明した独創的研究である。また前原正美（1998）は，2つの「停止状態」論を展開し，ミルの理想的市民社会は《利己心の体系》から《公共心の体系》への移行によって実現されること，それは同時に《ザイン（Sein）としての「停止状態」》から《ゾルレン（Sollen）としての「停止状態」》への移行によって実現されることをミル独自の労働費用・利潤相反論に基礎づけて明らかにした。

を充足させることのなかにある。社会の構成員である資本家と労働者双方の利己心は，利己心の発揮→生産力の増進→社会的生産力の増進→一国の資本蓄積の進展→富裕の全般化→資本家の利潤増大と労働者の生活水準向上→十分な食料の確保と衣食住の生活基盤の形成，という経路で充足される。スミスが『国富論』において資本蓄積論を展開した大きな理由は，資本家にせよ労働者にせよ，自らの人生の明確な目標を設定し，物質的利益の増大・生活水準の向上という《相対的幸福》を実現して自らの利己心を充足してこそ，初めて人間諸個人は自らの「心の平穏」の保持＝《絶対的幸福》[12]を実現することができる，と考えたからに他ならない。

スミスは『国富論』において，生産力視点に立脚し資本蓄積論を展開し，そのなかで人間諸個人の物質的利益の増大を通じて利己心が満たされる，と主張した。『国富論』においては，「共感」能力の向上＝人間的成長という意味での教育の重要性が主張され，「共感」能力の向上が生産力の増進→資本蓄積の進展→富裕の全般化をもたらすという教育経済論が展開されている。

スミスによれば，真の幸福の認識・自覚に至るには，「利己心」の充足が必要条件であり，「利己心」を喚起するためには，教育によって「共感」能力の向上を図り，人生の目標を設定することが前提となる。『道徳感情論』によれば，真の幸福とは，「心の平穏」の保持＝《絶対的幸福》にある。『道徳感情論』においてスミスは，ある一定の目標を達成したのちは，むしろ利己心の「自己抑制」が重要である，と主張したが，諸個人の「自己抑制」には教育が重要な条件となる。

人間諸個人が自らの幸福を実現してゆくためには，人生の目標が必要であ

---

12) 本章は，《相対的幸福》と《絶対的幸福》の概念規定に関しては，前原正美（2013）に依拠した。《相対的幸福》とは，「他者や社会からより高い社会的賞賛＝社会的是認を獲得するということであり，つまりは自分自身の存在価値を社会において他者と比較して相対的優位性―富の大きさ，社会的地位や名声，能力や才能―を獲得するプロセスのなかに自らの幸福を見いだす，という幸福」と規定される。《絶対的幸福》とは，「現実の不完全な自分自身＝「良心」に従えない現実の自分自身から，「良心」に従って自己を改善し，より完全なる自分を創造してゆくことのなかに自らの幸福を見いだす，という幸福」と規定される。

る。《相対的幸福》の実現を目指し，「勤勉」に自己「努力」する人間が増えてゆくならば，イギリスは生活水準の高い経済社会を形成するのみならず，国家の税収を増やし，道路の整備や港湾の建設など公共事業を通じて，一国の資本蓄積を進展せしめ，豊かな経済社会を実現する。人間諸個人は何よりもまず自ら定めた人生の目標にむかって利己心を発揮するとき，「勤勉」な自己「努力」を通じて「労働能力を増進」し「才能」を引きだす。そのプロセスを通じて《相対的幸福》を実現し，その結果として社会的利益に結実するのである。

『国富論』第 1 編第 8 章「高賃金」論によれば，人間諸個人の利己心の発揮は，自分たち自身の生活水準を押し上げ，物質面における人間の幸福＝《相対的幸福》の実現へと導く。資本家階級と労働者階級との利己心が喚起されるならば，両者の利潤増大と生活水準向上とがともに実現し，「自分自身の利益」を追求することが，結果として「社会」全体の幸福につながる。社会全体の幸福のためには，諸個人が利己心を自由に発揮できることが重要であり，職業選択の自由，移住の自由も必要となる。

> どの個人も，自分が自由になる資本がどれほどであろうと，そのためにもっとも有利な仕事を見いだそうと，たえず努力している。彼の眼中にあるのは，まさに自分自身の利益であって，その社会の利益ではない。しかし彼自身の利益の追求が自然に，あるいはむしろ必然的に，その社会にとってもっとも有利であるような仕事を彼に選ばせるのである（WN I, 454/訳 ② 300）。

スミスは分業の進展による生産力の増進と資本蓄積による経済成長を主張したが，無条件の経済成長論者ではなかった[13]。またスミスは成長の限界を認識しており，やがて経済成長が静止することも認識していた[14]。

13） 田中（2009）は，スミスを「生産力」論者ではあるが「生産力主義者」ではないとする。『国富論』は，生産力の増大による経済成長を主題にしながらも，貨幣政策による景気刺激策を原理的に否定し，すべてを長期の自然均衡論に任せる循環型経済理論であった」（田中 2009, 110）。

富とは,「必需品」「便益品」であり,「労働によって獲得しうる商品」である。富の源泉は「労働」であるとしたスミスは,『国富論』第1編第5章において労働を「不変の価値尺度」とした。

> 労働だけが,それ自身の価値に変動がないために,いつどこでもすべての商品の価値を評価し比較することができる,究極的で真実の規準である(WN I, 51/訳①68)。

スミスは「必要品」を2つに整理する。第1は,「生活を維持するために必要な商品」,つまり「自然的必要」である。第2は,「その国民の慣習上,最下層の人々でさえそれなしには信用ある人物としては見苦しいとみなされるようなすべてのもの」つまり「慣習的必要」である[15]。スミスにおいては,人間諸個人の貧富の差は,「生活必需品」「便益品」「奢侈品」を享受する能力がどの程度あるかによる。

スミスは,労働者に対しては,高賃金によって生活水準の向上を図ることができるとした。高賃金の経済論の論拠は,第1に,高賃金は「勤勉」をもたらし低賃金は「怠惰」をもたらすという論点である[16]。人間は,高い賃金を得ている者,高い地位を得ている者に対して,「自分もあのようになりたい」と共感する性向があるがゆえに,高賃金は,労働者に「勤勉」の動機を引きだ

---

14) 前原直子(2010)参照。J. S. ミルは,自然法則の制約性(土地収穫逓減法則と人口法則)にもとづき「定常状態(stationary state)」論を急務な課題として展開した。それに対してスミスの「定常状態」論においては自然法則の制約性という観点がないことと時代背景が異なることから,利潤率低下に伴う「定常状態」の到来は遠い将来の問題とされた。
15) 新村(2011)参照。スミスに先立ちジェイムズ・ステュアートが「生理的必要」「政治的必要」という区別を行っている(Steuart [1767] 1961, I -413)。
16) これに対し低賃金の経済学の主張は,低賃金は「勤勉」と「節約」という「徳」をもたらすという人間観・倫理観である。その第1の論拠は,労働者は「週4日の労働で生活を維持できるとしたら,決して5日目には労働しないだろう」というマンデヴィル説にある。マンデヴィル説は,怠惰な労働者に長時間労働を強制するためには低い賃金率が必要であるという考え方である。

す。第2に，高賃金は労働者の「勤勉」をもたらし「生産力」を高めるので，国際競争力が下がることはない。第3に，高賃金は輸入品に対しても国産品に対しても市場を提供し，生産量を増大させるとともに，分業を進展させて労働生産力を高める[17]。

スミスは，高賃金が「勤勉」をもたらすという論拠を「共感」原理にもとづき説明する。この点は4-2で，『道徳感情論』の自然の欺瞞論との関連で詳しく論じる[18]。

2-2 「自然的自由の体系」と資本蓄積の進展

『国富論』においてスミスは，重商主義政策が撤廃され，イギリスにおいて私有財産制度と自由競争制度を両輪とする資本主義社会＝「自然的自由の体系（system of natural liberty）」が構築されるならば，資本家階級の投資意欲と労働者階級の勤労意欲は著しく高まり，したがってまた資本家階級と労働者階級の利己心が自由に追求・発揮される結果，生産力の増進に伴って社会的生産力が増進し一国の資本蓄積が順調に進展し，富裕が社会の最下層の労働者にもゆき渡る，と主張した[19]。フライシャッカー（2004）は，『国富論』の究極の課題を

---

[17] 経済的に低賃金が望ましいという低賃金の経済論の代表者には，マンデヴィル，ステュアートがいる。重商主義は低賃金の経済論に依拠する。第2の論点は，貿易差額のためには，高賃金は有害であり，低賃金は望ましい。また輸出＝供給面では，高賃金は生産費を引き上げて輸出を減らし，低賃金は生産費を引き下げて輸出を増やす。第3の論点は，輸入＝需要面では，高賃金は労働者が消費する奢侈品の輸入を増加させるが，低賃金はその傾向を抑制する。したがって輸出＝供給と輸入＝需要の両面において，高賃金は貿易差額にマイナスに働き，低賃金はプラスに働く（新村 2011）。

[18] 前原直子（2011, 100-226）参照。スミスの経済理論に対してミルの経済理論は，労働能率の向上にもとづく実質賃金論である。労働者の知的・道徳的水準の向上→労働能率（生産効率）の向上→生産量の増大と資本家にとっての生産費の低下→利潤の増大，他方で労働者の知的・道徳的水準の向上→労働能率の向上→生産量の増大→生産費の低下→必需品価格の低下→実質賃金の増大となる。ミルの場合，《「労働能率」の主体的要因》の改善という視点があり，「労働」を提供する「労働者」を人的資源と考える萌芽といえる。

[19] スミス資本蓄積論については，高島（1968, 1974），和田（1976, 1978, 2012）を参照した。

「最下層貧民にまで富裕（富）が浸透する社会状態の実現」と見ている。アスプロモーガス（2009）も『国富論』の課題は，「労働者階級の物質的幸福の増進」にあるという理解を示している[20]。

「自然的自由の体系」[21]とは，人間諸個人が「正義の法」を犯さないかぎりにおいて利益の増大を目指して利己心を発揮でき，「すべての階級の人びとの勤労と資本」が「完全な自由」に「競争」しうる社会であり，社会を構成するすべての人間が自らの利己心を自由に発揮し生産力が増進する社会である。その意味で〈利己心の体系＝「生産力の体系」〉といえた[22]。資本が社会的に解放されるならば，資本主義的企業が増えてゆくのに伴って雇用数が増えるので，労働が社会的に解放されて，労働者の雇用が著しく増え，生産的労働者が増加し，したがって不生産的労働者が減少するため，労働者1人あたりの知的・道徳的能力がこれまでと同じ状態でも，社会的生産力が増進し，資本蓄積が順調に進展し，資本家の利潤と労働者の生活水準が向上する。

　　　優先の体系であれ，抑制の体系であれ，すべての体系がこうして完全に

---

20) 渡辺（2011, 101-103），Fleischacker（2004），Aspromourgos（2009）。
21) 田中（2009）はスミスが『国富論』で展開した「自然的自由の体系」思想の根本原理は，ストア派以来の「自然の体系（システム）」思想にその起源があるとする。「神の設計（予定）した自然の必然法則は誰にも見えないことから，人間には自然の必然法則を離れて行動する偶然・自由の余地がある」と考えて人間が自由に行動することによって，「自然の必然法則のより良い実現につながる」という原理である（田中 2009, 58-59）。
22) 高島（1968）によれば，スミスの主張する「経済の世界」とは，一言でいえば「生産力の体系」であり，生産力は「労働工程の上だけの分業」によって飛躍的に増進するのみならず，社会的分業によって増進する。すなわち「職業と職業の分業，農業と工業および商業との分業，さらに都市と農村との分業など社会全体に」わたる分業が生産力を増進させることを主張している（高島 1968, 93-99）。前原直子（2006a）は，スミスの体系を生産力の視点から〈利己心の体系＝「生産力の体系」〉と捉え，スミスにおける利己心の重要性をJ. S. ミルへの継承関係において論じている。また前原直子（2006b, 2007, 2010, 2011）の一連の研究では，J. S. ミルがスミスの体系を再構築することを問題意識としていたことを主張している。前原直子（2006a, 2006b, 2007）はスミスが株式会社を消極的に捉えていたことをJ. S. ミルの株式会社論との対比で論じた。

除去されれば，明白かつ単純な自然的自由の体系が自然に確立される。だれでも，正義の法を犯さないかぎり，自分自身のやり方で自分の利益を追求し，自分の勤労と資本を他のどの人またはどの階級の人びとの勤労および資本と競争させようと，完全な自由にゆだねられる（WN II, 687/ 訳 ③ 339）。

スミスは，ステュアートの『経済の原理』(1767) と出会い，「「自然的自由の体系」実現のための社会的人間主体の確立という『道徳感情論』以来の主題」を改めて「『国富論』の中核主題」とした。このことは「重商主義的貨幣政策体系に必然的に付随する政府主導の政治学からの経済学の解放＝独立」を可能にしたのである[23]。

2-3 利己心の発揮と《相対的幸福》

スミスによれば，人間本性は利己心と利他心にあるが，基本的に人間は何よりもまず，利己心が作用するため，人間は利己心を発揮することなしに自らの心を満たすことはできない。

『国富論』における人間の幸福とは，人生の出発点においては何よりもまず，生活水準の向上＝経済的に豊かな生活を獲得することにある。「食物が用意されれば，必要な衣服や住居を見いだすのは容易である。しかし必要な衣服と住居は身近なところにあっても，食物を見いだすのが困難なばあいはしばしばあるだろう」（WN I, 180/ 訳 ① 287）という叙述から，スミスが食→衣→住という順に必需品の重要性を考えていたことがわかる。したがって人間の利己心は，第1に，食糧などの「生活必需品」の獲得に向けられ，第2に衣類や住居の獲得にむけられる[24]。第3に人間の利己心は，「奢侈品」にむけられる。そして

---

[23] 田中 (2009, 108-111) は，スミスがステュアートの『経済の原理』に接して「供給側の経済理論」を「人間の自然の生活改善願望に基づくインダストリー節約論」中心に構築したことを指摘する。スミスはマンデヴィルから大きな影響を受けながら，「マンデヴィル＝ステュアート的な内需説や内債弁護論に反対し，私悪（奢侈）⇒公益論を否定」し，「私人の自由な利己心追求が公益につながるため」には，「奢侈ではなく生産的労働とその成果の節約が不可欠である」と考えたのである。

[24] スミスにおける利己心の重要性は，『道徳感情論』においてつぎのように主張され

最終的に人間の利己心は,「社会的賞賛」の獲得にむけられる。

人間の目標は,「生活必需品」の獲得→最低限の生活の維持・再生産→「便益品」の獲得→生活水準の向上→生活上の余裕→「奢侈品」の獲得→「社会的賞賛」の獲得→《相対的幸福》の向上にむけられる。スミスは《相対的幸福》の実現のためには,各人の職業選択の自由が可能であることが条件となると考えた。

> このことは,すくなくとも,ものごとがその自然のなりゆきにゆだねられ,完全な自由があり,すべての人が自分の適切と思う職業を選ぶのも,適当と思うごとに職業を変えるのも,完全に自由であるような社会では,事実だろう。だれもが自分の利害関心にうながされて有利な職業を求め,不利な職業を避けるだろう(WN I, 116/ 訳 ① 176)。

職業上の選択の自由を実現するためにも,独占の撤廃は不可欠であり,それによって「自然的自由の体系」が形成されると,資本家と労働者の利己心の発揮が可能となる。分業が進展するにつれて,労働者の「技巧」「能力」「才能」が向上して生産力も増進し,それに伴い社会的生産力が増進すると,一国の資本蓄積が進展して富裕の全般化が実現する。労働者は「高賃金」を得て生活水準が高まり,経済的生活の豊かさを獲得すると,教育が可能となるので,人間諸個人の知的・道徳的能力がこれまでよりも向上する。このことは,「共感」能力を向上させるので,生活水準のさらなる向上への欲求が生まれ,各人は自身の利己心を発見する。生活水準向上の欲求=利己心は,将来に対する思慮・「勤勉」な自己「努力」・自己抑制などの「慎慮の徳」を形成し,より高い人生の目標を設定させる。「勤勉」な自己「努力」は,人生の目標の達成=生活水準の向上→利己心の充足=人間の《相対的幸福》の実現を可能とする。《相対

る。「貪欲と野心の,富,権力および優越の追求の,目標はなんであるのか,それは,自然の諸必要を満たすためであるか。もっともつまらぬ労働者の賃金でさえ,それを満たすことができる。その賃金がかれに,食料と衣服と,住宅および家族という快適さを提供するのを,われわれは見ている」(TMS I, iii. 2.1./訳 上 128)。

的幸福》の実現プロセスをシェーマ化すると図2-1のようになる。

図2-1 《相対的幸福》

| 独占の撤廃→「自然的自由の体系」の構築→資本家と労働者の利己心の追求・発揮→分業の進展→労働者の「技巧」「能力」「才能」の向上→生産力の増進→社会的生産力の増進→一国の資本蓄積の進展→富裕の全般化→経済的生活の豊かさの実現→教育の有効性→人間諸個人の知的道徳的能力の向上→「共感」能力の向上→生活水準向上への欲求＝利己心の発見→「慎慮の徳」の形成・より高い人生の目標の設定→「勤勉」な自己「努力」→人生の目標の達成＝生活水準の向上→利己心の充足＝人間の《相対的幸福》の実現 |

出所）前原直子作図（2014；2016）。

前述の如く，資本家と労働者の利己心の追求・発揮は社会全体の経済的豊かさと結びつき，《相対的幸福》の実現に大きな寄与を成す[25]。

2-4 「労働生産力の改善」(「生産力の体系」)と分業論

『国富論』のスミスは，資本蓄積の進展の結果，市場の拡大を通じて，社会的分業が促進され，生産的労働者が増えれば，労働者階級の生活水準も著しく向上し，衣食住を生活上の土台として，人生の目標にむかって利己心を発揮することができる，と主張した。そうした経済的に安定した豊かな生活基盤を形成した社会では，教育者や哲学者や医者や法律家などの不生産的階級が，人びとの「社会的賞賛」を受けて，新たな時代の社会的担い手として社会的に有用な存在となる。かれらに対する憧れは，目標を与える。この点，『道徳感情論』においては〈自己の他者に対する是認感情としての共感〉が各人に目標を与える，という「共感」原理にもとづくメカニズムが考察されている。この点を本節で分析する[26]。

---

25) この点に関しては，田中（2009, 116）「生活改善願望論」を参照。スミスが「生活改善願望論」を提示することによって，「ケネーの完全自由論を批判する一方，政府が貨幣政策その他の形で経済過程に介入するポリティカル・エコノミーを批判した」。スミスはステュアートの「貨幣的経済理論批判を契機に貨幣に代る経済成長エンジン論」として「生活改善願望論」を展開した，と田中は主張する。

資本蓄積の進展に伴い，市場が拡大するにつれて，「分業」が進展してゆくと，労働者たちは自らの生活水準を高め，富＝物質的利益の増大によって，衣食住の生活基盤の形成を実現しうる。こうして労働者の幸福の追求とその実現が保証される。

『国富論』第1編「分業」論においてスミスは，分業ならびに社会的分業にもとづく資本蓄積が富＝生産物（商品）の増大と社会全般の富裕をもたらし，労働者の生活水準向上を実現するとして「分業」を積極的に評価した。

スミスが評価した「分業」は，従来の研究では，労働工程の単純化・細分化→生産過程の効率化→生産量の増大という量的側面が強調されることが多かった。これに対して星野（2014）は，分業はその過程において「労働能力」（熟練，技量，判断力）＝「才能（talent）」の大幅な向上が見込めること，いいかえれば分業に伴い生産される「消費財の量的・質的な増進」だけでなく，「才能価値の増進」も実現しうることを明らかにした[27]。

スミスが分業を評価するのは，分業による特定分野への専念が「結果として」人びとの資質を向上させると考えたからである。この点は，J. S. ミルの《「労働能率」の主体的要因》の問題と関連する。ミルは『経済学原理』第1編「生産」論において「生産上の改良」について論じ，労働者は分業協業体制のなかで「実際教育」を通じて「労働能率」を高めてゆくという《「労働能率」の主体的要因》の改善を主張する。ミルにおいては，「実際教育」を通じて経済効率の向上が実現するという教育経済論の視点が展開されている[28]。

スミスにおいても，「分業」により「特定の職業に専念」することが「結果

---

26) 本章では「生活水準の向上」に対する欲求・願望を「利己心」としている。
27) 星野（2014）は，スミスが「分業に伴う科学知識等による才能向上視点を説き，それを測る価値理論を提起」しているとして，これを「才能価値論」と規定した。「科学知識を分業→機械化等に設計・技能化する才能は，科学の発達に伴って不断に向上し，市場で価値づけられる。その才能価値は自然進化ではなく，人為的科学の利用能力である」。「1万倍」ともいわれる「未開と文明の能力格差」を解明する鍵として「才能価値論」＝「科学知識→才能の内生的成長論」を展開する（星野 2014, 133-144）。
28) 前原直子（2011, 2015a, 2015b）参照。

として」人びとの「労働能力」と「資質」を向上させると考えられた。ここに労働の場における教育が経済成長を促すという視点がある。

人間諸個人は，経済的な生活の豊かさや，物質的な利益の増大によって，経済的な生活基盤を形成すると，教育を受けられるようになる。各人が教育によって知的・道徳的能力を向上し，自らの「才能」＝自己「能力」に応じた専門知識を獲得してゆけば，自らの「勤勉」と自己「努力」によって，自らの望む仕事に就いて，自らの目標を達成し高賃金を獲得することが可能となる。スミスは教育の重要性をつぎのように主張している。

　このようにして，自分自身の労働の生産物のうちで自分が消費しきれない部分をすべて，他人の労働の生産物のうちで自分が必要とする部分と，確実に交換することができるのだということが，各人を特定の職業に専念するように，そしてその特定の仕事に対して彼がもつあらゆる才能 (talent) や資質 (genius) を育成し完成するように，しむけるのである (WN I, 28/ 訳 ① 40)。

　さまざまな人の生まれつきの才能の違いは，実際には，われわれが意識しているよりもはるかに小さいのであり，成人したときに，さまざまな職業の人たちを隔てるようにみえる大きな資質の相違も，分業の原因であるよりは，むしろ結果である場合が多い。たとえば，学者とふつうの路上の運び屋とのあいだのように，もっとも似ていない性格のあいだの相違も，生まれつきによるよりはむしろ習性，風習，教育によるように思われる (WN I, 28-29/ 訳 ① 40-41)。

スミスのこの叙述は，人間はだれしも「生まれながらの才能」をもっており，その差はわずかだが，教育によってその「才能」が引きだされることを意味している。

『国富論』においてスミスは，生産力視点に立脚し，資本の社会的解放を通

じて労働の社会的解放が実現すれば,資本の増加に伴って資本主義的な発展が促進され,雇用の増加,生産的労働者の増加と賃金の上昇が実現し,富裕の全般化が促進されてゆくという資本蓄積論を提示した。スミスにおける利己心の問題は,人間が幸福を実現するために極めて重要である。分業は細分化された1つの仕事に専念することから,「才能や資質を育成し完成」するのである[29]。

スミスの『国富論』の偉大さは,「分業」を引きだす原因を,人間の「交換性向」という性向と利己心という本性に求めた点である。「分業」は,「職人の技量(dexterity)の向上」,「時間の節約」,「機械の発明」によって「労働生産力の改良」を実現可能とする。

> 分業の結果,同じ人数の人たちのなしうる仕事の量が,このように大いに増加するのは,3つの異なる事情による。第1に,すべての個々の職人の技量の向上,第2に,ある種類の仕事から別の仕事に移るさい通常失われる時間の節約,そして最後に,労働を容易にし,省略し,一人で多人数の仕事ができるようにする,多数の機械の発明(invention)による(WN I, 17/訳①29)。

文明と未開の差を説明するのにスミスは人間労働に着目し,疑問を解く鍵を『国富論』第1編表題冒頭の「労働生産力の改良」に求めた[30]。工場内の細分化された分業は,「技量」の改良と向上によって「労働生産力を改良」し「全体としてより多くの仕事がなされ」その中枢を成すのが「科学」と「科学知識」であった[31]。

---

29) 星野(2014)における「分業」が「才能」を引きだすという「才能価値論」の視点は,これまでのスミス研究で捨象されてきてしまった重要な視点である。
30) 星野(2014)では,『国富論』冒頭第2章の「交換性向」に伴う才能向上論によれば,「「未開」が未開のままにとどまった理由は,その「交換性向」が未開のままに閉じ込められていたからであり,したがって,それが開放される度合に応じて文明化の進度も早まる」と分析されている。
31) 星野(2014, 138-139)。

社会が進歩するにつれて科学 (philosophy) や思索が，他のどの職業とも同じく，特定の階層の市民たちの主要あるいは唯一の仕事となり職業となる。また他のどの職業とも同じように，この職業も多数のさまざまな分野に細分化され，その一つ一つが特定の集団ないし種類の科学者たちに職業を与えるし，また科学におけるこの職業分化も，他のどの仕事の場合とも同様に，技量を改良し，時間を省くことになる。各個人は自分自身の特定部門で一層の専門家になり，全体としてより多くの仕事がなされ，科学知識 (science) の量も大いに増加する（WN I, 21-22/ 訳 ① 33）[32]。

「科学者 (philosopher)」は「もっともかけ離れていて似たところがない諸対象の諸力 (powers) を結合することが，しばしばできる人たち」であり，その意味で生産的労働者であった[33]。知識を体得・継承し，それを積み重ねていけば，その最新の成果を学び活用する人類の能力＝才能は，その科学知識の発達とおおよそ同じ歩調で伸長する[34]。

　知的労働の価値換算についての理論がスミス体系にはほとんど含まれていなかった[35]。

　スミスは，「交換性向」がいかに人間を人間として科学と文明を発達させるかというプロセスを，動物の才能の差を例に挙げて説明する。動物には才能の

---

32) 只腰（1995）第8章参照。
33) 田中（2013）第2章参照。
34) 星野（2014, 139-140）。
35) 星野（2014, 133, 141）は，「スミスの才能向上＝価値増進視点をリカードは継承」せず，「J. S. ミルを初めすべての経済学派はこの放棄説を踏襲し，通説化してきた」と主張している。しかしミル『経済学原理』（1848）においては，「自己能力」＝「才能」の向上という視点が貫徹されており，「J. S. ミル」に関しては星野氏の指摘は妥当性がない。前原正美（1998）によれば，リカード賃金・利潤相反論の場合，労資対立を導きだすため，J. S. ミルは労働費用・利潤相反論という形に組み替えてリカード相反論を継承し，それによって労資協調が成立するモデルを提唱した。労資協調が成立するためにミルは《「労働能率」の客体的要因》の改善（機械導入など）だけでなく《「労働能率」の主体的要因》の改善（労働者の知的・道徳的水準の向上による技能や才能の伸長ならびに協業体制の実現）が重要であるという視点を組み入れた（前原正美 1998）。

差は存在するが「交換性向」がないので，何年たとうと野生のままである。動物に対して人間の「交換性向」は，分業を進展させ商品交換を推し進めるので，人間を文明化へと導く。

　　取引し，交易し，交換するという性向［交換性向―引用者］がなかったならば，人はみな自分の必要とするどの生活必需品も便益品も，すべて自分で手にいれたに相違ない。万人が同じ任務を遂行しなければならず，同じ仕事（work）をし，これだけで大きな才能の相違を生むほどの仕事の差というものはありえなかっただろう（WN I, 29/ 訳 ① 41）。

「交換性向」は人間の「分業」を進展させ，「分業」が人間の「才能」を高めて，生産の量の増大と質の向上を実現してゆく。科学が進展した結果，「才能の生産物」は「共同財産」となって，だれでも必要なときに必要なものを買うことが可能となるのである。こうして「交換性向」にもとづく「分業」は，〈生産の量的増大と質的向上〉を通じて，人間の文明化に寄与する。

　　人間のあいだでは，もっとも似たところのない資質こそ互いに有用なのであって，彼らのそれぞれの才能のさまざまな生産物が……交換性向によって，いわば共同財産（common stock）になり，そこからだれもが他人の才能の生産物のうち自分の必要とするどの部分でも，買うことができる（WN I, 30/ 訳 ① 42）。

「勤労（industry）」は，「勤勉な」という形容詞から誕生した名詞だから，勤勉に知識を学んでそれを工夫・技術化する才能である。'industry'は当時，知識・才能視点を含む「勤労」を含意していた。スミスも「その国の勤労，すなわち生産的労働」（WN II, 368/ 訳 ② 171）と明記しており，ヒュームの「勤労の増進」概念を継承・具体化した[36]。ミルも「勤労」という意味で使用してい

---

36) 星野（2013）。

る。私見では，ミルはスミスの価値論を継承しなかったが，スミスの価値思想を継承した[37]。

2-5 国民教育・〈実際教育〉における教育経済論

しかしながら「分業」が才能を伸長し生産力を増進する一方で，人間から「努力の習慣」を失わせ「愚昧化」させることをスミスは予想していたこともまた事実である。

> 分業が進むにつれて，労働によって生活する人びとの圧倒的大部分すなわち国民の大部分の仕事が，少数の，しばしば1つか2つの，きわめて単純な作業に限定されるようになる。……そのため彼は自然に，そのような努力の習慣を失い，一般に，およそ人間としてなりうるかぎりの愚かで無知になる（WN II, 781-782/ 訳 ④ 49-50）。

> 「［労働者は―引用者］寛大，高貴，あるはやさしい感情をもつこともできなくなるばかりでなく，そのため私生活のふつうの義務でさえ，その多くについて判断をくだせなくなる」（WN II, 782/ 訳 ④ 50）。

「労働貧民すなわち国民の大部分」は，「特定の職業での腕前」を獲得するかわりに，「無知」になってしまう。だから，「政府はそれを防止するために」いくらか「骨を折る」ことが急務である（WN II, 782/ 訳 ④ 50）。こうしてスミスは，「国民の愚昧化」を阻止するために，「国民教育」にかぎっては，政府の介入によって，民衆の教育を進める必要性を主張した。

---

37) この着想については，前原正美（1998）を参照した。前原直子（2010, 2012, 2013）ではミル独自の相反論がミルの第1編生産論から第5編国家論まで貫徹されていることを論証した（これまでの研究では第1編に相反論がある，という主張がなかった）。加えて《「労働能率」の主体的要因》の改善には「共感」能力の伸長が不可欠であることを主張した。私見では，スミスの「才能＝内生的成長論」はミルの〈利己心の体系＝人間的成長の体系〉として，さらにスミスの「共感」原理はミルの「共感」原理に発展的に継承されている。

資本蓄積の順調な進展に伴い富裕が社会全体にゆき渡り，労働者階級の生活水準が飛躍的に向上すると，労働者たちは，教育のために必要な金銭を手にし，自らの子弟に初等教育を受けさせ，読み書き計算といった仕事上の基本的知識を身につけることが可能となる。

しかし現実には，社会のほとんどを占める労働貧民の子どもの教育＝「庶民の教育」を親の手にまかせておくことはできない。なぜなら，経済的豊かさを獲得するためには，教育が必要だが，貧しい労働者の子どもたちは，幼いうちから「生活必需品」の獲得のために，働きにだされ，教育を受ける機会がない。

　　一般民衆のばあいは，そうではない。彼らには，教育のための時間がほとんどない。彼らの両親は，幼時においてさえ彼らをほとんど扶養できない。彼らは，働けるようになるやいなや，生活資料を稼ぐことのできるような商売を身につけなければならない。その商売もまた……単純で……理解を働かすことには，ほとんどならない（WN II, 784-785/ 訳 ④ 53-54）。

スミスの考えでは，社会のほとんどを占める「労働貧民」は，必要な「生活必需品」の獲得にも事足りない状態であった。また基本的な教育を身につけないまま「分業」という狭い作業に身を置いているかれらは，「無知で愚鈍」であり，自分の将来に対する思慮も判断力もない。したがって，貧困→無教育→貧困という負の連鎖は，政府が「強制」して断ち切らないかぎりなくならない，とスミスは考えた。

　　公共は各人にたいして，どれかの同業組合の親方身分を取得できるまえに，あるいは自治村や自治町で何かの職業を始めるのを許可されるまえに，教育のもっとも基本的な諸部門について試験または検定を受けることを強制することによって，その取得の必要を国民のほとんど全体に課すことができる（WN II, 786/ 訳 ④ 55-56）。

文明社会において,「無知と愚鈍」がすべての下層階級の人びとの理解力を麻痺させている現実に危機感を抱いていたスミスは,就労前に「読み,書き,計算という教育の最も基本的部分」を身につける必要性を説いた。それを実現するために,「教区ごとにまたは管区ごとに小さな学校」を設け,「ささやかな報酬で」子どもの教育が行われること（WN Ⅱ, 785/ 訳 ④ 54）,さらには教育奨励策として,「すぐれている一般民衆の子どもたちに,少額の賞金や小さな優等バッジを与えること」を主張した（WN Ⅱ, 786/ 訳 ④ 55）。

　どの文明社会でも,一般民衆は,……読み,書き,計算という,教育のもっとも基本的な部分は,生涯のきわめて早い時期に身につけることができるから,最低の職業をやがて仕込まれるはずの人びとでさえ,そうした職業につくまえに,それらのものを取得する時間はある。公共はきわめてわずかな経費で,国民のほとんどすべてにたいして,教育のそれらもっとも基本的な部分を取得する必要を助長し,奨励し,さらには義務づけることさえ,できるのである（WN Ⅱ, 785/ 訳 ④ 54）。

　彼らは教化されればされるほど,無知な諸国民のあいだでしばしばもっともおそるべき無秩序を引き起こす熱狂や迷信の惑わしにかかることが,それだけ少なくなる。そればかりでなく,教化された知的な人びとは,無知で愚鈍な人びとよりも,つねに礼儀があり,秩序正しい（WN Ⅱ, 788/ 訳 ④ 60）。

こうしてスミスは,資本蓄積論と分業論から,教育の重要性を明らかにした。実社会で働く以前には,「国民教育」によって「読み,書き,計算」といった基礎学力を身につけ,実社会においては「分業」による特定の仕事への専念を通じて「労働能力」（技量）＝「才能」を引きだすこと,こうした教育を通じて,知的能力と道徳的能力を高めることの必要性を主張した。

　実社会における職業教育についてスミスは,やとい職人は仕事と賃金に利

害，関心があるため「勤勉」であるのに対し，「徒弟制度」は怠惰を生むだけである，と指摘する。

> 長い徒弟修業という制度は，青年を勤勉さにむけて育成する傾向をもたない。出来高で働くやとい職人は勤勉になりがちであるが，それは勤勉に励むだけ自分の利益になるからである。徒弟は怠惰になりがちであり，またほとんどつねに怠惰であるが，それはそうでないことに直接なんの利害関心ももたないからである（WN I, 139/ 訳①216）。

スミスは徒弟の修業にかえて，「数日間の教習」ののちには「多くの実習と経験」を積むことを提案する。「仕事に比例して支払いを受け」，かわりに「材料を損傷」させた場合には「弁償することになっていれば」「勤勉に注意深く仕事」をすることになり，その「教育は一般に，より効果的で，退屈さも費用も常に少なくすむことになるだろう」（WN I, 140/ 訳①217-218）。このことは「勤勉」な職人を増やし「親方の利潤」と「職人の賃金」を減らすが，「競争」を多くして社会全体にとっては有益な結果となる，とスミスは考えた。

知的・道徳的能力が高まれば，「無知で愚鈍」な状態から抜け出し，自己に対する関心としての「自己愛（self love）」が生まれ将来や生活に対する思慮をもつことが可能となる。そうして生活水準を向上しようという目標をもつことが可能となり，自己への関心という意味で利己心が動因となって，「勤勉」な努力によって目標を達成する人間へと人間的成長が可能となる。このことが社会生産力を増進させ富裕の全般化につながってゆく。スミスは，こうして仕事における〈実際教育〉と「国民教育」による知的能力と道徳能力の向上が経済成長につながることを主張したのである。

3．アダム・スミスの「共感」原理と教育経済論

3-1 「共感」の基本概念

では人生の目標はどのように発見できるのか。その答えをスミスは，「共感」

原理に求めた。人生の目標は,〈自己の他者に対する是認感情としての共感〉によって発見される[38]。この点について考察する前に,「共感」の基本概念について整理したい[39]。

　18世紀,イギリスのシャフツベリ(Shaftesbury, 1671-1713),F. ハチスン,ヒューム,アダム・スミスらモラル・センス学派(道徳感覚学派)は,「あらゆる倫理的判断の根拠を道徳感覚に求め,それを良心と同一視」した[40]。スミスの道徳哲学は,利己的動機にもとづく人間行為が公共の利益と一致する可能性をもつと主張する「利己説」にたつ B. マンディヴィル(Bernard de Mandeville, 1670-1733),人間に内在する「道徳感覚」を起点とする「利他説」にたつハチスン,効用(utility)の原理を提唱したヒュームを批判的かつ発展的に継承していく。

　ヒュームの『人性論』(A Treatise of Human Nature, 1739-1740)によれば,社会の大多数の人びとの私利の堅実な追求は,少数者の慈愛と同じほど「徳」(virtue)である。人間本性のうちで最も顕著なものは,利己心と「他者に共感せざるをえない性向」=「他人の傾向性や感情をコミュニケーションによって受けとらざるをえない性向」(THN 225/訳③69)である。利己心は人間本性として強く作用するが,「共感の原理」は,「美の感覚」(taste of beauty)だけでなく「道徳的感情」(sentiments of morals)を生みだす「極めて強力な原理」(a very powerful

38) スミスの『国富論』『道徳感情論』の間には矛盾があるか否かという「アダム・スミス問題」に対しては,周知のように長年にわたり多くの論考があった。このうち太田(1938)は,哲学者の立場から,スミス道徳哲学においては,「同感[共感]」の原理にもとづいて経験的に「行為の一般法則」がつくられること,「同感[共感]」がかえって利己的行為を成立させる条件であること,広義の意味で,道徳・法律・経済の世界を包括する原理を成していること,を主張した。高島(1968)は,スミスの同感[共感]概念は必ずしも利己心と矛盾するものではないこと,スミス同感[共感]論が「道徳の世界」「経済の世界」「法の世界」という3つの世界を媒介する役割を果たしていること,スミスの全体系は「利己心のモラル」のもとで調和しうること,を主張した。なおスミス研究史に関しては,水田(1968)を参照。
39) アダム・スミスの共感(sympathy)という概念は,ルソーの憐憫(ピティエ)から継承された。スミスは,ルソーが人間本来の性質である自愛心・自己愛に対立するものとして利己心を捉えたのに対し,これを否定した。この点は別稿で論じる予定である。
40) 哲学事典(1971, 1010)参照。モラル・センス学派は,「思想史的には,良心の宗教とされるプロテスタンティズムの良心論に由来する」。

principle）として作用する。私利の追求は，勤勉，倹約という有益な性質を生み，この有益性が共感されると「徳」として是認される。人間諸個人は，「共感」によって「徳」を培い，公共性を獲得し社会的存在になりうる（THN 411-412/訳④ 187）。

ヒュームによれば，観察者は行為者の徳や悪徳に対する是認や否認の感情として，快楽や苦痛を感じる[41]。観察者がこの快楽や苦痛によって徳や悪徳を識別するためには，「共感」の働きが必要不可欠である。

海外におけるスミス研究との関連でいえば，ウィンチ（1978），スキナー（1979），ホーコンセン（1981），そしてハイエク（1988）は共通して，スコットランド学派を賛美しその頂点にヒュームとスミスを位置づけている[42]。

高島（1974）はスミスの『道徳感情論』と『国富論』とを「同一の基本原理によって統一的に把握」し，「道徳的世界，法および統治の世界，経済的世界」という3つの世界を有機的に関連して統一的に把握した。「スミスにおいては，道徳的判断はあくまでも同感［共感―引用者］に基づくべきもので，この同感［共感―引用者］によって，人間の利己心行為は是認され」，「利己的動機に基づくと考えられるわれわれの経済行為が，たんに社会性の原理に矛盾しないばかりでなく，進んで道徳的に是認されうる」[43]と主張した。

スミスの「共感」原理に関してキャンベル（1971）は，二義性があることを指摘した。新村（1994, 133）は，スミス共感論の特徴を，「〈同胞感情としての共感〉」と，「「是認感情」を通じて「ついてゆく」「完全に共感する」〈是認としての共感〉」とに分類した[44]。

---

41) ヒュームにおいて道徳判断は，行為や行為者に対する「道徳的な是認や否認の感情」（称賛や非難など）による。18世紀の西洋倫理学では，道徳的認識の起源に関して合理論と感情論が対立し，道徳判断は理性や知性によるのか，それとも感覚や感情によるのか，という問題が議論された。感情論者は，道徳判断とは観察者の道徳的な是認や否認の感情であり，それが行為者に影響を与えるとした。柘植（2016, 68-77）を参照。
42) 星野（1990）。Winch（1978）. Skinner（1979）. Haakonsen（1981）. Hayek（1988）.
43) 高島（1974, 12, 66-67）。
44) Campbell（1971）. 新村（1994, 133）。

以上の先行研究をふまえて，本節ではスミスの「共感」概念を〈「同胞感情（fellow-feeling)」としての共感〉〈自己の他者に対する是認感情としての共感〉〈他者の自己に対する是認感情としての共感〉の3点から捉え，スミスの「共感」原理を考察する。

3-1-1 〈「同胞感情」としての共感〉――「適宜性」

スミスおいて人間本性は「利己的なものと博愛的なもの」，つまり利己心と利他心に見いだされた。人間本性には「他の人びとの悲しみを想像することによって，自分も悲しみをひきだす」という心の作用が存在する。「哀れみ(pity)と同情(compassion)」といった「同胞感情をあらわすのにあてられたことば」を「共感」という（TMS I, i. 1. 5/訳上28)。

人間はたとえ「利己的な」存在であったとしても，相互の「幸福」を見て「快楽」を感じる存在である。また不運や「悲惨(misery)」に対する「哀れみ」「同情」という情動に対して「想像(imagination)」によって相手の境遇に身を置き立場の交換をすることで困苦と苦悩を受けていることを心に描くことが「同胞感情の源泉(source of our fellow-feeling)」（TMS I, i. 1. 3/訳上26)となる。

本章では，これを〈「同胞感情」としての共感〉と規定する[45]。

　　人間がどんなに利己的なものと想定されうるにしても，あきらかにかれの本性のなかには，いくつかの原理があって，それらは，かれに他の人びとの運不運に関心をもたせ，かれらの幸福を，それを見るという快楽のほかにはなにも，かれはそれからひきださないのに，かれにとって必要なものとするのである。この種類に属するのは，哀れみまたは同情であって，それはわれわれが他の人びとの悲惨を見たり，たいへんいきいきと心にえ

---

45) 前原正美(1998)は，スミスの共感論の二義性をJ. S. ミルが継承していること，J. S. ミルの共感概念はスミスを発展的に継承していること，J. S. ミルの共感概念は《人間相互間の感情是認としての共感》《「同胞感情」としての共感》《利他心（公共心）としての共感》《感動の心としての共感》の4点に整理できること，を主張している。前原正美(1998)はJ. S. ミルの「共感」原理を経済理論と結びつけて展開する最初の研究である。

がかせられたりするときに，それにたいして感じる情動（emotion）である。われわれがしばしば，他の人びとの悲しみから，悲しみをひきだすということは，それを証明するのになにも例をあげる必要がないほど，明白である（TMS I, i. 1. 1./訳上 23）。

「共感」とは，他人の境遇に自己を置いて「想像力」によって，他人の感情と同様の感情を引きだし他者の行為の「適宜性（proprioty）」を判断する心の作用である。「共感」感情は「有徳で人道的な人」だけに与えられているものではなく，すべての人間に与えられた感情である。

われわれは，他の人びとが感じることについて，直接の経験をもたないのだから，かれらがどのような感受作用（affection）を受けるかについては，われわれ自身が同様な境遇においてなにを感じるはずであるかを心にえがくよりほかに，観念を形成することができない。……かれの諸感動（sensation）がどうであるかについて，われわれがなにかの概念を形成しうるのは，想像力だけによるのである。その能力も，このことについてわれわれを助けうるのは，もしわれわれがかれの立場におかれたならば，われわれ自身の諸感動はどうだろうかということを，われわれに提示するよりほかのどんな方法によってでもない（TMS I, i. 1. 2./訳上 24-25）。

観察者は，行為者あるいは当事者の行為の動機や感情に「想像上の立場の交換（imaginary change of situation）」を通じて，「共感」を成立させる[46]。人間が他者の運不運に関心をもつという人間本性の感情，すなわち「共感」が，社会に秩序と繁栄をもたらす原因である，とスミスは考えた。

観察者が「想像上の立場の交換」＝「想像力」によって行為者あるいは当事

---

[46] Phillipson (2012) は，「経済学の祖」アダム・スミスの思想―利己的な行為が競争を通じて社会全体に利益をもたらすという主張―を歴史や倫理という視点から捉え直し，「共感」と「胸中の公平な観察者」が社会の秩序と繁栄をもたらすことの現代的意義を主張する。

者の立場に立って，行為の動機や感情についてゆけるとき，その行為は「適宜性」をもつものとして「是認」され，逆についてゆけないとき，その行為は「適宜性」をもたないものとして「否認」される。われわれは他者の行為や感情を観察し，「適宜性」の有無によって「是認」と「否認」を繰り返し，そのプロセスを通じて他者もわれわれの行為や感情に「共感」するか否かを知るのである。他者からの「是認」は「快」を与え，「否認」は「不快」を与えるので，人間は他者から「是認」の範囲内に自分の行為と感情をおさめようとする。そうして人間の行為や感情の「適宜性」を測る観察者として，「公平な観察者」が胸中に形成される。人間は，「公平な観察者」に「是認」される範囲内に自分の行為と「情念を観察者達がついていける (going along with him) 程度に，低める」(TMS I, i. 4. 7./訳上 57)。

　スミスの「共感」概念は，「想像力」の力を借りて当時者と「立場の交換」する時に，人間の交通 (communication) の原理となる感情が人間の情動のうちに生まれる。

　『道徳感情論』第 1 部第 2 編（第 6 版第 1 編）「相互的共感 (mutual sympathy)」(TMS I, i. 2. 1./訳上 36) [47]において，「同胞感情を観察すること」の快楽についてスミスは，「共感」原理は，人間関係の基本原理であり，観察者と当時者の感情は「同音(ユニゾン)ではないだろうが，協和音(コンコード)ではあってこのことが必要なことのすべてなのである」(TMS I, i. 4. 7./訳上 58) と主張した。

　　　この協和(コンコード)（一致）[当時者と観察者の共感感情の一致―引用者]を生みだすために，自然 (nature) は観察者たちに，主要当時者の諸事情を自分のものと想定するように教えるが，同様に自然は当事者に対して，観察者たちの事情を少なくともある程度，自分のものと想定するように教える (TMS I, i. 4. 8./訳上 58)。

---

47) 田中 (1997, 上 91)。ハチスンは，道徳的感覚の実在性を前提しており，スミスの「共感」概念とは基本的に異なる。ハチスンの「道徳感覚 (moral sense)」理論によれば，「是認の原理」は「自然」が「人間精神に授けておいた特殊な種類の一能力と想定」された (TMS VII, iii. 3. 4./訳下 350)。

ここでスミスは,「相互的共感」原理にもとづく「是認」の原理について考察し,「ふたつの違った組の徳 (two different sets of virtues)」について主張した[48]。すなわち,①「偉大で畏怖すべく尊敬すべき徳,(the awful and respectable virtue) 自己否定の徳,自己統御の徳」「情念規制の徳［自己統御の徳―引用者］」と②「やさしくおとなしく,そして愛すべき諸徳 (the amiable virtues),率直な謙遜と寛大な人間愛の諸徳［仁愛の徳―引用者］」である[49]。①ははその起源を「自己の情動を観察者がついていけるものにまで引き下げようとする主要当事者の努力」に起源をもつ。一方,②は「主要当事者の諸感情にはいりこもうとする観察者の努力」のうえに基礎づけられる (TMS I, i. 5. 1./訳上61)。

　こうして,他の人のために多くを感じ,自分たちのためにはわずかしか感じないこと,われわれの利己的な意向を抑制し,われわれの仁愛的な意向を放任することが,人間本性の完成 (perfection of human nature) を形づくり,そのことだけが人類のなかに諸感情と諸情念の調和を生みだしうるのであって,かれらの品位と適宜性の全体はそこにあるのだ。われわれが自分自身を愛するのとおなじく,われわれの隣人を愛するということが,キリスト教の偉大な法である (TMS I, i. 5. 5./訳上 63-64)。

---

48) 田中 (1997) によれば,スミスは,人と人との関係にモラルの原理を構築するために「徳性」が必要不可欠である,と主張しているのではない。スミスが,「徳性」とは「適宜性をはるかに超えるもの」と述べる意図は,「適宜性」と「徳性」との相違を明らかにするためであった。スミスは,「相互共感」関係からなる人と人との関係の,モラル原理に,「愛すべき徳性」「尊敬すべき徳性」も必要不可欠ではない,と考えた (田中1997,上94)。以上の田中説と本章の私説は意見が異なり,スミスは『道徳感情論』第6部第2編において「徳」について「適宜性」「慎慮」「仁愛」との関連で考察し「徳性」の必要性を主張する,と捉える。
49) 『道徳感情論』第1部第2編第4章の主張は,第6部第2編における「徳の本性」の以下の①と②の主張と完全に一致している。①「徳を適宜性におく古代の体系」は「偉大な,畏怖すべき,尊敬すべき諸徳,自己統御と自己規制の諸徳」(TMS VII, ii. 4. 2./訳下 312-313) を推奨する。それに対して,②「仁愛的な体系 (the benevolent system)」は,「比較的おだやかな徳のすべて」(TMS VII, ii. 4. 3./訳下 313) を推奨する。さらに③「徳が慎慮だけにあるという体系」は,「用心,警戒,謹厳,賢明な抑制という諸慣行」(TMS VII, ii. 4. 4./訳下 314) を奨励する。

以上のように，①「自己抑制の徳」と②「仁愛の徳」の 2 つの徳性を達成することが「人間本性の完成」である，とスミスは考えた。「徳性とたんなる適宜性との間，感嘆され祝福されるにあたいする諸資質と諸行為と，是認されるにあたいするだけの諸資質や諸行為とのあいだには，重要な違いがある」(TMS I, i. 5. 7./訳上 65) ことをスミスは認識していた。

スミスは，エリートにのみ達成可能な完全な卓越性を提示する一方，「ふつう程度の卓越 (common degree of excellence)」(TMS I, i. 5. 10./訳上 68) についても検討する。その意図は「人間のような不完全な被造物」(TMS I, i. 5. 8./訳上 66)，とりわけ「人類の中の粗野な大衆 (the rude vulgar of mankind)」(TMS I, i. 5. 6./訳上 64) にも達成可能な「適宜性」と「良俗 (moral)」の問題を重視したからであった。

社会的分業が発達した社会で生きてゆくためには，各人の行為は道徳的に「是認」されなければならない。第 1 に「共感」原理は，人間の「自制力」を培い，道徳的判断を可能にする諸個人間の相互交通の原理である。社会の大半を占める「大衆」を含めた人類が「自制力」を培い「道徳感情」を向上させること，つまり「ふつう程度の卓越」によってこそ社会秩序が形成される，とスミスは考えた。このことは後述するスミスの「国民教育」の視点へとつながる。

〈「同胞感情」としての共感〉は，「自己規制」力を養うという意味での人間的成長を実現し，強制によるのではなく自発的に正義を遵守する個人を形成する。そうした個人の集合体としての商業社会にも秩序が形成され，社会秩序の構築が可能となる，とスミスは考えたのである[50]。

3-1-2 〈自己の他者に対する是認感情としての共感〉――「歓喜に対する共感」・「悲哀に対する共感」

第 2 に「共感」は，「自己の他者に対する共感」=〈自己の他者に対する是

---

[50] 前原直子（2013）は，J. S. ミル共感論をスミス共感論との関連で考察している。前原直子（2013）の独自性は，J. S. ミル共感論において〈「同胞感情」としての共感〉が最も重視されている点を明らかにした点にある。

認感情としての共感〉として作用する。一般に人間は，高い地位，高い収入を有する他者に対して「共感」を有しやすい。具体的には，医者や弁護士など社会的に高い地位を有し，高い収入を有する他者に大きな「共感」を有するのである。スミスの考えでは，人間の「共感」が，自己の「富裕な人びと，有力な人びと」に対する「共感」として作用することは「自然的性向」である。

『道徳感情論』第1部第3編においてスミスは，「適宜性と両立しうる，さまざまな情念の程度について」考察する。その冒頭でスミスは，「あらゆる情念の適宜性」について「もし，その情念が高すぎるか，あるいは低すぎるかであれば，かれはそのなかにはりこむことができない」(TMS I, ii. intro. 1./訳上69)と述べ，「ふつうの程度の卓越」について検討することを示した。

そこでスミスは，『道徳感情論』第3編第5章「利己的な諸情念について」において，人間を突き動かす情動＝「情念」を①肉体に起源をもつ情念，②想像力に起源をもつ情念，③非社会的情念，④社会的情念，⑤利己的情念の5つに分類し考察する。スミスは，ハチスンにおいては全面的に克服の対象とされていた「利己的情念」を全面的に否定するのではなく，「利己的情念」が「抑制」され「共感」される場合には「適宜性」をもちうる，と主張した。スミスによれば，人間は一般に「小さな歓喜と大きな悲哀にもっとも共感したい気持ちになる」(TMS I, ii. 5. 1./訳上104)ので，他者からの「共感」を得られる範囲内に情念を「抑制」することが社会的に不可欠である。

人間の幸福とは，人生の出発点においては，自分のなりたい自分になることである以上，ある特定の他者に対する「共感」を通じて人生の目標を発見することが，現在の自分を理想の自分へと創造せしめ，自分自身の幸福を実現する決定的要因となる。したがって人間諸個人が幸福になるためには，人生の目標の発見を通じて利己心を発揮しなければならないのである。人間は，「富裕な人びと，有力な人びと」などのある特定の他者に対する「共感」によって，人生に高い目標を抱き，教育の力を借りて，高い教養や専門的な知識を身につけ，「才能」＝「能力」を伸ばし，自ら望む仕事に就くことができる。

たとえば，自分が，不特定多数の他者を観察し，そのなかからある特定の他

者である1人の弁護士に「共感」し，自分もあの弁護士のような有能な弁護士になりたい，と「共感」し，弁護士になるという人生の明確な目標を発見したとする。弁護士という目標にむかって「勤勉」に「努力」を重ね，やがて自分の理想とする弁護士になることができるのである。

　有名になりたい，高い地位を得たいという1つの人生の目標を満たすことによって，人間は，自らの利己心を充足する。「富裕な人びと，有力な人びと」に対する「共感」は，人間諸個人に，富や地位に目標を抱いて，働く動機と自己「努力」の契機を与えるので，「社会の秩序」を形成する助けともなる。

　『道徳感情論』第1部第4編において，人間の「歓喜に共感する性向」は，「嫉妬がないばあいには」，「悲哀に共感する性向」よりも「はるかに強い」（TMS I, iii. 1. 5./訳上115）。人類は「悲哀にたいしてよりも歓喜にたいして，全面的に共感する気持ちを持っているために，われわれは自分の富裕をみせびらかし，貧困を隠すのである」。そして「人類の諸感情に関するこの顧慮から，われわれは富裕を求め貧困を避けるのである」（TMS I, iii. 2. 1./訳上128）。

　　　富裕な人びと，有力な人びとに感嘆し，ほとんど崇拝し，そして貧乏でいやしい状態にある人びとを，軽蔑し，少なくとも無視するという，この性向は，諸身分の区別と社会の秩序を確立するのにも維持するのにも，ともに必要である（TMS I, iii. 3. 1./訳上163）。

　人生の目標は，〈自己の他者に対する是認感情としての共感〉によって発見される。そのために「共感」能力の向上が必要である。スミスによれば，「共感」能力の向上には教育が不可欠であり，教育は経済的利益の増大による生活水準の向上に密接に関連している。スミスが教育を経済発展と結合させて重視する理由は，人間の他者への「共感」の働きが，人生の「目標」を設定させ「利己心」を喚起する，という点に有用性を見いだしたからであり，この点は前述した「国民教育」の必要性につながる視点である。

　人間は，「地位のある人びとの状態を想像力がえがきがちな欺瞞的な姿にお

いて」「完全で幸福な状態」と想像し,「ある特殊な共感を感じる」(TMS I, iii. 2. 2./訳上 132-133)。また人類には「富裕な人びとおよび有力な人びとのすべての情念についてゆく」という「性向」があるがゆえに,貧困を避け,富裕や地位・名誉・名声を目指す。このことは,富や地位・名誉・名声を得ようという上昇志向と,貧困に陥りたくないという恐怖とが,人間を「勤勉」に導くことを意味する。こうして「諸身分の区別と社会の秩序とがきづかれるのである」(TMS I, iii. 2. 3./訳上 134),とスミスは考えた。

3-1-3 〈他者の自己に対する是認感情としての共感〉——「是認」と「称賛」

第3に「共感」は,「他者の自己に対する共感」＝〈他者の自己に対する是認感情としての共感〉として作用する。人間には,他者に認められたい,ほめられたい,能力や才能を高く評価されたい,という感情が存在する。それは他者からの「共感」を得たい＝「是認」されたい＝「称賛」されたい,という羨望に他ならない。そのゆえに人間というものは,他者に「是認」されず,世間から注目されないことに苦しみを感じる。

> 名誉と明確な是認の日の光からわれわれを隠すようにわれわれがすこしも注意をはらわれていないと感じることは,必然的に,人間本性のもっとも快適な希望をくじき,もっとも激しい意欲を失望させる(TMS I, iii. 2. 1./訳上 130)。

反対に人間は,「観察されること,注目されること,共感と好意と明確な是認とをもって注目されることが,われわれがそれからひきだすことを意図しうる,利点のすべてである。安楽または喜びではなく虚栄が,われわれの関心をひくのである」(TMS I, iii. 2. 1./訳上 129)。

このことを,スミスは〈他者の自己に対する是認感情としての共感〉から説明する。つまり「富裕な人がかれの財産について誇るのは,その財産が自然に,世間の注目をかれにむけさせること,そしてかれの境遇の有利さがそのように容易にかれをかきたてるすべての快適な情動について,人類がかれについ

ていこうという気持ちをもっていることを，かれが感じているからである」(TMS I, iii. 2. 1./訳上 130)。

人間にとっては，「人類の尊敬と感嘆にあたいし，それを獲得し，享受することは，野心と競争心の，大きな諸目標である」(TMS I, iii. 3. 2./訳上 164)。それゆえ，他者から「共感」され「是認」され「称賛」されたい，という感情が人間の「勤勉」と自己「努力」を引きだし，人間を目標にむかって内面からつき動かすのである。

〈他者の自己に対する是認感情としての共感〉は，低い身分の人にも同様にあてはまる。低い身分の人であっても，「公共の目にとまる」＝「称賛」される方法があることをつぎの叙述でスミスは説明している。

> かれ［低い身分の人―引用者］は，自分の専門職において優越した知識 (knowledge) を，そしてそれを行使するにあたって優越した勤勉 (industry) を，獲得しなければならない。かれは，労働において忍耐強く，危険において決然，困苦において不動でなければならない。かれはこれらの才能を，かれがやる仕事の困難さ，重要さ，そして同時に，それらの仕事についてのすぐれた判断によって，また，それらの仕事をかれが遂行するにあたっての，きびしく仮借ない努力によって，公共の目にとまるようにしなければならない。誠実と慎慮，寛容と率直が，あらゆる通常のばあいにおけるかれのふるまいを，特徴づけなければならない。そして，かれは同時に，つぎのようなすべての状況に，すすんで参加しなければならない。その状況とは，そこで適宜性のある行為をするには最大の才能と徳とを必要とするが，そこで最大の称賛をえるのは，りっぱにそれを切りぬけることができる人びとである，という状況なのである (TMS I, iii. 2. 5./訳上 141-142)。

人間は，一般には富裕や地位・名誉・名声への「歓喜に対する共感」から「称賛」するが，「最大の才能」を発揮し，「誠実，慎慮，寛容，率直」に振る

まい「最大の才能と徳」を身につけて困難な仕事を遂行する人間に対しても「称賛」を与えるのである。

たとえ富裕や地位・名誉・名声といった他者から称賛されるものをもっていない「低い身分の人」であっても，「専門職において優越した知識」を獲得し，「勤勉」に自己「努力」を行い，「誠実，慎慮，寛容，率直」に振るまうことを身につけ「最大の才能と徳」を培って困難な仕事を「りっぱに切りぬける」ことによって，「最大の称賛を得る」ことができる，とスミスは主張した。

以上に見られるように，スミスにおける人間の《相対的幸福》とは，第1に他者からの「称賛」を得ることにあった。他者からの「称賛」を得るために「勤勉」に自己「努力」を行う人間が増えれば，社会秩序が自ずと形成されてゆく，とスミスは考えた。

3-2 「自然の欺瞞」と「見えざる手」による経済の発展

人生の出発点においては，人間諸個人は自らの人生の目標にむかって利己心を発揮し，生活水準の向上という《相対的幸福》を目指してゆくように，「自然（Nature）」は人間諸個人を導く。「共感」原理は〈「同様感情」としての共感〉，〈自己の他者に対する是認感情としての共感〉，〈他者の自己に対する是認感情としての共感〉として働き，人間を「諸目標」の実現へと導く。

> そういう諸目標を実現するために，自分の魂の全活力をよびおこし，あらゆる神経を緊張させることができるように，自然（Nature）はかれにたいして，つぎのことを教えておいたのである。すなわち，かれ自身も人類も，かれが実際にそれらの目標を実現したのでなければ，かれの行動に完全に満足することはできないし，それに完全な程度の喝采をあたえることもできないのだ，ということである（TMS II, iii. 3. 3./訳上275）。

人間の生命は，自ら定めた人生の目標にむかって利己心を発揮するとき，「満足」し大いに喜び大きな英気をみなぎらせてゆく。人間の利己心は目標に

むかう「勤勉」な自己「努力」を促し，人間的成長を実現可能とする。スミスの考えでは，人間1人1人が，それぞれに応じた仕事に従事すること＝「諸能力の行使」によって，自己利益を果たして自らの幸福を実現することが可能となる。

　　人間は，行為のためにつくられたのであり，かれの諸能力の行使によって，かれと他の人びととの双方の外的諸事情における，すべてのものの幸福にとってもっとも有利だと思われうるような諸変化を，促進するためにつくられたのである（TMS II, iii. 3. 3./訳上274）。

前述の如く，『国富論』では，「分業」によって才能が引きだされてゆくので[51]，人間1人1人が，その「才能」＝「能力」を発揮すれば，結果として，社会的分業の進展によって，自ずと「すべてのものの幸福」＝社会の幸福に貢献する結果となる。

『道徳感情論』第3部第3編においてスミスは「道徳能力（moral faculties）」とは，「自然の創造者（Author of nature）」が「人類の幸福」を実現する手段として人類に与えたものである，と主張する。

　　人類の幸福は，他のすべての理性的被造物の幸福と同様に，自然の創造者[52]がかれらを存在させるようになったときに意図した，本来的な目的であった（TMS III, 5. 7./訳上346）。
　　われわれの道徳能力の指図に応じて行動することが必然的に，人類の幸福促進のためのもっとも効果的な手段を追求する（TMS III, 5. 7./訳上346）。

スミスの主張の意図は，「自然の被造物」である人間は，来世の幸福のために現世を生きているのではなく，現世において「人類の幸福」を実現するため

---

51)　星野（2014）参照。
52)　『道徳感情論』2-3版では author of Nature，4-6版では Author of nature と綴られた。

に生きているのである，ということにあった。人間諸個人の現世での幸福実現こそが「人類の幸福」を実現する。人間の内面には，「道徳的諸感情（moral sentiments）」が備えられており，その目的は「人類の幸福」の実現にある。「道徳的諸能力にとって快適であるものは，適切で正しく，なされるのにふさわしい」行為であるが，「その反対なものは，悪く，不適切で，ふさわしくない」行為である（TMS III, 5. 5./訳上 345）。「自然の諸作用」は，すべて「幸福を促進し，悲惨にたいして防衛することを，意図されている」とスミスは主張する。

以上からわかるように，「人類の幸福」を実現する方向へと人間の行動を導くものは，人間の内面にある「道徳的諸感情」である。人間は，外部からの命令にもとづいて行動するのではなく，内面に備わる「道徳的諸感情」に導かれて行為するがゆえに，「必然的に，人類の幸福を促進するためのもっとも効果的な手段を，追求するのであり，したがってわれわれは，ある意味では，最高存在に協力して，神慮の計画をわれわれの力のおよぶかぎりおし進めるのだ，といっていいのである」（TMS III, 5. 7./訳上 346-347）。

スミスによれば，「自然」も「人間」も，「両者はともに，同一の偉大な目的すなわち，世界の秩序と人間本性の完成および幸福とを促進するように，もくろまれているのである」（TMS III, 5. 9./訳上 352）。「自然」は人間を幸福にするために「道徳的諸感情」を与えたのであり，その「道徳的諸感情」が「共感」原理となって人類の幸福と秩序を実現するように人間を内面から導く，とスミスは考えたのである。

人間諸個人は〈自己の他者に対する是認感情としての共感〉と〈他者の自己に対する是認感情としての共感〉が動機となって，《相対的幸福》＝富の増大，地位・名誉・名声の獲得を目指す。そして「勤勉」な自己「努力」が導きだされ，富の増大，地位・名誉・名声の獲得が実現されるのである。「財産」・「富裕」の獲得や「地位」の向上への動機は，人類の「勤労」をかきたて，人間諸個人に利己的な経済行動を営ませ，経済を発展させ，結果として意図せずに社会全体の進歩向上と富の増大につながる，とスミスは主張した。人間諸個人の「勤労をかき立て」るものが，「自然の欺瞞（deceit）」である。

自然がこのようにわれわれをだますのは，いいことである。人類の勤労をかき立て，継続的に運動させておくのは，この欺瞞である。最初にかれらを促して土地を耕作させ，家屋を建設させ，都市と公共社会を建設させ，人間生活を高貴で美しいものとするすべての科学と技術を発明改良させたのはこれなのであって，地球の全表面を全く変化させ，自然のままの荒れた森を快適で肥沃な平原に転化させ，人跡未踏で不毛の大洋を，生活資料の新しい資源とし，地上のさまざまな国民への交通の大きな公道としたのは，これなのである。人類のこれらの労働によって，土地はその自然の肥沃度を倍加させ，まえよりも多数の住民を維持するように，しいられた（TMS IV, 1. 10./訳 下 22-23）。

　人間は，目的（「幸福」）と手段（「富と上流の地位」）が入れ替わって「幸福」を実現するための手段である「富と上流の地位」を自己目的化して追求するようになる。しかしスミスは，手段であった「富と上流の地位」を目的として願望することが社会秩序の形成と維持に役立つことを明らかにしたのである。これを「欺瞞理論」という。
　具体的にいえば，人びとは「自然」にだまされて，「富と地位の快楽」を「何か偉大で美しく高貴なもの」（TMS IV, I. 9./訳 下 22）と想像して，そのために働くのである。そしてこのことが土地の耕作や社会の文明化を可能とする。高慢で冷酷な地主や金持ちたちが，全収穫を自分たちだけの快楽に費やし，奢侈にふけっても，結果として，「見えざる手（an invisible hand）」の導きによって，「生活必需品の分配」は平等に実現される。この人間諸個人の「勤勉」な自己「努力」が，「人間生活を高貴で美しいものとするすべての科学と技術を発明させ」，結果として，社会全体の富を増大させる，とスミスは主張した。
　商品経済が進展して市場が形成された資本主義社会では，地主は，農業資本家に土地を貸し，農業資本家によって生産された余剰生産物が市場に出されていく。余剰生産物は市場を通じて，見ず知らずの他者の手に渡り生活を支えていくのである。

土壌の生産物は，あらゆる時代に，それが維持しうる住民の数に近いものを，維持するのである。富裕な人びと［地主―引用者］はただ，その集積のなかから，もっとも貴重で快適なものを選ぶだけである。かれらが消費するのは，貧乏な人びとよりもほとんど多くないし，そして，かれらの生まれつきの利己性と貪欲にもかかわらず，かれらは，自分たちのすべての改良の成果を，貧乏な人びととともに分割するのであって，たとえかれらは，自分たちだけの便宜を目ざそうとも，また，かれらが使用する数千人のすべての労働によってねらう唯一の目的が，かれら自身の空虚であくことを知らない諸欲求の充足であるとしても，そうなのである。かれらは，見えざる手に導かれて，大地がそのすべての住民のあいだで平等な部分に分割されていたばあいに，なされただろうとはほぼ同一の，生活必需品の分配をおこなうのであり，こうして，それを意図することなく，それを知ることなしに，社会の利益をおしすすめ，種の増殖にたいする手段を提供するのである（TMS IV, 1. 10./訳下 23-24）。

　「自然の欺瞞」は人類の利己心をかきたて，「勤労」を引きだし，人間生活を進歩向上させていく動機となる。人間諸個人は，他者から「是認」されたい感情，すなわち〈他者の自己に対する是認感情としての共感〉が動機となって，「勤勉」に自己「努力」を行い，利己的な経済行動を営む。その結果，人間諸個人の生活水準の向上が実現し，あるいは富の増大，地位・名誉・名声の獲得が実現される。

　スミスは，人びとが「自分たちだけの便宜を考え」，「かれらの自身の空虚であくことを知らない諸欲望の充足」を目指しても「かれらは，見えざる手に導かれて」「社会の利益をおしすすめ」（TMS IV, I. 10./訳下 24）るので，公共の効用という目的を意図的に追求する必要はないと考えた。この論理は，『道徳感情論』第 1 部で展開された「歓喜への共感」原理に立脚している。人間は「歓喜」への「共感」感情にかられて，「歓喜」の対象となる富や権力をそれ自体として追求する。こうして「見えざる手」に導かれて，社会の文明化が促進さ

れるのである。人間は目的（幸福）が見えないままに手段を追求するが，意図せずに帰結としての目的が実現される。

文明社会では，「見えざる手」に導かれて，人間が意図せずとも，多くの「奢侈品」と「生活必需品」が生産され，社会全体の富の増加が推進され，「生活水準の分配」が平等に実現し《相対的幸福》が実現するのである[53]。

4. アダム・スミスの『道徳感情論』と教育経済論

4-1 『道徳感情論』第6版──「財産への道」と「道徳的腐敗」

前節までは，人間は他者から「是認」＝「称賛」されることで幸福を感じること，他者からの「是認」を得るために富の増大，地位・名誉・名声を獲得しようと行動することを見てきた。つまり人間の幸福の1つは，富の増大，地位・名誉・名声の獲得による他者からの「是認」＝「称賛」があげられた。幸福に至る道についての主張は，『道徳感情論』第6版において第1部第3編第3章に，以下のとおり追記された。

スミスによれば，人生には「財産への道」(road to fortune) と「徳への道」(road to virtue) の2つある。「財産への道」とは「富と地位の獲得」を目指す道であり，「徳への道」とは「英知 (wisdom) の研究と徳 (virtue) の実行」による道である（TMS I, iii. 3. 2./訳上164）。

人間には，「富裕な人と地位のある人」を尊敬・崇拝し，「貧乏な人とつまらぬ人」を軽蔑するという人間性向がある。普通の人間は，他者を観察する時に，「徳」が導きだす「真実で確固とした値打ち」に対して「共感」するのではなく，「富と地位」から導かれる「高慢と虚栄」に対して感嘆し，「共感」する傾向にある（TMS I, iii. 3. 4./訳上165）。

> 等しい程度の値うちならば，富裕な人と地位のある人とを，貧乏な人とつまらぬ人よりも尊敬しないという人は，めったにいない。たいていの人

---

[53] 堂目（2008, 90）は，最低水準の富は，人間の幸福につながり，「生活必需品の分配」は，幸福の平等分配を意味する，とスミスが主張していることに注目する。

にとっては，前者の高慢と虚栄が，後者の真実で確固とした値打ちよりも，はるかに多く感嘆されるものなのである。値うちと徳とからきりはなされた，たんなる富と地位とがわれわれの尊敬にあたいするということは，善良な道徳（morals）にとって，あるいはおそらく善良な言語にとっても，めったに同意できることではない（TMS I, iii. 3. 4./訳上 165-166）。

「富裕な人と地位のある人」を尊敬・崇拝し，「貧乏な人とつまらぬ人」を軽蔑するという人間性向は，「富裕な人と地位のある人」に「共感」することを意味する。このことは，人間には「富裕な人と地位のある人」から統治されることに同意することを意味する傾向にあることを意味し，身分の区別と社会秩序の形成の実現に役立つ，とスミスは捉えた。
　スミスは，「財産への道」を歩む者は，物質的な成功をおさめるために，「努力」をして「専門職の諸能力」を培い，「慎慮，正義，不動，節制の行動」（TMS I, iii. 3. 5./訳上 166）といった「徳」を養うことを求められるからである。「財産への道」を辿るプロセスにおいて，人間は，「勤勉」に自己「努力」を行い成功する。その過程ですでに「慎慮の徳」を培っているのである。普通の人間は，富の増大，社会的地位・名誉・名声の獲得を目指し，他者から「承認」「是認」される「社会的賞賛」を得るために生きようとする。そのために「財産への道」を歩む者は，自己「努力」を行うようになり，「慎慮，正義，不動，節制の行動」という「徳」を培うことで成功をおさめることが可能となる。スミスの認識では，「中流および下流の」人にとっては，「徳への道と財産への道は，幸福なことに，たいていのばあいにほとんど同一」であると述べ，「財産への道」を「徳への道」に通じるものとして肯定的に評価した。「中流および下流の専門職」においては，「真実で堅固な専門職の諸能力が，慎慮，正義，不動，節制の行動と結合」して成功をおさめる，とスミス考えたのである（TMS I, iii. 3. 5./訳上 166）。
　しかしスミスは「富裕な人びと，有力な人びと」に対する「共感」が，「社会秩序」を形成する反面，「同時にわれわれの道徳諸感情の腐敗の，大きな，

そしてもっとも普遍的な、原因である」ことは理解していた。

　人間は一般には「弱い人」である。多くの人間は、「徳」が導きだす「真実で確固とした値打ち」に対して共感するのではなく、「富と地位」から導かれる「高慢と虚栄」に対して共感する傾向にある。どこまでも富＝物質的利益の増大や地位・名誉・名声の獲得を目指し、「社会的賞賛」を得るために生きることは、他との競争に打ち勝つという〈相対的な比較〉のための人生である。そうして結局のところ、「財産へ志望者たちはあまりにもしばしば徳の道を放棄」(TMS I, iii. 3. 8./訳上170) して、「心の平穏」を見失ってしまうのである。

　スミスは『道徳感情論』第6版において、人間がどこまでも「財産への道」を進むことで、道徳的に「腐敗」する可能性がある、と警鐘を鳴らしたのである。

4-2　良心論──「称賛にあたいすることへの愛好」

　そこで、スミスは、「財産への道」を歩み、物質的幸福の実現を目指して「勤勉」な自己「努力」を続け成功したのちは、「心の平穏」に生きて「徳への道」を生きるべきであると主張した。しかし同時にスミスは、現実には、それができるのは少数の「賢人」しかいない、と考えていた[54]。

　　そのような人びとの成功もまた、ほとんどつねに、かれらの隣人と同輩

---

54)　田中 (1997) は、『道徳感情論』第6版においてスミスが「「人間愛という愛すべき徳性 (the gentle virtue of humanity)」「自己規制というきびしい徳性 (the austere virtue of self-command)」という必ずしも両立しがたい二つの徳性を兼備することが要請されているだけでなく、それは一般市民の容易に到達しえないところである、と主張されている」ことを指摘する。「スミスが六版では中下層の道徳性に絶望し、ストア的な「賢明な少数者」(エリート道徳)にアピールしていたという見解の生まれる背景はそこにある。しかし彼が同じ章の中で、道徳感情の腐敗防止の道を、「世間と社会の日の光に戻り、見知らぬ人とともに生きる」(TMS III, 3.39) 点に求めていたことは、六版良心論がストア的超越・観想論ではなく、あくまでも中産道徳の改善を目的としたものであった次第を示しているといえよう」。ここでは『道徳感情論』第6版が中・下層階級の道徳性の改善を目的にしていたことが指摘されている。田中 (1997, 下155-156)。

との好意と好評とに依存するし，かなり規則正しい行動がなければ，それらは，めったにえられないのである。したがって，正直は最良の方策だという，むかしからのことわざは，このような境遇においては，ほとんどつねに完全な真理としてあてはまる。だから，このような境遇においては，われわれは一般に，かなりの程度の徳があることを期待するのだし，社会の善良な道徳にとって幸運にも，これらの境遇が，人類のうちのはるかに大きな部分のものなのである（TMS I, iii. 3. 5./訳上 167）。

スミスが『道徳感情論』初版（1759）の理論を基本としながらも，第 6 版（1790）で大幅な改訂を加えた背景には，経済的発展の影に潜む「腐敗」の問題があったと考えられる。改訂の 1 つは，第 3 部「良心（conscience）」論に関する改訂である。

スミスは，富と上流の地位を目指すようになった中・下層階級（一般の人びと）への批判と上流の人びととの道徳的腐敗・堕落を指摘した。スミスは，それまでは新たな社会の担い手として一般の人びと（特に商人・製造業者層）に高い評価を置いていた。かれらは，自分の生活水準を高めようと絶え間なく努力する経済人であった。

しかし彼らは「徳への道」を放棄してしまい，「称賛にあたいすること（praise-worthiness）」よりも，「称賛（praise）」自体を求めるようになっていた。さらにスミスは，「世論を操作して立法府を脅迫する商人や業者の声の暴力」が「世論」となる現実，つまり「世論」と「良心」が対立する現実を体験した。

「現実の観察者」に対して不信を抱いたスミスは，他人からの「称賛」を求めるのではなく，「称賛にあたいすること」のみを希求する「公平な観察者」を想定し，「想定された公平な観察者（the supposed impartial spectator）」に良心の担い手を求めるに至った[55]。

---

55) 田中（2009, 125）は，スミスが第 6 版で「ストア回帰的傾向を強め，少数のエリートにのみ可能な完全徳性論を展開している」と見る。この指摘と第 6 版良心論が「あくまでも中産道徳の改善を目的」としているという田中（1997, 下 155-156）の指摘との間に乖離があるように思われる。

スミスは，『道徳感情論』第6版の良心論では，「良心」を引きだすものが「称賛」そのものではなく，「称賛にあたいすることへの愛好」であることを明確に指摘した。

> 称賛にあたいすることへの愛好は，けっして，称賛への愛好だけから，ひきだされるものではない。それらふたつの原理は，相互に類似しているとはいえ，また，結合され，しばしば相互に混合されるとはいえ，しかもなお，多くの点で，相互に区別があり，独立しているのである（TMS III, 2. 2./訳上 379-380）。

ここでは「称賛への愛好」と「称賛にあたいすることへの愛好」とは明確に区別された。「称賛」にあたいしない場合に「称賛」を要求することは良心に反することなのである。

> かれの明確な自己是認は，他の人びととの明確な是認によって確認されることを，必要としない。それは，それだけで十分なのであり，かれはそれに満足しているのである。この明確な自己是認は，かれが熱心に求めうる，あるいは求めなければならない，唯一のではないとしても少なくとも主要な，目的である（TMS III, 2. 8./訳上 383-384）。

ここで重要なことは〈他者の自己に対する是認・否認〉ではない。重要なことは，「良心」に従った生き方，すなわち観察者や世論といった現実の観察者からの〈他者の自己に対する是認感情としての共感〉を求めない生き方にある。つまり他人からの「称賛」ではなく，自分自身の行為が「称賛にあたいすること」＝「良心」に従い自分自身を「自己是認」できる生き方であるか否かが重要なのである。そこでスミスは「想定された中立的な観察者」＝「良心」の概念を導入し，人間は「良心」に従うべきである，と主張した。

かれ自身の良心の明確な是認が、いくつかのふつうでないばあいに、人間の弱さを満足させうることはめったにないとはいえ、胸中の偉大な同居人という、想定された中立的な観察者の証言が、かならずしもつねに単独でかれを支えることはできないとはいえ、それでも、この原理の影響と権威は、あらゆるばあいにきわめて大きい（TMS III, 3. ①./ 訳上 309）。

スミスは「現実の観察者」（世論）に従うのではなく、「良心」に従い主体的に生きるために「想定された中立的な観察者」を登場させたのである。

4-3 《絶対的幸福》——「自己抑制」の徳と「仁愛」の徳

『道徳感情論』第6版によれば、ある一定の目標を達成したのちは、むしろ利己心の「自己抑制」が重要であり、人間の幸福とは、「心の平穏」にこそある。人間諸個人が《相対的幸福》＝経済的に豊かな生活を手に入れた後には、自らの自由意思によって「徳」を形成し、「心の平穏」のなかにこそ真の幸福＝《絶対的幸福》がある、という認識と自覚のもとに生きるべきである。

> 幸福は、平穏（tranquility）と享受（enjoyment）にある。平穏なしには享受はありえないし、完全な平穏があるところには、どんなものごとでも、それを楽しむことができないことはめったにないのである（TMS III, 3. 30./ 訳上 432）。

人間諸個人が高い地位や高い収入を獲得し、社会的に認められる存在となって、親戚や友人や知人や見知らぬ他者に羨望される存在となったとしても、それによって自分が傲慢となったり、うぬぼれたり、徳を高めない人間のままであったり、あるいはまたさらに高い地位や収入を目指し——たとえば地方議員が国会議員を目指すというように——旺盛な利己心を発揮するならば、多くの場合、自分の人生に対する新たな不安や恐怖、心配や迷いが生じ、消極的な心が生みだされる結果、「心の平穏」を見失い、ひとたび得た幸福を破壊させて

しまうことになりかねない、とスミスは主張する。

　たとえば、資本家がある一定の利益を出して成功したにもかかわらず、さらに大きな成功を求めて、企業の規模を拡大し、そのために借金を積み重ねてゆけば、その資本家は、自分の相対的利益の増大のために、借金を増やし、明日にむけての不安や心配や迷いが増大し、消極的な心が生みだされて「心の平穏」が失われてしまうのである。

　スミスは、エピルスの王の例をあげ、「完全な平穏」と「虚栄と優越の諸快楽」は両立しないことを主張した。

　　真の幸福をひきだそうと期待する諸快楽は、ほとんどつねに、ささやかではあるが現実のわれわれの境遇において、われわれがいつでも手もとに、われわれの力のうちにもっている諸快楽と、おなじなのである（TMS III, 3. 31./訳上 434）。

　スミスの考えでは、真の幸福とは、自分の手もとにあるささやかな快楽と同じである。「幸福は、平穏と享受にある」という叙述からも明らかなように、人間の真の幸福とは、「心の平穏」のなかにある。「完全な平穏」と「虚栄や優越の諸快楽」は両立しない。「心の平穏」とは、生活水準を維持でき、「健康で、負債がなく、良心にやましいところがない」状態である。

　　健康で負債がなく、良心にやましいところのない人の幸福にたいして、なにをつけ加えることができようか（TMS I, iii. 1. 7./訳上 116）。

　スミスによれば、「不幸」や「悲運」とは、自分がいつ「いい状態」であり、いつ「満足すべきであるか」「知らないこと」に起因するのである（TMS III, 3. 31./訳上 435）。

　「社会的賞賛」、社会的な地位の向上を求めるあまり、「富裕への道」＝「財産への道」を突き進み、その結果として、借金を増やしたり、健康を損ねた

り,「心の平穏」を見失ってしまっては,真の幸福を手にすることはできないのである。

　ある一定の目標を達成し,幸福を実現したのちには,人間諸個人は「富裕への道」=「財産への道」を突き進むのではなく,「有徳の道」を歩み,自らの心に宿る「良心」と一体化して生きる道を選択し,「徳」の向上によっていきすぎた「利己心」を「自己抑制」し,その後の人生については,「良心」に従って生活すれば,借金をしたり,健康を損ねたり不遇の事故に遭ったりすることはなく,平穏無事な生活のなかで幸福を手にすることができるのである。

　人間諸個人が,真の幸福は自らの「心の平穏」のなかにあるという認識に到達するためには,自己の他者からの「称賛」を求める生き方ではなく,「称賛にあたいすること」を求め「良心」に従って生きることの重要性を自覚・認識しなければならない。

　《絶対的幸福》とは,「称賛」=社会的賞賛・社会的是認の獲得を目指す生き方ではなく,「称賛にあたいする」生き方を通じて〈自己の自己に対する是認〉=「自己是認」を求める生き方である。それは,ひとことでいえば「良心」に従った生き方である。《絶対的幸福》=真の幸福を実現するためには,人間諸個人は「慎慮の徳」,「正義」,「仁徳」の徳性を培うことが必要である。それによって良心と一体化した「心の平穏」という生き方ができるようになるのである。《絶対的幸福》論をシェーマ化すると図2-2のようになる。

図2-2　《絶対的幸福》

人生の出発点における《相対的幸福》の実現→「財産への道」→高い目標の設定→利己心の発揮→「勤勉」と自己「努力」の積み重ね→「自己抑制」=「慎慮の徳」の形成と共感能力の向上→人間的成長→学問や教育や経験を通じての「有徳の人」への共感能力の育成→「称賛」を目指す生き方から「称賛にあたいすること」のみを希求する生き方への人間的成長→「自己抑制」の徳・「人間愛」の徳の涵養→「良心」と一体化して生きる人生→「心の平穏」の保持→《絶対的幸福》に満ちた人生

　出所)　前原直子作図(2014;2016)。

『道徳感情論』第6版第3部においてスミスは,「自己規制(self-command)」の徳と「人間愛(humanity)」の徳という2つの異なる徳の重要性について以下のように論じた。

　　真に恒常不動の人,すなわち自己規制の偉大な学校であるこの世間の雑踏と事業のなかで十分に教育されてきたし,おそらく,分派の暴力と不正および戦争の困難と冒険にさらされてきた,賢明正義の人は,あらゆるばあいに,かれの受動的諸感情にたいする制御を保ちつづける(TMS III, 3. 25./訳上426)。

「賢明正義の人」は,「世間の雑踏と事業」という「自己規制」の学校で,「十分に教育されてきた」ため,あらゆる困難にさらされても「自己規制」を保ちつづけることが可能となる。「自己規制」によってかれは「自己是認」を獲得する。「自己規制の程度に比例して,克服の快楽と誇りは,それだけ大きい」のである(TMS III, 3. 26-27./訳上427-428)。

「かれ[理想的人物—引用者]」は,「名誉と尊厳がかれにさし示す見方にかれが従うとき」つまり「自己規制」するとき,「かれ自身の完全な,明確な自己是認と,あらゆる公平で中立的な観察者の喝采とを,享受する」(TMS III, 3. 28./訳上430)ことができるのである。

スミスによれば,理想的人物とは「自己規制」の徳と「人間愛」の徳をあわせもつ「もっとも完全な徳」をもった人物である。

　　もっとも完全な徳をもっている人,われわれが自然にもっとも愛し尊敬する人は,かれ自身の本源的で利己的な諸気分にたいするもっとも完全な規制に,他の人びとの本源的気分および共感的気分の双方へのもっともするどい感受性を,むすびつけている人である。すべてのやさしく愛すべく温和な諸徳に,すべての偉大な,畏怖すべく,尊敬すべき諸徳を,むすびつけている人は,まちがいなく,われわれの最高の愛情と感嘆の,自然で

適切な対象であるにちがいない（TMS III, 3. 35./訳上 439-440）。

「かれ」は「称賛にあたいすること」のみを希求し「良心」に従う人物である。しかし「自己規制」の徳と「人間愛」の徳とが育成される境遇はあまりにも異なる。

> 人間愛というおだやかな徳がもっともうまく育成されうる諸境遇は，自己規制というきびしい徳を形成するのにもっとも適した諸境遇と，けっして同じではない。自分自身が安楽にしている人は，もっともよく，他の人びとの困苦について配慮することができる。自分自身が諸困難にさらされている人は，きわめて即座に，かれ自身の諸気分について配慮し，それらを制御することを，求められる人である。妨げられることのない平静さの，おだやかな日ざしのなかで，誘惑されることのない哲学的な余暇の，静かな隠れ家において，人間愛というやさしい徳はもっともよく花を開き，最高の改善をうけることができる（TMS III, 3. 37./訳上 441）。

人生の真の目的は，「利己的な意向を自己抑制」し，人間的に成長し，「仁愛的な意向」という徳を涵養し，「人間本性の完成」＝自己完成を実現することにある。それは他者との「相対的比較」のない《絶対的幸福》である。したがってある一定の経済的豊かさを実現している場合，さらに高い賃金や地位・名声の獲得を人生の目標にするのではなく，真に自分のなりたい自分，自分の「才能」＝自己「能力」に応じた仕事に就いて，自分の胸中に宿る良心に従って「称賛にあたいする」自分を創造してゆくことが重要である。

> われわれ自身の幸福への関心は，われわれにたいして，慎慮の徳をもつように勧告し，他の人びとの幸福への関心は，正義と慈恵の徳をもつように勧告する。……3つの徳のうち第1は，もともとわれわれの利己的な意向によって，ほかのふたつは，われわれの仁愛的な意向によって，他の人

びとの感情がどうであるか，どうあるべきか，一定の条件のもとではどうであるだろうかということの，どれにたいするどんな顧慮からも独立に，われわれに勧告されるのである（TMS VI, concl. 1./訳下 212）。

第1の「慎慮の徳」は，利己心の発揮＝自分個人の自己「努力」と，自分の欲望の達成のために，その他の欲望を犠牲にするという「自己規制」の力との2つから成る。第2の「正義」は，「他人の存在価値を是認し，他人の人格を尊重するとともに，他者の権利を侵害しないこと」である。第3の「仁徳」は，他者や社会に対し「感謝の念」を引き起こす公共心（利他心）にもとづいた人間の徳のことである。

慎慮のある人は常に，自分が理解していると公言したすべてのことを理解しようとして，真剣かつ熱心に努力するのであって，単に自分がそれを理解していることを，他の人びとに納得させようとするだけではない。そして，かれの諸才能は，かならずしも常に，非常にすばらしいものではないかもしれないが，常に完全に純粋である（TMS VI, i. 7./訳下 96）。

「慎慮」とは，将来に対して慎重に配慮する徳である。「慎慮ある人」は，「現在の瞬間の安楽と享受」を「犠牲」にし，将来のより大きな目標のために「勤勉と質素」な生活を長期間にわたって継続できる者である。自分自身が定めた将来の目標にむかって利己心を発揮し，それ以外の欲望は「自己抑制」し，「勤勉」に自己「努力」を図る。「慎慮」の徳を形成するためには教育が不可欠である。「慎慮の徳」を身につけた者は，「胸中の人」の「完全な明確な是認」を受ける者である。

慎慮ある人は常に，かれの勤勉と質素の堅固さにおいて，かれが堅固に現在の瞬間の安楽と享受を，もっと遠いがもっと継続する時期の，さらに大きな安楽と享受に対する有望な期待の犠牲にしていることにおいて，中

立的な観察者および中立的な観察者の代理である胸中の人の，完全な明確な是認によって支持されるとともに報償される（TMS VI, i. 11./訳下 100）。

スミスによれば，人生の目的は，真の幸福の実現にあり，真の幸福とは「人間愛」という「徳」を育む「人間本性の完成」にあった。

> 人間愛という愛すべき徳（virtue）は，たしかに，人類のなかの粗野な大衆によって所有されるところをはるかにこえる感受性を必要とする。度量という偉大で高尚な徳は，疑いもなく，人間のうちのもっとも弱いものでさえもが行使しうる程度をはるかにこえる自己規制を要求する。普通の程度の知的な諸資質のなかには，なんの能力もないように，普通の程度の良俗（moral）のなかには，なんの徳もない。徳とは，卓越であり，大衆的で通常なものをはるかに超えて高まった，なにか普通ではなく偉大で美しいものである。愛すべき諸徳は，極度のそして予期されぬ繊細さとやさしさによって人を驚かす程度の，感受性のなかにある（TMS I, i. 5. 6./訳上 64）。

> 人間社会の全成員は，相互の援助を必要としているし，同様に相互の侵害にさらされている。その必要な援助が，愛情から，感謝から，友情と尊敬から，相互に提供されるばあいは，その社会は繁栄し，そして幸福である。それのさまざまな成員のすべてが，愛情と愛着という快適なきずなで，むすびあわされ，いわば，相互的な世話というひとつの共通の中心にひきよせられているのである（TMS II, ii. 3. 1./訳上 222）。

スミスは，人間諸個人が，一定の利己心の充足の後には，利己心の「自己規制」という徳を育み，同時に「人間愛」という徳を培って「人間本性の完成」を目指すことを期待した。しかしその反面で「人間愛という愛すべき徳」は高尚で，大衆は「慎慮の徳」を培うことが重要であることをも認識していた。

スミスの文明観によれば，「人間愛にあふれた感受性の豊かな美徳は，貧困

生活のなかではなく,豊かな生活の余裕のなかで身につくもの」であり,「人間愛」と「自己規制」の徳を兼備するためには,貧困問題の解決と教育が重要となるのである[56]。

4-4　大学教育改革と教育経済論

それゆえ前述の如くスミス『国富論』によれば,経済的に豊かな社会が形成され国家が「国民教育」を提供することで,最下層の労働者階級も基礎的教育を受け,貧困を克服し経済的に自立することが必要となる。また労働者に対しては,〈実際教育〉によって生活水準を向上させ,利害と仕事を結びつけて利己心を喚起し「勤勉」な労働へと上昇転化することが重要となる。さらに最高学府である大学において学ぶ者は,「有徳の人」を「是認」しうる「共感」能力を涵養し,「専門知識」を身につけて「社会的賞賛」の対象となるように成長することが社会的に必要となる。

教育を受けるためには経済的余裕と時間的余裕が必要である。アリストテレスの述べるように,最高度の徳に達しうるには,知識が必要であり,知識の習得のためには余暇が必要となり,余暇をもつには経済的余裕が必要となる。私説では,スミスにおける教育の重要性は,第1には「労働能力」を鍛え「才能」を引きだし「勤勉」に「努力」して《相対的幸福》を実現していくことのなかにある。

経済的豊かさを獲得し,高等教育,大学教育を受けることが可能な人間は,知的・道徳的能力を向上させ,それに伴い人生の目標にむかって自己「努力」し,人間的成長をすることが可能となる。そして高い専門的知識,また個性に見合った知識を身につけ,高い「報酬」を得ることが可能となる。一般に人間は,社会的に高い地位や名誉を有する者に高い「称賛」を与える。そしてそれは,人間の自然的性向に則したものである。

第2にスミスにおける教育の目的は,一般の人びとが自ら定めた目標にむかって利己心を発揮し,勤勉に努力してゆくプロセスのなかで,経済的生活基盤

---

56)　星野（1976, 178）。

を形成し，それを人生の生活上の土台として，大学教育などで高い教育を受け「共感」能力を高め，「有徳の人」についてゆけるだけの「共感」能力を涵養することにこそある。

> ［教育者は—引用者］公共にとってもっとも有用な仕事に人びとを引きよせると同時に，……おそらく最良の教育を人びとに与えるだろう。それは，人びとの学習をできるかぎり，たしかなものにするとともに，できるかぎり有用なものにする傾向をもっているのである（WN II, 812/ 訳④ 108-109）。

> ギリシャでもローマでも（その他の少数の歴史家を別にすれば），すぐれた文筆家のはるかに大多数は，公私いずれかの教師，一般に哲学か修辞学の教師であった（WN II, 811/ 訳④ 108）。

スミスの理想とする学問は，人間の幸福を追求する古代ギリシャ哲学におかれていた。スミスは，ソクラテス，プラトン，アリストテレスの時代から，文筆家や雄弁家が優れた「有徳の人」であったということを論じ，こうした少数の人びとが，社会における「称賛」の対象になることによって，「有徳の人」へと共感する人びとが社会に増えることを切望したのである。スミスの認識では，教育者はきわだった「才能」の持ち主，あるいは「徳」の高い人物であり，その大多数は，優れた文筆家として人びとを導く存在であった。

スミスは，教育者は世を照らすひとすじの光となって社会を導く存在である，と考え，教育者の社会的使命の重要性を主張した。

> 学問のある人がその才能によってなしうる唯一の仕事は，公的または私的の教師の仕事，つまりその人が自分で身につけた新奇で有用な知識を他の人びとに伝えるということであった。いまだにこの仕事は，印刷術がその誘因となって生まれた本屋というもののために執筆する他の仕事より

も，たしかに名誉で有用な，しかも一般に有利でさえある仕事なのである。諸科学の傑出した教師の資格をえるために不可欠な年月や，研究，才能，知識，精励は，すくなくとも法律や医術における最大の実際家になるために必要なものに匹敵する（WN I, 148-149/訳①232-233）。

スミスによれば，大学教授や学校の教師は，優れた文筆家を育て，また生産的な階級を育てるのみならず，「法律と医学の専門職」などを育て上げる，という意味において極めて有用な社会的使命を担っていた。

スミスは，「社会的賞賛」や高い「共感」・支持を得る職業として医師や弁護士をあげるが，弁護士，医者といった職業は，生産力の増進には直接には寄与しないという意味で「不生産的労働者」と規定される。そうした職業の「報酬」＝「賃金」の大小は，人びとの「信頼」によって決定されるため，弁護士や医者といった「専門職で卓越した才能」をもつ者は，高い「社会的賞賛」と結びついた高い「報酬」を得ている。

> われわれは自分たちの健康を医師に託し，財産およびときには生命や名声を，法律家や弁護士に託する。そのような信頼は，地位がきわめて卑しく，あるいは低い人たちには安心して託しうるものではない。したがって彼らの報酬は，それほどにも重要な信頼が必要とする社会的地位を彼らに与えるようなものでなければならない。彼らの教育にかけられたにちがいない長い時間と大きな費用は，こうした事情と結びつくとき，必然的に彼らの労働の価格をさらにいっそう高めることになる（WN I, 122/訳①186）。

高い「報酬」は，〈他者の自己に対する是認感情としての共感〉の作用により「称賛」の対象となり憧れの的となる。「天才」「秀才」は「卓越した才能にともなう社会的賞賛」を得て，社会に目標を与えてゆく。

ひとなみの域に達する人もごくわずかであるような専門職で卓越するこ

とは，天才あるいは秀才とよばれる者のもっとも決定的なしるしである。そのような卓越した才能にともなう社会的賞賛は，つねに彼らの報酬の一部になっていて，報酬の大小は賞賛の高低に比例している（WN I, 123/訳① 188）。

スミスの教育論は，「国民教育」を除けば，自由競争原理にもとづくものである。その理由をスミスは，スコットランドの大学教育を例に，教師間の自由競争が教育の質的向上，職務に対する精進を引きだす最良の方法であることを説明する[57]。

『国富論』においてスミスは，大学教育改革を主張し，政府の介入のない自由競争制を大学教育に導入すべきである，と主張した。スミスは，大学では「有徳の人」への共感しうる人材を育成するために，学生の自由意思による科目の選択とそれに伴う教師の自由競争への改革が必要であり，自由競争のためには，教育の経費は，教育の直接の利益を受ける人間の「自発的寄付」が好ましいと主張した。

オックスフォード大学は，寄付財産によって運営されていたが，「オックスフォード大学では，ほとんどの正教授は，教えるふりさえ放棄してしまった」（WN II, 760/訳④ 17）とスミスは厳しい批判をむけている。イングランドの大学教育の停滞の背景には，哲学を来世の幸福のための神学研究に従属する形にしてしまったことにある，とスミスは批判した。

スミスの考えでは，教師は多くの学生受講者を惹きつけるように自己研鑽を

---

[57] スコットランドの大学の制度改革に関しては，只腰（1995, 12-17）を参照。18世紀初頭においてもスコットランドの大学の目的は聖職者の輩出にあり，大学の中心は学生たちに基礎的な学問を教授する「学芸学部」だった。また4年間すべての科目を1人のリージェントが学生を指導する「リージェンド制度」が取られ，リージェントの大半は，大学を出たばかりで教育経験が少なく，将来，聖職者になる予定の腰掛気分の者であった。18世紀中葉の「リージェンド制度の廃止」と「専門的教授」化への移行によって，大学教育の専門分野の特化が進展した。スミスがグラスゴー大学に在学中（1737-1740）に道徳哲学の師ハチスンと出逢った背景には，こうした大学の制度改革があった。

積むべきであり，一方，学生はいかなる拘束も受けないで，自分の必要に応じて自発的に授業を受講できるようにするべきである。なぜなら，前述の如く，労働と報酬が結びついたとき，人間は，利己心を発揮して自己利益の追求のために，「勤勉」に自己「努力」を図る生き方ができる。スミスは，『国富論』において，学問の「分業」＝専門分野への特化が，社会全体の科学や知識の質量を増加させ，社会の発展に寄与することを主張している。自由競争の原理にもとづく教育改革の必要性をスミスが主張した理由はそこにあった。

4-5 教育の目的と「徳」の涵養

『国富論』における教育の重要性は，①「勤勉」な自己「努力」によって「才能」を引きだし，仕事を通じて社会に貢献してゆく力の涵養，②「共感」能力の向上によって人生の目標を発見し，利己心を発揮して「称賛」される自分を創造する力の涵養，にあった。ひとことでいえば《相対的幸福》の実現にあった。それに対して『道徳感情論』における教育の重要性は，《絶対的幸福》の重要性を認識・自覚することにあった。

《絶対的幸福》の認識に至るためには，その前提として経済的豊かさを獲得し《相対的幸福》を実現することが必要である。したがって，『国富論』における教育は，「国民教育」や〈実際教育〉によって「国民の愚昧化」を防ぎ，人生の目的にむかって利己心を喚起して「勤勉」に自己「努力」する勤労労働者の育成へとむけられた。

スミス『国富論』における教育の目的は，何よりもまず人間諸個人の《相対的幸福》の実現にあった。その目的の実現のためには，資本蓄積の進展に伴う富裕の全般化によって，社会の大多数の人びとの生活水準を押し上げ，豊かな経済生活を実現することが不可欠となる。なぜなら貧困と教育は両立しないからである[58]。

---

58) スミスの教育論の目的はひとことでいえば「幸福」の実現にある。それは「われわれがだれか個人の性格を考察するとき，われわれは当然，それをふたつのちがった側面からながめる。第一に，それが，われわれ自身の幸福に作用し得るものとして，第二に，それが他の人びとの幸福に作用しうるものとしてである」(TMS Ⅵ,

教育は人生の目標を発見させ，利己心を喚起する。経済的に豊かな社会の形成により教育を受けることが可能となった人びとは，「勤勉」な自己「努力」によって人生の目標を実現してゆくプロセスにおいて，「慎慮の徳」などの諸徳を涵養し，人間的成長を遂げてゆくことが可能となる。

人間諸個人は，他者との比較による富の増大，すなわち《相対的幸福》を実現したのちは，一定の範囲内に「利己心」の追求を「自己抑制」し，「心の平穏」を保持しなければならない。真の幸福とは，人間諸個人が「共感」能力を高め，「良心」に従い「心の平穏」を保持する生き方のなかにあるという認識・自覚に到達することにある。

スミス『道徳感情論』における教育とは，「心の平穏」の重要性，すなわち《絶対的幸福》の重要性を認識・自覚することにこそにあった。

スミスによれば，「必要な援助が，愛情から，感謝から，友情と尊敬から，相互に提供されるばあいは，その社会は繁栄し，そして幸福である」（TMS II, ii. 3. 1./訳上 222）。

スミスは，人間諸個人が，一定の利己心の充足の後には，利己心の「自己規制」という「徳」を育み，「人間愛」を培って「人間社会の全構成員」が「相互の援助」を通じて「愛情と愛着」という絆で結ばれることを期待した。

しかしスミスは「人間愛という愛すべき徳」は高尚で，大衆にとってはもっとも共感することが困難なことをも認識していた。

それゆえスミスは，最下層の労働者階級には「国民教育」を施すことの必要性を，最高学府の大学では「有徳の人」への「共感」能力を涵養し「社会的賞賛」の対象を育成することの重要性を説いたのである。

真の幸福である「心の平穏」＝《絶対的幸福》に到達するためには，高い「共感」能力が必要である。スミスは，人間諸個人は「共感」能力の向上という人間的成長を通じて《相対的幸福》の実現から《絶対的幸福》の実現へと到

---

intro/ 訳下 93）という叙述にも見られる。スミスに対して J. S. ミルの父・ジェームズ・ミル（James Mill, 1773-1836）は『教育論・政府論』において教育の目的を「教育の目的は，個人を，まず第一に自分自身の幸福にとり，第二に他の人々の幸福にとり，できる限り有用な手段とすることにある」と定義している（Mill, J. 1931）。

達することが,〈人間の幸福の自然的方向〉である,と主張したのである。

5. おわりに

本章では,アダム・スミスの『道徳感情論』と『国富論』を相互補完的に捉え,スミスの経済理論を道徳哲学的アプローチから包括的に捉え直した。本章の独自性は,『道徳感情論』と『国富論』において,教育が経済に与える影響(教育経済論)を「共感」原理にもとづいて考察した点にある。

『国富論』においてスミスは,重商主義政策が撤廃され,イギリスにおいて私有財産制度と自由競争制度を両輪とする資本主義社会=「自然的自由の体系」が構築されるならば,資本家階級の投資意欲と労働者階級の勤労意欲は著しく高まり,したがってまた資本家階級と労働者階級の利己心が自由に追求・発揮される結果,生産力の増進に伴って社会的生産力が増進し一国の資本蓄積が順調に進展し,富裕が社会の最下層の労働者にもゆき渡る,と主張した

経済的に豊かな社会の形成によって教育が普及し知的・道徳的能力が高まれば,人びとは「無知で愚鈍」な状態から抜け出し,自己に対する関心としての「自己愛」が生まれ将来や生活に対する思慮(=「慎慮」の徳)を培うことが可能となる。このことは,生活水準を向上しようという目標をもつことを可能とし,自己への関心という意味で利己心が動因となって,「勤勉」な自己「努力」によって目標を達成する人間が増えてゆく。こうした人間的成長は,さらに社会生産力を増進させ富裕の全般化につながってゆく。スミスは,こうして仕事における〈実際教育〉と「国民教育」による知的・道徳的能力の向上が経済成長につながることを主張した。

人生の目標は,〈自己の他者に対する是認感情としての共感〉によって発見される。そのために「共感」能力の向上が必要である。スミスによれば,「共感」能力の向上には教育が不可欠であり,教育は経済的利益の増大による生活水準の向上に密接に関連している。スミスが教育を経済発展と結合させて重視する理由は,人間の他者への「共感」の働きが,人生の「目標」を設定させ「利己心」を喚起する,という点に有用性を見いだしたからである。

第2章 アダム・スミスの教育経済論と共感論

『国富論』によれば,「分業」によって「労働生産力の増進」が実現し,また「社会的分業」によって社会的生産力が増進することによって富裕が全般化し,経済的に豊かな社会が実現する。

しかしスミスは,「分業」が優れた「技量」を人間に与えるかわりに,偏った人間をつくりだしてしまうことを危惧していた。スミスは職に就く前の労働者階級の子どもに「国民教育」を受けさせる必要性を主張した。またスミスは,「怠惰」を助長する徒弟制度での長い修業は「勤勉さ」を育成しないことを指摘した。やとい職人が「勤勉」であるのは,自己の労働と利害が一致するからである。そこで短期間教育と労働経験を積む〈実際教育〉によってやとい職人になれれば,労働者の教育費用も教育時間も節約できる。さらに出来高払い制度を導入すれば,労働者の利己心を喚起し「勤勉さ」を引きだすことができる。このことは「競争」を増加させ,「労働」の「費用」は低下するので,社会には有益に働く。〈実際教育〉は労働者の利己心を喚起し,分業は「労働能力」（技量など）を増進する。また「国民教育」によって基礎的学力を身につけた子どもが,職業の選択を自由に行って雇用労働者として成長できれば,それに伴い経済成長が実現してゆく。スミスはこうして自由競争にもとづく私有財産制度のなかで〈利己心の体系＝「生産力の体系」〉が構築されてゆくと考えた。

「勤勉」な自己「努力」を図る人間が増えてゆけば,社会は豊かな経済社会を形成し,国家の税収を増やし,民間企業の運営できない道路の整備や港湾の建設など公共事業を通じて,さらに豊かな経済社会を実現・維持できる。このことは,民間企業の仕事を円滑ならしめ,政府と民間企業の社会的分業を進展し,一国の資本蓄積を進展する。さらに「勤勉」と自己「努力」によって道徳的な判断力を有する人間が増えるので,司法や警察など行政の仕事が減り,政府の財政支出が減少しても国家の安定が実現できる。そして物質的利益の増大＝経済的豊かさの実現は,人間諸個人に教育を受けることを可能とする。逆にいえば,貧困と教育とは両立しない。教育は,「勤勉」と自己「努力」によって人生を切り拓く人間を育成する。

『国富論』においてスミスは，人間諸個人に，《相対的幸福》のなかに人間の幸福があるということを認識・自覚させ，人間諸個人の利己心を喚起して人間的成長を促し，「勤勉」と自己「努力」を引きだすことの重要性を説いた。

　『国富論』においてスミスは，政府による労働者階級への初等教育の必要性，利己心を喚起する〈実際教育〉の重要性，大学教育改革の重要性を主張した。『国富論』における教育の重要性は，経済的利益の増大と教育とが密接に関連している点にあり，その意味で『国富論』は経済教育論を展開していることを本章では明らかにした。

　これに対して『道徳感情論』における人間の幸福とは，第1に他者からの「称賛」にあった。中流・下流の人間にとっては「財産への道」は「徳への道」と一致する場合がある。それは，「社会的承認」を獲得したいという利己心が，将来への思慮を引きだし，「勤勉」な自己「努力」を可能にするからである。このとき中流・下流の人間の「勤勉」な自己「努力」は，自分自身の「生活水準」を向上させ，「慎慮の徳」を培うことにつながっている。それは「仁愛」というような高尚な「徳」でないが，「慎慮の徳」を培う人間が増加することによって社会秩序は形成される，とスミスは考えた。スミスの幸福論は，人間諸個人が自分の幸福を追求することが社会秩序の形成に役立ち，社会の安定をもたらす社会全体の幸福につながる，というものであった。

　つぎにスミスは『道徳感情論』において，《絶対的幸福》の実現の重要性を主張した。『道徳感情論』における教育の重要性は，《相対的幸福》を実現したのちは，利己心の絶え間ない増大を「自己抑制」し，「心の平穏」を保持し，《絶対的幸福》の重要性を認識・自覚することにこそにあった

　スミスは，利己心の発揮の重要性を説くとともに，利己心の「自己抑制」の重要性をも主張した。つまりスミスは，『国富論』において，人間諸個人が人生の目標を目指して利己心を発揮して，物質的利益を獲得することの重要性を主張したのであり，また『道徳感情論』においては，人間諸個人が人生の目標を達成し，ある一定の幸福を達成したのちには，利己心の「自己抑制」が不可欠であることの重要性を主張したのである。

その意味でスミスは，手放しの利己心の発揮を主張したわけではなく，同時にまた経済成長主義を無条件に唱えたわけではない。スミスは，人間諸個人が「財産の道」を突き進むプロセスのなかで，「共感」能力を高め，人間的成長を遂げて「有徳の人」への「共感」を涵養し，同時にまた教育の力を通じて利己心を「自己抑制」し，常に「心の平穏」を保持して「良心」に従って生きる人生のなかにこそ，つまり自分の仕事を通じて社会に貢献してゆくことのなかにこそ，人生の真の幸福がある，と主張したのである。スミスは，《相対的幸福》を実現した者には，《絶対的幸福》を自覚・認識し，「自己規制の徳」を育み，「仁愛の徳」を培って「人間本性の完成」を目指すことを期待したのである。

参 考 文 献

Aspromourgos, T. 2009. *The Science of Wealth: Adam Smith and the Framing of Political Economy.* London and New York: Routledge.

Campbell, T. D. 1971. *A Science of Morals,* London: Allen & Unwin.

Fleischacker, S. 2004. *On Adam Smith's "Wealth of Nations": A Philosophical Companion.* Princeton and Oxford: Princeton Univ. Press.

Haakonsen, K. 1981. *The Science of a Legislator,* Cambridge.

Hayek, F. A. 1988. *The Fatal Conceit,* Routledge.

Hume, D. 1739-40. *A Treatise of Human Nature,* Edited by Norton, David Fate Norton, Mary J. 1st Ed Oxford Univ. Press, 2000. 大槻春彦訳『人性論』全4巻，岩波書店，1948-1952。

―――. 1748. *An Enquiry concerning Human Understanding.* 斉藤繁雄・一ノ瀬正樹訳『人間知性研究』法政大学出版局，2011。

―――. 1752. *Political Discourses.* 田中秀夫訳『ヒューム政治論集』京都大学学術出版会 2010。

Mill, J. 1931. *James & John Stuart Mill on Education,* ed. by F. A. Cavenagh, Cambridge: Cambridge Univ. Press. 小川晃一訳『教育論・政府論』岩波書店，1983。

Mill, J. S. 1848. *Principles of Political Economy, with some of their applications to social philosophy,* in *Collected Works of John Stuart Mill,* Vol.II-III, ed. by Routledge & K. Paul, 1965-74. 末永茂喜訳『経済学原理』岩波書店，第1-5分冊，1959-63。

Phillipson, N. 2012. *Adam Smith: An Enlightened Life,* Yale Univ. Press. 永井大輔訳『アダム・スミスとその時代』白水社，2014。

Skinner, A. S. 1979. *A System of Social Science,* Oxford. 田中敏弘・橋本比登志・篠原久・井上琢智訳『アダム・スミスの社会科学体系』，未来社，1981。

Smith, A.［1759］1976. *The Theory of Moral Sentiments,* London: ed. by D. Raphael and A. Macfie, Oxford. 水田洋訳『道徳感情論』上・下，岩波書店，1969。

──── [1776] 1976. *An Inquiry into the Nature and Causes of the Wealth of Nations,* 2 vols., ed. by R. H. Campbell, A. S. Skinner, W. B. Todd, Oxford, Claredon Press. 水田洋監訳・杉山忠平訳『国富論』全4冊，岩波文庫，2000-2001。

Steuart, J. [1767] 1967. *An Inquiry into the Principles of Political Oeconomy,* in *The Works, Political, Metaphisical, and Chronological, of the late Sir James Steuart of Coltness,* 6 vols., London, 1805, rep by A. M. Kelly. 小林昇監訳『経済の原理―第1・第2編―』名古屋大学出版会，1998。

Winch, D. 1978. *Adam Smith's Politics: An Essay in Historiographic Revision.* Cambridge: Cambridge Univ. Press. 永井義雄・近藤加代子訳『アダム・スミスの政治学―歴史方法論的改訂の試み』ミネルヴァ書房，1989。

Young, J. T. 1997. *Economics As a Moral Science: The Political Economy of Adam Smith.* Cheltenham U. K: Edward Elgar.

Young, J. T., ed. 2009. *Elgar Companion to Adam Smith.* Cheltenham and Northampton: Edward Elgar.

伊藤哲 2004『アダム・スミスの自由経済倫理観―セルフ・コマンドと自然的自由』八千代出版。

太田可夫 1938「アダム・スミスの道徳哲学について」『一橋論叢』(一橋大学) 2(6)：696-716。

経済学史学会編 1976『『国富論』の成立』岩波書店。

高島善哉 1941『経済社会学の根本問題』日本評論社。

──── 1968『アダム・スミス』岩波書店。

──── 1974『アダム・スミスの市民社会体系』岩波書店。

只腰親和 1995『「天文学史」とアダム・スミスの道徳哲学』多賀出版。

田中正司 1976「『道徳感情論』と『国富論』」『『国富論』の成立』所収，経済学史学会編，岩波書店，77-99。

──── 1993『アダム・スミスの自然神学』御茶の水書房。

──── 1997『アダム・スミスの倫理学』上・下，御茶の水書房。

──── 2009『アダム・スミスと現代―市場経済の本来のあり方を学ぶ』御茶の水書房。

──── 2013『アダム・スミスの認識論管見』社会評論社。

拓植尚則 2016『良心の興亡―近代イギリス道徳哲学研究―』山川出版社。

堂目卓生 2008『アダム・スミス―「道徳感情論」と「国富論」』中央公論社。

長尾伸一 2001『ニュートン主義とスコットランド啓蒙―不完全な機械の喩』名古屋大学出版会。

新村聡 1994『経済学の成立―アダム・スミスと近代自然法学』御茶の水書房。

──── 2011「アダム・スミスにおける貧困と福祉の思想―高賃金の経済と国家の政策責任」小峯敦編著『経済思想のなかの貧困・福祉 近現代の日英における「経世済民」論』所収，ミネルヴァ書房，34-63。

星野彰男 1976『アダム・スミスの思想像』新評社。

──── 1990「アダム・スミス没後二百周年記念特集 Ⅰ研究動向：スミス研究の現状と課題 1. 内外の思想史研究を中心に」『経済学史学会年報』経済学史学

会，(28)：11-15。
―― 2002『アダム・スミスの経済思想―付加価値論と「見えざる手」―』関東学院大学出版会。
―― 2010『アダム・スミスの経済理論』関東学院大学出版会。
―― 2013「アダム・スミスの動態理論―ヒュームとカントを介して―」『経済学史学会第77回大会論文集』経済学史学会, 1-6。
―― 2014「アダム・スミスの才能価値論」『経済系』（関東学院大学）(260)：133-144。
前原直子 2006a「J. S. ミル『経済学原理』における理想的市民社会論と社会変革論―アダム・スミス『国富論』における利己心の体系との関連において―」『法政大学大学院経済学会経済学年誌』(41)：41-57。
―― 2006b「J. S. ミルの理想的市民社会論と株式会社論―ミルの経営改革論と自己教育論との関連で―」『法政大学大学院紀要』(57)：61-81。
―― 2007「J. S. ミルの株式会社論」『法政大学大学院経済学会経済学年誌』(42)：61-81。
―― 2010「J. S. ミルの利潤率低下論と『停止状態』論」『季刊　経済理論』経済理論学会, 47(3)：79-90。
―― 2011「J. S. ミルの理想的市民社会論と株式会社論」『経済学史研究』経済学史学会, 5(2)：100-126。
―― 2012「C. I. バーナードの組織論とJ. S. ミルの経営組織論―個人と組織，組織と社会の調和の実現可能性―」『経済学論纂』（中央大学）52(3)：141-160。
―― 2013「J. S. ミルの経済思想における共感と公共性」有江大介編著『ヴィクトリア時代の思潮とJ. S. ミル』所収，三和書籍，187-213。
―― 2014「J. S. ミルの理想的市民社会論と共感論」『日本イギリス理想主義学会誌』日本イギリス理想主義学会，(10)：11-21。
―― 2015a「アダム・スミスの教育経済論―アダム・スミス『国富論』と『道徳感情論』との関連で―」『中央大学経済研究所年報』（中央大学）(46)：723-754。
―― 2015b「J. S. ミルの教育経済論―J. S. ミル『経済学原理』における教育論と経済理論との関連で―」『中央大学経済研究所年報』（中央大学）(47)：581-590。
―― 2016「J. S. ミル『経済学原理』における教育経済論―T. R. マルサスの『人口論』・『経済学原理』との関連で―」『マルサス学会年報』マルサス学会, (25)：31-66。
前原正美 1998『J. S. ミルの政治経済学』白桃書房。
―― 2013「アダム・スミスにおける「人間の幸福」論と資本蓄積論―《相対的幸福》論と《絶対的幸福論》との関連で―」『中央大学経済研究所年報』（中央大学）(44)：545-575。
水田洋 1968『アダム・スミス研究』未来社。
和田重司 1976「古典学派の体系的基礎―アダム・スミスの政治経済学」遊部久蔵・小林昇・杉原四郎・古沢友吉編『講座　経済学史Ⅱ　古典派経済学の形成

と発展』所収,同文舘出版。
―――― 1978『アダム・スミスの政治経済学』ミネルヴァ書房。
―――― 2012「イギリス経済思想史はどのように資本主義の変容を反映したか」『経済学論纂』(中央大学) 52(3):1-28。
―――― 1990「内外のスミス国家論・政策論研究を中心に」『経済学史学会年報』経済学史学会,(28):21-25。
渡辺恵一 1989「『国富論』における政治と経済」久保芳和・真実一男・入江奨編『スミス,リカードウ,マルサス』所収,創元社。
―――― 2011「アダム・スミス研究の動向―過去10年における内外の『国富論』研究を中心に―」『経済学史研究』経済学史学会,53(1):100-118。
『哲学事典』平凡社,1971。

第 3 章

デュガルド・スチュアートにおける経済学の目的と多様性
──ジェイムズ・ステュアートの多様性論との関連で──

荒 井 智 行

1. はじめに

　1800年から10年間,スコットランドのエディンバラで生まれたデュガルド・スチュアート (Dugald Stewart, 1753-1828) は,エディンバラ大学において,世界で最初となる経済学の独立講義を行った[1]。彼はその中で,人口,貿易,信用(金融),貧困,教育など,さまざまなテーマについて講義した。これらの項目に見られるように,彼は,経済学を単に経済理論の問題としてのみ捉えているわけではなかった。むしろ彼の政治経済学講義では,政治,経済,社会を密接不可分のものとして関連づける視点から論じられている。

　『政治経済学講義』(以下,『講義』と略記) は,全4編から成り,第1編「人口について」,第2編「国富について」,第3編「貧民について」,第4編「下層階級の教育について」の順に考察されている。本章では,始めに,これらの

---

[1] 本章では, political economy を,政治経済学もしくは経済学と表記している。スチュアートの political economy を指す場合は,原則,政治経済学で統一している。だが,経済学の歴史一般を指す場合や,政治経済学と経済学の両方の意味で用いられても良いと考えられる場合には政治経済学と表記せずに,経済学と記している。いずれも,ポリティカル・エコノミーの意味であることに変わりない。

『講義』の全体の構成から，デュガルド・スチュアートの政治経済学がいかなる特徴をもっているのかを示す。そして，スチュアートにおける経済学の目的とは何かを明らかにしながら，彼の政治経済学において，異なる国々や地域における法律，風土，生活様式などの違いといった多様性が重要な意味をもっている点について考察する。

本章では，デュガルド・スチュアートの政治経済学における多様性の考えに特に焦点を当てて考察するが，この考察を行う意義についてもここで若干触れておきたい。経済学の形成期（＝デュガルド・スチュアートの政治経済学）において，もし多様性が重要な意味をもっているならば，経済学の一般的な理論だけでは解決できない経済学の仕組みや経済学には多様な考えが存在することを歴史的に示すうえでも，重要な意味をもつと考えている。それは，現代の福祉国家の多様性を歴史的に理解するうえでも，同様の意義を有するのではないかと思われる。国家，市場，家族の間を媒介するレジームの相違によって福祉国家の類型が決定されると主張したエスピン-アンデルセンの福祉レジーム論（自由主義レジーム，社会民主主義レジーム，保守主義レジーム）をあげるまでもなく，今日の先進諸国の福祉国家では，それぞれの歴史的・文化的な背景が異なるなかで，各国固有の民主主義的な手続きや国民的議論を経て，多様なレジームが形成されてきた。西欧のさまざまな福祉国家では，福祉システムは決して一様なものではなく，その国の国民性や価値観や思想，ならびにさまざまな歴史的な成り立ちを通じて，異なる財政や社会保障制度が存在している。

もちろんこのことは，先進諸国に限ったものではない。今日のほとんどの資本主義国家では，共通の自由競争や国際貿易が行われているように見えるが，各国・各地域において，異なる経済観や風土ならびに生活習慣や慣習をもち，資本主義のあり方も多種多様である。そうした点から，近年の経済学や経済・社会政策において，画一的な経済の普遍的なメカニズムの解明だけでなく，さまざまな諸外国におけるこれらの多様性を考慮に入れた経済学のあり方を探る研究も多く見られる。そうした点から，経済学の歴史においても，多様性がいかに論じられていたのかを確かめる意義は大いにある。そこで本章は，アダ

ム・スミス以後の経済学の権威者で知られるデュガルド・スチュアートの政治経済学において，多様性がいかなる特徴を有しているのかについて，特に考察を試みることにしたい。

本章の考察手順を簡潔に示せば，次の通りである。第2節では，スチュアートの『講義』全体の構成を明示しながら，彼の政治経済学において，政治や政策論が重要な意味をもっている点について検討する。第3節では，第2節で示された内容から，スチュアートが政治経済学の科学をいかに捉えているのかを考察する。第4節では，スチュアートの政治経済学における「一般的諸原理」の適用の範囲を考察し，彼の政治経済学において，「多様性」が重要な意味をもっている点を提示する。第5節では，ジェイムズ・ステュアートの政治経済学においても多様性が深く関係している事実について探究する。第6節では，第5節で示されたジェイムズ・ステュアートの多様性論がデュガルド・スチュアートに与えた影響について検討する。第7節では，本章の考察を簡単に総括し，今後の課題について言及する。

2. 『政治経済学講義』の構成と特徴

デュガルド・スチュアートの政治経済学がいかなる特徴をもっているのかを確かめるために，『講義』全体の流れについて簡単に見ていくことにしたい。第1編「人口について」の前半部分では，さまざまな文献や資料を手がかりに，各時代のさまざまな諸外国において人口が増加しているかどうかが詳細に論じられている。スチュアートは，それらの検討を通じて，人口が世界的に増加している事実を確認し，人口が等比数列的に増加するのに対し，食料は等差数列的にしか増加しないとするマルサスの『人口論』における人口法則の考えに同意した（Stewart［1800-1810］1994［以下，スチュアートの著作集に収められている文献については Works と略記する］VIII, 64）。

ただし，スチュアートは，経済発展と資本蓄積の拡大によって人口の増加が解消されると考えた点で，マルサスとは考えを異にした。スチュアートは，スミスと同様に，人為による妨害さえなければ，自然の必然法則が貫徹しそれに

立脚する「富裕の自然的進歩」が自然に実現されるメソッドを主張するとともに，それが「公共事業や私的企業の近年の発達」に伴う新規事業の拡大によって，雇用を創出することから，人口増加によって失業が生じるとはあまり深刻に考えなかった。スチュアートの人口論では，人口の増加に見合うだけの資本蓄積の拡大が必要であると考えられていた。このことは，彼にとって，第2編「国富について」において経済学のより込み入った内容に入る前に，まず明らかにしておかなければならない考察であった。

だが『講義』第1編「人口について」は，人口の問題について必ずしも単に経済問題として捉えられていたわけではなかった。むしろデュガルド・スチュアートは，野蛮と文明との対比を念頭に置きながら，過剰人口の問題に特別の注意を払っている。スチュアートは，未開諸国とブリテンとを対立軸にして，ある程度の人口の規模に見合った経済社会および文明社会を構想している。

図 3-1　Dugald Stewart（1753-1828）

次いで，第2編「国富について」では，価値尺度，信用，穀物貿易が主に論じられている。この編の価値尺度の主題では，スチュアートは，金，労働，穀物，賃金，穀物価格を価値尺度の検討対象としてそれぞれ考察していた。これらの内容について，論理的に構成されていなかったものの，スチュアートは，最低賃金に注意を払いながら，賃金が価値尺度になるのではないかと考えていた。

しかし，スチュアートにとって，価値尺度よりも，信用と穀物貿易の内容の方が特に重要度の高いテーマであった。なぜなら，『講義』第2編において価値尺度を考察した後で，価値尺度の検討よりも穀物価格の高騰をめぐる問題に取り組むことの方が急務の課題であると述べていたからである。そして彼は，穀物価格および物価の高騰の原因を明らかにするために，地金論争と穀物貿易の問題，ならびに救貧法の問題に取り組んだ。

とりわけスチュアートにとって，1797年の銀行制限法（Bank Restriction Act）以後の金兌換が停止された地金問題は，決して無視しえないものであった[2]。とりわけ，地金の流出とイングランド銀行の金保有の激減による国内経済の混乱と断続的な凶作による物価の騰貴とが結びつくことによって，多くの国民は困窮状態に置かれていたからである。スチュアートは，さまざまな論者の地金論を考察することによって，この時期の物価騰貴の原因が「信用（credit）」の膨張，高利制限法，ならびに重商主義政策による独占および諸規制や諸法であると主張した。彼によれば，「信用」の膨張は，それを所有する人々の競争によって価格を高め，また利子率の最高限度を規制する高利制限法は，投機需要を減らす結果，価格の騰貴と貨幣価値の下落を招く元凶であった。

かくして，物価の高騰を抑えるために，その解決策として，(1)「信用」の膨張の抑制と高利制限法の廃止，(2) 重商主義政策によるそれらの諸法・諸規制の廃止・撤廃と，農業や製造業の自由貿易の拡大，(3) 救貧法の修正を提唱した。そして，ジェイムズ・ステュアートの有効需要論に依拠して，貿易商人の奢侈的消費を柱とする有効需要を重んじた。これらのスチュアートの主張に

---

[2] 地金論争の背景については，Viner（1937, 122-125/訳 124-126）を参照。

は，基本的には自由貿易を中心に自由競争を推し進めるスミス経済学を継承するものであったが，それだけでは時代の変化に対応できないスミス経済学の限界・修正の視点をも併せ持っていた。

ただし，スチュアートの価値尺度論から，信用論，穀物貿易論，貧民救済論へと至る議論の展開において注意すべき点は，彼の経済学が，物価の高騰を抑制する議論に限定されていなかったということである。スチュアートの信用論においては，物価の高騰を抑えるための理論的な考察が中心であったといえるが，彼の穀物貿易論においては，そうした議論とは明らかに異なる性質を有していた。彼は，穀物貿易を検討する中で，重商主義政策や穀物法を批判し自由貿易の利点と効果を主張した後で，国内の生産と商品の不均衡の問題に関して，「政治家の注意」を向けることが重要だと主張した。そこで焦点を当てられたのがネッケルの穀物貿易論であった。ネッケル穀物貿易論の検討を通じて，社会の安全を脅かす国民の憤怒によって生じる暴動がネッケルの穀物貿易政策を誤らせたことから，穀物貿易が人々の生存に関わるだけでなく社会の安全とも深く関わる問題だと考えた。

そのなかで，スチュアートがネッケルの思想から引き出した考えは，世論のもつ脅威と「社会」のもつ意味の大きさであった。当時のフランスの同時代人たちとは異なるネッケルの「社会」の把握は，現実の人間と社会がかたく結ばれていることをスチュアートの思想に強く影響を及ぼしていた。スチュアートは，社会の改善を考慮に入れた政治経済学が必要であることを，ネッケルの穀物貿易論のなかに見出した。そこで，穀物貿易の安全の議論を，彼らを含めた社会全体の改善の議論へと拡充した。

スチュアートが「政治家の注意」を向ける重要性を述べたことは，第 1 編「人口について」においても同様で，そこでも，農業と製造業の相互に関係する議論は，「政治家の注意」を向ける必要があると論じられていた。そのなかで，スチュアートは，「思索的な政治家」が人々の雇用について注意を払うべきであるとし，「思索的な政治家」の役割について次のように述べている。「問題は，思索的な政治家（a speculative politician）が人間に関するものごとの過程を

どのように規制するかということではない。問題なのは，思索的な政治家が，現存する状態にいかに従い，平和な社会がいかに効果的に維持され，最大の幸福量がいかにして守られうるかである」(Works VIII, 209)。スチュアートの人口論と穀物貿易論おいて共通していえることは，その経済論議において，もちろんその調整役に限定されるものの，政治家の役割が決して小さくないということである。

その一方で，『講義』第3編「貧民について」と第4編「下層階級の教育について」では，政治家の役割を喚起する議論はあまりされていない。ただし，スチュアートは，『講義』第3編と4編においても，政治論と切り離して経済学を論じていたわけではなかった。『講義』第3編では，穀物価格の高騰だけでなく，財政負担の悪化とも関わらせながら貧困問題について言及していた。その背景には，スミス以後の1790年以降のブリテンでは，断続的な凶作と食糧価格の高騰とが結びついて，深刻化する食料飢饉があった。そうした事態のなかで，パンを買えない困窮者と餓死者が多数生じていたのである。その渦中に講義を行ったスチュアートにとって，救貧問題はきわめて重大であった。スチュアートは，救貧税と救貧支出の増加はたしかに重要テーマであるとしたが，これらの問題だけでは解決しえない眼前の困窮者の欠乏や児童労働の問題，ならびに下層階級の知的改善をも視野に入れながら貧民救済論を展開した。公共の穀物倉庫や監獄の改善など，さまざまな貧困対策が論じられていたように，彼にとって，穀物の騰貴に対する経済学的な解決だけが貧困の唯一の解決策とはされていなかった。

『講義』第4編の「下層階級の教育について」では，スチュアートは，世界的な教育改革の進行や出版物ならびに図書館の普及に注意を払うとともに，社会の著しい変化に対して目を向けながら，新たな教育のあり方を模索した。そこで特に論じられていたのが，文芸教育や読書の効果であった。彼が詩や音楽などの教育や子供たちの自発的な読書を重視したのは，さまざまな要因があったものの，根源的には人間精神の哲学を重んじる彼の道徳哲学が深く関係していた（荒井 2016, 207-211）。スチュアートは，教育に重きを置く自らの道徳哲学

を柱にしながらも，実際の経済や社会の流れを敏感に捉えて教育を論じた。デヴィッド・デイルの工場学校を参考にして，眼前の厳しい労働問題と関わらせながら，労働時間の縮小と余暇や娯楽の時間の増加の必要と教育の機会の拡大を重んじた。そしてこれらの教育の議論では，社会秩序の安定のうえでも教育が重要な役割を担うと考えられていた。

　これらの内容に見られるように，スチュアートは『講義』において，人口と国富の主題に限らず，自らの道徳哲学を基礎にして，貧困対策と教育政策をも政治経済学の考察対象とするのであった。彼は，経済の理論的な問題だけでは解決しえない社会のさまざまな弊害（例えば困窮者の欠乏や児童労働）に対する政策論を提示しながら検討を加えていた。そしてそこには，社会秩序の確立と関わらせながら，国民の知的な改善に努力する政治家の役割（第1編「人口」，第2編「国富」の「穀物貿易」）と，人々の知的な改善を促すための政策論（第3編「貧民救済」，第4編「教育」）が重んじられていた。要するに，スチュアートの政治経済学には，経済理論（第2編における「価値尺度」や「信用」）のみならず，これらの政策論が重要な意味をもっていたということができる。さらにこの点で注意しなければならないことは，こうした彼の政治経済学には，「理論」（一般的諸原理）と「実践」（政策）のあり方が深く関係していたということである（荒井 2016, 33-46）。

　スチュアートは，『人間精神の哲学要綱』第4章のなかで論じたように，「一般的諸原理」を「実践的に適用」すれば，「一般的な定理」や「事実」を見出せると考えていた（Works, II, 203-207, 238-247）。ただし，「一般的諸原理」を実際に適用するためには，スチュアートがネッケルの政治論を執拗に擁護したように，社会が安定していなければならないとされていた。そのためには，「世論」と政治家が知的に改善されることによって達成される啓蒙された社会が確立される必要があると考えられていた（荒井 2016, 157-162）。すなわちスチュアートの政治経済学には，政策論と人々の知的な改善を重んじる道徳哲学とが深く関係していた。

3. 経済学の目的

前節で示した点から、スチュアートは、経済学がリカードウのように精密な科学であるべきだとか経済学から道徳的な面を取り除かなければならないと考えていたわけではなかったことがわかる。スチュアートは、『講義』の「序論」のなかで、政治経済学講義を講じる意図について詳しく論じている[3]。その理由の大きな1つには、19世紀初頭のブリテンにおいて、「政治経済学」という言葉が一般的な用語として確立されていない中で、始めに政治経済学を定義づけることが彼にとって重要だったからにほかならない。

『講義』の「序論」の冒頭では、政治経済学という学問のあり方について次のように述べられている。「もっとも啓蒙された政治家たちの手腕（judgements）において、政治経済学という科学は、人間の幸福に与える効果として、すべての科学のうちでももっとも重要なものである」（Works VIII, 11）。この主張に見られるように、スチュアートにとって、人間の幸福に与える効果として政治経済学がいかに重要な科学であるかということや、彼の政治経済学が、政治家の手腕と関係している点に独自の特徴をもっていたことがわかる。彼の政治経済学の議論に政治家が入り込むのには理由がある。スチュアートの道徳哲学を構成する3部門は、(1) 形而上学（人間の知的力能）、(2) 倫理学（人間の能動的・道徳的力能）、(3) 政治学（政治体の一員としての人間）によって構成されている。政治学に限って見れば、スチュアートにおいて、道徳哲学を構成する第3部門に政治学が分類され、さらに、その政治学のなかに政治経済学が位置づけられている。したがって、彼の政治経済学では、道徳哲学および政治学がそれぞれ

---

[3] なお、『講義』の「序論」は、本来は『著作集』第1巻の「ヨーロッパの文芸復興以来の形而上学、倫理学、ならびに政治学の発展に関する全般的展望」論文の第3部「18世紀の倫理学と政治学の発展」に入るべき内容であった。だが、ハミルトンは、その第3部の一部の内容が、スチュアートの娘のマリア・ダーシー・スチュアートが書き写したスチュアートの講義の目次録の内容（Works VIII, xii–xvi）に一致するとして、もともとその第3部に入るべきであったその内容を『講義』の「序論」に入れたのであった（Works VIII, 8. f. n.）。

関連しているのである[4]。

　『講義』の「序論」の冒頭では，政治経済学がもっとも重要な科学であると述べられていたが，その科学とは，「農業の科学」を指すという（Works VIII, 11）。彼によれば，この「農業の科学」では，「植生（vegetation）の一般的諸原理，土壌についての科学的分析，肥料の理論，土壌と気候の変化に応じて輪作を調整する諸原理，ならびに農具と動物を利用した農器具」が考察の対象になる（Works VIII, 11）。スチュアートによれば，「政治経済学者（Political Economist）」は，これらの主題を，農業の進歩や国民の数の減少を予測しながら思索する。そして，農業に関するこれらの内容は，人間の勤労が行われる他のさまざまな雇用の議論にまで広げられ，大なり小なり程度の差こそあれ，科学的な考察についての興味深い主題へと拡充できるという。特にその主題とは，現在の化学者や工学者がこれまで研究を積み重ねながら探り当ててきた「製造業（Manufactures）」の分野においてかなり明瞭に示されると主張する（Works VIII, 12）。

　これらの内容に見られるように，スチュアートは，農業と同様に，科学としての知見を広げられる分野として，製造業に大きな可能性と期待を抱いている。彼は次のように述べている。他の国の製造業者たちよりも，一国のある地域の製造業者たちを魅了する状況とは何なのか，立法者の力のもとで，道路，運河，港湾その他の公共事業によって，いかなる点で，製造業者たちを奨励することができるのか，下層階級の知的道徳的諸力によって，製造業国で生じる分業の効果とは何なのか，労働が短縮される機械の発明によって政治に与える影響とは何なのか（Works VIII, 13）。スチュアートは，これらの問題は，政治経済学の科学に属するテーマであるとし，政治経済学者は，農業と製造業の富の

---

[4] スチュアートにおける道徳哲学の第1部門が『要綱』，第2部門が『人間の能動的・道徳的力能の哲学』に該当する。しかし，第3の政治部門については生前に公刊されず，『道徳哲学の概要』においてもこの部門はその簡単な目次が記されているにすぎない。なお，『道徳哲学の概要』初版と第2版の目次構成の変化と『講義』「序論」に記されている1800年の「冬季の講義計画」との相違については，Works (II, 3-4), Works (VIII, xvii-xxiii, 3-6) を参照。

原因を分析する一方で，双方の相互関係による分業労働を考察する存在であると述べている。

　スチュアートが，政治経済学の科学を，農業の科学に限定しなかったのは，近年の製造業の目覚ましい発達を背景に，農業から製造業への発展による雇用の増加に基づく国富の増大があったからにほかならない。スチュアートは，農業と製造業の労働による富の増大の可能性を期待した一方で，近年の文明社会の進歩を背景に，「新しい階層」としての「商人」の存在を重く見ている。スチュアートは，昨今の職業の多様化から，商人の労働もまた，分業の拡大として農業者と工業者にかなり強力な影響を与えると述べている（Works VIII, 14）。

　ただし，スチュアートは，内外の経済に与える効果として，商人の経済活動を重んじつつも，その活動のみが政治経済学の科学の考察対象とはみなしていない。すなわち，商人や金融業者が経済社会のなかで利潤を得，投機を伴う経済活動（「(紙券信用を含む) 貨幣理論」）を行うことだけを，この科学の対象とはみなさなかった。彼は，これらの議論において，政治の科学とも無関係ではないとし，「私は，政治の科学（Political Science）の他の目的に関連して考察される貿易に特にいっそう目を向けている」と述べ，「地球上のもっとも遠い地域においても，農民と熟練工の労働を一つの体系へと刺激し結びつける」政治の科学のあり方に注意を払うのである。そしてこの結びつきは，「現代ヨーロッパにおける人類の状態を特徴づける政治と道徳との双方に驚くべき効果を示す」という。スチュアートは，地球規模での農業者と工業者と商人のそれぞれの勤労の刺激を通じて，政治経済学の議論は政治の科学の議論にまで拡充できると主張する。

　それではなぜ，デュガルド・スチュアートは，政治経済学の科学を政治の科学の議論と関わらせて論じようとするのであろうか。スチュアートによれば，「政治経済学の科学は，いかなる特定の明記された法律に限定されてもいなければ，一般的な立法の科学のいかなる特定の部門にも限られていない」（Works VIII, 16）。スチュアートが政治経済学の科学をそのように狭く限定させない理由の大きな1つには，人間の精神の陶治を重んじる「人間精神の哲学」を思想

的基礎にしているからであろう。

　デュガルド・スチュアートは，この哲学は政治経済学と密接に関係しているとし，「政治的英知の誤りのない規則は，人間行動の内から生じる動機についての知識によってのみ究極的に基づかれる」と主張している。法的・政治的諸規則が，人間精神の哲学（人間の道徳（＝動機や意思））によって基づかれているように，スチュアートが規則や法律に道徳性を根拠づけようとするのには理由がある。それは，彼が，フォックスの『歴史小論』を手がかりに，チャールズ 2 世の統治下において制定された国民への不当な逮捕を禁止し市民的自由を保障した「人身保護条例（Habeas Corpus Act of Scotland）」をもってしても，1675 年の悪しき政府によって，多くの犠牲者を生み迫害を招くことになった歴史的事実を重く見ていたからであった（Works VIII, 25-26）。スチュアートによれば，「人身保護条例」といった良き法律が制定されていても，その法律が，結局，「悪名高い政府においてまったく無価値で効果のないもの」になる（Works VIII, 26-28）。そしてそうした政府の下で，国民は何らかの危害を受けることになりかねない。17 世紀後半以降のスコットランドの「人身保護条例」の制定後の政治社会に精通していたスチュアートは，いくら良き法律が整備されたとしても，法律が人間の精神や人間の英知から形成されたものでなければ，最良の法律や憲法にはなりえないということを認識していたのである。

　スチュアートによれば，「抑圧的で悲惨な時代は，戦争，疫病，飢饉，ましてや……このような精神なき法律のいかなる改正といったような，外部的・偶然的な原因から生じるのではなく，どれほど優れた統御する力をもつ政体（constitution）であっても防ぐことができない腐敗した邪悪な執政から生じるのである」（Works VIII, 26）。彼は続けて述べている。「イングランドにおいて，個人の自由は政治的自由なしには効果のないものであったし，スコットランドでは，政治的自由は個人の自由なしには無価値なものになる」。スチュアートは，厳密には，（法の起源と関連するところの）「政治的自由」よりも（法の傾向と関連するところの）「市民的自由」の方を重視したが（篠原 2008, 311），総じて，「政治的自由」と「市民的自由」の確立を重んじることにより，「個人の自由」と

「政治的自由」がともに達成されなければ，個人の幸福ないし社会が改善されえないと考えた。彼は法律と道徳との関わりについて次のように述べている。「法律が国民の至福に対してほとんど重要ではないとか，法律が統治についての理論の構想よりも重要度がほとんどないということではなく，啓蒙された国民の活気づいた精神や自分たちの守られるべき不可侵の権利がなければ，もっとも賢明な政治制度は空文に等しい」(Works VIII, 27)。

法律に精神や権利の思想を吹き込むように，スチュアートは，法律を執行する立法者や政策を行う政治家においても，道徳性を無視することができないと主張する。スチュアートは，行為の動機分析を課題とする道徳学を（政治家の）政策立案上の重要な方法的基礎として関わらせている（太田 1988, 133）。スチュアートは次のように述べている。「社会メカニズムの詳細に没入する政治家は，自分の私的な生活の営みにきわめて有益で大量の情報を集めたとしても，全体に動きを与える人間の内から生じる動機の道徳的力能を見逃す一方で，諸国民の繁栄と安全に依存するその動機の主要な原因についてまったく無知のままであるに違いない」(Works VIII, 17)。すなわちスチュアートによれば，社会メカニズムの細かな中身に夢中になる政治家は，たとえ有益な情報を多く収集したとしても，その道徳的力能をもたなければ，人間の内から生じる動機によって基づかれる規則についての知識をももちえない。それゆえ，そうした政治家は，どれほど社会の内在的な分析をしたとしても，重要な政策立案を行うことができないというのである。

アダム・スミスもまた，デュガルド・スチュアートのように，「立法者の科学」の構成のあり方に注意を払っていた。スミスは，「政策と法律との完全化というある一般的で体系的でさえある考えは，間違いなく政治家の思想を動かすにも必要であろう」とし，このような考えの研究こそ，「立法者の科学」を構成するものと考えていた（Haakonssen 1981, 92/ 訳 147；Winch 1983, 27-32/ 訳 26-29）[5]。スチュアートは，スミスと同様に，政治的思考の重要性が決して市

---

[5] この論点とスミスの政治論については，Winch（1978, Ch. 2-3/ 訳第 2-3 章），Winch（1996, 90-99），Rothschild（2001, 67-71），Berry（2013, 106-118）を参照。

民層に限られないと見ていた。スミスは，立法者の「思考は常に同じ一般原則に支配されるべき」ものと主張したが，スチュアートにおいても，『講義』の「序論」や第2編のなかで，こうしたスミスの政治的思考について参考すべきものとして何度か言及している（Works VIII, 17, 20, 86-86）。特に，スチュアートが，『講義』第2編において，スミスの『道徳感情論』第6版における「体系の人」批判（主権者が諸個人を自分思うがままに配置できるチェス盤のように体系的に社会を見ることができるということへの批判）に強く同意したことは，スミスの政治的態度への同意を見て取ることができる。

　アダム・スミスは，社会を体系的に見る為政者を批判する一方で，政治における機構の調和を通じた治政の完成こそが壮大な目的であると述べた（Smith 1759, 185-187/訳341-343）。スミスがこうした治政の完成を目的としたのは，一般的政治理論が正しく行われた場合に主権者の公共精神を喚起することから，政治研究が主権者の政治的思考に与える正の効果とそれによって民衆全体への道徳的教育的効果をもつと考えられたからである（Haakonssen 1981, 91-92/訳146）

　一般的政治理論によって市民や立法者の道徳的効果がもたらされるとするこうした効果へのスミスの期待は，上で論じられているスチュアートの政治的思考にも共通の認識を見て取れる。それはまた，スチュアートにおける政治経済学の科学が，なぜ，立法の科学のいかなる特定の部門にも属さず狭く限定されえないのか，ということを示すうえでも有益な手がかりを与えている。スチュアートによれば，政治経済学者は，立法者の知識が及ばない主題について思索するのであり，「人間の勤労を刺激する動機に関して考察する」のである。

　デュガルド・スチュアートは，『講義』の「序論」の冒頭において，フランソワ・ケネー，ジェイムズ・ステュアート，ならびにアダム・スミスは，経済学を「富と人口」の主題に限定するとともに，それを正当に定義づけてこなかったと述べている[6]。デュガルド・スチュアートにおいては，政治経済学は，

---

6)　デュガルド・スチュアートの政治経済学講義を聴講した学生のジョン・ダウによって記された講義ノート，すなわち『学生ジョン・ダウによる，スチュアート政治

「富と人口」に限定されえず，「富と人口」は手段であって目的ではない。彼にとって，政治経済学は，「政治社会の幸福と改善」を目的とし，それらの「思索」の価値を引き出すものとされる。スチュアートにとって，政治経済学は，「国民の改善と享受の総計に影響を与えるあらゆる規制を包含するもの」と考えられている。誤った規制は人々の幸福を犠牲にしかねないため，スチュアートの政治経済学において，政治家にはこうした規制を行わないように仕向けることが意図されている。自由貿易を脅かす法の干渉が有害である以上，誤った法や規制を操作しかねない政治家を啓蒙することは，彼の政治経済学において特に重んじられる。だからこそ，政治家は，人間行動の内から生じる動機に基づく政治的英知の誤りのない規則を正しく行う必要があるとされるのである。彼によれば，「よく構成された国家」では「個人の幸福」が達成されていることから，「政治体」と「国民」の双方の「知的道徳的状態」が「漸進的に改善される」ことは重要であった（Works VIII, 17-18）。

だが，スチュアートは，「個人の幸福」の達成についてブリテンの国家では深刻な状態にあるとは見ていなかった。近年において新聞や各種の出版物ならびに教育が広く普及するなかで，政治家と世論がともに啓蒙されることを強く確信していたからである。現代のブリテンでは，そうした知識の普及から，世論が啓蒙されていない場合に無知で蒙昧な人々によって政治社会が脅かされる危険性はきわめて低い。彼によれば，印刷機の発明と知識の普及は，支配者の圧政を抑制するだけでなく社会全体を啓蒙し，ひいては支配者と被支配者との相互のつながりにも深く関わる政治経済学の科学にもその役割を大きくさせた。そして政治経済学の科学は，知識の普及と相まって，今や計り知れないものとし，政治家と国民の双方の啓蒙に莫大な影響を与えるとされる。彼によれば，「政治経済学の科学は，……思索的な政治家の注意を向ける資格をもつ統治の理論よりも，よりいっそうのその資格がある」というのである（Works

---

経済学講義ノート』（エディンバラ大学図書館所蔵，1808-1809 年）の冒頭においても，これらの内容の記述が確認される（Stewart 1808-1809, vol.1, 3-4）。スチュアートの初回の講義の始めに，政治経済学とは何かを論じたことに注意すべきである。

VIII, 44)。

　この主張に見られるように，デュガルド・スチュアートは，経済全体の管理・計画を行政が行う統制主義の立場には立たず，政治経済学の科学は，為政者の統治の理論とは別のものであると見ている。彼の政治経済学において，為政者の経済政策は調整作業に限定されるにすぎない。ただし，為政者は，自由貿易を妨げる法や諸規制を用いて経済政策を行うことから，その行いに誤りがないかどうかを見極める道徳的力能が求められている。その意味で，スチュアートの政治経済学では，世論と為政者の双方の知的道徳的改善によって達成される社会全体の啓蒙が要をなすのである。

4.「一般的諸原理」と多様性

　前節の末尾で見たように，「個人の自由」と「政治的自由」によって形成される啓蒙社会のあり方は政治経済学において問われなければならないとしていたスチュアートにとって，世論と政治家は，ともに啓蒙されなければならないと考えられていた。彼は，近年の出版物の普及や商業社会の発展によって，彼らがともに啓蒙されることを確信していた。『講義』の「序論」では次のように論じられている。

> 　……もっとも富んだ諸国家とは，人々がもっとも勤勉で，人間的で啓蒙されているところである。人々が享受する自由があるところとは，初歩の原理として政治的秩序の存在そのものに影響を及ぼすことによって，もっとも堅固で永続性のある基礎の上に立っている諸国家のことである。たしかに，現代ヨーロッパで独立の精神を最初に生み出したのは，下層階級の人々の間での富の一般的普及であった。そしてそのことは，もっとも高名な古代国家の政体よりも，そうした統治が行われているいくつかの国々とよりいっそう確固たるわが国の統治の下で，自由と幸福についてのいっそう平等な普及を生み出してきたのである（Works VIII, 35）。

デュガルド・スチュアートによれば，古代における奴隷労働と本質的に異なる今日の「自由な人々の絶えざる勤労の努力」によって，「現代社会のメカニズム」は大いに変化した。古代と比べて近年の海洋貿易の著しい発達・拡大から，「商業は暴力を回避することを可能にし」，「貿易業者は，以前には見られないほど規則正しく真面目になった」(Works VIII, 42)。古代とは異なる現代の国家の多くは，「内政の洗練 (internal cultivation)」と「自由な政策」によって「互いに大いに繁栄し」，「人類の将来の幸福を確固たるものにする」(Works VIII, 43)。デュガルド・スチュアートは，ジェイムズ・ステュアートの『政治経済学の原理』に依拠しながら，古代から現代への労働形態の変化によって，現代における貿易業者の態度・資質の向上や現代の世界的な商業の発展を賛美している。そして，「多くの人々の精神に効果的に作用する動機によって勤労の精神を駆り立てる」ようになった現代経済における人々の精神作用の効果についても強調するのである。

デュガルド・スチュアートによれば，政治経済学の「一般的諸原理」は，ブリテンに大いなる繁栄をもたらした。ブリテンでは，「広大で肥沃な農業」を行う土地があり，「市民的自由を保護する影響下で，……国内の航行の広大なシステムによって，わが国の島々のさまざまな地域に張り巡らせていく国民の勤労と精神の効果が既にもたらされてきた」。したがって，「政治経済学の研究において，わが国の状況の多くの特性を記憶にとどめておくことは，これらの王国の住民にとってとりわけいっそう必要なのである」(Works VIII, 46)。

ただし，スチュアートは，こうした諸個人の自由な経済活動が，政治経済学の「普遍的な原理」になりえたとしても，それが全ての諸国家に容易に適用できるとは見ていない。彼は次のように述べている。

　　たしかに，社会の現存する形態，もしくはさまざまな地域の物質的地理的利点における多様性のいずれかについて考慮することなしに，国家の資源に関して抽象的に推論することは，この種の論考における誤りと逆説のもっとも明白な原因の一つである。それが誤りの原因であるのは，もっと

も健全で一般的な諸規則が，特定の場合に慎重に適用されるからだけではない。それだけではなく，政治についてのほとんどの著述家たちがもっとも一般的で抽象的な用語で表現する時でさえ，彼らの思考は，地元の習慣と自分たちが慣れ親しんできた環境の地域的結合によって，大なり小なり，知らず知らずのうちに歪められてきたからでもある。さまざまな政治家たちの理論における多くの明白な多様性は，この原因にまで遡って確かめられることになるだろう（Works VIII, 46．［強調は筆者の挿入］）。

　ここで見られるように，スチュアートによれば，異なる地域性や地理的ないし社会形態の相違，ならびに異なる「地元の習慣」や「地元の特殊性」は，政治経済学の一般的な原理によって説明できないという[7]。彼が『講義』第3編「貧民について」のなかで，救貧法の撤廃が全ての諸国家に容易に適用できるとは限らないことを指摘したのは，まさにその地域や地元における法のあり方や習慣が異なると考えられたからであった。

　スチュアートが『講義』のなかで「多様性」について特に注意を払ったのは，第1編「人口について」である。その第1編の冒頭において，人口の主題は「自然史」と「政治経済学」に分類されると述べられている（Works VIII, 59）。スチュアートは，まず「自然史」の考察として，世界各国の人口の増減をめぐって，それぞれの国における風土や文化的特徴から精査している。例えば，気候の違いによって人口の増加速度が異なる点や，ヨーロッパの植民地政策と結びつけながら，植民地における地元の伝統的な農業労働と人口の増加との関連について調べている（Works VIII, 60-64）。次いで，結婚と離婚ならびに複婚制と一夫一婦制の人口比率，時代別年代別の男女の人口構成比率，男女の出生と死亡比率について古代ローマの時代などと比べながら綿密に考察している（Works VIII, 69-91）。

---

[7]　スチュアートは，上の引用文に続けて，農業を重視する主張が全ての国に当てはまらない例をあげている。彼によれば，「『流通と信用』の独創的な著者」は，フランスのような農業生産に適した領土を念頭に置いて議論しているが，それとは異なるオランダのような国を念頭に入れていないと述べている（Works VIII, 46）。

続いてスチュアートは,「政治経済学」の視点から,国別地域別に人口増加の速度が異なる点について調べている。例えば,イングランドとアイルランドにおいて人口が異なるのは,両国の食生活の相違のためであること,スコットランドのハイランドでは他の地域よりも多くの子供が餓死していること,インドでは,宗教上の理由から動物の肉を食べることが禁じられているにもかかわらず,野菜が常食とされているところにおいて莫大な人口が生じていることを論じている。特にそうしたインドのような国では,「不安定な交代を繰り返す専制政治での圧政」という「不都合な」政府にもかかわらず,人口が増大していると述べている (Works VIII, 98-105)。これらの考察から,スチュアートは,一般に人口が増加していると論じるジェイムズ・ステュアート,アーサー・ヤング,ジョゼフ・タウンゼンドの見解を支持している[8]。

以上の内容に見られるように,デュガルド・スチュアートは,自然史と政治経済学の両面から,その当時の人口の増減をめぐる問題をめぐって,各国の気候や慣習,風土,文化などの多様性について相当の注意を払いながら検討していたことがわかる。こうした多様性に関心を払うスチュアートの根源的な考えには,彼が帰納科学の方法原理において一般化できないことを強く認識していたことが関係している。彼は,ニュートン的方法では全ての科学を一律に論じきることが困難になった近年のさまざまな諸科学のあり方を重く見ることにより,科学の分野に応じて一般論だけでは概括できない多様性に注意を払っていたのである (只腰 2016, 322-325)[9]。

「一般的諸原理」が特殊的な条件においては実際に適用できないと考えてい

---

[8] デュガルド・スチュアートによれば,ジェイムズ・ステュアートは,勤勉な市民の人口と怠惰な人間の人口を比較し人口の増加について言及し,アーサー・ヤングは,フランスにおける農業を調査したうえで,多くの地区において土地の過剰な再分割の結果として過剰人口を招いていることを示し,ジョゼフ・タウンゼンドは,スペインのあらゆる州において人口が過剰になり数多くの浮浪者たちであふれていることについて言及しているという (Works, VIII, 198-199)。

[9] なおこの点で,スチュアートにおける「一般的事実」を含む帰納科学のあり方については,Corsi (1987, 12-12), Levi-Mortera (2003, 39-43), Kubo (2014, 931-933) を参照。

たスチュアートは，ブリテン以外の異なる国や地域の政治社会の「多様性」の議論，特に，フランス人のド・ゴーグが，実定法について，「市民生活の共通の取引を取り締まる法律と，社会の異なる成員たちについての特定の利害」とを関わらせて論じた点に強い関心を払っていた。スチュアートは，『講義』「序論」のなかで，実定法がその国の社会によって異なる点を見事に指摘したとして，ド・ゴーグの『法律，技術，科学の起源』(1758) を高く評価している (Works VIII, 57)。スチュアートは，同書の中で，「法律とは，風土，気風，異なる国民の特有の状況にしたがって，必ずさまざまでなければならない」と述べられている内容を重んじ，法律がこれらの諸条件によって異なるとする考えは，政治経済学においても当てはまると主張する。そして，次のように述べている。

　　以下の探究の過程において，私は，さまざまな国の内政の制度における多様性を生むいくつかの原因を説明する機会をもつだろうし，また同時に，あらゆる国すべてに共通にあるべきそれらの一般的諸原理を考察する機会をもつだろう。……不正義と不便がなければ，決して外れることのない確かな原理があることを後で示すだろう。たしかに，私がこの過程を考慮する一つの大きな目的は，これらの諸原理が何であるかを確かめることである。このことは，私が政治経済学の語句を使用する広範囲な意味において，政治経済学の適切な狙いになる，と考えている (Works VIII, 58 [強調はスチュアートの挿入])。

この引用文においても，デュガルド・スチュアートが，さまざまな国における多様性に注意を払っていることが読み取れる。この引用文で特に注目すべき点は，スチュアートが，「不正義と不便」がなければ確かな原理があることから，さまざまな国においても共通の一般原理があるのではないかと述べていることである。この共通の一般原理がその主な例の1つとして自由貿易とされていることは，『講義』第2編の「穀物貿易」のなかで特に論じられていること

からも明らかである（Works Ⅸ, 111）スチュアートは,『講義』第2編の「穀物貿易」を扱う中で,「神聖な正義を侵害する」点から穀物法を厳しく批判したように,「自然的自由の体系」の実現のうえで,正義を守ることがもっとも重要だと述べていた。そこでは,彼にとって,「一般的諸原理」,すなわち自由貿易の原理が,正義が守られるうえで,異なる国々の政治制度においても共通の原理とされるべきものであった。

　ただし,上述したように,デュガルド・スチュアートは,「一般的諸原理」においても「多様性」が考慮に入れられていなければならないと述べていた。それは具体的にどういうことなのか。この理由の一端を探るために,次節では,ジェイムズ・ステュアートの多様性論について見ていくことにしたい。

5.　ジェイムズ・ステュアートの多様性論

　政治経済学の一般的諸原理において多様性が考慮されていなければならないとするデュガルド・スチュアートの考えは,それぞれの国には「政治形態,法律,風土ならびに生活様式」などにおいて他国とは異なる固有の特徴があることから,各国の経済原理はそれぞれの国民的特徴を帯びると論じたジェイムズ・ステュアートの多様性の視点（Steuart［1767］1995, 3-4/ 訳3）と共通するものがあるように思われる。ジェイムズ・ステュアートは,『政治経済学の原理』第1編の第1章「人類の政治」と第2章「国民の精神について」において,「時代,国,風土」の違いによって「人間の行動の動機は多様な状況を作り出す」ことから,社会の相違に対応して「大きな多様性が認められる」点を強調している（Steuart［1767］1995, vol.1, 6-16/ 訳7-22）。ジェイムズ・ステュアートがこれらの多様性を主張しているのは,彼が人生の大半を母国スコットランドではなく,ヨーロッパ各国で生活していたことが関係している[10]。

　学生時代にジェイムズ・ステュアートは,エディンバラ大学で哲学やスコットランド法を学びながら,弁護士資格を得た。その後,直ちに実務に就く道を

---

10)　以下のジェイムズ・ステュアートの生涯と大陸からの影響については,竹本（1998, 609-619）を参照。

選ばずに，ヨーロッパ大陸に遊学に出た。最初にオランダを訪れ，ライデン大学とユトレヒト大学で学んだ後，フランス，スペイン，イタリアを周遊しながら，大陸では5年の歳月を過ごした。そして帰国したのち，1745年9月のジャコバイト軍のエディンバラへの侵攻において，ジェイムズ・ステュアートはジャコバイト側に加担したことにより，政治犯とされ，母国に戻れないまま18年間の亡命生活を余儀なくされることになった。その間に，彼は，フランス，オーストリア領のブリュッセル，ドイツ（フランクフルト，テュービンゲン），イタリア（ヴェローナやヴェネチア等）を周った。1763年前後にブリテンに帰国を果たしたが，それまでの長い大陸生活は，彼に，ヨーロッパ各国の政治形態，法律，風土，生活習慣の違いについての相対的な視点を自然に身につけさせることになった。スペインでのムーア文化の遺跡やグラナダの灌漑計画の見学，1737年に生じたアンダルシアの飢饉の見聞，フランスでのモンテスキューの思想を知る機会やメルシェ・ド・ラ・リヴィエールからの学問的影響なども，彼の政治経済学の視点に重要な効果を与えた。

　実際に，ジェイムズ・ステュアートは，『政治経済学の原理』第2編第22章の中で，旅行者という者は，同じ国の中でさえ，各地方に足を延ばせば，地域どうしで交流が盛んではなかったために，地方ごとに生活様式や方言が異なることを見出すのではないかと論じている（Steuart［1767］1995, vol.1, 432-433/訳297）。こうした主張は，ジェイムズ・ステュアートが自らの大陸旅行の経験を回想して述べているといってよい。ジェイムズ・ステュアートが各国・各地域のさまざまなレヴェルによって独自の文化や生活の多様性がある点に注意を払ったのは，これらの長い大陸旅行が大きく影響している。

　ジェイムズ・ステュアートが多様性について特に論じたのは，『政治経済学の原理』の「序文」，「序言」，第1章「人類の政治について」と第2章「国民の精神について」である。彼は，「序文」のなかで，自らの大陸での旅行経験から，各国の特有の思考様式はいずれも異なるように，他国の国内事情を自国の国内事情に当てはめて論じることはできないと論じている（Steuart［1767］1995, vol.1, vii/訳viii）。それゆえ，『原理』それ自体の著作についても，そのほ

とんどの内容において，どの国の代表的な国民的意見とも一致しないということを予め断っている。

このことは，ジェイムズ・ステュアートが各国・各地域の「時代の精神」のもとで作用する人々の経済活動を，単一的なものではなく多様なものとして把握していることを意味している。すなわち彼は，社会を支配するさまざまな国や地域の精神的要素や生活様式を重んじ，それを政治経済学の科学に組み込もうとするのである。彼によれば，「人間は，あらゆる時代，あらゆる国，あらゆる風土において，すべて一様に利己心や便宜や義務あるいは情熱といった原理に基づいて行動している」(Steuart［1767］1995, vol.1, 7/訳6)。すなわち，人間の行動の動機はかなり多様な状況を作り出すことから，それぞれに異なる社会において大きな多様性が認められるというのである。『原理』の「序言」では，次のように述べられている。

　　さまざまな国々にみられる，政治形態，法律，風土ならびに生活様式などの違いに起因する，財産の分配，諸階級の従属関係，国民の気質の相違を考えてみれば，各国の経済は必然的に異ならざるをえないし，また諸々の原理は，どんなに普遍的にあてはまるものであっても，国民の精神の側で十分な準備がなければ，実際にはまったく効果がないものになってしまうと結論してもよいだろう（Steuart［1767］1995, vol.1, 4/訳3)。

ここに見られるように，ジェイムズ・ステュアートは，政治経済学の原理の普遍性を認めつつも，その原理を遂行するための下準備として，国民の精神のあり方をもよりいっそう強調している。彼によれば，「国民の精神とは，道徳と政治と生活様式という三つの事柄について一般に受け入れられた一連のものの考え方の上に形成される」(Steuart［1767］1995, vol.1, 8/訳10) 考え方のことである。そして，「これらのものの考え方は，……あらゆる法律の基礎を形成し，すべての政治の形態を規制し，普通にいうところの一国の慣習を決定する」。こうした多くの要因が複雑に織りなされて形成される国民の精神は，人間の行

為を深く規定している社会的・文化的規範を指していることから，その国や地域によって，それぞれに異なる意味と作用をもつことになる。

ジェイムズ・ステュアートは，政治経済学研究の真の目的として，この研究が国民の精神に与える影響を重く見ている。なぜなら，一国の為政者が行う経済計画がさまざまな国々や地域に普遍的かつ画一的に通じるものではないことを認識していたからである。ジェイムズ・ステュアートにとって，一国の経済政策は，「国民の精神」という各国・各地域のそれぞれの文化に適合しなければ，成功は望めないのである。

もっとも，ジェイムズ・ステュアートは，『原理』の「序言」のなかで，政治経済学の科学の主要な目的は，「全住民のために生活資料の一定のファンドを確保することであり，それを不安定にするおそれのある事情を全て取り除くことである」（Steuart［1767］1995, vol.1, 3/訳3）と述べている。国民にとって必要な物資が準備されるとともに，全住民に生活資料が提供され，住民の相互依存関係が形成されるならば，それぞれの利益に導かれながら相互の欲望は満たされる。政治経済学という学問は，国民に仕事を与えることが重要である。こうした主張から，彼は，国民の生存を守り失業をなくしていく原理として政治経済学の科学を捉えようとしている。

だが，ジェイムズ・ステュアートは，失業などの経済問題を扱うことだけが政治経済学の役割であるとは考えない。既に見たように，人々の欲望の充足と雇用の確保を媒介するものとして，住民間の相互依存関係の形成に注意が払われていたように，彼は，失業1つをとってみても，何らかの経済政策によってあらゆる国の失業が一様に解決されるとは見ていない。「政治経済学という壮大な術は，まず，それがもっているさまざまな作用を国民の精神，生活様式，習慣あるいは慣習に適合させることにあり，そしてその後で，これらの諸事情に対して，一連の新しくいっそう有益な制度を導入することができるような形に調整していくことにある」と述べているように，ジェイムズ・ステュアートは，政治経済学の原理を現実社会にまず反映させるためには，各国・各地域の人々の異なる生活様式や習慣などの諸条件と上手く適合させる必要があるとい

うのである。

　そしてこの重大な調整役を任せられるのが為政者である。ジェイムズ・ステュアートによれば，「この［政治経済学の］研究の真の目的は，為政者が統治を行っている人々の精神に影響を及ぼすことである」(Steuart [1767] 1995, vol.1, xix/訳 xvi)。彼は，「さまざまな政治経済の方式の得失を判断し，ゆっくりと人心を導いて，私的な利益につられて彼の計画の実施に協力するように誘導することが，為政者の務めである」(Steuart [1767] 1995, vol.1, 4/訳 3) と述べている。だが，為政者が，自らの経済計画を「国民の精神」に適合したものになるように適切に調整することは決して容易なことではないと主張する。

　ジェイムズ・ステュアートによれば，「国民の利益や繁栄にこのうえもなく貢献する計画であっても，それを受け入れるように国民の精神を方向づけるためには為政者に特別の才能が必要とされる」(Steuart [1767] 1995, vol.1, 16/訳 12)。たとえ為政者がそうした特別の才能を有していたとしても，その国民が「国民の精神」に反する精神で行動する場合には，活力を失って無気力になり，国内の争いに目を奪われ，やがて敵国から攻撃されることになる。それは，「賢明で富裕で巨大な国民」であっても，「国民の精神」に反していれば，過去にエルサレムでもそのような事態が実際に生じたという。

　これらの内容から，ジェイムズ・ステュアートは，政治経済学の目的を遂行するためには，「国民の精神」のあり方がまず問われなければならないことを強調する。彼は，「国民の精神」を無視した時に生じる社会の破滅は，課税についても同じことがいえるとし，次のように述べている。日々の経験が示すように，国民にとって，税負担は喜ばれるものではない。租税の運用において，支配者の側で租税の賦課を無闇に強めれば，国民から大きな反感を買い，それが社会の中で増幅されることになる。だが，課税が時として，国民の生活様式や気質に合致してさえいれば，彼らが非常に重い課税に喜んで応ずる例をいろいろな機会で見ている。その場合に，為政者が国内事情に合わせて適切な配慮を行えば，国民の精神や気質や状況に十分に適合した形で，自らの経済計画を実行に移す手段を見出すことは容易になるのである (Steuart [1767] 1995, vol.1,

17-18/訳13)。

　このように，為政者は，国民に税を課すに際しても，「国民の精神」に適合したものになるように適切に調整することが求められている。ここで注意を払うべきことは，経済計画を行う為政者の「巧妙な手」だけが，経済や社会を統制する唯一の手段になりうることを意味するものではない，ということである。上述したように，ジェイムズ・ステュアートの政治経済学において，「国民の精神」やその基礎となる人々の生活様式などの経済的要因もまた，社会を形成し歴史を動かすという認識によって支えられている（Cf. 大森1996, 21-22）。それは，『原理』第1編の第2章の中で，封建社会から商業社会への経済社会の動的変遷について詳細に論じられていることからも明らかである。八幡(2011, 218-224)が述べているように，『原理』第1編の第2章の中で論じられる「過去3世紀の間で起こったヨーロッパの事態の大きな変化」とは，ジェイムズ・ステュアートが特定の国ではなく，ヨーロッパ全体を巻き込んだ長期的な社会変動を視野に入れて経済問題を考察しようとしていることを示している。

　その意味で，ジェイムズ・ステュアートにおいては，市場経済が成立した諸国の経済政策は，各国の特殊性と市場原理の普遍性とを統合する立場で立案されるべきものであった。このことは，「国民の精神」を強調するジェイムズ・ステュアートの政治経済学において，多様性がいかに重んじられていたかを示すものである。

6. ジェイムズ・ステュアートの多様性論からの影響

　第4節で見たように，デュガルド・スチュアートは，「一般的諸原理」において多様性が考慮に入れられていなければならないと述べていた。彼のそうした考えは，前節で見たジェイムズ・ステュアートの多様性論から影響を受けていたのだろうか。これを簡単にいうことは難しい。なぜなら，デュガルド・スチュアートは，『講義』の「序論」において，多様性について論じる中で，ジェイムズ・ステュアートの名前を特にあげていないからである。「序論」の中

で，ジェイムズ・ステュアートの名が特にあげられているのは，第3節の引用文の中でも取り上げた，経済学という用語を正当に定義づけられてこなかったとする箇所（Works VIII, 8-9）と，古代と近代とを分かつ奴隷労働の有無と近代における勤勉社会について論じられる箇所（Works VIII, 36-37）の2つにすぎない。

だが，前者については，たしかに多様性の内容とは関係ないが，デュガルド・スチュアートが，経済学の定義を問題にしなかった人物として，ジェイムズ・ステュアートのほかに，ケネーとアダム・スミスしかあげていないという事実は，裏を返していえば，18世紀における経済学の偉大なケネーとスミスに肩を並べる人物としてジェイムズ・ステュアートの存在の大きさを示していたものと解釈できる。後者についても，デュガルド・スチュアートが取り上げる多様性の文脈の中でジェイムズ・ステュアートの名が記されていない。だが，ジェイムズ・ステュアートの「国民の精神」の議論の中身において封建社会から商業社会への歴史的把握が要をなしていたことを考慮に入れるならば，後者の内容は，デュガルド・スチュアートの多様性の議論と決して無関係ではないだろう。

『講義』の「序論」以外の箇所では，ジェイムズ・ステュアートの文明社会の議論についてたびたび取り上げられている。例えば，『講義』第2編では，デュガルド・スチュアートは，「勤労の精神」を重んじその基礎となる人々の生活様式等の経済的要因が社会を形成する点を見事に論じたとして，ジェイムズ・ステュアートの社会形成論を称賛している（荒井 2016, 123-125）。そこでは，生活様式の変化や職業間の階層移動を論じる文脈の中で論じられていることからも，デュガルド・スチュアートがジェイムズ・ステュアートの多様性の議論にまったく注意を払っていなかったとはいえないだろう。

しかし，これらの内容だけでは，デュガルド・スチュアートがジェイムズ・ステュアートの多様性論から影響を受けたと断定的にいうことはできない。また，両者の政治経済学における多様性の議論の内容が全て共通しているとも言い難い。八幡（2010, 228-232）は，各国の経済政策がそれぞれの国情に適合し

た独自のものでなければならないとするジェイムズ・ステュアートの経済政策観には，自由貿易政策があらゆる国に通用する普遍的な貿易原理であることを否定する意図があったと考える。一方，デュガルド・スチュアートの場合には，『講義』において，あらゆる国が自由貿易という普遍的な政策を採用する困難さについてはあまり詳しく論じられていない。むしろ，自然の客観運動を認め人間も含めて自然界の万物が自然法則に従って運動するとみなすスミスの「自然的自由の体系」を賛美し，国際的な自由貿易政策の普遍的妥当性を主張している。この点で，デュガルド・スチュアートの貿易論は，ジェイムズ・ステュアートよりもむしろ，スミスの自由貿易論と基本的には同じ性格を有しているといえる。

　しかし，デュガルド・スチュアートの多様性観において，生活様式や風土は，経済的事情だけでなく政治的・社会的要因によって異なるとする各国・各地域の多様性を重んじたジェイムズ・ステュアートの考えとの共通点が見られる限り，スミスからデュガルド・スチュアートへの思想的つながりを一面的に強調することはできない。デュガルド・スチュアートは，ジェイムズ・ステュアートの多様性論や先述したド・ゴーグの思想のほか，『講義』の中で何度か言及されているモンテスキューの『法の精神』の多様性の議論にも注意を払っている[11]。デュガルド・スチュアートが，自らの政治経済学において多様性を重んじていたのは，そうした彼らの多様性から受けた影響は決して小さくないと思われる。

　これまで見てきたように，デュガルド・スチュアートは，「一般的諸原理」が，さまざまな国々において共通の原理であるべきだとしても，「多様性」をも考慮に入れられていなければならないと主張していた。スチュアートの多様性論についてよりいっそう明らかにされるならば，多様性の議論の発端となるモンテスキューの歴史的相対主義の方法に始まり，それを政治経済学の方法に取り込んだジェイムズ・ステュアートの多様性論の延長上に，デュガルド・ス

---

[11] モンテスキューが『法の精神』の「序文」において，法律や習俗の無限な多様性に注意を払った点については，Montesquieu（[1748] 1961, 1/訳上 33）を参照。

チュアートの多様性重視の考えがあったと位置づけることができるだろう。その意味でも，デュガルド・スチュアートがジェイムズ・ステュアートの多様性論からいかに影響を受けていたのかについてはよりいっそう明らかにしていく必要がある。

7．おわりに

デュガルド・スチュアートは，政治経済学は「政治社会の幸福と改善」を目的とするものであると定義した。国民の知的な改善に関わる主題は，政治経済学の考察対象となる。そうした彼の政治経済学には，国民と政治家の双方の啓蒙が重要だと論じられていた。彼らの啓蒙は，社会の啓蒙を通じて双方の知的・道徳的改善によって達成される。そうした社会においては，人々の自由な活動を促進し社会の秩序が維持されると想定されていた。リベラルな政治哲学を特に重んじていた彼は，「個人の自由」と「政治的自由」の達成なしには，人々の幸福ないし社会全体の改善はないと考えられていた。これらの内容から，スチュアートにおける政治経済学の科学が，なぜ立法の科学のいかなる特定の部門を越えて広い範囲を内包するものであったのか，その一端を確かめることができたのではないかと思われる。

社会全体の啓蒙を意図したデュガルド・スチュアートの政治経済学には，政治経済学の領域においても，幅広い主題が包括されていた。スチュアートが，政治経済学の領域を「富と人口」に加えて「貧民救済」と「教育」にまで含めたのは，端的にいうならば，政治経済学が人間と社会の双方に密接に関わると見ていたからであった。しかし，人間と社会との関係についての考察は，決して容易ではない。この点で，デュガルド・スチュアートが，政治経済学の「一般的諸原理」の適用が全ての諸外国に当てはまるとは限らない点を指摘したことは注目に値する。彼は，「一般的諸原理」，すなわち自由貿易を単一の原理とみなさず，異なる生活習慣や地域性に関わる「多様性」にも注意を払っていた。人間と社会との関係は，その国の政治制度や法によって異なるがゆえに，「一般的諸原理」が全ての諸外国に容易に適用できない場合があると述べてい

た。彼において、政治経済学は「一般的諸原理」の追求だけを目的とするものではなかった。このことは、第1節で述べたように、現在の経済学における多様な考えや福祉国家論の多様性を歴史的に理解するうえで、有益な視点を提供するものといえる。しかし、デュガルド・スチュアートの多様性論をよりいっそう明らかにするためには、『講義』以外に、彼の道徳哲学の諸著作物と関わらせながら詳細に検討していく必要があるだろう。

［付記］本章は、日本学術振興会「科学研究費補助金（若手研究B），課題番号：26780130」による研究成果の一部である。ここに記して感謝申し上げる。

参 考 文 献

Berry, C. J. 2013. *The Idea of Commercial Society in the Scottish Enlightenment,* Edinburgh: Edinburgh University Press.

Corsi, P. 1987. The Heritage of Dugald Stewart: Oxford Philosophy and the Method of Political Economy, *Nuncius- Annali di storia della scienza,* 2(2): 89-144.

Haakonssen, K. 1981. *The Science of a Legislator: The Natural Jurisprudence of David Hume and Adam Smith,* Cambridge, Cambridge University Press. 永井義雄・鈴木信夫・市岡義章訳『立法者の科学—デイヴィド・ヒュームとアダム・スミスの自然法学』ミネルヴァ書房，2001。

Kubo, S. 2014. D. Stewart and J. R. McCulloch: Economic Methodology and the Making of Orthodoxy, *Cambridge Journal of Economics,* 38(4): 925-943.

Levi-Mortera, E. 2007. *Dugald Stewart: Selected Philosophical Writings, Exeter*: Imprint Academic.

Montesquieu, C. [1748] 1961. *De l'esprit de lois,* II vols., ed. G. Truc, Paris: Garnier Fréres. 野田良之・橋本洋之助・上原行雄・田中治男・三辺博之・横田地弘訳『法の精神』全三冊，岩波文庫，1989。

Rothschild, E. 2002. *Economic Sentiments: Adam Smith, Condorcet, and the Enlightenment,* Cambridge: Harvard University Press.

Smith, A. [1759] 1976. *The Theory of Moral Sentiments,* eds., D. D. Raphael and A. L. Macfie, 1st-6th ed., Oxford: Oxford University Press. 高哲男訳『道徳感情論』講談社学術文庫，2013。

Stewart, D. [1792] 1994. *Elements of the Philosophy of the Human Mind, in The Collected Works,* XI vols. (1854-1860), ed., Sir W. Hamilton, vol. II, Edinburgh: Thomas Constable / London: A. Hamilton ; repr. Bristol: Thoemmes Press.

——— [1800-1810] 1994. *Lectures on Political Economy, in The Collected Works,* XI vols. (1854-1860), ed., Sir W. Hamilton, vols. VIII-IX, Edinburgh: Thomas Constable / London: A. Hamilton; repr. Bristol: Thoemmes Press.

―――― 1808-1809. *Student's Notes of Lectures on Political Economy, probably by D. S. Signature John Dow*, Ⅲ vols., Edinburgh: University of Edinburgh Library, Dc.3: 105-107.

Steuart, J.［1767］1995. *An Inquiry into the Principles of Political Oeconomy: Being an Essay on the Science of Domestic Policy in Free Nations, in The Collected Works,* Ⅵ vols. 1805, vol.Ⅱ, London: T.Cadell & W. Davies ; repr. London: Routledge and Thoemmes Press. 小林昇監訳『経済の原理―第1・第2編―』名古屋大学出版会，1998。

Viner, J. 1937. *Studies in the Theory of International Trade,* New York and London: Happer & Brothers. 中澤進一訳『国際貿易の理論』勁草書房，2010。

Winch, D. 1978. *Adam Smith's Politics: An Essay in Historiographic Revision,* Cambridge: Cambridge University Press. 永井義雄・近藤加代子訳『アダム・スミスの政治学』ミネルヴァ書房，1989。

―――― 1983.The System of the North: Dugald Stewart and his Pupils, in *That Noble Science of Politics : A Study in Nineteenth-Century Intellectual History,* eds., S. Collini, D. Winch, J. Burrow, Cambridge: Cambridge University Press. 永井義雄訳「北国の学問体系―デュゴルド・ステュアートと生徒たち」，永井義雄・坂本達哉・井上義朗訳『かの高貴なる政治の科学―19世紀知性史研究』ミネルヴァ書房，2005。

―――― 1996. *Riches and Poverty: An Intellectual History of Political Economy in Britain, 1750-1834,* Cambridge: Cambridge University Press.

荒井智行 2016『スコットランド経済学の再生―デュガルド・スチュアートの経済思想』昭和堂。

太田要 1988「デューゴルド・ステュアートのポリティカル・エコノミー」『立教経済学研究』（立教大学）41(4)：125-144。

大森郁夫 1996『ステュアートとスミス―「巧妙な手」と「見えざる手」の経理理論』ミネルヴァ書房。

篠原久 2008「啓蒙の『形而上学』と経済学の形成―ドゥーガルド・ステュアートと『精神の耕作』」田中秀夫編『啓蒙のエピステーメーと経済学の生誕』所収，京都大学学術出版会。

竹本洋 1998 ジェイムズ・ステュアート『経済の原理―第1・第2編』（小林昇監訳）訳者解説，名古屋大学出版会。

只腰親和 2016「デュガルド・ステュアート道徳哲学における経済学方法論の生成」『経済学論纂』（中央大学）56(3・4)：309-322。

八幡清文 2011「ジェイムズ・ステュアートにおける『国民の精神』と経済政策」音無通宏編『功利主義と政策思想の展開』所収，中央大学出版部。

第 4 章

ジェイムズ・ミルの経済学方法論

只 腰 親 和

1. イギリス経済学の架橋者としてのミル

　本章はジェイムズ・ミル（1773-1836）の経済学方法論の特徴を明らかにすることを課題としている。その経済学方法論の具体的検討にはいる前に，イギリス経済学の歴史上におけるミルの位置を確認しておきたい。

　かつてのイギリス経済学史の伝統的な記述にあっては，アダム・スミスの『国富論』はリカードウ（場合によってはマルサスもふくむ）によって受け継がれたとされ，スミスの活躍した 18 世紀スコットランドからリカードウが出現する 19 世紀イングランドまでの間は少し誇張して言えば経済学史的な空白期間とでもいうべき観を呈していた。もとより最近は（あるいはだいぶ以前から）そうした研究史的状況は変化してきて，当該の歴史的時間帯に経済学の部面で活躍した人々として，デュガルド・ステュアート，『エジンバラ・レビュー』の創刊者たち（シドニー・スミス，フランシス・ホーナー等），ジェイムズ・ミル，（少し時系列的にずれるが）マカロク等の人々が独自に取り上げられるようになってきた[1]。また彼らの問題のされ方も，これまでこれらの人々が，注目されることが少なかったのでその埋め合わせをするように各々の経済学的主張について通りいっぺんの紹介をするといった底のものではなく，18 世紀スコット

---

1) 例えば，Fontana（1985），Macintyre（2003），O'Brien（1970），荒井（2016）。

ランドと 19 世紀イングランドを経済学的に結びつける担い手として彼らは取り扱われている。つまり，じゅうらい無視ないし軽視されてきた 18 世紀後半から 19 世紀前半の，セリグマンの著書のタイトルを借用すれば「忘れられた経済学者たち」を，ただ単にかりそめに思い出すだけではなく，イギリス経済学の成立期の歴史の流れの中に位置づけようとする研究動向がみられるのである。

このような研究史的進展には必然性があろう。というのは世紀をまたぐ時期のイギリスにおける経済学の中心が，歴史的進行と地理的移動の 2 つの次元が並行するように 18 世紀のスコットランドから 19 世紀のイングランドへと移っていったというかなりはっきりした一般的動向が認められるとすれば，その移行を現実に受け持つ役割を上に名を挙げた人々がそれぞれの立場で身をもって体現していたという紛れもない事実が存するからである。本章で取り上げるのはその 1 人ジェイムズ・ミルであるが，彼はそうした役目を担った典型的な人物と言って許されよう。

ミルはスコットランド東部で生まれ，スコットランド啓蒙の一拠点エジンバラ大学で教育をうけている。大学では 1790 年から 8 年間過ごしたが，その間，道徳哲学を当時エジンバラ大学で当該科目の教授であったデュガルド・ステュアートのもとで学んでいる。『この国［スコットランド］のお得意の科学』(Macintyre 2003, 48) と言われた道徳哲学の教えを，ミルが受けたステュアートの存在は，当人にとってエジンバラ大学においてその講義をたまたま聴講したというたんなる邂逅のエピソードの主にとどまるものではなかった。ミルは知人への手紙で，「私の大好きな仕事となり，わが人生が終わるまでそうであろう，私の勉学への興味は彼［ステュアート］のお蔭です」(Depoortère 2008, 85) として，ステュアートへの学恩を率直に語っているのである。

あらためて述べるまでもなく，ステュアートはアダム・スミスの最初の伝記執筆者としてよく知られている。たしかに，スミスとステュアートは道徳哲学の内容にかんして同じ主張をしていたとは言えないが，上に述べた伝記作家という立場からステュアートとスミスが密接な関係にあり，ステュアートをスミ

ス人脈の1人に数えて誤りはないように思われる。

　そのステュアートの下でミルは道徳哲学を修めている。すなわちミルはステュアートを介してイギリスにおける「経済学の生誕」者アダム・スミスに連なる人物であった。安川隆司はミルの主著『英領インド史』についての研究史的潮流として，ミルは，「スコットランド啓蒙思想の研究が深化し，対象を拡大するにつれて，その思想家グループの最後の世代に属するものとして再評価されるようになってきた」(安川 1997, 66) と指摘しているが，総じてイングランドへ移住してベンサムに会う以前のミルの知性の「主要な源泉は……学生としての彼の知的常食を用意したスコットランドの著作家たち」であり，その主たる関心は，「18世紀の終わりごろにスコットランドの諸大学でもっとも発展した人間の科学の諸分野」に向けられていたと言ってよい (Winch 1966, 4)。そして，このように述べるウインチは，当時の彼のいわゆる「人間の科学」すなわち道徳哲学に，自然科学の分野におけるニュートン学になぞらえて「ニュートン的人間の科学」という学問史的な限定をつけた固有の呼称を与えている (Winch 1966, 5)。ウインチよるこのようなスコットランド時代のミルの捉え方は的確と考えられる。つまりジェイムズ・ミルが，天文学におけるニュートンを範として人間の科学としての道徳哲学を築き上げようとしたスコットランドの学者たちと同一の学問的関心を後々までもっていたことは，以下で見る通りである。

　だがそういうことは，ミルが終生にわたって大学での師ステュアートの学問的・思想的主張をそのまま無批判に継承したことを意味しているわけではない。ミルが故国を去って以後，この師弟がけっしてその学問的立場，より正確に言えば哲学的立場を同じくしていなかったことは，ステュアートの書物にミルが批判的な書評を書いている事実から知られる。ステュアートは1814年に『人間精神の哲学綱要』の第2部を公刊しているが，ミルはある雑誌でその書物を批判している。その内容は山下重一が紹介しているが (山下 1997, 142-148)，要するにそれは功利主義の立場からの，「ミルがかつて信奉していたコモン・センス哲学への訣別宣言であった」(山下 1997, 148)。

ミルは 1802 年にスコットランドを後にしてロンドンに移るのだが，この書評が象徴的に伝えているように，ロンドンに移ってベンサムを知ってからは，ベンサムに「私はミルの精神的父であり，ミルはリカードウの精神的父であった」(Stephen［1900］1968, 27) と吐露せしめるほどに，ミルは功利主義者ベンサム，経済学者リカードウとの交流を深めることになる。すなわち本章の主題である経済学に絞って言えば，イングランドにおける古典派経済学の継承者リカードウと個人的にも学問的にも近い関係を保つことになる。このようにごくかんたんに見てきたジェイムズ・ミルの学問的境涯は，18 世紀スコットランドから 19 世紀のイングランドへという当時のイギリス経済学の継承を担い，両者を架橋する一典型とみなすことができる[2]。

2. ミル「政府論」とミル方法論の関係

経済学史的に見てこのような位置にあるミルの経済学の諸側面のうち，冒頭に述べたように本章では彼の経済学方法論に焦点をあてて検討するが，これまでのミル研究において，彼の社会科学の方法について語ることはとりもなおさず彼の「政府論」(1820) について語ることであったといっても過言ではない。「政府論」は，1816 年からつぎつぎと彼が『エンサイクロペディア・ブリタニカ』への補遺として書きあげた何編かの論文の 1 つであり，それらのなかで「もっともよく知られて」(Winch 1966, 13)，いるとされるものである。人々の労働の成果を他者の侵害から守る機関としての政府の必要性を前提にして，その政府の統治形態としては，君主制や貴族制や全員参加の民主制ではなく代議制が最適である，というのが「政府論」の極度に単純化した内容であるが，この論文はたんに上に述べた補遺論文のなかで一番よく知られているという程度には留まらず，ミルの著作ぜんたいのなかでも最も注目をあつめた論考といってよい。

---

2) 音無通宏は，ミルの『英領インド史』における歴史分析の方法に関連して，「ミルの『英領インド史』は，一方でスコットランド歴史学派の分析方法…を継承しつつ，他方ではそれに功利主義的人間＝社会観を結合することにより書かれている」としている（音無 1982, 124)。

現代の研究者から，この論文は「ベンサム派の信条にとって中心的であると受け取られていた」(Lively and Rees 1978, 4) と評価されているが，それを同時代の言葉で裏書きするように，息子のJ. S. ミルが同論文を，ベンサム派の「全部によって政治的叡智をもった傑作とされていた」(J. S. Mill 1873, 107/訳95) と紹介している。すなわち父ミルの「政府論」は，たんに彼が寄稿した当時の著名な百科事典の補遺論文の1つに数えられるだけでなく，けっして少なくない彼のすべての著作物のなかでも屈指の論策であり，さらにミル個人をこえて彼が指導的人物の1人であった当時のベンサム派あるいは哲学的急進派の主張を表明する綱領的な学術文書でもあった[3]。そのようなミルにおける「政府論」の枢要性は，その内容に容赦のない批判を浴びせた論敵マコーレーが，この論文を「おそらくミル氏がその名声を負う著作のなかで最もすばらしいもの」(Macaulay 1829, 160) と認めていることからも，さらに裏付けることができよう。

たしかに「政府論」はそのタイトルが簡明に明らかにしている通り，主張の内容は政治に関する事柄だが，これまでのミル研究においては上に述べたようにミルの社会科学の方法を明らかにしたものとしても注目を集めてきた。「政府論」の基本的内容は，上にごく簡単に要約したように統治形態に関する分析・主張を中心としていて，必ずしも方法論的な考察が正面きってなされているわけではない。にもかかわらず，この論文はひとり「政府論」にかぎらずミルの方法論ぜんたいを集約する，方法論のいわば本尊として受け取られてきた。ミルの経済学方法論を検討する最近のある論文において，当然の手続としてミルの『経済学綱要』にその方法論をさぐった論者が，「ミルの方法論的立場は彼の『政府論』でより明白に論じられている」(Torrance 2006, 149) として，ミル方法論における「政府論」の第一義性を承認しているのはその一例である。

このようにミルの方法論を探究するにあたって，何をおいても「政府論」に目が向けられることについては，1つの理由として，「政府」という表現から

---

[3]　ミル「政府論」に関する比較的最近の研究として，長峰 (2005)。

直接に連想される学としての政治学が当時の学問的配置図の中で今日とは違った位置にあったことを指摘できよう。すなわち，当時は「政治学という名称は社会科学という名称と代替的に用いられており，政治学は社会現象全般を研究する分野と考えられていた」のである（佐々木 2001, 154）。例えばミルよりは少し後の時代の経済学者だが，ウェイトリはオクスフォード大学での経済学の講義で経済学は政治学の「一分科 one branch」だとした上で，「そのすべての分科が注目に値し，各分科のそれぞれが別個の注目を要求する」学として政治学を叙述している（Whately [1832] 1966, 24。傍点，原文イタリック，以下同様）。すなわち，政治学には，経済学をはじめとしてそれぞれが別個の観点からの考察を必要とする多くの「分科」が含まれていることを，オクスフォード大学経済学教授ウェイトリは肯定しているのである。したがって当面の議論に戻れば，今日におけるような狭義の政治学ではなく社会科学一般とほぼ同義である政治学に関する論としての「政府論」にミルの社会科学方法論が集約されているとみなされるのは，不自然なことではない。

だが，ミル方法論の研究が彼の「政府論」に集中する，より実質的な理由としてはやはりマコーレーの批判がおおきな意味をもっていよう。よく知られているように，マコーレーは「ウィッグの……新進評論家」として「『エジンバラ評論』でミルを痛烈に批判した」（小川訳 1983, 200, 解説）のであったが，「マコーレーの批判のもっとも顕著な特徴は，その大部分が特定の政治的諸論点を避けて，その代り今日のわれわれなら方法論的諸問題と呼ぶようなことに焦点をあてているように思われる点である」（Ball 1992, xxiv）。「方法論的諸問題」についてのマコーレーの手厳しい論評はいくつかの点におよんでいるが，そのなかでも特にするどい批判の矛先は以下の事柄に向けられている。

マコーレーは，ミル「政府論」では「人間本性の一定の命題が仮定されて，それらの前提からすべての政治学が三段論法的に演繹される」，「アプリオリの方法」（Macaulay 1829, 162）が採用されている点を批判している。マコーレーの指摘するミルの人間本性にかんする前提的命題とは，「人間はいつも利己心から行動する」（Macaulay 1829, 185）というものであり，具体的には，政府をめぐ

って対置される統治者，被治者（とくに前者）が利己心に基づいて行動するという大前提を，マコーレーは攻撃しているのである。ミルのこの前提を，マコーレーは例えば「人間はそれぞれ違うし，世代や国民もそれぞれ違う」(Macaulay 1829, 187) ので，すべての人が利己心から行動するとは限らないというような論拠で批判しているのであるが，当面の課題である方法論的な面でのマコーレーの批判の眼目は，経験や歴史に基づく「帰納の方法」(Macaulay 1829, 188) を無視して，「政府の科学を人間本性の諸原理から演繹することはまったく不可能である」(Macaulay 1829, 185) ということになる。

このようにして，ミルの政治学の方法すなわち社会科学一般の方法が，その論敵によっていわば否定的なかたちで「アプリオリの方法」とひとまず定式化されたのであった。そして，ジェイムズ・ミルの方法がそのような性質を有するものとして後世に定着するのにいっそう拍車をかけたのが J. S. ミルの見解である。息子のミルはその自伝で説明している。「私はマコーレーの政治学の論理の考え方がまちがっていることを見て取った。彼が政治現象を哲学的にではなく経験的にとり扱う方法の代弁者であり，物理学のほうでさえ彼のような理論の組み立ての行き方では，ケプラーを承認することはできてもニュートンやラプラスは除外することになる，と私は考えた」(J. S. Mill 1873, 165/ 訳 141)。見られるように J. S. ミルは，父を非難するマコーレーの方法的立場に一太刀あびせているが，その一方でマコーレーによる父に対する批判の刃が的をはずしていないことも認めている。息子のミルは言う。「私の父による問題の扱い方に対する彼［マコーレー］の非難の数々には真実な点もあること，父の理論の根拠はたしかにあまりにもせまく，政治上の重要な結果を左右する一般的真理をごく少数しかふくんでいないことは，感ぜざるを得なかった」(J. S. Mill 1873, 165/ 訳 141)。こうして J. S. ミルは上に筆者が要約した，マコーレーによる父ミルの方法に対する「非難」を基本的に認めたのであるが，その点を方法論的な立場からより明確に定式化したのが彼の著『論理学体系』における幾何学的方法という概念であった。

　J. S. ミルの『論理学体系』（とくにその第 6 巻）は，「世界で最初の本格的な社

会科学方法論についての著作」(富永 1984, 93) であったと言われるほど社会科学の方法について立ち入った考察をしているが，その中で子ミルは社会科学方法論の一類型としての幾何学的方法に関して論じている。ミルの言う幾何学的方法とは，相互に反作用し，変化を加えあっている原因からの結果を説明する物理学的方法とは異なって，他の原理から影響を受けることのない，1つの原理から生ずる結果を説明する方法である。こうした幾何学的方法を社会科学に適用すれば，「社会の幾何学的な理論においては，……社会現象の各々は常に一つの力，人間の本性のただひとつの特性から生ずると想定」(J. S. Mill 1843, 888) されることになる。上に見たマコーレーがそれに向けて批判の矢を放った，「人間はいつも利己心から行動する」という父ミルの立場は，ぴたりとこの幾何学的方法に該当する。それは，マコーレーとジェイムズ・ミルとの論争にたんねんな分析を加えているライヴリーとリーズによって，「人間本性のほんの半面」しか見ていないというマコーレーの父ミルに対する「不満は，[『論理学体系』の] 第6巻で J. S. ミルによって取り上げられ，精巧に練り上げられた」(Lively and Reeds 1978, 6) と，端的に総括されるとおりである。かくしてJ. S. ミルは，自分の父に対するマコーレーの方法論的批判を，幾何学的方法といういっそう明確で理解しやすい表現で定式化することによって，「政府論」におけるジェイムズ・ミルの方法論的一特徴を父ミルの方法論一般として定着させるのにおおきな役割を果たしたのである。

　同時代の著名な人物が登場して人目を引く丁々発止の論議をかわした上述のような経緯を考慮にいれれば，後世においても，父ミルの「政府論」の方法論的立場をもって，あるいは息子ミルによる「幾何学的方法」という呼称をもって，ジェイムズ・ミルの方法論そのものと判断する研究史の大勢はけっして理解が困難ではない。じっさい先にも引用したとおり，ジェイムズ・ミルの——社会科学方法論一般ではなく——固有に経済学方法論に関心を示している最近の研究で，経済学の著である『経済学綱要』にもまして，「ミルの方法論的立場は彼の『政府論』でより明白に論じられている」(Torrance 2006, 149) という評価がくだされている。

しかしながら，父ミルの経済学方法論の特質の解明を企図する本章の立場から彼の方法論一般ではなく固有に経済学方法論に焦点をあてる時，ジェイムズ・ミルの方法論が「政府論」での主張にすべて尽くされていると考えることはできない。たしかに既述のように当時の政治学は狭義の政治学に限定されるものではなく，経済学をもふくむ広領域におよんでいたのが事実であるとしても，ミルの「政府論」それ自体に関して言えばこの論文は固有に統治形態についての政治的省察であって，経済学プロパーの問題は扱われていない。まして狭義の経済学の方法論についての直接的言及をそこに見出すことはできない。以下では，ミルの経済学方法論の特質がおのずから明らかになると思われるにもかかわらず，これまで顧みられることの少なかった彼のいくつかの論文にそくして，彼の経済学方法論の特質を掘り起こすことを試みたい。

3. ミル経済学方法論の歴史的背景

ジェイムズ・ミルの経済学方法論を検討するにあたって，テクストの中身を吟味するに先立って彼の経済学方法論がどのような歴史的・具体的な課題に答えようとしたかを見ておく必要があろう。前節で見たように，これまでの研究ではミル方法論への関心は彼の「政府論」に集中してきたが，そのような偏向が生じた少なくとも1つの理由は，彼の経済学方法論が現に取り組んでいる歴史的・具体的な課題が何であったかという問いをじゅうぶんに取り上げてこなかった点にあると思われる。いっぱんに，時代が提起する具体的で実践的な問題への対応におとらず——安丸良夫の言うように——「学問の方法論には，研究主体と対象とのかかわりが集約的に表現されるものだ」（安丸 2002, 190），という点に注意しなければならない。方法論というと，例えば演繹法，帰納法といった概念から連想されるように議論の中身が抽象的あるいは形式的になりがちなので，そこでは特定の歴史的背景とは無関係な抽象的・一般的な問題が提起され，それへの回答があたえられると考えがちであるが，現実は必ずしもそうではない。丸山眞男は，「一般的にいって，あらゆる方法論というものは，いかなる場合においてもこういう方法をもってすれば，必ず一番いい結果が得

られるといったような意味では，語りえないものだ」(丸山 1992, 357) という考え方を提起している。ここでの当面の課題にとって参考となるこれらの発言を，本章での文脈にふさわしい形に言い換えると，ミルの方法論を「いかなる場合」にも有効な方法論か否かという普遍の観点からではなく，「どういう状況に対面して，どういう問題を解決するため」(丸山 1992, 382) の方法についての言説であったかという具体の観点からその中身を検証するのが実効ある方途ということになろう。

そういう点に留意する時，ミルが活躍した19世紀前半期においては経済学がまだ幼年期の学であったという現実を注視しなければならない。ミルの同時代にあって，「経済学は通例，もっとも現代的な学のひとつとして……その起源すら［現代］人の記憶にほとんど残っているものとして語られる」(Whately [1832] 1966, 3) というのは，先にも引用したオクスフォード大学経済学教授ウェイトリの言葉だが，このように歴史的伝統の支えがない新興の科学と目される経済学にかんする同時代の実情については，ほかならぬ本稿の主人公と彼の友人がもう少しくわしくわれわれに教えてくれている。同時代の経済学が当時のアカデミックな世界のいまだなお新規参入者であって，一個の自立したディシプリンとして必ずしも認知を受けていなかったことをめぐって，「ジェイムズ・ミルととりわけ親しかった」(Stephen [1900] 1968, 29) といわれるマカロクとミル自身とが同じような論法で経済学を擁護しているのである。かれら2人の主張について（時代順に）マカロクからみていこう。

マカロクはその『経済科学講話』(1824) の中で，新興の科学である経済学の，学としての正当性を疑う議論につぎのように立ち向かっている。マカロクによれば，彼の時代に経済学が1つの科学として信頼をえることができない主要な理由として，過去の経済学者の間の意見の不一致を指摘できる。すなわち「経済学のもっとも優れた教授たちのあいだに存在する意見の相違が，経済学の進歩にとってひどく不利であって，経済学のもっとも確立した結論を信用しない傾向を生み出してきた」のであった。具体的にはマカロク以前の，重商主義とスミスの主張の相違のような例を考えていると思われるが，経済学が科学

であるならば経済学の専門家のあいだに見解の相違があるはずがないといった，経済学へのありうべき（あるいはおそらく実際にあった）批判を想定しているのである。このような経済学の学としての未熟性あるいは欠点にかんする批判に抗して，マカロクは「しかし」と言って次のように切り返している。「しかし，経済学が関心をもつ現象を説明するために提起されてきた体系がいろいろだからと言って経済学の結論を信用しない人々は，同じ理由でほとんど他のすべての科学の結論を信用しないだろうことは明らかである」(McCulloch [1824] 1995, 8)。こう述べてマカロクは医学，化学，自然哲学，道徳学の名を例示しながら，これらの諸学においても経済学と同様に，その歴史的発展の過程で相互に相容れないさまざまの体系が採用されてきたと述べている。

つまり，マカロクの時代にいたるまでの経済学の歴史のなかで，その主張がたがいに相対立する複数の体系が存在していたとしても，それは経済学の学としての資格を無にするものではないというのが彼の主張である。マカロクがこのような論をあえて展開せざるをえないという事実に，この当時の学問的世界における経済学の在り様が示されていよう。経済学は，いまだ1つのディシプリンとしての学問的市民権をじゅうぶんにわが物としていなかったのである。マカロクの論議は，このように当時の経済学のディシプリンとしての（未）成熟の度合いを知らせてくれるという点においてのみならず，その経済学擁護論の具体的内容をめぐってもわれわれの興味を惹く。

マカロクは，上に引用した自説の妥当性を以下の例証あるいは類比を提示することによってより明確なかたちでだめ押しをしているのであった。「われわれは，ニュートンとラプラスの論証に，それらがプトレマイオス，ティコ・ブラーエ，デカルトの仮説を覆したからといって，同意しないことはない。それではなぜわれわれは，スミスとリカードウの論証に，それらが富の源泉と分配に関してそれ以前に提起されてきた誤った理論を覆したからといって同意すべきでないのだろうか」(McCulloch [1824] 1995, 9)。マカロクはこの引用で，これまで説明してきたような自身の経済学擁護論を，さまざまに存在する学問の中でもとくに天文学の歴史を引き合いに出し，天文学史上の何人かの固有名詞

をあげながら正当化しているのである。つまりマカロクは，経済学が学問としての資格に欠けていないことを説くために，正当化の有効な庇護者として当時の学問世界ではニュートンの権威によって学の模範とみなされていた天文学をいわば切り札として用いている。そしてそのような論法に訴えているのは1人マカロクにとどまらない。すぐ次に見るように，ミルも経済学を擁護する同じような文脈で，天文学に言及し同じような人物を名指ししているのであるが，1つのディシプリンとしての経済学の正当性を主張するためにニュートンの名前と結びつく天文学に訴えることの共通性を記憶にとどめたい。

ジェームズ・ミルは，最晩年の論文「経済学は有益なりや否や」(1836 [以下，本論文を「有益」と略記])において，マカロクと類似した経済学擁護の論を説いている。タイトルがその内容を明示し同時にその形式を暗示するように，この論文自体，A，B 2人の人物を配した対話形式の下で経済学の学としての有益性，存在意義を弁証することがその目的である。そういう全体の枠組みの中で，マカロクの場合とおなじように，経済学では矛盾する学説が併存しているという理由からその有益性に疑義を呈する討論相手 (A) に，経済学を擁護する論者 (B) が次のように問うている。「真なる意見と誤った意見とが抱かれる恐れがないような学科をあなたは何か知っていますか」。この問いにそのような学科はないと答えるAに，Bはさらに「だがすべての学科にかんして，真なる意見がその学科の科学と評価され，間違った意見は科学どころかその反対と評価される。例えば，ニュートンの天文学体系は真とみなされ，デカルトの渦動やプトレマイオスの天球は誤った体系とみなされる。したがってニュートンの体系だけが天文学の科学と呼ばれ，他の二つの体系はそう呼ばれないのではないですか」と問いかけている。この問いにAは同意しているが，このような問答に基づいて経済学の擁護者Bは次のような結論を導く。上の天文学の事例にならって「言葉の適正さを守るならば，経済学の科学とは，国富を構成する諸物品または諸事物の供給，分配，消費に関する——すべての誤った命題を無視し，否定した——真なる諸命題の結合を意味している」(Mill 1836, 554)，と。

見られるように，ミルは過去の経済学に誤りの学説があったことを理由に経済学の学としての資格に疑義を呈する主張に抗弁している。その際に，天文学を正当化の手段として用いているのであったが，これは先に見たマカロクとほとんど同一の論法と言ってよい。たしかに，ミルの論文の方が時間的に後なので，ミルがマカロクの論をただ模倣したに過ぎないということも考えられないことはない。しかし，2人の主張が時を経ずしてなされたのなら，ミルはさしたる意図なくたんにマカロクの真似をしたに過ぎないと解釈もできようが，その間には12年の開きがある。したがって，1820-30年代頃のイギリスの経済学はいまだ幼年期の科学であって，ディシプリンとしての正当性をあえて訴える必要性が現実にあったこと，その手段として天文学に依拠することがなんらかの程度，有効性をもっていたという事実は動かせまい。ミルの経済学方法論を考察する際には，このような時代背景を考慮にいれる必要がある。

4.『ジェイムズ・ステュアート全集』への書評における経済学方法論

前節で検討してきたことから，ミルの時代の経済学には新興の科学である経済学のディシプリンとしての正当性を理論的に擁護することが要請されていたと想定することができよう。とりわけ経済学の基礎論ともいうべき方法論はそのような課題を正面から受け止めることが必要となると思われるが，彼の方法論の中身がはたして実際にそうであったか否かを以下で検証しよう。

1805年に出版された『ジェイムズ・ステュアート全集』についてのミルによる書評は，その1つの資料とみなしうる[以下，この書評論文を「書評」と略記]。全6巻からなるステュアートの全集に関するミルのこの書評は，イングランドに移住して間もないミルみずからが編集者をしていた『文芸雑誌 Literary Journal』に1806年に掲載されたものである。全体で11ページの「書評」の3分の2以上の紙数が，全集の巻末にあるステュアートの伝記に関してと，主著である『経済の原理』をめぐっての論評に費やされている。本章の現在の問題にとって関心があるのも，それら両者にかかわっており，とりわけ伝記部分についてのミルの評釈は注目に値する。

「ジェイムズ・ステュアート准男爵の生涯の秘話」[4]と題された伝記には全体としてミルは他の部分にまさった興味を示しているが，なかでも「最終段落は，いくつかの理由で書き写すに値する」(Mill 1806, 229)として殊のほか注目している。そして，1つの段落としてはけっして短くない最終段落（全集版ページで3ページ以上）の全文を評者であるミルが引用している。伝記のこの結尾部分で論じられているのは，同時代に2人とも「素晴らしい才能を授けられた」経済学者，ステュアートとアダム・スミスとの比較である。そこでは，両者の人柄，外国語の能力，自然科学への造詣等が比較されたのち，2人の主著である『経済の原理』と『国富論』の編別構成や文体の比較・照合が簡潔におこなわれている。伝記の筆者による評価は，自然科学に関しては「スミス博士が［ステュアートよりも］上手であった……と認められるにちがいない」(Mill 1806, 229)というようなスミスに対する好意的な姿勢もたしかに部分的には見られるが，基幹的内容についてはステュアートに軍配をあげる結果となっている。例えば，2人の主著の構成にかんして，「ジェイムズ卿が……彼の競争相手［であるスミス］の方法よりも，自然で，深遠であると認められるにちがいない」(Mill 1806, 229)。あるいは叙述の「秩序，関連という栄誉，また洗練という栄誉はジェイムズ・ステュアート卿に属するように思われる」(Mill 1806, 230)，といった表現からそれを知ることができよう。

スミスのではなくステュアートの伝記である以上，後者に好意的なあるいはひいき目の評価がくだされるのはある意味で当然と考えられる。しかしながら，これに関して評者ミルは，「これほどばかげた戯言が，読者の注視の前に提示されることはめったにない」(Mill 1806, 230)という，きびしい言葉を伝記作家に投げかけている。ミルの立場からは，ステュアートの伝記作家の，ステュアートとスミスの対比のしかたには異論があるということであり，それについての自分の意見をミルはこの「書評」で展開しているのである。そしてその部分は，ミルの経済学方法論に照準をあわせている本章にとっても見落とすことができない。

---

4) 伝記の筆者については川島 (1975, 43) が考証をおこなっている。

要するにミルから見たステュアートとスミスの相互評価は，その結果が伝記作家とは逆だということである。ミルによれば，ステュアートとスミスの両者はともに，彼ら以前の主要な経済学の体系である重商主義と重農主義に欠陥があることに気づいていた。その点では，2人とも旧来の経済学より一歩すすんだ地点にいた。だが，スミスの場合は欠陥を認識しただけではなく，「彼の先行者たちの根拠のない理論を取り除いた後に，真に原理の名に値する数多くの命題を，論証の根拠を通じて確立した」のであった。これに対して，ステュアートはたしかに既存体系の「誤りをあちこちに発見したが」，彼の『経済の原理』は「経済学の知識にほとんどなにも付け加えなかった」。それは，「彼の著作物には，いやしくも一つの体系と呼びうる原理の結合はない」(Mill 1806, 231) からだと，ミルは断定している。

　ここでの関心は，ミルによる，スミス，ステュアート間の学問的な品定めの結果それ自体にはもとよりない。興味があるのは，どのような基準で2人の故国の先輩経済学者をミルが評価しているかという点である。上の引用からも理解できるように，ミルにおいては，正しくあらたな経済学の体系を構築すること，そしてその礎石である「単純で包括的な simple and comprehensive」原理にまで到達するか否かという点が決定的な意味をもっている。ミルによれば，ステュアートの「精神は，一般的な関係を捉まえて，適切な分類によって混乱を解きほぐし，単純で包括的な諸公理までさかのぼることができるほど一流ではなかった」。このようなステュアートへの冷評は，その裏返しとして，スミスがこの引用にあるような内実を備えた一流の経済学者であったと，ミルが認めていることを意味しよう。スミスが「彼の時までとてもひどく誤解されていた富の真の源泉を説明した」というミルの言葉がそれを裏書している。こうしてスミスは，「その学〔経済学〕を一つの科学という高位に高めた」(Mill 1806, 231) のである。そしてスミスはここでも，前節での議論と同様に，天文学の歴史との類比で学問史的に位置づけられている。スミスは「経済学に利益をもたらしたが，それは，まず天球と周転円の込み入った学説を論破しさらにコペルニクス体系の単純な諸原理を確立した哲学者たちが天文学にもたらした

利益と，おなじくらい大きかった」(Mill 1806, 232) のである。

　「書評」を通じて主張されているミルの方法論的議論を整理すると次のように言えよう。スミスは，天文学史の上で，天動説から地動説への転回を果たしたコペルニクスやそれ以後の近代の天文学者たちが，天文学に1つの「科学」の地位を確保せしめたように，新興の学としての経済学を科学に高めるのにおおいに貢献した。それは，経済学における単純で包括的な基本原理を確立し，一貫した体系を構築することを通じて可能になったのであった。このようにミルは，経済学の「科学」としての成立あるいは正当性を，天文学を媒介とし アダム・スミスを通じて主張しているのであった。「科学としての経済学」やアダム・スミスに関するこうした捉え方は，ミルが活躍した当時ではけっして特異なものではなかったが，とはいえ歴史的な背景から自由でなかったのも事実である。その点を知るために，同じような仕方でスミスを論じているが，ミルとは異なった見方をしている現代の経済学史家を取り上げてみよう。

　シェイバスは『経済学の自然的起源』という書物で，ミルと似たようにニュートン-スミス関係に言及している。この書物は，「経済理論家達は19世紀中ごろまで，彼らの言説の現象を，自然哲学者によって研究されるのと同一の自然的世界の一部とみなしていた」(Schabas 2005, 2) という立場から，19世紀中頃を境にして，経済学の「脱自然化」(Schabas 2005, 2) が生じた経緯を，重農主義者，ヒューム，スミス，J. S. ミル等を取り上げて，経済学史的に描いている。つまり自然と社会とが一体視されていた時期から，後者が離脱する過程を論じているのであるが，そういう文脈の中の1つの話題として，ニュートン-スミスの類似性にかんして次のように言っている。それはスミスとリカードウの方法論的差異を論じるかたちで述べられているのだが，シェイバスによれば，「もしスミスが経済学のニュートンであったとすれば，リカードウはそのオイラー［数学者］であった」。その理由は，ニュートンとスミスの主たる類似性は，両者の著作が「余談と生煮えの分析でいっぱい」である点にあり，他方，リカードウでは，「分析的厳格さ，明晰，一貫性が絶対的要件となった」(Schabas 2005, 104) というのである。本章の主題からここで関心を惹かれるの

は，ニュートンとスミスの類似性あるいは共通性の観察にあるが，それをシェイバスは「余談と生煮えの分析」としている。そうした特徴づけは一見するとかなり独特なものと言えよう。しかし——シェイバスはこの点についてどのような意味でそう言えるのか立ち入った説明をしていないので，その真意は必ずしも明確に理解できないが——その寸評がある意味で的を射た特徴づけであるのも事実であろう。

いまスミスに限って考えると，『国富論』には，「過去4世紀間の銀価値の変動についての余論」，「預金銀行とくにアムステルダムの預金銀行にかんする余論」，「穀物貿易と穀物法にかんする余論」というように，全体の構成からみてけっしてみじかくはない紙幅が，いくつかの余論に割かれていることを発見できる。それが常識的に考える余論——すなわち本論ではなく余論 digression——とはおもむきを異にしていることは，スミス本人が，ある余論の末尾で「私は知らぬ間に，この長い余論に引きこまれてしまった」(Smith 1776, 488/訳二 362) と吐露していることからも知られる。余論が，本論に匹敵するほどの分量になっていることをスミス本人が認めているのである。要するに，『国富論』は本筋の議論（だけ）を夾雑物ぬきにただ一途におしすすめる形式になってはいない。したがってシェイバスの言うスミスの「余談」という指摘は，けっして的外れではない。もとより，「余論」が本論にとってなくもがなの文字通りのむだ話や脱線ではないことは付け加えるまでもない。だがこれらの余論以外でも，例えば有名な第5編の大学批判で，奨学金の交付方法やチューターの選択の自由の問題にまで論が及んでいる事例を思い起こせば容易に理解できるように，『国富論』の全体が水も漏らさぬ一筋の論理でつよく貫かれているとは必ずしも言えない。またシェイバスがもう1つ指示している「生煮えの分析」についても，ほかならぬ『国富論』の基礎理論である価値論の考察を始めるに先立って，「私は明確さを確信しうるためには冗漫に流れる危険をいくらかはおかすことを，つねにあえてするつもりであり，また明確であるためになしうるかぎりの労をとったのちにも，それ自体の性質上，極度に抽象的な主題については，なおいくらかの曖昧さが残るようにみえるかもしれ

ない」(Smith 1776, 46/訳一 62) と，スミス自身が弁明していることはよく知られている。このようにスミスは，価値論という基本原理に，「曖昧さ」や「冗漫」さが含まれているのをみずから認めていたのである。

　こうしたシェイバスによるニュートン－スミスの類似性の把握と，「書評」で見たミルにおける経済学史上のスミスと近代天文学との類比とを比較すると，シェイバス，ミル間には，同じような問題を論じていながらその評価に埋めがたい懸隔があるのを察知できよう。スミスをめぐる方法論的議論をめぐって，前者は余談と生煮えを指摘し，後者は単純で包括的な原理による体系の構築を称揚しているのである。

　このような差異が生じる少なくとも1つの大きな要因は，容易に想像がつくように2人の歴史的な立地点の相違にあろう。現代の経済学史家シェイバスは，自身が語るように，「戦後期に高度に精密化し，劇的な速度で成長した科学史の二次文献」(Shabas 2005, 8) に依拠している。したがって，18世紀以降の科学の歴史的動向も見すえた現代的地点から，「18世紀の科学文化」という「文脈の中に経済思想を位置づけ」，「信頼できる一般化をすることが可能」(Shabas 2005, 9) である立場にある。要するに，彼女は現代科学史の知見をもとに，ニュートン，スミスを歴史的に相対化できる立地点に位置している。

　それに対しミルは，近代科学が初期の隆々たる勢いにあるさなかに，もっぱらスミスを，当時の近代の諸科学の中で圧倒的な高みにあり，言わば科学の女王の位置にあった天文学の担い手たちになぞらえつつ，経済学を「一つの科学という高位に高めた」という視点から捉えているのである。ここに，第3節で述べたミル経済学方法論の歴史的背景や特質が明瞭に示されていると言えよう。

5.「有益」における経済学方法論

　先にも言及したミルの「経済学は有益なりや否や」は，生前の「彼の最後の仕事」とされる論文であるが，その内容はタイトルが示すとおり経済学の有益性を説得的に示すことにある。この論文でミルは，「ごく少数の人だけが使いこなす対話の技術を見事に駆使している」(Bain 1882, 403) とされるように，当

論文は対話によって論がすすめられている。つまり論文の結構は，初発に「私は経済学より法学が好き」で，その理由は，「経済学はまったく無益である」（Mill 1836, 553）からだと断言して経済学の学としての存在意義に否定的な一方の登場人物 A を，もう一方の登場人物 B が段階をふんだ経済学擁護の議論によって，論文の末尾では自分に同意させるという仕立てになっている。

A が，経済学には相互に矛盾した，たくさんの学説が併存しているという理由で，経済学の一科学としての正当性に疑いを表明するのに対して，B が返答し説得する過程では，天文学を引き合いにだした論議が見られるのは先に紹介したとおりである。A から見ると，経済学の全体は，「一部は誤りで，一部は［真であっても］取るに足りない trifling 諸命題の集合」（Mill 1836, 554）であり，同じことだが，「経済学についてこれまで考案された諸命題は，真でない untrue か，意味がない insignificant か」（Mill 1836, 556）のいずれかであった。そこで B は，誤った命題が存在するのは（先に見たように）他の科学でも共通であり，経済学には自明ではあっても真の命題があるのは明らかなので，経済学には真でかつ「有意義な important」あるいは「おおいに有用な of great utility」（Mill 1836, 557）命題がないか否かを立ちいって追求することによって，A の「取るに足りない」，すなわち，真であっても自明なので「意味がない」という説を論駁しようとする対論の進みとなる。

上のような序論的な対話を経て，A が経済学を有益な学科であることを納得するために 2 人の間で立ちいって語り合うべき課題が，「経済学には，何かおおいに有用な命題 any proposition of great utility があるかどうか」（Mill 1836, 557）である点で合意する。そして，それには utility という語に関して共通理解が必要だとして，utility（以下では「効用」と和訳）についての検討が順序をふんで行われている。

問題を原理的なところまで掘り下げて議論することになり，そうなれば古典的な功利主義者ミルにあっては当然のことながら，効用の定義として，肉体や精神に快楽をもたらし苦痛を避ける事柄であることがまず確認される。そのうえで，当面の検討対象として肉体ではなく精神に快楽をもたらす事柄に焦点が

しぼられていく。Bは，そのための「ひとつの十分な例証として天文学」にふたたび言及している。それによると，天文学は，「いくつかのかなりよく知られた結果以外には，生活の事柄の手引きとはならない」。つまり天文学は実生活に関して特に有益ではなく，「それがもたらす快楽は純粋に精神的」なものである。天文学が物質的，肉体的快楽を生まないにもかかわらず大きな喜びの原因であるのは，「精神が，多数の重要な対象を理解の及ぶように把握し，それら相互の作用と依存関係をはっきりと突き止める時に受け取る快楽は，きわめて素晴らしいと知られている」からである。そして，天文学によって得られるこの「快楽は……ひとつの良いことであって，それを得ることは有益である」という点で，A，B両人は同意することになる。天文学を例証とした精神的快楽についての議論を一般化すれば，「快い思考の存在に始まりそれに終わる，純粋に精神的な諸快楽は，われわれの本性の喜びの中で高い地位を占め，それら諸快楽の原因はわれわれが有益と称する事柄の中で高い地位を占めている」(Mill 1836, 558) ということになる。立川潔は「快楽の質的区別は，ジョン［・ステュアート・ミル］だけではなくジェイムズ［・ミル］においても，その思想の重要な要素になっている」(立川 2012, 170) としているが，ここでの文脈では学問を通じて得られる精神的快楽，効用を，「たんなる肉体的なすべての快楽の価値」(Mill 1836, 558) よりも父ミルが重んじていたことを知ることができる。このような学問一般の，精神的快楽を通じて得られる効用に関する問答を下敷きにして，本題である経済学を学ぶのに伴う効用に議論は向けられている。

　ミルの代弁者である対話者Bによれば，「経済学の主題を形成する素材」は，「生産，分配，交換にかかわる多種多様な作用」であって，「人間にとって最高度に興味がある」。それらの作用は，「ひじょうに複雑な体系で結び付けられている」。すなわち，経済学の考察対象は，多種多様で複雑であるのが大きな特徴である。しかしながら，あるいは，それゆえに，個人と国民の富という「人類に最も興味ある目的に奉仕する，原因と結果のこの複雑な組織を調べることは，賢明な人にとって快適な活動以外ではありえない」。こうしてまず経

済現象の知的な探究過程が快適であることが確認される。さらにくわえて，探究の成果についても，次のように述べられている。つまり，考察の対象となるさまざまの複雑な諸事象がどのような順序で生起するかを，「適度な数の順序に a moderate number of trains……分類」して示し，「それらを精神の目で全体としてみんな一緒に捉えることが可能になれば」，「精神に最高度に価値ある満足をもたらす」(Mill 1836, 559)，と。経済学の研究においては，研究の過程のみならず，それがうまくいった時の成果も精神に快楽をもたらすのである。

それは，「高台から最高度に興味ある光景を見下ろすことができる」人間に比せられる。高台から眼下の光景を見下ろす人は，「その光景を構成するおびただしい対象と，目に見えるそれらの動きのみならず，その動きの原因と向かう目的を眺めて，そこから最高の歓喜を得る」。すなわち，高台にいる人にとっては，眼下の光景は微にいり細をうがって，手に取るように看取できる。経済学の対象は多種多様で複雑であると上の説明にあったが，高台の譬えを参考にすれば，経済学は「もっとも興味があり，もっとも複雑なひとつの精神的光景に関して精神が獲得する［高台の例と］類似の眺望的見方 commanding view」を可能にすることによって，精神に満足を与えるのである。高台からの譬えが実在を想定した目に見える外界についての光景であるのに対して，経済学の場合は人間の内面にかかわる「精神的光景 mental scene」であるという違いはあるが，この類比を通じて，経済学が高台からのそれと類似した，個別要因の微細な動きと，要因相互間の因果連関全体を整合的に把握しうる眺望的見方によって，人の精神に快楽をもたらすことを B は説明している。これに対して対話者 A は，経済学が担当する，「人間の行為領域でこれほど重要な部分に関するそうした眺望的見方は……高度の快楽をもたらすほかない」(Mill 1836, 559) として，B に同意している。

ここまでは，経済学を通じて得られる「眺望的見方」（この用語はそれとほとんど同義の「包括的見方」comprehensive view (Mill 1836, 561) と呼ばれる時もある）が，精神的快楽をもたらすとして，功利主義的な立場から学としての経済学が正当化されている。功利主義者ミルが，このような——快楽＝善という——観

点から1個のディシプリンとしての経済学を正当化することは，主観的にも客観的にもとうぜん予想される。そのこと自体，新興の科学としての経済学の擁護論の1つである。しかしこの眺望的見方は，功利主義哲学によってそのように快苦の基準から規範的に正当化されるだけではなく，科学方法論の面でも重要な意味を担っている。その点について，対話者Bを通じて主張されるミルの見解を聞こう。

Bによれば，眺望的見方とは，きわめて端的に言えば全体を掌握し，「なにひとつ見逃さない」（Mill 1836, 560）ものの見方である。それに関して，軍隊における指揮官を例証にしながらミルは説明している。「一中隊 a company の中隊長，あるいは一師団 a division の師団長は，彼自身の部下たちの詳細を知っていて，その中では適切な配置をする」。しかし，全軍を指揮する将官 general にのみ固有の眺望的見方は，個々の担当部署を率いる指揮官とは次元を異にしている。すなわち，「眺望的で包括的な見方の助けによって……彼の軍隊のいくつかの部隊を最大限に利用できるように配置して，彼の目的の遂行に最大限の援助を引き出すのは」，「全体を指揮する将官」のみである。一般化して言えば，「多数の協力のあらゆる部分を考慮し，何かが多すぎるか少なすぎるかの場所，すなわち何かが他のものの邪魔になっている場所，何かが他のものの完全な作用に足りない場所があればどこでも注意し，この知識の助けによって，あらゆるものを配置し割り振る」（Mill 1836, 561）そのような見方が眺望的見方である。繰り返せば，眺望的見方とは多数の人間や装備が寄せ集まっている場で，全体のすみずみを掌握し，人間や装備が相互に連関して完璧に機能することを過不足なく把握するような見方である。そのような眺望的見方にかんして以下のことを「一般的命題」として規定できると，Bは主張している。「ひじょうに多くの主体や作用が，ある一つの結果または一連の結果を生むために結合されるところではどこでも，全体についての眺望的見方が，その結合をもっとも完璧な仕方でし遂げるために絶対に必要である」（Mill 1836, 562）というのが，その一般的命題である。

ここまでは，高台からのながめや軍隊という目に見える実在的な対象を例証

としながら眺望的見方を説明してきた。しかし,先に経済学に関連して「精神的光景」という形容があったように,この眺望的見方とは,精神の所産としての科学そのものでもある。「ひとつの主題全体のすべての部分とそれら全部の関連についての眺望的見方」が,「その主題の理論あるいは科学の別名ではありませんか」とBは問うているが,ここでミルはBの言葉を通じて彼自身の科学観を「眺望的見方」という用語に託して語っている。すなわち,ミルにとっての科学とは,特定の主題にかんしてその主題にかかわる「すべて」の構成要因それぞれを過不足なく,しかもそれらすべての要因間の関係を整合的,網羅的に探究することであった。それはすぐ続いて,「理論 theory……とは文字通り見方 view であり,科学とは……知識 knowledge であって,見方あるいは知識は,たんにこの部分やあの部分のみならず,軍隊についての将官のそれのように,全体にかんする見方あるいは知識を意味している」と言っていることからも知られる (Mill 1836, 562)。全軍に責任をもつ将官が戦闘にあっては,自分の指揮下の人的配置や軍事的装備についてすみずみまで知悉して全体の有機的連関を完璧に掌握していなければならないように,個々の科学も,考察の対象について個々の要因とそれらの相互関係について論理整合的に一分のすきもなく把握する必要がある。「本当の意味の科学 properly denominated the science」とは,「主題についての全般的,眺望的,完璧な見方」(Mill 1836, 563) だというBの言葉がそれを表現している。そして,このような科学一般にかんする考え方を本章の課題である経済学に適用すると,「経済学の理論あるいは科学とは,人が享受し消費する事物全部を彼のために生産することに従事する主体や作用の巨大な結合についての眺望的見方なんですね」(Mill 1836, 562) という,Aの肯定的な応答によって説明されることになる。つまり,ミルの言う「眺望的見方」あるいは「包括的見方」は,精神に快楽をもたらす一源泉であると同時に,彼なりの立場から,人間の知的営為としての科学の一特質をあらわす概念でもあるということになる。

　眺望的見方が科学の大きな特質であり,経済学がそのような特質をもちうることではA,Bは合意したが,じっさいに「その名前で通っている」現実の経

済学は,「たいていが間違いで, 有益な結論を何も導かない, ある見方の単なる諸断片 mere scraps of a view」(Mill 1836, 563) ではないかという点についてAはなお疑念をもっている。これは, 現実の経済学が, 主題ぜんたいについての遺漏のない「眺望的見方」どころか, あれこれの誤った断片的命題しか提出していないのではないかという点に, Aが疑問を呈しているのである。そこで2人は, 現実の経済学が科学の備えるべき要件を満たしているかどうかを, 経済学のより具体的な内容にふみこんでさらに論議することになる。A, Bふたりが同意する科学として満たすべき条件は2つある。1つは, 経済学の「諸命題が真理である」ことであり, もう1つはそれら諸命題が経済学の「主題 subject を完璧に説明している」(Mill 1836, 565) ことである。やや議論が循環しているようにも思えるが, ミルが科学にとって必要とみなすこの2つの条件にかんして経済学の内容に即してあらためて議論を続けている。

さいしょに後者の問題から対話がはじめられている。その問題についてBは,「ひとつの主題は, 定義のなかに包含されているでしょう」(Mill 1836, 565) といって, 一科学が対象とする主題はその学の定義を吟味すればよいという見解を述べ, Aもそれに同意する。そこでBは,「富の素材の生産と使用に関係する諸作用の体系」という経済学の定義を提示して, この文言が定義として妥当か否かを検討している。1つの学の定義を下すときには, その「目的と手段に, われわれがそれについて知ろうと興味をもつすべてが包括されている」(Mill 1836, 566) という一般的前提のもとに, 上述の経済学の定義には, 富の目的である「使用 use」とその手段である「生産 production」がともに含まれているので, 上の定義は学の定義としての要件を満たしていることが確認される。

その上で, 現実の経済学が, じっさいにその定義通りの実績をあげているかどうかが次に吟味される。最初に生産について検討され, 生産においては「人間労働」と「資本」が「ふたつの大きな手段 two great instruments」であるが,「諸学説は, 主題のこの部分を, どんなもれもなくふくんでいる」(Mill 1836, 566) として, まず1つの条件がクリアされる。

第4章　ジェイムズ・ミルの経済学方法論　149

　もう一方の「使用」にかんしては，使用の内実を，「領有 appropriation，交換 exchange，消費 consumption」(Mill 1836, 566) の3つの部分に細分して考察している。「これらの主題のすべての説明の真理性にかんしては，研究者のあいだに完全な合意がない」として，個々の論点の内容把握に関する経済の専門家間の相違は一方で認めている。しかし，どの論者もその説明に「領有，交換，消費」を「完璧」にふくんでいる点では「異論はない」として，経済を論ずる人々の間での形式上の同一性を強調している。そして，領有については賃金，利潤，地代が，交換では国産品同志の交換と国産品と外国商品との交換との2種類の交換が，消費では生産的消費と不生産的消費の2種類の消費が，そこで考察されていることが，確認される。そのような検討のうえで，「諸国民の富の科学は，経済学に申し分なくふくまれている」(Mill 1836, 567) として，経済学の科学としての正当性が結論されているのである。

　もう1つの科学の標識である命題の真理性については，以下のような議論が取り交わされている。ある命題が真であることの標識として，Aは，当該命題に「異議が唱えられる disputed」か否かという点を提起する。異議が唱えられる学説は真ではないという意味となるが，それに対してBが，「地球が太陽の周りを回転している」としたガリレオ説にかつては異議が唱えられた例をあげると，Aは，一般大衆ではなく個々の科学的「主題を理解できる人々の意見」が重要である旨，主張する。そこで2人は，「正当な知識水準を有し，経済学説を理解する正当な手段を行使する人々，すなわち経済学者自身の意見だけが，その名で通っている学説を支持したり反対したりの推定 presumption をできる意見」(Mill 1836, 568) である点で合意する。すなわち，経済学の諸命題の真理性を論じる場合には，その担い手は専門の経済学者に限られることが確認される。こうして論点が限定されるのである。

　そこで経済学の専門家である経済学の「著作家 writers」に関して，議論が闘わされる。Aは，経済学の「著作家たちのあいだに，ほとんどすべての主要点にかんして……反対の主張がある」として，経済学の著作家たちの間の意見の相違に注意をうながす。それに対してBは，Aが「標準的学説に反対する

著作家の割合を，標準的学説に反対する十分素養のある well-instructed 著作家の割合と思い込んでいる」(Mill 1836, 569) という。すなわち B に言わせれば，経済学の知識を十分に身につけた著作家の間に標準的学説への反対はなく，そして彼らはあえて自分たちの見解を公にはしない。経済学をよく学んだ大多数の人々は，「経済学説に同意し，それらをかたく守り，それらに基づいて行動するが著わさない。反対する輩がみな著わす」(Mill 1836, 570) と言うのである。標準的学説に対する反対は目立つように見えるが，それは数として少なく，十分素養のある著作家によるものではないということになる。こうして経済学を正しく身につけた専門家の間に基本的な意見の相違はないという B の主張を A も認め，「生産，分配，交換，消費に関する重要な学説」に関して意見の一致をみて，2人の対話は終えられている。

6. ミル経済学方法論の特質

以上，ミルの経済学方法論に関して，「書評」と「有益」論文をつうじて検討してきた。これをまとめると，「有益」における，考察対象をすみずみまで把握しそれらを論理整合的に関連づける「眺望的見方」を中核にして，「書評」において強調されていた，単純で包括的な原理と体系の構築という抽象的な規定を包摂するような方法が，ミルの経済学方法論といえよう。そして，そのような考え方を端的に表現する章句を彼の「教育論」に見出すことができる。「教育論」のあるくだりで彼は，「全体を理論づける theorizing the whole」という表現で次のように述べている。すなわち，「哲学者の偉大な課題」としての「全体を理論づける theorizing the whole」とは，「事実を正確に観察し，事実を完全に列挙し，重要なことは一つも逃さず，重要でないものは一つも含めないようにし，そしてそれらを一定の順序と形式とに従って記録」(Mill 1818, 34/訳 87) するような思考法のことである。これは，本章で見てきた「眺望的見方」にほぼ一致するものとみなすことができる。

第2節で見たように，これまでミルの方法論一般は，彼の「政府論」の方法とほぼ同一視されていた。しかし，彼の経済学方法論は，「政府論」での方法

論に還元できるほど単純ではないことが明らかになったと思う。従来ミルの方法論は,「政府論」での主張に基づいて,アプリオリの方法,幾何学的方法,あるいは「理論の……『経験』への優越」(Ball 1992, xviii) といった表現で特徴づけられてきた。しかしこれまで本章で検討してきたように,かれの方法論的な主張は,「アプリオリの方法」,「幾何学的方法」といった狭義の論理的な次元での方法論に止まるものではなく,そもそも「科学」をミルがどのように見たかという科学観の次元にまで論が及んでいる。また,彼はたんに「理論」を「経験」に優越させたのではないことは,先の引用で,「事実を正確に観察し,事実を完全に列挙し」,と言って「経験」を重んじていることから明らかであろう[5]。ミルが「科学」あるいは「理論」をどのように見たかという点を,従来の見方以上により立ち入って検討することが肝要であると思われる。

　ミルが「科学」,「理論」と等置する眺望的見方(あるいは包括的見方)とは,考察対象をすみずみまで把握しそれらを原理によって論理整合的に関連づけることをおおきな特徴としている。そしてこのような科学観はミルの独創というより,ミルがアダム・スミスとの類比で引き合いに出していた近代天文学の一側面を表しているものと言える。たしかに,ニュートンにその頂点をみる当時の天文学に代表される近代科学にはそういう一面がある。アダム・スミスは,その論文「天文学史」のなかで,ニュートンの業績について,「彼の諸原理は,彼の時代以前に観測されていた天空のすべてのできごとを最も完全に結合しただけではない。後の天文学者たちの根気強い勤勉とより完全な道具によってわれわれが知るようになったできごとも,彼の諸原理の適用によって容易に,たちまち説明されるか,あるいはまた,これまでに着手されたよりも熱心で正確な,これらの原理からする計算の帰結として,説明されている」(Smith 1795, 105/ 訳 103) と述べている。ミルは,このようなスミスのニュートン観と類似の見方をしていたと考えられる[6]。

---

5) ライブリーとリーズが言うように,ミルの立場からは「政府論」においても,そこでの「諸命題は『歴史』と『経験』から引き出されていた」のである (Lively and Rees eds. 1978, 17)。

6) ただしスミスのニュートン観がこの面に尽きなかった点については只腰 (1995)

したがって，ミル自身の言葉を用いれば「眺望的見方」あるいは「包括的見方」が，近代自然科学の一面を捉えていたのはたしかに否定できない。そして，ミルが方法論上でこのような科学観を主張することにも一定の必然性がある。まず第1に第1節で見たように，ミルの背景には，ウインチの言う「ニュートン的人間の科学」というスコットランド啓蒙の思想伝統が存在していた点である。そのような思想潮流でミルの科学観を考えることができる。さらに第3節で説明したような，1つのディシプリンとしての経済学のこの時点での歴史的な在り様を考慮する必要もある。ミルの時代には経済学は未だディシプリンとしてじゅうぶん自立していなかった。そのような経済学の学としての学的生成の段階を考えれば，すでに1個のディシプリンとしてその地位を不動のものにしていた天文学を範にして，どんな学——それが科学に値する学であるならば——にも基礎論的な部分として不可欠な方法論的考察を構築することは容易に想像できる。それによって，経済学の学問的正当性を権威づけることができるからである。さらに方法論の内容の面にかんして言えば，対象をすみずみまで捉えてそれを理論化するという「眺望的見方」の立場は，やや（あるいはまさしく）大風呂敷と言ってよいが，それだけに却って新興の学としての経済学を1つの科学として正当化し，学問的世界での市民権を獲得するのに相応しい内実と解釈することができる。

しかしながら，科学，とくに経済学を中枢とする社会科学に不可欠の特徴がミルの言う眺望的見方で尽くされるのでないことも事実であろう。「教育論」からのうえの引用文について考えると，「事実を正確に観察し，事実を完全に列挙し，重要なことは一つも逃さず，重要でないものは一つも含めないようにし」という章句が見られるが，個別科学にとって何が重要で，何が重要でないかの標識は，たとえどれほど「事実を正確に観察し，事実を完全に列挙し」たとしても，そうした操作からは自動的に顕れてこない。ウェーバー研究の先哲が語っているように，「事象の一部分を，それのみが考察されるものとして選び出すための標識は，事象そのものの中には存在しないからである」（梶山

第2章。

1938, 29)。むしろ，どんなことも逃がさないという観察に先だって，個々の科学では観察対象のどの点が重要で，どの点がそうでないかの基準がそれぞれの科学に応じて用意されねばならない。そうでなければ，ミル自身が「書評」で言う，「単純で包括的な」原理も把捉できまい。その意味でミルの眺望的見方は，考察対象の全体をまるごと捉える科学観を主張していて，科学観として一見すると完璧で，遺漏ないように思えるが，必ずしもそうとは言えないであろう。

　げんにミルの同時代人で友人のマカロクは，ミルの所論を反論の直接の対象にしているのではないが，いま問題にしている事柄に関連してミルとは多分に色合いを異にする次のような見解を述べている。「それら自身のために，観察がおこなわれ，個別が注目されることはほとんどない。ある通説の真偽を確定するための唯一の検証手段を提供するものとして観察が求められてはじめて，じゅうぶんな数と正確さで観察がおこなわれる」。マカロクは従来の通説の検証という文脈ではじめて，観察が精密になされるといっている。さらに続けて，「経済学に固有の表現で言えば，理論家の有効需要が，のちに彼が体系に仕上げる事実や素材の生産を規制する。経済学の歴史は，この意見の真理をはっきりと例証する」(McCulloch [1824] 1995, 20-21)。このようにマカロクは，経済学に固有の表現である「有効需要」という言葉を経済学的認識主体の具体的・能動的な問題関心を表現する術語としてたくみに活用し，経済学の理論形成にとっては観察事実の多寡ではなく，有効需要という専門用語で表現される研究者の問題関心の方が優位するという，科学認識の要点を見事に衝いている。

　これまでの検討から次のように言えよう。ミルの経済学方法論は，「書評」における見解を補充的部分にしながら，「有益」での眺望的見方に集約される。それは，天文学に代表される近代自然科学の成果を基にしているが，経済学に固有の方法論とは必ずしも言えない。天文学に代表される近代自然科学の一側面を経済学にそのまま適用したものであって，経済学に内在してその中から抽出された方法論ではない。カッシーラーは，「方法が認識の本来的事実に近づ

き知の事実そのものに肉薄するにつれて方法はそれだけ出発点から離れていく」(Cassirer 1922, 235/ 訳 2-1, 216) と言っている。この引用では認識論プロパーの問題に関連してこのように言われているのであるが，個別科学いっぱんについて一定の方法が具体的な対象に適用されるようになると，抽象的に論じられていたり，なんらかの形式に定式化されていた方法論が，対象におうじてその内容を変化させていくという意味に解することが可能だと思われる。カッシーラーの言をそのように解釈できるとすれば，方法論にはそのような特質がつきまとっていよう。そしてそれは方法論にとってけっして不都合なことではない。対象に応じた変容を通じて方法論は対象に相応しいものに成長していく。そういう点から見ると，ミルの経済学方法論の基本的性格は，経済学にじゅうぶん内在してそこから抽出されたというより，すでに定評のある他分野の方法を外在的に適用したものと特徴づけることができる。すなわちミルの方法論は，未だ新興の科学であった経済学の学としての在り方に照応して，経済学方法論の成長過程におけるなお発展の一階梯にあったと規定できるのではなかろうか。

参 考 文 献

Bain, A. 1882. *James Mill: A Biography.* London: Longmans, Green and Co.

Ball,T., ed. 1992. *James Mill: Political Writings.* Cambridge: Cambridge University Press.

Cassirer, E. 1922. *Das Erkenntnisproblem in der Philosophie und Wissenschaft der neueren Zeit.* Zweiter Band, Berlin: Verlag Bruno Cassirer. 須田朗・宮武昭・村岡晋一訳『認識問題 2-1』，みすず書房，2000。

Depoortère, C. 2008. On Ricardo's Method : The Scottish Connection Considered. *History of Political Economy,* 40(1): 73-110.

Fontana, B. 1985. *Rethinking the Politics of Commercial Society: the Edinburgh Review 1802-1832.* Cambridge: Cambridge University Press.

Lively, J. and Rees, J. eds. 1978. *Utilitarian Logic and Politics: James Mill's "Essay on Government," Macaulay's Critique, and the Ensuing Debate.* Oxford: Clarendon Press.

Macaulay, T. 1829. Mill's Essay on Government. *Edinburgh Review,* 49: 159-189.

Macintyre, G. 2003. *Dugald Stewart: The Pride and Ornament of Scotland.* Brighton and Portland: Sussex Academic Press.

McCulloch, J. R. [1824] 1995. *A Discourse on the Rise, Progress, Peculiar Objects, and Importance of Political Economy.* London: Routledge/ Thoemmes Press.

Mill, J. 1806. Sir James Steuart's Works. *The Literary Journal*, 1: 225-235.
――― 1815. Stewart's Philosophy of the Human Mind. *The British Review and London Critical Journal*, VI: 170-200.
――― [1818] 1825? Essay on Education. In *Essays on Government, Jurisprudence, Liberty of the Press and Law of Nations*, London: J. Innes. 小川晃一訳『教育論・政府論』岩波書店，1983。
――― [1820] 1825? Essay on Government. In *Essays on Government, Jurisprudence, Liberty of the Press and Law of Nations*, London: J. Innes. 小川晃一訳『教育論・政府論』岩波書店，1983。
――― 1836. Whether Political Economy is Useful？：A Dialogue between A and B. *London Review*, 2: 553-571.
Mill, J. S. 1843. *A System of Logic: Ratiocinative and Inductive in Collected Works of John Stuart Mill* ed. by J. M. Robson et al. vol.7-8, Toronto: University of Toronto Press.
――― 1873. *Autobiography of John Stuart Mill*. in *Collected Works of John Stuart Mill*. ed. by J. M. Robson et al. vol. 1 Toronto: University of Toronto Press. 朱牟田夏雄訳『ミル自伝』岩波書店，1960。
O'Brien, D. P. 1970. *J. R. McCulloch: A Study in Classical Economics*, London and New York: Routledge.
Schabas, M. 2005. *The Natural Origins of Economics*. Chicago and London: University of Chicago Press.
Smith, A. 1776. *An Inquiry into the Nature and Causes of the Wealth of Nations*. ed. by T. Campbell, A. Skinner and W. Todd, Oxford: Clarendon Press. 1976. 水田洋監訳・杉山忠平訳『国富論』一-四，岩波書店，2000-2001。
――― 1795. History of Astronomy. In *Essays on Philosophical Subjects*. ed. by W. Wightman, Oxford: Clarendon Press, 1976. 水田洋ほか訳『哲学論文集』名古屋大学出版会，1993。
Stephen, L.［1900］1968. *The English Utilitarians vol. 2*. New York: Augustus Kelly.
Torrance, T. 2006. James Mill as Economist: Theory Dominated by Deductive Method. In *A History of Scottish Economic Thought*, eds. by A. Dow and S. Dow, London, Routledge.
Whately, R.［1832］1966. *Introductory Lectures on Political Economy*. New York: Augustus kelly.
Winch, D. ed. 1966. *James Mill: Selected Economic Writings*. Edinburgh and London: Oliver and Boyd.
荒井智行 2016『スコットランド経済学の再生――デュガルド・スチュアートの経済思想』昭和堂。
音無通宏 1982「功利主義と英領インド――J. ミル」宮崎犀一・山中隆次編『市民的世界の思想圏』所収，新評論。
梶山力［1938］1994「訳者序説」安藤英治編，梶山力訳『プロテスタンティズムの倫理と資本主義の《精神》』所収，未来社。
川島信義 1975「「J. ステュアート全集」の発刊とジョージ・チャーマーズ」『西南学院大学経済学論集』10(1)：23-63。

佐々木憲介 2001『経済学方法論の形成―理論と現実との相剋　1776-1875』北海道大学図書刊行会。
只腰親和 1995『「天文学史」とアダム・スミスの道徳哲学』多賀出版。
立川潔 2012「モラリストとしてのミル父子―余暇と知徳の陶冶―」『経済研究』（成城大学）(195)：165-198。
富永健一 1984『人類の知的遺産 79　現代の社会科学者』講談社。
長峰章 2005「ジェイムズ・ミルの『政府論』をめぐって」『政経論叢』73(3・4)：111-153。
丸山眞男 1992「思想史の考え方について」『忠誠と反逆』所収，筑摩書房。
安川隆司 1997「ジェイムズ・ミル『英領インド史』再考―「文明の階梯」と「法の総体的優良性」―」『東京経大学会誌』(203)：65-88。
安丸良夫 2002「丸山思想史学と思惟様式論」大隅和雄・平石直昭編『丸山眞男論』所収，ぺりかん社。
山下重一 1997『ジェイムズ・ミル』研究社。

第 5 章

リチャード・ジョーンズの地代論
―― 一国の租税支払い能力の視点から ――

益 永　淳

1. はじめに

　本章の目的は，地代と一国の租税支払い能力という視点からリチャード・ジョーンズ（1790-1855年）の議論を再構成し，リカードウおよびマルサスとの比較をつうじて彼の所説の特徴と意義を明らかにすることである[1]。その際，ジョーンズの『富の分配と課税の源泉に関する一論，第1部――地代』（Jones 1831, 以下『地代論』と略記する）を主要な分析対象としつつ，必要に応じて彼の他の著作にも言及する。

　親友のウィリアム・ヒューエル（1794-1866年）を除くと，ロンドンのキングス・カレッジとヘイリベリの東インド・カレッジで経済学を講義していたにもかかわらず，ジョーンズの経済学は同時代人に大きな影響を与えたとはいえない[2]。だが，マルクスが『剰余価値学説史』の中でジョーンズを高く評価して

---

[1]　本章の参考文献のうち邦訳のあるものはそれを大いに利用したが，原文を参照した結果としていっそう適切だと思われるように訳文を変更したところもある。

[2]　ただし，ジョーンズの『地代論』に関して『クォータリー・レビュー』に掲載されたスクロウプによる書評論文は，ジョーンズの分析の方法と内容を非常に高く評価した。「この著作は，広範囲の諸観察からの周到な帰納に関するベーコン的な原理に立脚して，富の生産と分配の研究を遂行するためになされた最初の体系的な試みである。」（Scrope 1831, 81）。確かに，労働者自身による労働供給の抑制というジョーンズによる労働者の境遇改善策が批判され，「移民または製造品と引き換えの食物

以来 (Marx [1861-63] 1971, 399-449/訳 491-585),国内外をつうじてジョーンズ研究がある程度は蓄積されてきた。主な研究は大体次の5つの種類に分けられる。

　第1に,ジョーンズをイギリス歴史主義の先駆者またはリカードウに対する歴史主義的批判者と位置づける点で共通な一連の諸研究がある (Edgeworth 1896, Ingram [1915] 1967, 139-142/訳 201-206, Miller 1971, Rashid 1979, 佐々木 2004, 堀 1927)。第2に,マルクスの理論体系の先駆者としてジョーンズをみる研究がある (玉野井 1954, 199-234, 266-286, 蛯原 1965, 久留間・玉野井 1977, 317-348)。これらの両タイプの研究の発展形として,第3に,ジョーンズにおける比較社会論的な要素を特に評価する文献も挙げられるであろう (Gregory 1987, 2008, 出雲 1993, Maas 2004)。第4に,マルサス人口論の批判者ないし修正者としてのジョーンズに注目する研究もある (柳田 2005, 207-240, 鷲見 2000)。第5に,以上のものと一部重複するが,本章の主要対象であるジョーンズの地代論について考察したものには,末永 (1953, 1955),玉野井 (1954, 266-286),平野 (1954),久留間・玉野井 (1977, 317-348) などがある。この種の研究では,概して差額地代の第2形態という点からジョーンズの議論を検討することが多い。なおジョーンズ経済学の全体像を最も精密に考察した大野 (1953a, 1953b, 1955) の諸研究は,現在でもなお重要である。ただし,地主階級の擁護者という伝統的な視点からの大野によるジョーンズ解釈に関しては,鷲見 (1991, 1994, 2000) の批判がある。

　周知のように,ジョーンズは資本主義的生産システムの歴史性を認識したうえで地代を小農地代と農業者地代に区分した。にもかかわらず,従来の研究は,この両者のいずれにおいても地代の増加は一国の租税支払い能力を増大させるというジョーンズの所説にほとんど注意を払っていない。しかしながら,この所説を支える論理を詳細に分析し,それをマルサスおよびリカードウの見

　　輸入」という別の方策が主張されている箇所もある (Scrope 1831, 113)。だが,スクロウプは総じてジョーンズに好意的であった。スクロウプについては,森下 (2001, 107-147) を参照。

解と比較することによって，地代，人口，穀物価格，穀物法，財政に関するジョーンズ説の特徴をいっそう理解しうるであろう。そのことは，経済学方法論や剰余価値概念の把握という視点に立つ従来の研究ではあまり注目されてこなかったジョーンズ理論の性格を浮き彫りにしうる[3]。

以下，第2節ではジョーンズによる「諸国民の経済学」の体系の概要を示す。第3節から第5節では，いわゆる前資本主義的な社会における小農地代と資本主義的な社会における農業者地代に関するジョーンズの議論を再構成する。続く第6節では，地代と一国の租税支払い能力という観点からジョーンズ，マルサスおよびリカードウの所説を比較し，ジョーンズ説の特徴と意義の検出に努める。最後に，先行研究と比較して本章が明らかにしえた諸点が述べられるであろう。

2. ジョーンズの「諸国民の経済学」

ジョーンズ（Jones 1833, 5/訳 210）によれば，経済学の目的は「富の生産と分配を規制する諸法則」の探究にある。ここで富とは，人間が専有しうる物質物を指す。金銀を富の源泉とみた重商主義の時代から諸商品を富とみるケネーやスミスの時代以降，富の生産に関する研究はそれなりに進展してきた。他方，富の分配に関する研究はあまり成果が上がっていない。ジョーンズが特に問題視したのは，マルサスの差額地代論と人口理論が不適切にまたは誤って理解・適用されてきた点である。

第1に，差額地代論は資本家的農業の場合にのみ妥当するにもかかわらず，リカードウと彼の支持者はそれをあらゆる国と時代に成り立つ理論とみなし，「富の分配の一般的体系」の構築を試みた（Jones 1831, vi-vii/訳［上］31-32）。この点は第3節以降で詳しく検討するため，現在はこれ以上立ち入らない。

第2に，マルサス自身を含めて，人口論では自発的抑制の重要性が看過され

---

[3] 本章はまた，東インド・カレッジにおけるジョーンズの経済学講義の特徴を解明することを目的の1つとした科研費のプロジェクト「イギリス経済学における初期制度化の系譜」の成果の第1弾としての意味ももっている。

てきた。実際，（マルサスが挙げた）罪悪，窮乏，完璧な道徳的抑制以外にも，人間の物理的増加力の発揮を緩和させる要因がある。ジョーンズは人間の欲求を次の2つに区分した。すなわち，人間の生存と健康に必要な「基本的欲求（primary wants）」と単なる生活必需品以上のものに対する「2次的欲求（secondary wants）」である。異なる時代と諸国に関する観察は，生活水準が低い家庭の人々は「基本的欲求」の充足だけで結婚するため高い人口増加力を示すが，生活水準が高い家庭の人々は「2次的欲求」の重視により結婚や人口増加を抑制する傾向を浮き彫りにする。このことは，人間は生存手段の限度まで増加する傾向があるが，実際にはその限度まで増加するわけではないことを示していた。ジョーンズはここで作用する人口抑制要因を「自発的抑制（voluntary restraint）」と呼んだのである[4]。

　ジョーンズはまた，以上のようなマルサス理論の不適切な理解および適用を生み出したリカードウの経済学方法論に目を向け，次のように論じた。

　　これらの結論に到達するまでの過程は，実際，事実の等閑視と単なる推理能力の意固地な濫用が生じさせうるほとんどあらゆる可能な欠陥を含んでいる。第1に，諸国民が増加しいっそう文明化するにつれて，農業において不断に減退していく力が仮定されている［収穫逓減法則の仮定］。それから次に，手による骨折りによって生存手段を得る人々すなわち地上の労働者階級は，もっぱら所得から節約されたファンドで維持されると仮定されている［資本主義的社会の仮定］，——この仮定は，世界の一隅については真実であるけれども，普遍的事実として述べられて推論される時には本質的に誤っており架空のものである。——また次に，これらの根本的かつ致命的な間違いに，諸国民が多数かつ富裕になるにつれて観察される利潤率の減少は新たな物資の蓄積力の減退を示すものであるという観念がつけ加えられているが，この信念は，経験と世界のあらゆる国の歴史的および統計的な状況が諸々の社会の資本を蓄積する力の変化を実際に決定す

4）　この点に関する詳細な考察については，柳田（2005, 207-240）を参照。

る諸法則に対して有する証拠とをほとんど故意に無視することなしには，一瞬でも抱きえないものである。(Jones 1831, xii/訳［上］36．［　］は筆者による補足)

これに対してジョーンズは，一般原理と推論への過度な信奉に伴うこうした弊害を避けるために，「歴史と統計」に基づく観察の重要性を説いた（Jones 1833, 32／訳228）。経済学で普遍的とされる公理は，先験的な推理ではなく「経験に訴えること」から得られるのである（Jones 1831, xv/訳［上］38）[5]。

以上のようなリカードウの経済学と方法論に対する批判的態度に基づいて，ジョーンズは「諸国民の経済構造」に注目した経済学の構築を目指した。諸国民の経済構造とは，「まずは土地所有権制度によって，また余剰生産物の分配によって確立され，その後で富を生産しまた交換する際の，および労働人口を扶養かつ雇用する際の代理人としての資本家の導入によって確立されたさまざまな階級間の諸関係」を指す（Jones 1833, 21-22/訳221）。こうした「諸国民の経済学（political economy of nations）」は，後に彼が東インド・カレッジで行った経済学講義を特徴づけることになった（Jones 1852, 1/訳1）。この「諸国民の経済学」の考察対象は，過去および現在の異なる社会の諸集団が富を生産・分配・交換するありようと，富のうち政府に譲渡される部分である租税を含むものである。

ジョーンズは，地代→賃金→利潤→租税の順で展開される経済学体系を構想していた。最初の「地代」に関する著作が『地代論』である。その中で彼は諸国民の経済構造に関する広範な観察に基づいて地代を小農地代と農業者地代に区分し，両者の起源，増加原因およびその諸結果を詳述した[6]。このうち地代

---

[5] この点に関して，リカードウ批判という意味ではジョーンズとマルサスは共通していた。だが，佐々木（2004, 28, 35-36）はさらに分析を深め，ジョーンズとマルサスの双方の帰納法の違いにも注意を喚起している。

[6] 後述のように，それによってジョーンズが示そうとしたのは，地主と社会の他の諸階級との利害の調和であった。彼がこうした主張を展開した当時の重要な時代背景として，対仏戦争後のイギリス農業の状態と1830年の夏から1831年の春のスウィング暴動が挙げられる（大野 1953b, 29-35, 45）。この農業労働者の暴動はジョー

は富の創造か移転かという論点は，一国の租税支払い能力の問題と絡めて次節以降で詳論されるであろう。

「賃金」と「利潤」に属する内容は，彼がロンドンのキングス・カレッジで行った講義シラバス（Jones 1833, 43-64/訳 235-259）とその後に東インド・カレッジで行った経済学講義のテキスト（Jones 1852）から概略をつかむことができる。ジョーンズは，「賃金」が(1)労働基金の総額と(2)労働者の人数に依存するとみなした[7]。(1)はさらに，①労働者自身（前資本主義的社会で地主から借りた土地を耕作する小農）により生産される部分，②顧客や消費者の収入から労働者（召使，兵士など）の維持に充てられる部分，③利潤目的で使用される蓄積された富という意味での資本に分かれる。他方，(2)では前述した自発的抑制を強調するジョーンズ自身の人口理論が展開される。この部分は彼の租税論と関連する限りにおいて，第6節でも詳しく検討されるであろう。

他方，富のうち利潤目的で使用される部分を資本と呼ぶ。ただし，資本は利潤のみから蓄積されるのではない。資本増殖は収入―消費から生じるため，賃金および地代も利潤と同様に資本蓄積の源泉になりうる。資本からの蓄積に比べれば規模は小さいが，「我々自身の国では賃金からの貯蓄がかなりある」（Jones 1852, 17/訳 31）。さらに資本家階級が農業部門で確立していない時代・場所では，地代が借地人の資本を提供する有力な源泉となる。加えて，農業資本家の地位が確立しているイギリスでさえも，生垣，排水溝，建物などは地代から賄われることがあった。とはいえ，そのイギリスで最も重要な蓄積源泉が利潤であることは疑いない。この際，ジョーンズは，利潤率が低い国（イギリス

ンズが牧師を務めたケント州から発生し，イングランド全域に広がった。「農業不況，低賃金，十分の一税などが地域状況に応じて複合的に作用した」結果，この暴動が起こったという（澤田 2016, 91）。具体的には，脱穀機の打ちこわし，干し草や納屋への放火，地主や農業資本家に匿名の脅迫状が送られるなどした。この脅迫状に書かれたキャプテン・スウィングという架空の指導者の名前がスウィング暴動の由来である。

7) ジョーンズのいう賃金とは，資本主義的な社会か否かを問わず労働から得られる報酬のすべてを指す。また彼の賃金は，通常の労働者だけでなく，自由職業者，芸術家，事務員，高度な機械工，商人の所得のうち利潤を構成しない部分をも含む広い概念であった（Jones 1852, 17/訳 31）。

やオランダ）で資本蓄積が急速であることを強調した。資本量×利潤率＝利潤量であり，利潤量が多いほど急速な資本蓄積が可能になるから，利潤率の低さを相殺して余りあるほどの資本量が蓄積されている国でこそ，急速な資本蓄積が可能なのである。こうして彼は，利潤率の低下は必ずしも経済の停滞を意味しないと論じた。

さらにジョーンズは，異なる時代と国々の観察結果を可能な限りふまえて富の分配の諸法則を探究する自己の経済学の第4の部分に「課税の源泉」，すなわち政府の収入を配置した。この主題に関するジョーンズの特徴は，地代のみが租税を負担しうるという見解（ロックと重農主義者）と賃金は租税を負担しえないという見解（リカードウ）を両面批判した点にある（Jones 1831, xxx/訳［上］50-51）[8]。ジョーンズはまた，税負担のあり方が諸国民の経済構造に応じて異なることを強調した（Jones 1833, 29/訳 225-226）。とりわけ，イギリスのように進歩した経済構造をもつ国では，労働者階級もまた租税を負担しうる。いずれにせよ，彼にとって分配論から派生する課税の源泉に関する考察は，「国家は生産を減退させずにどの程度その臣民の共同の富の分け前をとりうるか」を推定するために重要であった（Jones 1831, xxxi/訳［上］51）。

以上がジョーンズの「諸国民の経済学」の概要である。次節からは，地代と一国の租税支払い能力という視点からジョーンズ経済学の特質と意義を考察するために，彼の地代論に焦点を絞って検討を加えていこう。

3．ジョーンズの小農地代論――その起源，増加原因，および諸結果

ジョーンズによれば，遊牧社会から農業社会への移行後も，自己の生活を営むための日々の糧を与えるファンドが他者の手に蓄積されていない状態が長く続いた。そして現在でもなお，地上の大部分の人々は，前払い賃金としての資本が地主と耕作労働者以外の人々（農業資本家）の手に十分に蓄積される以前

---

[8] Jones（1833, 27-29/訳 225-226）も参照。なおスミスに関しては，経済学の発展への彼の貢献を称賛する一方で，租税の源泉に関する彼の考察は「ほとんどうまくいかなかった」が，彼の良識ゆえに地代のみを唯一の課税基金とした重農主義者の見解には深入りしなかった，と述べられている（Jones 1831, v/訳［上］30）。

の社会状態にある。この場合，耕作労働者は地主との間の取り決めによって土地を耕作し，みずからの手で日々の糧（賃金）を土地から得なければならない。こうして耕作労働者の賃金は，土地の占有が認められるために必要な条件，つまり地主に地代を支払えるか否かに依存する。では，地代の支払いを可能にする基本原因は何であろうか。ジョーンズはマルサスと同様に次のように述べた。「人間の最も素朴な労働に対してさえも耕作者自身の生存に必要なもの以上をもたらす土地の力のために，彼はこのような貢税（tribute）を支払うことができる。ここに地代の起源がある。」(Jones 1831, 4/ 訳［上］64)。

　ところで，農業資本家階級が未形成のために地主と労働者との間の取り決めによって耕作が行われる場合，地代の多寡は土地の肥沃度の差に起因しない。むしろ，地主が「土地の専有」を根拠に耕作労働者と取り交わす決め事の内容（土地の総生産物のうちどの程度の割合を地代として支払うか）が地代の大きさを左右する。ジョーンズは，この種の地代を「小農地代（peasant rents）」または「第1次地代（primary rents）」と呼んだ（Jones 1831, 11/ 訳［上］71，傍点はジョーンズ）。

　他方，職人階層は当初は人口のごく小さな割合を占めるにすぎないが，その一部はやがて他者を扶養しうるほどの食物，用具，材料を蓄え，資本家階級を形成していく。その中には地主と耕作労働者との間に入って耕作を取り仕切る者も出てくる。地主から土地を借り，労働者を雇用して農場経営を行う農業資本家が地主に支払う地代を「農業者地代（farmer's rents）」または「第2次地代（secondary rents）」と呼ぶ（Jones 1831, 12/ 訳［上］72，傍点はジョーンズ）。ただし，農業者地代が確立しているのはイングランドのようなごく限られた地域のみであり，地上の耕作地の「100分の1」ほどにすぎない（Jones 1831, 14/ 訳［上］74)[9]。他方，小農地代に関わる人数と耕作面積は地上の圧倒的部分を占めていた。この節ではまず，小農地代に関するジョーンズの見解を整理しよう。

　小農地代は，(1)労働地代（農奴地代），(2)分益農地代，(3)ライオット地代，

---

[9] 農業資本家の指揮のもとに資本主義的な農業が営まれていた具体的な地域は，「イングランド，スコットランドの比較的大部分，オランダ王国の一部，フランス，イタリア，スペイン，およびドイツの所々」(Jones 1831, 165/ 訳［上］233）であった。

(4)コティア地代の4つに分けられる。労働地代は，農奴が土地所有者（領主）から借りた土地で耕作に従事して自己の食糧を得る代わりに領主が自分の保有地で彼らに行わせる一定量の労働を指す。この種の地代はロシア，ハンガリー，ポーランドなどのヨーロッパ東部にみられるが，一般にヨーロッパの西方に向かうにつれて変化・消滅しつつあった。

　分益農地代は，分益農が地主に支払う生産物地代である。この支払いにより分益農は土地所有者から借りた土地で耕作を行い，自己の食糧を得る。他方，地主は地代を取得するだけでなく，分益農に資財（種子，農具など）も提供し，その見返りに資財に対するいわば利潤も受け取る。その場合，一般的には土地がなければ獲得できなかった部分が地代で，残りの部分が利潤を構成すると考えてよい。この地代はヨーロッパ西部，つまりイタリア，フランス，スペインなどでみられた。

　ライオット地代の場合，土地所有者は君主であり，耕作労働者（ライオット）は君主から土地を借りる代わりに生産物地代を支払う。この地代はインドやペルシアのようなアジア諸国に特有なものである。

　コティア地代とは，地主から借りた土地を耕作することによって自己を維持する食糧を獲得するコティア（小屋住み農）が支払う貨幣地代を指す。この地代の代表例はアイルランドにみられる。アイルランドは貨幣経済が発達したイングランドの近くにあるため，農産物を貨幣に換えてそこから地代を貨幣で支払えるのである。

　以上の4つの種類から成る小農地代の増加原因は2つある。すなわち，①土地の総生産物の増加か，②土地の総生産物一定のもとにおける地主の取り分の増加である。①はさらに《土地の広さ》，《土地の肥沃度》，《小農（農奴，分益農，ライオット，小屋住み農）の熟練・勤労・生産性》に依存していた。②は地主と小農との間の取り決め（契約）内容次第である。つまり，小農の賃金の大きさは彼らが支払う地代によって決まり，地代の大きさも小農が取得する賃金の大きさに依存して決まるのである。

　ところで，小農地代制度のもとでは，農業生産力はあまり発展しない。労働

地代や分益農地代の場合には土地所有者と小農借地人の双方が耕作に関与する一方で，ライオット地代やコティア地代の場合には耕作はもっぱら借地人に委ねられるという違いは確かにある。だが，いずれの場合にも，貧困と不断の疲労のもとにある小農借地人は農業への科学の応用や資本蓄積を行える状況にはない。また，直接的な耕作作業から解放されて財産の安全を享受しうる地主は，耕作の指導や監督に無関心になりがちであった。

　農業生産性が低ければ，総生産物から耕作に従事した小農自身の維持に必要な部分を差し引いた後に残る（地代部分を含む）剰余農産物の量も少ない。剰余農産物の量はそれによって維持される非農業階級の規模を左右する。ジョーンズ（Jones 1831, 157-59/ 訳［上］225-227）によれば，非農業階級から資本家階級が形成され，彼らの一部が農業にも進出して農業資本家として地主と労働者の間に介在しない限り，農業生産力の顕著な発展は困難であった。

　とはいえ，①土地の総生産物の増加または②土地の総生産物一定のもとでの地主の取り分の増加によって小農地代が増加することは確かである。そしてジョーンズは，この議論を一国の租税支払い能力の問題に絡めて論じた。例えば，彼は分益農地代がこれらの2つの原因から増加しうることを指摘した後，次のように述べている。

　　　地代が増加してかつ生産物が依然として変化のない時，その国は全体としてはその増加によって何も得ない。租税を支払い，艦隊と軍隊を維持するその国の資力は，ちょうど以前にそうであったものとなる。富の移転はあったが，その増加は決してなかったのである。だが生産物がいっそう多くなったために分益農地代が増加する時は，その国自体がその程度までいっそう富裕になるのである。租税を支払い，艦隊と軍隊を維持するその国の力は増加したのである。富の増加があったのであり，以前に存在していた富が一方から他方に単に移転したのではない。（Jones 1831, 105/ 訳［上］170-171）

分益農地代の増加が土地の総生産物の増加に起因する場合，それは富の創造であり，一国の租税支払い能力を増大させる。この際，総生産物の増加分がすべて地代増加に回るわけではなく，分益農の収入をも増加させうる。ジョーンズは，ライオット地代に関しても同じように論じた。

> だが生産物がいっそう多くなったためにライオット地代が増加する時，その国はその全増加額の富への追加によって富裕になる。艦隊や軍隊を維持するその力と公の力のあらゆる要素とは，その程度まで増大した。富の真の増加があったのであり，以前に存在していた富の一方から他方への単なる移転ではない。このような増加は，ライオット自身の収入の増大をも示している。(Jones 1831, 140-141/ 訳［上］208)

コティア地代に関しても，上記の2つの原因からそれが増加し，総生産物自体の増加に伴う地代増加は「国富への追加」を意味する（Jones 1831, 154/ 訳［上］222）。

リカードウは，地主の利害関係が他の諸階級の利害関係と相反することを強調した。だがジョーンズによれば，こうした社会認識は（彼の経済学が対象とする資本主義的な社会つまり農業者地代だけでなく）小農地代の場合にも妥当しない。というのは，総生産物の増加によって地代が増加する場合，それは富の創造であり，小農の収入も増加しうるからである。前資本主義的な社会に関するジョーンズの分析の結論は，小農地代を受け取る地主たちに関して述べた次の文章に最もよく示されている。

> 彼らは，自分たちの経験の限りでは，農業の改良と土地の肥沃度の増加とともに生産物のうち自分たちの年々の地代を形成する量が着実に増加してきたことを知っているし，自分たちの借地農の労働が土地からより多くを生産するにつれて自分たちがいっそう富裕になり，またより少なく生産するにつれていっそう貧しくなることがわかっていたであろう。……彼ら

は，地代の増加に転化する生産物の増大は物質的な富の新たな創造となるという明らかな事実に目を閉ざすことはできないであろう。このような増加の場合，価値の創造はありうるけれども富の創造はありえないといわれる時，彼らはただ当惑しうるだけであろう。彼らは，自分たちの収入の分配が住民のうちその中で自分たちが暮らしている非農業階級の比較的大部分の維持の直接的な源泉であることに気づいているに違いない。彼らは，自分たちの収入の増加がそれらの諸階級にとっての不幸であるということを驚くことなしに聞くことはできないであろう。最後に，ライオット君主国において国家の艦隊と軍隊はもっぱら主権者である土地所有者の地代から維持されるということ，また農奴や分益農の国々において地代はつねに多少とも同様の目的に寄与することを観察しているので，彼らは驚きをもって，一国の土地収入の増加はいかなる場合にもその公の力すなわちその軍事施設を維持する国家の能力に何もつけ加えないという学説を聞くであろう。(Jones 1831, 182-183/訳［上］249-250)[10]

　小農地代に関する以上の結論は，地主と耕作労働者の間に農業資本家が介在して資本主義的農業が行われる際の農業者地代に関しても成り立つ。第4節では，このジョーンズの所説を詳細に検討しよう。

---

[10] 前述のように，ジョーンズによれば，①土地の総生産物の増加と②総生産物一定のもとでの地主の取り分の増加のうち，小農地代の増加が①に由来する場合，一国の租税支払い能力は増加する。だが彼は，小農地代に基づく前資本主義社会では生産力の発展が緩慢である一方で資本主義社会では生産力が急速に増加することを明確に認識していた。具体的には，資本家による前払い賃金は，第1に労働の成果を買い取ってくれる顧客を探して街を歩き回ることを不要にして労働の継続性を可能にし，第2に資本家は労働者を監督する職務も果たして分業を促進させ，第3に資本家は生産力を最大に高めるために知識と熟練を増大させて生産への応用に努める(Jones 1852, 70-72/訳 141-142)。それゆえ，実際には生産性上昇の契機に乏しい小農地代の場合において①による地代増加は一国の租税支払い能力を高めるという彼の議論は，あくまでも論理的な可能性を示したものとして理解すべきであろう。彼の主眼はリカードウ批判に置かれていたという意味では，次節で検討される（イギリスにおける）農業者地代の増加と一国の租税支払い能力の増加との対応関係が極めて重要である。

4. ジョーンズの農業者地代論——その起源,増加原因,および諸結果

　ジョーンズは,生産機構の進歩にとって決定的な役割を果たしたのは,一部の人々の手中における食物と資財の蓄積であると考えた。このことは労働者への生活資料の前貸し（賃金の支払い）を可能にし,総生産物の一部を資本家へと分配させる。通常こうした変化は非農業部門から生じた。そしてイングランドでは,農業部門でも資本家が生産の指揮をとる段階に達している。この時,農業資本家は農業労働者に賃金を前払いし,労働の生産物を受け取り,地主と契約した地代額を貨幣で支払う。農業労働者を雇用しているのは農業資本家であるため,小農地代の場合に比べて労働者の地主への依存度は低い。さらにこの段階において,「農業で使用されている労働と資本を意のままに他の職業に移動させる力」(Jones 1831, 188/ 訳［下］13),換言すれば労働と資本の「流動性」(Jones 1852, 59/ 訳104) が生じることが重要である。

　小農地代の場合,耕作労働者の生計の資である食糧は土地から自分自身で獲得するしかなかった。また農業以外の産業は未発達であった。この状態では,人間も資財も土地に縛りつけられざるをえない。他方,農業者地代の場合,他の産業で取得可能な利潤が農業で得られなければ,労働と資本は農業からたやすく引き揚げられるであろう。こうして農業者地代は「剰余利潤」として現れる。というのは,平均利潤の中から地代を支払うと平均利潤そのものが獲得できないため,農業では地代を支払うために平均以上の超過利潤が生じる必要があるからである。これが農業者地代の起源であった。「地代は,このような場合,不可避的に剰余利潤のみから成る。すなわち,他の何らかの職業に一定量の資本と労働を用いることによって獲得できるもの以上に,それを土地に用いることによって獲得できるすべてのものから成る。」(Jones 1831, 188/ 訳［下］14,傍点はジョーンズ)

　この農業者地代は次の3つの原因から増加する。すなわち,(1)さらなる資本蓄積に伴う生産物の増加,(2)既存資本のいっそう有効な利用,(3)一定の資本と生産物量のもとにおける地主の取り分の増加,である。以下,この節では

(1)に関して分析し,次節で(2)と(3)の効果を検討する。

(1)に関して。ジョーンズはまず,穀物が独占価格で販売されるケースを取り上げた。ここで独占価格とは,「最も不利な事情の下で穀物を栽培する人々の費用と利潤とを支払う以上の価格」(Jones 1831, 191/訳[下] 16-17)を指す。例えば,100 ポンドの生産費を投じて生産された穀物が 115 ポンドという独占価格で販売され,通常の利潤率が 10％ ならば,生産費(100 ポンド)と通常利潤(10 ポンド)を超える 5 ポンドが地代となるであろう。ここで,農業資本と穀物生産量が倍増するならば,200 ポンドの生産費で生産される穀物は 230 ポンドで販売され,通常利潤は 20 ポンドだから,地代は 10 ポンドになる。こうして追加的資本蓄積に伴う生産物の増加は,「諸価格が依然として同一ならば」,資本増加量に比例した地代増加をもたらす (Jones 1831, 191/訳[下] 17)。

ただし,大きな耕作面積と異なる肥沃度の土地をもつ大きな国では,穀物は一般に独占価格ではなく,最も不利な事情のもとで用いられる資本を通常利潤とともに回収するだけの価格で販売される。実際,こうした国でもしも穀物が高価格になれば,さらに多くの土地の耕作か既耕地への追加的な資本投下が促されるであろう。その結果,穀物価格は終局的には通常利潤を含む生産費以上のものをもたらさなくなる。そこで,以下では A → B → C のように肥沃度の高い土地へと耕作が拡大していくと仮定しよう。この時,A から C を次のような土地とする (Jones 1831, 193-194/訳[下] 19,以下では数字例①と表記する)。

A:£100 の生産費で耕作され,£110 をもたらす(通常利潤＝£10 または 10％)
B:£100 の生産費で耕作され,£115 をもたらす(通常利潤£10 ＋ 地代£5)
C:£100 の生産費で耕作され,£120 をもたらす(通常利潤£10 ＋ 地代£10)

穀物が独占価格で販売されるケースとは異なり,穀物は今や最劣等地(A)に投下された資本を通常利潤とともに回収するだけの価格で販売される。それゆえ,A では 10％ の通常利潤(10 ポンド)が取得されるのみで地代は生じない。通常利潤を超える地代の総額は,B の 5 ポンドと C の 10 ポンドをあわせ

た 15 ポンドとなる。

次に，A から C への投下資本量がそれぞれ倍増し，各土地からの生産物も比例的に増加するならば，結果は次のようになるであろう。この場合，通常利潤を超える地代の総額は，15 ポンドから 30 ポンドに増加する。

A′：£200 の生産費で耕作され，£220 をもたらす（通常利潤 = £20 または 10％）
B′：£200 の生産費で耕作され，£230 をもたらす（通常利潤 £20 ＋ 地代 £10）
C′：£200 の生産費で耕作され，£240 をもたらす（通常利潤 £20 ＋ 地代 £20）

こうしてジョーンズは，土地への追加的資本投下（さらなる資本蓄積）が生産物を増加させる場合，地代は騰貴することを強調した[11]。彼の議論は，次の4つのリカードウの所説に対する批判に結びつく。

第1に，収穫逓減法則への批判である。「農業資本の諸力はその使用量が増加するにつれて不可避的に減少するという意見は，おそらくその根拠のなさを理解することが最も重要なものの1つである。」(Jones 1831, 197/ 訳［下］23)[12]

---

[11]　資本量の増加に比例して生産物量が増加するというこのケースに加えて，ジョーンズは（穀物価格はつねに不変であるが）資本量の増加に生産物量の増加が比例しない，つまり農業生産力が低下する場合でも地代は騰貴することを示している (Jones 1831, 194-195/訳［下］20-21)。リカードウとジョーンズの議論の枠組みの違いは，次のように要約できるであろう。「リカアドオは優良地に投ぜられた追加資本の生産性の低下が生産価格の騰貴をもたらすばあいのみを標準的な事例として示しているのに対し，ジョーンズは追加資本の生産性の不変および低下を生産価格の不変と組み合わせて考察している。」(玉野井 1954, 275)。また末永は，穀物価格一定＋資本投下に伴う生産性の不変または低下のもとで追加的な資本投下が地代量を増加させるとしたジョーンズの議論を批判的に検討した。その結果，末永は，追加的な資本投下に伴って地代が増加しない場合や減少すら起こる場合があるし，追加的な資本投下に伴って生産性が増大する場合や穀物価格が下落する時にも地代量は増加しうることを示した（末永 1953, 128-129）。玉野井（1954, 275）も参照。

[12]　通常，ジョーンズの所説はマルサスに近いとされている。だが，そのマルサス自身でさえも，1831 年5 月31 日のヒューエルあての手紙でジョーンズのリカードウ批判に行き過ぎがある点を指摘していた。「地代増大の唯一の原因として農業資本の収穫逓減を詳論した際にリカードウ氏が全面的に間違っていたということを示したいという熱意のあまり，確かにそれはそうなのですが，ジョーンズ氏は，農業や工業の諸改良によって阻止されなければ限定された空間でのこうした収穫逓減への自然

実際，上記の数字例①では収穫逓減ではなく収穫不変が仮定されている。農業における収穫逓減は，十分な経験的裏づけをもつ仮定ではない。確かに，同じ土地に対して第2次，第3次……と資本投下を続けていけば，いずれは収穫減少を伴う状態に至りうる。だが，その点に達するまでの「耕作技術の進歩の増進」に関してまで収穫逓減を当てはめるのは誤りであろう（Jones 1831, 199-200/ 訳［下］25-26）。

　第2に，土地の相対的肥沃度の拡大に伴って地代は増加するというリカードウ説への批判である。ジョーンズが挙げた数字例（Jones 1831, 207/ 訳［下］33-34）を一部変形し，AからCの各土地への100ポンドの第1次資本投下の結果と，それに続く100ポンドの第2次資本投下の結果が上記の数字例①のように表せるとしても，彼の主張点の核心は変わらない。すなわち，等量の資本（100ポンド）に対する既耕地の生産物間の割合は，第1次資本投下の場合がA（110ポンド）：B（115ポンド）：C（120ポンド）であり，第2次資本投下の場合もやはりA（110ポンド）：B（115ポンド）：C（120ポンド）である。換言すれば，AからCの土地の相対的肥沃度は変化していない。にもかかわらず，地代の総額は15ポンドから30ポンドに増加する。それゆえ土地の相対的肥沃度の拡大は，地代の騰貴にとって不可欠な条件ではない。

　しかもジョーンズは，農業改良によって土地の相対的肥沃度が縮小する時ですら地代の総額が増加しうることを示した（Jones 1831, 207-208/ 訳［下］34-35）。事実，100ポンドの第1次資本投下の結果が数字例①と同じであり，追加的な100ポンドの資本投下により，Aが合計200ポンドの資本で220ポンド，Bが合計200ポンドの資本で228ポンド，Cが合計200ポンドの資本で235ポンドをもたらすとしよう。この場合，第2次資本投下分による既耕地の生産物間の割合はA（100ポンド）：B（113ポンド）：C（115ポンド）となり，第1次資本投下時の割合よりも縮小する。こうした土地の相対的肥沃度の縮小にもかかわらず，地代の総額は15ポンドから23ポンド（Bの8ポンド＋Cの15ポンド）に増

の傾向についての疑いえない真理をも否定する傾向があるようです。」（de Marchi and Stueges 1973, 391/ 訳 320，傍点はマルサス）

加するであろう。

　第3に，このことは，農業改良は地代を減少させるというリカードウ説に対する批判に導く。ジョーンズによれば，この説は突然の農業改良による食物の増加を想定していた。「彼［リカードウ―筆者］は改良の突然の普及を仮定しており，これによって，一国の土地の3分の2が，魔法の杖の一振りによるように，その直前に土地全体が生産していたのと同じ量を生産させられるのであり，一方で人口は引き続いて同一で決して増加せず，その場合に彼は土地の3分の1の耕作が不必要になって行われなくなり，また地代が国全体にわたって下落するであろうと仮定するのである」(Jones 1831, 211/ 訳［下］37-38，傍点筆者)。事実，人口と穀物需要が不変のもとで急激な農業改良が起こると，以前はAからCまでの土地で生産していたのと同じ穀物量が例えばAからBまでの土地で生産できるであろう。この場合，確かに差額地代は減少しうる。

　だが実際の農業改良の進行は，緩慢なプロセスであった[13]。現在の3分の2の土地で現在と同じ量の穀物を生産できることは終局的にはありうる。しかしその間，人口と穀物需要は決して静止していない。通常は農業改良の進行に伴う穀物供給の漸次的な増加と穀物需要の漸次的な増加がともに起こる。その場合，急激な農業改良の時のように，穀物供給が穀物需要を大きく上回って価格が急落することはない。この状態のもとで改良に伴って既耕地に用いられた追加的資本投下が生産物を増加させるならば，数字例①のように地代は増加するであろう[14]。

---

[13]　「軽い土地を2頭の馬と1人の人間で耕すこと，および交互転換耕作（alternate and convertible husbandry），すなわち現代の偉大な改良は，半世紀以上にわたって完全に知られていた。もしもこれらの改良がすでに普及した速度よりも決して速く普及しないならば，それに適したあらゆる土地に改良が採用されるまでにもう半世紀が経過するであろう。」(Jones 1831, 211n/ 訳［下］39)

[14]　周知のように，マカロクは『エディンバラ・レビュー』の中でジョーンズの『地代論』を批判的に評した。「異なる時代と国々において土地が占有されてきた諸条件」への注目は従来の「英語文献」に欠けていた貴重な視点であることは疑いない(McCulloch 1831, 86)。だが，「彼［ジョーンズ―筆者］の論評は広範なものではあるが皮相的である。」(McCulloch 1831, 85)。ただし，この時期のマカロクはすでにリカードウから離反し始めていた。その結果，マカロクは，「諸改良は実際には諸価

第4に，この種の地代増加を強調するジョーンズの議論は，地代は富の移転にすぎないというリカードウの学説への批判であった。しかもジョーンズは，この論点が「艦隊や軍隊の維持」すなわち一国の租税支払い能力の問題と密接に関わっていることを明示した。

　　けれども，地代は1つの原因（すなわち，ある土地部分への資本の支出が収穫の逓減を伴い，その結果として残りの全土地で生産階級の分け前が減少すること）以外からもつねに騰貴しうるということをリカードウ氏と彼の学派に否定させるに至ったのと同じ一連の推論が，地代の騰貴はあらゆる場合にすでに存在している富の単なる移転であり，決してその創造ではないし，地代の騰貴は艦隊と軍隊の維持を可能にするものではなく，地主にのみ有利でそれに比例して消費者にとって有害な価値の移転にすぎないということを，この学説の帰結の1つとしてたまたま彼らに主張させるに至ったのである。(Jones 1831, 212-13/訳［下］39)

　ただし，ジョーンズは地代を富の移転としたリカードウの見解を全否定したわけではない。リカードウ説が妥当するケースとしてジョーンズが挙げた数字例（Jones 1831, 213-15/訳［下］40-41）の要点は，上記の数字例①のAからCの設定を用いても示せる。この最初の状態から（ジョーンズのリカードウ理解に基づいて）Aにおける生産階級の取り分（労働者の賃金＋資本家の利潤）が110ポンドから108ポンドに削減され，その分を地主が取得するとしよう。この場合，各土地の生産物はそれぞれ110ポンド（A），115ポンド（B），120ポンド（C）をもたらすが，各土地における生産階級の取り分は108ポンドに減少している。そのため，地代総額はこの取り分の減少以前の15ポンド（Bの地代5ポンド＋Cの地代10ポンド）から減少後の21ポンド（Aの地代2ポンド＋Bの地

格を低下させるほど急激には決して導入されえない」ため農業改良は地代を減少させないし，それゆえ地主の利害は社会の他の階級の利害と対立しないという反リカードウ的なジョーンズの主張を自分がすでに先取りして展開していた点を強調している（McCulloch 1831, 97-98）。

代 7 ポンド + C の地代 12 ポンド）に増加するであろう。

　確かにリカードウが論じたように，地代は穀物価値騰貴と生産物量一定のもとでも騰貴しうる。だが，「それは確かに最も異常な，また農業者地代の増加の最も有効でない原因にすぎない」（Jones 1831, 214/ 訳［下］40-41）。実際，ジョーンズが強調したのは，追加的資本の使用に伴う生産物量の増加に起因する地代増加であった。こうして彼は，自説の要点を示すために，改めて数字例を提示している。そのエッセンスも，上記の数字例①の A から C の状態を出発点として述べることができる。その状態から熟練と富の増加によって A から C の各土地に用いられる資本が 2 倍になるとしよう。その場合，「諸価格が依然として同一ならば」（Jones 1831, 215/ 訳［下］42），各土地は次の結果をもたらすであろう。

A′：£200 の生産費で耕作され，£220 をもたらす（通常利潤は£20 または 10％）
B′：£200 の生産費で耕作され，£230 をもたらす（通常利潤£20 + 地代£10）
C′：£200 の生産費で耕作され，£240 をもたらす（通常利潤£20 + 地代£20）

　地代の総計は，各土地に充当される資本量が 2 倍になる以前（数字例①）の 15 ポンドから 30 ポンドへと増加している。ジョーンズはこの地代増加分を富の創造とみなした。

　　いかなる階級もより貧困とはならないであろうし，いずれかの階級に有害な何事も起こらないであろう。富の移転は決してなかったであろう。原生産物の相対価値は（この変化に含まれるある事柄のために）依然として完全に静止していたであろう。そして，その以前の資源に対するこの追加に比例して，その国は以前よりも「社会の必需品，便宜品および享楽品」にいっそう富んでいるであろうし，「艦隊や軍隊の維持」または何らかの他の財政上の努力をいっそうできるようになるであろう。（Jones 1831, 215/ 訳［下］42）

実際，AからCの土地の生産階級の取り分は200ポンド（労働者の賃金分）と20ポンド（資本家の通常利潤分）をあわせた220ポンドであり，絶対的にはもちろん相対的にも彼らの取り分は減少していない。通常利潤率も10%のままである。さらに穀物価格は不変のため，消費者も各土地への追加的な資本投下によって損失をこうむらない。この状況下で15ポンドから30ポンドに増加した地代は，他の階級を犠牲にして得られたものではない。それはむしろ「その以前の資源」に対する新たな追加分であり，「『艦隊や軍隊の維持』または何らかの他の財政上の努力」を可能にするという意味で，一国の租税支払い能力の増加をもたらすであろう。

　こうしてジョーンズは，①富と人口の通常の増進過程ではあらゆる等級の土地で資本の累進的蓄積が起こり，②それに伴う地代の騰貴は劣等地耕作や収穫逓減なしに生じうるのであって，ゆえに③地主の利害関係は他の階級の利害関係に反しないと結論した。この場合，特に③は，地代と一国の租税支払い能力の関係についてのジョーンズの所説を理解するうえで極めて重要である。

5. ジョーンズの農業者地代論——その起源，増加原因，および諸結果（続）

　ここまでで，地代増加の第1原因（さらなる資本蓄積による生産物の増加）とその効果に関するジョーンズの議論の検討が終了した。次に，地代増加の第2の原因（既存資本の有効利用に伴う生産物の増加）とその諸結果に関する彼の議論の検討に移ろう。

　一般に，農業資本家は「単なる労働者の辛くて消耗的な職業から解放されているが，地主のように高尚な趣味やいっそう無力的な職業によって気を散らされることのない人々」（Jones 1831, 236/訳［下］61）である。そのため，彼らはつねに資本または生産の効率アップに工夫を凝らす。こうして，以前と現在とを比べた時に次のように事態が変化したとしよう（数値例②）

以前：ある土地への£100の資本投下→£110に売れる穀物量の生産（通常利潤

は£10or10％）

現在：同一地への£100の資本投下→£120に売れる穀物量の生産（通常利潤
　　　£10＋地代£10）

　この例は，以前も現在も穀物の「価格が同じであるとして」(Jones 1831, 238/訳［下］63)，農業資本の効率の増加が地代を騰貴させることを示している[15]。「ただし，現在増加しつつある穀物量が人口と需要の増進を凌駕するほど全改良が急激に発見され，完了し，また全般的に採用されなければ，である。というのはその場合，諸価格は下落し，地代は依然として静止的であるか減退しうるからである。」(Jones 1831, 238/訳［下］63) また地代増加の第1原因と同様に，第2原因による地代騰貴も劣等地耕作の拡大とは無関係に生ずるし，それが国富への追加である点も変わらない。ただし，第2原因から生じる地代増加に伴う国富への追加分は，第1原因から生じる地代増加に伴う国富への追加分に及ばなかった。

　上の数字例②の場合，富の増加分ないし追加分は穀物10ポンド分（地代10ポンドに相当）で表されている。ここで，数字例②の「以前」に100ポンドの資本が生産した量と同じだけの穀物が90ポンドの資本によって生産できるようになったとしよう。その場合，10ポンドの資本が農業から引き揚げられても穀物生産額は110ポンドで以前と同じである一方，農業部門から遊離された10ポンドの資本で生産される他の諸商品の分だけ国富は増加する。だが数字例①で示したように，地代増加の第1原因（土地への農業資本の蓄積に伴う生産物の増加）の場合には生産階級の資力の増加も伴う（本章175-76ページ）。他方，

---

15)　前節で検討した地代増加の第1原因の場合と同様に，ジョーンズの議論では追加的な資本投下のもとでも穀物価格はつねに一定不変であると仮定されている。こうした仮定の一面性については，従来から指摘されてきた。「ジョーンズはこのような差額地代の第二形態と，それが発生する各種の条件の一部を明らかにしたのであった。勿論，ジョーンズの分析やリカードウ批判も完全とは言えないものであった。たとえば農業生産物の市場価格は変わらないと仮定しているとか，……種々の欠陥はあったのであるが，とにかく第二形態の法則を発見強調して，リカードウを批判したのであった。」(末永 1955, 54)

ここで説明した第2原因(農業資本の効率アップに伴う生産物の増加)の場合には地代増加分に相当する以上の生産階級の資力の増加は起こらない。その結果,国富への追加分は第1原因のほうが大きくなる。換言すれば,第2原因よりも第1原因による地代増加のほうが,一国の租税支払い能力にいっそう多くをつけ加えるのである。

続いて,地代増加の第3原因(資本と生産物が一定のもとにおける地主の取り分の増加)とその効果に関するジョーンズの議論をみてみよう。AからCの土地に基づく彼の数字例のうちAだけについて論じても,彼の主張点は十分に理解しうる。そこで,100ポンドの資本投下で110ポンド(穀物価格2ポンド4シリング×50クォーター)をもたらす土地をAとしよう。この時,Aでは10%ないし10ポンドの通常利潤が得られるのみで,地代は生じない。ところで,「原生産物の騰貴はまず,それに応じた供給増加のない需要の増加からつねに生じる」(Jones 1831, 245-246/ 訳[下]70)。こうして,穀物価格が2ポンド4シリングから2ポンド6シリングへ騰貴するならば,100ポンドの資本投下は115ポンド(穀物価格2ポンド6シリング×50クォーター)をもたらすであろう。以前と比べて生じた5ポンドの超過額は,借地契約更新後は農業資本家から地主の手に移る。したがって,以前は地代が支払われなかったAの土地で今や5ポンドの地代が生じるであろう。

他方,ジョーンズは収穫逓減を前提した以下の数字例を用いて,地代増加の最初の2つの原因と第3原因との効果の違いにも言及した。Aの土地で一定量の資本と労働が投下されて穀物55クォーターが生産されるとしよう。この55クォーターは前払い賃金分(耕作費)を回収したうえに通常利潤を獲得するのに足りるのみであり,地代の支払い分を含まない。ここから穀物供給に比べた穀物需要の増加によって穀物価格が騰貴し,Aよりも劣等なBの土地でも通常利潤とともに耕作費を回収できるようになったとしよう。BはAと同量の資本と労働を投下して穀物53クォーターを生産する土地だとすれば,以前は地代が支払われなかったAの土地に2クォーターの地代が生じるであろう。この地代増加に関して,ジョーンズは次のように述べた。

この場合における地代の騰貴は，一国の資源への追加を決して形成するものではないことは明白であろう。旧来の土地の地代増加は生産階級から地主へのすでに存在している富の一部の単なる移転である。国民全体としては以前より富裕にも貧困にもなっていない。国民がすでに所有していた富の分配における変化が，しかも決して望ましくない変化があったにすぎない。この点において，他の多くの点におけるように，この原因からの地代騰貴は，その不利益という点で，我々が最初にその作用を分析した2つの原因からの騰貴と著しい対照をなす。(Jones 1831, 247-248/ 訳 [下] 72)

詳しくは第6節で検討するが，穀物価格騰貴の原因は生産の困難ではなく穀物需要の増加とされているが，この引用文の議論自体は地代と一国の租税支払い能力に関するリカードウ的な議論といってよい。ただしジョーンズによれば，ここで想定されている収穫逓減は「ありうることではあるが，富裕な国民の進歩においては極めて稀にしか起こらない」(Jones 1831, 248/ 訳 [下] 72)。また，かりに労働者＋資本家という生産階級の取り分が55クォーターから53クォーターに減少するとしても，生産階級の穀物および他の諸商品の支配力は減少しない。なぜならば，農業での収穫逓減を相殺する以上に製造業労働の生産性が増加すれば，労働者と資本家が獲得しうる諸商品量は減少しないからである(Jones 1831, 248-55/ 訳 [下] 73-79)。さらに，イングランドの地代増加は第1および第2の原因から生じたという証拠もあった。収穫逓減を伴う土地への追加的労働者の使用，すなわち第3原因から地代が増加したのであれば，人口全体に占める農業階級の割合と総生産物に占める地代の割合はともに増加するはずである。だが，これらはいずれも事実に反していた(Jones 1831, 277-86/ 訳 [下] 100-108)。

こうしてジョーンズは，イングランドの地代増加は最初の2つの原因に基づいた（他の諸階級からの富の移転ではなく）富の創造なのであり，地主と他の諸階級の利害関係は対立しないと結論したのである[16]。

---

16) 前述のように，小農地代の源泉は耕作者の労働に対してその生存に必要なもの以

6. 地代と一国の租税支払い能力――マルサス，リカードウ，ジョーンズ

　イングランドの地代増加が富の創造によるものであり，一国の租税支払い能力の増加に導く以上，ジョーンズが租税を負担する基金として地代を考えていたことは間違いない。では，地代のみが租税を負担しうるのであろうか，あるいは利潤や賃金といった他の所得源泉も租税を負担しうるのであろうか。

　ジョーンズは，租税は地代のみに課すことができるというロックや重農主義者らの見解に異を唱えた。かつてのまたは当時のアジアのような社会では，政府の収入は主として土地から引き出される。この状態ならば，租税は地代のみから支払われるといえるかもしれない。だが，あらゆる社会をつうじて地代は唯一または主要な課税基金であるという学説は誤りである。ジョーンズは地代の定義と関連づけてこの学説を次のように説明した。

　　その学説の創始者たちは，土地で得られる利潤のうち他の何らかの手段によって得られるものに対する超過分であると地代を定義している。そしてこれらの法外な利潤は，それが得られる土地の優等な性質に帰せられると彼らは考える。彼らはその法外な利潤を自然の恩恵とみなすのであり，その贈り物はある特定の階級に限られるべきではなく，あらゆる者によって等しく共有されるべきなのである。(Jones 1859, 273)

　この学説に対してジョーンズは 2 つの面から批判を加えた。第 1 に，地代が「余剰利潤」から成るのは，資本と労働に「流動性」が賦与されたイングラン

上をもたらす土地の力である一方で，農業者地代の源泉は剰余利潤，つまり非農業部門で資本と労働を用いた場合に得られるものを上回る超過分であった。この両者の違いにもかかわらず，農業者地代の場合にも（第 3 の増加原因を除いて）地代は利潤からの移転ではなく富の追加分であるとジョーンズが主張しえたのは，彼が農業の収穫逓減を基本的に否定し，かつ実物視点からの地代分析を展開したからであろう。

ドのようなごく一部の国にすぎない。しかもこうした国では，資本を農業以外の部門に投下した場合にも得られたはずのものを農業資本家が利潤として取得し，地主はそれ以上の部分を地代として受け取ることで満足しなければならない。剰余を獲得しうるのは地主だけではないという意味で，このことは利潤も租税を負担しうることを示す。第2に，「余剰利潤」としての地代は，つねに「土地の優等な性質」に起因するわけではない。前述のように，彼は地代増加の原因として土地の収穫逓減よりも追加的な資本蓄積と既存資本の効率アップを重視した。このことは地代＝自然の恩恵という図式を弱め，地代を最適な課税基金とする考え方への反駁になるであろう（Jones 1859, 273-75）。

実際，ジョーンズは利潤と賃金も租税を負担しうることを強調した。「利潤は，資本家たちが資本に対する租税を支払うよりもむしろその国から自分たちの資本を移転させるまでは課税しうる。〔利潤税による—筆者〕資本の減少は労働需要の減少，それゆえに賃金の下落を引き起こす。換言すれば，この場合の租税はその負担を利潤から賃金に転嫁したのである。」（Jones 1859, 276）ただ，税負担を嫌って資本がどの時点で国外に移転するかは資本使用者の気質によるため，（例えば利潤率の内外差が2％になれば移転するというような）厳密な指標を示すことはできない。

また，労働者が租税を負担しうるか否かは，租税が人口動向に与える影響に依存していた。租税が賃金減少をつうじて人口を減少させる場合，労働供給の減少のためにいずれは賃金が再上昇し，税負担は資本家に転嫁されるであろう。他方，（賃金減少ではなく）労働者が2次的欲求を犠牲にすることによって租税が支払われる場合，税負担は資本家ではなく労働者に降りかかることになる。換言すれば，イギリスのように労働者を含む多くの人々が2次的欲求の充足を追求するために人口の自発的抑制をはかっている国では，労働者も租税を負担しうるであろう[17]。

---

17) ジョーンズは，労働者の経済的地位がある程度上昇しないうちに課せられる賃金財に対する租税がかえって税収を減少させうることも示唆した。「事実，賃金の課税ほど実際に困難な問題は何もない。最初，賃金は適切な課税対象ではない。そして，それらがついに課税しうるものになる時には，大いなる寛大さと自由裁量をもって

こうしてジョーンズは，次のように結論した。「我々は，国富の3つの主要部分［地代，利潤および賃金―筆者］はすべて課税しうるということを見出した。」(Jones 1859, 280) ただし，少なくとも『地代論』における彼の強調点は，小農地代であろうと農業者地代であろうと，実際の地代増加は他の所得を犠牲にすることなしに一国の租税支払い能力を増加させるということにあった。

以下，マルサスとリカードウの所説と比較しながら，ジョーンズのこの見解を批判的に検討してみよう。一国の租税支払い能力に関するマルサスとリカードウの議論の場合，穀物価格の変化が所得分配（とりわけ地代）に及ぼす影響が中心的な論点となる。そこでまず，ジョーンズの穀物価格論からみていきたい。

ジョーンズは，基本的には需給関係の変化から穀物価格の騰落を論じた。人口すなわち穀物需要の増加は農業改良への刺激を与える。しかし，その進展は通常は緩やかな過程にすぎない。つまり，農業改良は穀物需要の増加と歩調をあわせた穀物供給の増加をもたらすため，穀物価格はほぼ一定に保たれる。こうして彼は，農業者地代を増加させる第1原因と第2原因を論じた際に農業改良は（突然ではなく）緩やかに進行するとみなし，穀物価格を一定と仮定した。もちろん，穀物の（厳密には貨幣）価格は生産費の変化の影響も受けるし，穀物側の原因に加えて貨幣側の原因からも変化しうるであろう。事実，穀物の貨幣価格は①土地の肥沃度の減退，②ヨリ高い賃金率，③ヨリ高い課税率，④貴金属価値の低下によって騰貴しうる (Jones 1831, 266／訳［下］89)。ここで①から労働価値説との関係を連想するかもしれない。だが，ジョーンズ自身はそれに否定的であった。事実，彼は労働価値説について「計算の目的には便利」だが，諸商品の交換価値を比較する際には，「それぞれに直接または間接に投下された労働量以外に，他の諸事情が考慮に入れられなければならない」(Jones 1831, 218-19／訳［下］45-46) と述べている。彼の見解では，イギリスの穀物（と諸商品）の貨幣価格に大きく作用していた原因は④であった。しかもこのこ

課税される必要がある。さもないとその増大は妨げられ，賃金は再び収入のうちで税収をもたらさない (unproductive) ものになってしまう。」(Jones 1859, 280-281)

とは，マルサスやリカードウによっても認められていた（Jones 1831, 266-277/訳［下］90-99）。

　ジョーンズによる労働価値説の否定は，彼の地代論にも貫かれていたといえるであろう。彼が価値視点ではなく実物視点に立って地代を富の移転ではないと結論づけていることは，先行研究が指摘するとおりである（平野 1954, 51-57）。彼の『地代論』が刊行された 1830 年代初頭のイギリスでは，地代の発生に関して一般に 2 つの立場があった。1 つは，耕作者を養うのに必要なもの以上の収穫量をもたらす土地の力に地代の源泉を求める立場である。もう 1 つは，肥沃度が異なる土地への同額の資本投下に伴う結果の違いに注目し，最劣等地の結果によって規制される穀物価格と優等地の個別的価格との差である超過利潤に地代の源泉を求める立場である。第 1 の立場は土地を用いる農業の例外的生産性（自然の賜物）から地代の発生を説くものであり，ケネー，スミス，マルサスという系譜をもつ。この場合，地代は土地の剰余生産物という実物として量的に把握される。第 2 の立場は自然の力を前提としつつも生産手段（土地）をめぐる生産関係から地代を説くものであり，その代表者がリカードウであった。その場合，地代は同一の資本投下額に対する優等地と最劣等地の収穫量の差という量の観点だけでなく，社会的価値と個別的価値の差という価値視点からも把握され，地代は価値の創造とみなされる。前節までの議論から，ジョーンズの地代論が第 1 の立場に近いことは明らかであろう[18]。

　ジョーンズの議論の焦点が地代の率よりも地代の量に当てられるのは，そのためであった。これに関連して，平野（1954, 61-62）は，実物視点から「「生産

---

[18] 大野によれば，ジョーンズはスミス＝マルサスの富の理論を継承して前資本主義的社会における地代の源泉を重農主義的に自然の賜物ととらえた一方で，資本主義的社会における使用価値量の増大をもって地主・資本家・労働者の階級利害の調和を主張しつつリカードウの価値の理論を批判した（大野 1953a, 111，大野 1955, 203）。さらに大野は，ジョーンズの「諸国民の経済学」が使用価値視点にとどまった理由についても述べている。「このように『諸国民の経済学』が基本理論として使用価値量の視点にふみとどまったのは，ジョーンズの表現によれば，前資本主義的経済構造に属する諸国民の大部分の富がほとんど生産者によって消費され，交換過程に入りこまないためであった。」（大野 1955, 206）

物の超過分」としての地代量を対象とするジョーンズと，地代率——「資本に対する超過剰余価値の比」を中心とするリカードウ体系の異質性」に注目している。前者は「地代の量（しかも投下資本単位当りではなく地代総額，特定地片の地代の現実的高さ）」が焦点となるが，後者は「剰余価値のうち，利潤からの控除なる地代として配分される価値の割合の増大が問題」となる。リカードウの価値視点からは地主と資本家は剰余価値の配分をめぐって対立関係にあるものとしてとらえられるが，ジョーンズの実物視点からは剰余生産物量の増加は地主と資本家の双方にとって利益となる[19]。この時，実物視点から把握された地代の増加が富の創造として一国の租税支払い能力を増大させることはいうまでもない。

さらに，イギリスでの穀物の高い貨幣価格を貴金属価値の低下に帰したジョーンズの主張は，穀物の側から生じる価格変化と貨幣の側から生じる価格変化との関係という一国の租税支払い能力に関するマルサスとリカードウの対立の根幹に関わっていた。この点を示すために，まずはマルサスとリカードウの議論を簡単に要約しておこう[20]。

マルサスは，一国の租税支払い能力を低下させることを根拠の1つとして（少なくとも対仏戦争末期における）穀物法の廃止に反対した。穀物法廃止に伴う穀物価格の低下は，結局は労働と他の諸商品の価格をも低下させるから，一国は減少した名目所得から国債の利払いのために一定の名目租税額を支払わなければならない。この意味で，穀物法の廃止は一国の租税支払い能力を低下させるであろう。それに対してリカードウは，マルサスが生産費の減少に伴う穀物価格の低下と貨幣価値の騰貴に伴う穀物価格の低下を混同していると批判した。穀物価格の低下が労働と他の諸商品の価格を比例的に低下させるならば，それは実質上，貨幣価値の騰貴に等しい。換言すれば，貨幣価値の騰貴のために穀物価格が低下するならば，確かにマルサスの議論は成り立つ。だが，穀物

---

[19] 地代の率と地代の量に関しては，玉野井（1954, 272-275），末永（1953, 130, 153），大野（1955, 177-178）も参照。

[20] 以下のマルサスとリカードウの議論の詳細については，益永（2008, 2011）およびMasunaga（2009）を参照。

法廃止は生産の困難の緩和すなわち生産費の減少をつうじて穀物価格を低下させるのであり，他の諸商品の価格を比例的に低下させない。この種の穀物価格の低下は，諸商品の価格総額（賃金・利潤・地代）つまり総収入の下落率ほどに純収入（総収入−生存賃金総額）を下落させないため，租税基金である純収入の実質購買力は高まるであろう。こうしてリカードウは，穀物法の廃止はむしろ一国の租税支払い能力を増大させると論じたのである。

　一国の租税支払い能力に関する以上の議論に，ジョーンズの所説はどのように関連づけられるのであろうか。前述のように，ジョーンズは，穀物の貨幣価格を騰貴させる4つの原因を識別していた。そのため，彼は穀物の生産条件に起因する穀物の貨幣価格の騰貴（本章182ページの①〜③）と貨幣要因に根差す穀物の貨幣価格の騰貴（本章182ページの④）を事実上認識していたといってもよい。さらに，ここに自発的抑制を強調するジョーンズの人口論を絡めて考えるならば，（リカードウのマルサス批判のような）生産費の変化による穀物価格の騰落と貨幣価値の変化による穀物価格の騰落の混同はジョーンズの場合には起こりえなかったことがわかる。その理由は以下のとおりである。

　ジョーンズによれば，実質賃金の上昇は必ずしも人口の増加に直結せず，2次的欲求の増大による人口の自発的抑制を促す。その結果，労働供給は抑制され，生存賃金以上の賃金水準が長期化・永続化しうるであろう。こうして，労働者も租税を負担しうる余地が出てくる。以上のジョーンズの理論を前提する限り，穀物法が穀物価格を高める効果をもつとしても，それに比例して労働の価格が騰貴するという結論は出てこない。ましてや，労働の価格の騰貴が他の諸商品価格の騰貴（つまり貨幣価値の下落）をもたらす結果にもならない。つまり，地代と一国の租税支払い能力に関するジョーンズの議論は，生産費の増減に伴う穀物価格の変化と貨幣価値の騰落に伴う穀物価格の変化の区別または混同というマルサスとリカードウの論争点とは異質な枠組みの中で展開されたものであった。

　穀物法に対するジョーンズの考え方も，筆者のこうした解釈を支持するように思われる。伝統的な研究は，穀物法を擁護する保護貿易論者としてジョーン

ズをとらえてきた（大野 1953b, 40, 49, 71，大野 1955, 158，末永 1955, 33-34）[21]。
他方，鷲見はこの通説に異議を唱え，（前期から後期になるにつれて）ジョーンズにおいて自由貿易論者の色彩が濃くなっていったことを力説している（鷲見 1991，鷲見 1994, 69-70, 72, 85）[22]。鷲見の分析は傾聴に値する。中でも，本章との関連では次の指摘が特に重要である。「しかしそこ［ジョーンズの『地代論』における穀物法への肯定的評価—筆者］には彼なりの論理が存在していたのであって，……地代の増加が経済社会の繁栄のしるしであり，地代の増加のためには穀物法が役に立つというような意味でそれを擁護したのではないし，ましてや単純な地主擁護の議論を展開しているのでもない。」（鷲見 1994, 68，傍点筆者）

　鷲見が述べているように，『地代論』のジョーンズは，地代を増加させるという理由で穀物法を擁護したわけではない。この点でも，地代と一国の租税支払い能力に関する彼の議論は，この主題に関するマルサスとリカードウの論争とは異なる観点から展開されていた。では，なぜジョーンズは『地代論』において穀物法に意義を認めたのであろうか。以下，彼の議論を整理してみよう。

　ジョーンズにとって，社会の諸階級の利害調和の要は農業資本家階級であった。農業資本家の経営状態が順調ならば，多くの農業労働者が雇用される。また，農業資本家による生産性向上への努力は，地代の増加をつうじて地主の利益に資するとともに，非農業階級を支える物的基盤がいっそう拡大することを意味するであろう。農業資本家や非農業階級のような「中間階級」[23]の確立と増大は，地主に対する労働者の伝統的な従属関係を弱め，人々が政治的にいっ

21) その結果，伝統的な研究では，穀物法廃止を求める資本家と労働者の共同戦線に対して地主の利益を擁護しつつ，土地貴族出身者中心の東インド会社による地主的なインド統治を正当化したものとしてジョーンズを解釈してきた（大野 1953a, 110）。さらに大野（1953a, 113）は，最終的には，ジョーンズの経済学を「チャーティズム運動の激しい動きをまえにした支配階級の不安を示したもの」とみなしている。
22) 最近では Kubo（2015, 876, 885）もまた，1840 年代の前半または半ばまでにはジョーンズが自由貿易の反対者ではなくなっていたと論じている。
23) 中間階級（intermediate classes）については，Jones（1852, 105-109/ 訳 183-89）を参照。

そう自由な方向へ向かう起動力でもあった（Jones 1833, 18-20, 36-39/ 訳 218-220, 230-232, Jones 1852, 49, 81-83/訳 86, 142-145）。それゆえ，農業資本家階級を過度に圧迫するような政策は避けるべきである。この文脈において，穀物法は農業に「特殊な重荷からの保護」を与える役割を担っていた（Jones 1831, 313/訳［下］132）。農業がこうむっていた特別な重荷とは，十分の一税と救貧税を指す。これらの租税のために，農業部門（の資本家）は他の産業に比べて過度な税負担を余儀なくされていた。こうして農業資本家にとっての「特殊な重荷」である十分の一税と救貧税の改革が要請される[24]。具体的には，物納であった十分の一税の金納化によって税負担を軽減し，救貧税を改正するとともに，穀物に対する「固定的かつ適度な関税」を永続的に確立すべきであった（Jones 1831, 320/訳［下］139）。

　鷲見（1994, 72）が指摘したように，以上の穀物関税についてのジョーンズの議論はリカードウの相殺関税論と同じである。ただし，次の見解には同意できない。「彼［ジョーンズ―筆者］は重商主義者ではなく，自由貿易論者であったし，労働者を中心にすえた調和論者であったということを積極的に評価する必要があると筆者は考えている。」（鷲見 1994, 70, 傍点筆者）上で示されたように，実際には（少なくとも『地代論』の）ジョーンズは，「労働者」というよりもむしろ，農業資本家を中心にすえた調和論者であった。

　いずれにせよ，穀物法に関するジョーンズの以上の議論には，穀物法が穀物，労働，他の諸商品の価格に，また賃金，利潤，地代にどのような影響を及ぼすかという視点が稀薄であった。この点でも，ジョーンズは地代と一国の租

24）このうちジョーンズは十分の一税の金納化の実現に深く関わった。本来は農業収穫量の 10 分の 1 を教会に納める十分の一税に関して，中山は次のように述べている。「従って，十分の一税は収量が増加するに比例して価格を増し，また穀物価格の高騰に応じてその貨幣相当額も上昇する。一方，貨幣でそれを納める場合，その額の妥結が農業経営者と十分の一税権者の交渉による以上，貨幣納額は穀物価格の高騰や下落に応じて一意に決まる訳ではなく，両者の力関係また善意や寛大さという内面的特質が顕在化することになった。」（中山 1984, 15）。ジョーンズ経済学の時代背景の 1 つであるスウィング暴動の際には，農業労働者が賃金の上昇を可能にするために十分の一税の軽減を望むなど，当時は十分の一税が農業資本家や農業労働者の不満の 1 つになっていた。

税支払い能力の問題に関して興味深い議論を提出したが，それはマルサスとリカードウの議論とは異質なものであったといえるであろう．

7．おわりに

本章は，1815年の穀物法論争期からマルサスとリカードウの間で論じられた一国の租税支払い能力という問題がその後いかなる展開をみせたかという観点から，ジョーンズの議論を考察してきた．このようなアプローチは，従来のジョーンズ研究にはほとんどみられない．その結果として浮かび上がった，先行研究ではあまり注目されてこなかったジョーンズ経済学の特徴は，以下の3点にまとめられるであろう．

第1に，マルサスとリカードウの論争では穀物法という当時の政策問題と絡めて一国の租税支払い能力の問題が論じられた．他方，ジョーンズは，地代の歴史分析の一環として一国の租税支払い能力の問題に言及している．小農地代であれ農業者地代であれ，つまり異なる時代や国々において生産力発展に伴う土地の総生産物の増加のために地代が増加する限り，それは富の創造であって一国の租税支払い能力の増加を意味していた．その結果，マルサスやリカードウの場合とは異なって，ジョーンズの分析では穀物法が穀物価格および地代に及ぼす影響のような論点が前面に出てこない．またジョーンズは，リカードウ地代論における収穫逓減という仮定を強く批判するあまり，穀物価格が一定のままで農業生産が拡大するという基本的な分析枠組みのもとで地代を考察した．このためジョーンズの地代論では，マルサスやリカードウの場合のように，穀物価格の変化が地代に及ぼす影響が中心主題となっていない．

第2に，地代増加と一国の租税支払い能力の増加の対応関係を強調するジョーンズの所説は，地主擁護という階級的立場と直結させて理解すべきではない．彼がイングランドにおける地代増加を富の創造としてとらえ，地主の利益は社会の他の階級の利益に相反しないと力説したことは事実である．しかしながら，そもそも彼が強調した富の創造としての地代の増加は，農業資本家の生産性向上努力の結果として生ずるものであった．農業資本家は農業労働者に雇

用を与える。その一方で，農業資本家が多くの剰余農産物を産み出すほど農業以外の産業の存立基盤が拡大していく。このことは経済発展だけでなく，一国の政治体制をいっそう自由な方向に推し進める作用をもっていた。それゆえ，ジョーンズにとっては，農業資本家を不当に害さない政策環境を整えることが重要であった。十分の一税および救貧税によって他の産業よりも農業に過度な負担が課せられている状況下では，穀物法は農業へのこの特別な負担を相殺するための措置として位置づけられる。この意味で，『地代論』のジョーンズは地主の階級利害のために穀物法を擁護したわけではない。彼のいわゆる階級調和論は，単なる地主擁護論でも労働者を中心にすえたものでもなく，国富増進の起点ともいえる農業資本家を扇の要として展開されたものであった。

　第3に，マルサスやリカードウと同様に，ジョーンズの議論にも①穀物の側に起因する価格変動と②貨幣の側に起因する価格変動という視点は読み取れる。しかしながら，自発的抑制というジョーンズ人口論の特徴的概念は，①と②を混同する可能性を原理的に排除する役割を果たしうるものであった。自発的抑制という概念ゆえに，労働者が生存水準以上の賃金を長期的・恒常的に取得する可能性が示され，穀物価格と賃金・他の諸商品価格の連動関係を切断する理論的見地が開かれるのである。そして①と②の混同は，一国の租税支払い能力の問題でリカードウがマルサスを批判する際の中心論点の1つであった。この意味でジョーンズの自発的抑制は，マルサス人口論への批判的立脚点であっただけでなく，一国の租税支払い能力の問題においてもマルサスとは異なる分析を展開しうる可能性を秘めた概念であった。だが，その可能性が顕在化することはなかった。

　とはいえ，1830年代初頭にリカードウやマルサスを批判的に乗り越えようとする分配理論を構想したジョーンズが，その一環として地代と一国の租税支払い能力という問題に関して彼らとは異質な議論を提示したことは事実である。こうしたジョーンズの議論の分析は，一国の租税支払い能力という視点からイギリス古典派経済学の歴史を再検討する際に不可欠であろう。

[謝辞] 本章は文部科学省科学研究費補助金基盤研究 (C)「イギリス経済学における初期制度化の系譜」(課題番号 26380259) の助成を受けた研究成果の一部である。

参 考 文 献

de Marchi, N. B. and R. S. Stueges. 1973. Malthus and Ricardo's Inductivist Critics: Four Letters to William Whewell. *Economica* 40(160): 379-93. 山崎好裕訳「マルサスからヒューエルへの 4 通の書簡」『経済学論叢』(福岡大学) 56(3・4), 2012: 311-325。

Edgeworth, F. Y. 1896. Jones, Richard. In R. H. I. Palgrave (ed.), *Dictionary of Political Economy,* Vol. 2, London: Macmillan, 490-491.

Grossman, H. 1943. The Evolutionist Revolt against Classical Economics II. In England-James Steuart, Richard Jones, Karl Marx. *Journal of Political Economy* 51(6): 506-522.

Gregory, C. A. 1987. Jones, Richard (1790-1855). In J. Eatwell, M. Milgate, and P. Newman (eds.), *The New Palgrave A Dictionary of Economics,* Vol. 2, London: Macmillan, 1035-1036.

Gregory, C. A. 2008. Jones, Richard (1790-1855), In S. N. Durlauf and L. E. Blume (eds.), *The New Palgrave A Dictionary of Economics,* second edition, Vol. 4, London: Macmillan, 641-642.

Ingram, J. K. [1915] 1967. *A History of Political Economy,* Edhinburgh: A &C Black, new and enlarged edition. 米山勝美訳『経済学史』早稲田大学出版部, 1925。

Jones, R. 1831. *An Essay on the Distribution of Wealth, and on the Sources of Taxation: Part I-Rent,* London. 鈴木鴻一郎訳『地代論』上・下, 岩波書店, 1950-51。

Jones, R. 1833. *An Introductory Lecture on the Political Economy, Delivered at King's College, London, 27th February, 1833. To which is Added a Syllabus of a Course of Lectures on Wages of Labour to be Delivered at King's College, London, in the month of April,* London. 大野精三郎訳「第 2 部　翻訳」, 大野 1953b 所収, 岩波書店, 207-259。

Jones, R. 1852. *Text-book of Lectures on the Political Economy of Nations, Delivered at the East India College,* Hertford: Stephen Austin. 大野精三郎訳『政治経済学講義』日本評論社, 1951。

Jones, R. 1859. *Literary Remains, Consisting of Lectures and Tracts on Political Economy, of the Late Rev. Ricard Jones.* W. Whewell (ed.), London: John Murray.

Kubo, S. 2015. Political Economy at Mid-Nineteenth-Century Cambridge: Reform, Free Trade, and the Figure of Ricardo. *European Journal of the History of Economic Thought* 22(5): 872-895.

Maas, H. 2004. Jones, Richard. In D. Rutherford (ed.), *The Biographical Dictionary of British Economists,* Vol. 1, Bristol: Thoemmes.

Marx [1861-63] 1971. *Theories of Surplus Value,* Vol. 3, Translated from the German by J. Cohen and S. W. Ryazanskaya, S. W. Ryazanskaya and R. Dixon (eds.), Moscow:

Progress Publishers.
Masunaga. A. 2009. Does the Free Importation of Corn Increase the Taxable Capacity of a Nation?: A Comparative Study of Malthus and Ricardo. *Journal of Economics*（『経済学論纂』（中央大学））49(5・6): 113-135。
McCulloch, J. R. 1831. *An Essay on the Distribution of Wealth, and on the Sources of Taxation. Edinburgh Review*（54）: 84-99.
Miller, W. L. 1971. Richard Jones: A Case Study in Methodology. *History of Political Economy* 3(1): 198-207.
Milonakis, D. and B. Fine. 2009. *From Political Economy to Economics: Method, the Social and the Historical in the Evolution of Economic Theory.* New York: Routledge.
Rashid, S. 1979. Richard Jones and Baconian Historicism at Cambridge, *Journal of Economic Issues*, 13(1): 159-173.
Scrope, G. P. 1831. Jones on the Doctrine of Rents, *Quarterly Review* 46(91): 81-117.
出雲雅志 1993「資本認識をめぐるリカードウ後の論争とジョーンズ」平井俊顕・深貝保則編著『市場社会の検証—スミスからケインズまで—』所収, ミネルヴァ書房, 143-174。
蛯原良一 1965「リチャード・ジョーンズの資本蓄積論について」『法経論集』（新潟大学）13(4): 53-80。
大野精三郎 1953a「リチャード・ジョーンズにおける歴史と理論」『経済研究』（一橋大学）4(2): 106-113。
――― 1953b『ジョーンズの経済学：イギリス古典学派における歴史的要素（一）』岩波書店。
――― 1955「ジョーンズ」末永茂喜編『経済学説全集(4)古典学派の批判』所収, 河出書房, 153-210。
久留間鮫造・玉野井芳郎 1977『経済学史』岩波書店。
佐々木憲介 2004「リチャード・ジョーンズと歴史学派」『研究年報経済学』（東北大学）65(3): 25-38。
澤田庸三 2016「1830〜1850年代イギリスの「救貧法改革と公衆衛生法改革」の再考―「権威秩序体制及び統治機構の再編」における「権威の二重構造化」という視座―」『法と政治』（関西学院大学）66(4): 77-166。
末永茂喜 1953『古典派経済学』東京大学出版会。
――― 1955「総説」末永茂喜編『経済学説全集(4)古典学派の批判』河出書房, 1-59。
鷲見研作 1991「ジョーンズの自由貿易論―自由貿易帝国主義の胚胎―」『マルクス・エンゲルス・マルクス主義研究』(13): 66-91。
――― 1994「R. ジョーンズにおける自由と進歩」『嘉悦女子短期大学研究論集』(65): 67-87。
――― 2000「ジョーンズの人口原理と資本蓄積論」『嘉悦女子短期大学研究論集』(79): 73-101。
玉野井芳郎 1954『リカアドオからマルクスへ』新評論社。
中山幹敏 1984「イギリス農業革命期の「十分の一税問題」の特質とその収納の実

態」『農業史研究会会報』(15):15-22。
平野絢子 1954「地代論に関する一研究―リチャード・ジョーンズの階級調和論―」『三田学会雑誌』47(1):42-70。
堀経夫 1927「歴史学派の先駆者としてのリチャアド・ジョーンズ」『経済論叢』(京都大学)24(4):50-70。
益永淳 2008「マルサスにおける一国の租税支払い能力―穀物法論争の一側面―」『マルサス学会年報』(17):1-30。
――― 2011「リカードウ『原理』最終章の検討―第3版改訂の契機と意義―」音無通宏編著『功利主義と政策思想の展開』中央大学出版部, 267-303。
森下宏美 2001『マルサス人口論争と「改革の時代」』日本経済評論社。
柳田芳伸 2005『〔増補版〕マルサス勤労者階級論の展開―近代イングランドの社会・経済の分析を通して』昭和堂。

第6章

レオン・ワルラスの経済学とフランス経済
——資本理論・土地国有化・自由貿易——

髙 橋 聡

1. はじめに

　レオン・ワルラスは,『純粋経済学要論』(以下『要論』) 第7編において, 地代, 賃金, 利子の長期動態の法則を論じる。レオンは, 父オーギュスト・ワルラスのこの分配の動態論と土地国有化論に数学的定式を与えることを生涯の使命としていた。これらについて筆者は, 先に髙橋 (2011) において論じた。

　ワルラスの経済学については, 今でも『要論』の一般均衡理論に対してのみ関心が寄せられ, 様々な政策論については検討されることがない。本章が最終的に目指すのは, これらの理論と政策論との結びつきとそこに込められた社会改革の展望を明らかにすることである。とりわけ, 本章において焦点が当てられる理論とは資本理論である。ワルラスの資本理論には, 資本形成 (蓄積) の一般均衡理論と並んで, 社会進歩に関する動態論と再生産論 (「経済表」)[1]が存在することまではあまり知られていない。本章では, これら3つの資本理論に

---

1) ワルラスは, 重農学派における価格理論の不在を批判するものの, 彼らがフランスにおける独創的な純粋経済学を樹立したと評価する。とりわけ, 地代による国家の存続をとなえ, 自由競争による富の生産を一般原理とする点を正当と評価する (Walras [1874-1877] 1988, 605-606/訳 419-420)。ワルラスの経済表分析については安藤 (1995) を参照せよ。同論文 62 ページには, ケネーの範式を模した経済表も作成されている。Salvat (2004) は, マルクスと並んで, ワルラスが当時ほぼ忘れ去られていた重農主義に対して関心を示した稀有な経済学者であったとする。

注目し，これらと政策（土地国有化と自由貿易）の関係を明らかにし，社会改革の展望を浮き彫りにすることを目指す。

　この課題に取り組むにあたり，ここでは，19世紀後半のフランス経済に対する政策論の含意を検討することにしたい。たしかに，ワルラスの数学的な理論と政策は，抽象的・普遍的イデアである。だがそれは，彼が現実の経済に無関心であったことを意味するわけではない。政策論は，それが執筆された時代状況に対する時論的性格も兼ねるものである。特に彼が土地国有化論と貿易論を執筆した1880年代から1890年代のフランス経済は，第2帝政期の高度成長が終わり，1870年代初めから19世紀末まで続く長い停滞期にあった。そこで本章は，『要論』の理論をベースに，この不況期の政策論に即してワルラスの社会改革論が目指すものを明らかにする。結論を先取りすれば，それは，行きづまりを見せていたフランス社会の再生産ないしは「資本と人間の再生産」[2]機構の再建にある。

　この課題に迫るために，本章は以下の構成をとる。2では，19世紀後半の不況期のフランス経済の構造を描き，ワルラスの直面した問題を呈示する。3では，まず，資本形成論における動学を確認した後に一般均衡モデルを示す。次に，純収入率均等化法則から3種の社会動態の数学的定式を与え，この法則が人間の再生産を含意しうることを示す。4では，ワルラスの再生産論（経済表）を土地国有化政策と自由貿易政策と結びつけることで，彼の理論と政策の中に存在するヴィジョンを取り出すことにしたい。

2. 不況期のフランス経済

　19世紀後半のフランス経済はおおむね3つの期間に分けられる。持続的な経済成長を遂げた1850年代の第2帝政前期，減速期の第2帝政後期（1861-1870年），そして経済成長率が2%に満たぬ長期停滞または不況期の第3共和制初期（1870年代から1890年代）である。以下，この当時のフランス経済の諸問題を概観していくことにする。

---

[2] これは内田 (1966) VI章のタイトルである。

2-1 農　　業

　1850年代から70年代初頭はフランスの農業の黄金時代といわれる。たしかに，土壌改良が普及して未耕地も耕作されるようになり，耕地面積が拡大し，新しい大型・集約型の農業も生まれた。しかし，それはごく一部の土地に限定されていた。1852年から1862年の間で実際に拡大したのは，土地全体の2.6％にすぎず，しかもその内の75％はパリ・バッサン地方に集中していた。南西部では三圃制の進歩が昔以上に多くの労働力を必要とした。あるいは休耕地の廃止によって，借地耕作者は，以前にも増して多くの労働力を必要とした[3]。1860年代の第2帝政後期になると，農業部門の赤字，貿易赤字の拡大と工業製品輸出の減速と輸入の増加（帝政前期の3倍以上）といった現象がみられるようになる。とりわけ，新興国からの大量の農産物輸入がフランス農業を苦境に陥れ，1860年を境に農業部門の成長率は低下の一途をたどった[4]。

　フランスの農業の特徴はなんといっても小農（地主兼所有者）の小規模耕作にある。1852年から1892年の間をとると，10ヘクタール以下の小土地耕作は増加したのに対して，大・中規模耕作者の数は減少していた（49万1000から41万6000へ）[5]。小土地所有制度は技術進歩を妨げ，財産への執着という独特の農民気質を生み出した。技術革新の遅れは保護主義的要求とも結びつく。19世紀後半になると，交通輸送網の発達により，フランスは，カナダ，アメリカ，アルゼンチン，オーストラリアなどの広大な土地面積を有する新興国と競うことになる。このとき，農民は技術革新よりも保護主義政策の要求に流れ，この点で利害の一致した工業ブルジョアジーと同盟を組む。また，農民の小土地所有への執着は，農民の所得水準の低さにもつながっていた。農業労働者は，家畜小屋の中のわら箱の中で寝ており，1880年頃ですら，牛，豚，羊肉の消費はぜいたくで稀なことであった[6]。

　1878年から1882年までの間に農業不況が始まると，これはその後約30年

---

[3] Caron（1995, 112-113）．
[4] Asselain（1984, 158）．
[5] Asselain（1984, 162-163）．
[6] Lhomme（1960/訳 414-429）．

もの長期間続いた。ことに1880年代に農業は深刻な危機に陥る。原因の1つは虫害によるぶどうの大被害である。もう1つは純経済的な原因であり，新興諸国との競争による価格の大幅下落による減産である。小麦相場は1860年から1895年の間に，45%下落した。輸入量は，1851年から1860年の間は国内生産量の0.3%であったが，1888年から1892年の間には19%にも達した。1885年に小麦に対する関税が1キンタルあたり3フラン（15%）課せられたが，この頃にはすでにフランス農業はひどく疲弊していたのである[7]。

2-2 工　業

　まず，軽工業の代表として繊維業をとり上げてみる。中でも綿工業は，フランスで最も発達した産業であった。もっとも，紡錘数を他国と比較をすると，フランスはイギリスに大きく差をつけられ，19世紀中盤にはアメリカにも追い抜かれている。とはいえ，繊維産業（織布業まで含む）が全産業の総価値に占める割合は，1840年代以降の各年代を平均すると，繊維関連部門は常時その50%近くを占めていた[8]。

　次に，鉱工業部門の代表的産業である鉄鋼産出量を他国と比較してみよう。19世紀の経済成長を牽引したのは製鉄と鉄道だが，いずれもそのエネルギー源は石炭であった。この点，フランスは他の主要国に比べて採炭地に恵まれなかったこともあり，特に1880年代以降は他国から圧倒的な差をつけられた。また，フランスは普仏戦争の敗北によって，先進工業地帯であったアルザス・ロレーヌ地方を失っている。製鉄業に格好の市場を与えたのは鉄道であり，両者は密接に結びついていた。フランスではレール輸入が禁止されていたこともあって，製鉄業界は鉄道会社に対して納期や価格を一方的に押し付けることができ，それでもなお鉄道からの注文に応じきれなかった。そうはいうものの，他国との比較でみると，フランスの製鉄業が大きく遅れをとっていることは明らかである（表6-1）[9]。

---

7) Asselain（1984, 161-162）.
8) Caron（1995, 125）.

表6-1 粗鋼生産高（単位100万トン）

	英	独	米	仏
1870年	5960	1240	1710	1160
1890年	7900	4030	7600	1710
1913年	10260	16490	30970	5120

出所）Lesourd, Gerard et Taha（1992, 149）より作成。

1870年時点で，粗鋼生産高はイギリスが世界生産の半分の生産高を誇り，独仏米を合わせた生産高を上回っていた。しかし，1913年には全体の8分の1となる。イギリスにとって替わったのがドイツとアメリカである。特にドイツは，資本集中と金融の寡占化によって，巨額の設備投資に対応可能な経済体制が組織されていた。これに対して，フランスでは，金融の集中がドイツほどには強力に進められることはなく，旧式炉がピレネー地方からノルマンディ地方やアルデンヌ地方にかけて広範に点在していたのである[10]。

最後に，企業規模の特徴を見ておこう。フランスの企業規模はきわめて小さい。他国で寡占化や企業集中が進行していた1899年の調査（労働省雇用労働者推計）でも，雇用者数10人以下の事業所が，全事業所の93％を占めていた。全雇用の3分の1を担っていたのは，小企業であった。これは，近代的な大工業よりも消費財産業が圧倒的に大きな地位を占めていたことによるものである。1900年の人口3900万人のうち労働力人口は約1900万人であった。その多くは工業以外の産業部門に所属し，鉱工業部門最大の炭鉱ですら17万人にすぎなかった。これに続く機械製造部門が16万6000人，綿工業が13万人であった。対する消費財部門では，服飾産業が最も多くの労働者を抱え，裁縫業72万5000人とそのほかの関連労働を含めると82万5000人を数えた。そのほかに，土木建設業67万5000人，製靴業22万人，洗濯工場20万人などとなっていた[11]。

---

9) Lesourd, Gerard et Taha（1992, 149）.
10) Levy-Leboyer（1951-1952/訳 198-199）.
11) Levy-Leboyer（1951-1952/訳 199）.

2-3 資本蓄積

フランスは，普仏戦争の敗北そして賠償金支払い影響もあって，ライバル諸国に比べて資本蓄積で後れを取った。たとえば，投資額（農業を除く）は，1865-1874年でドイツの投資額の62.4％にすぎず，1875-1884年ではさらに52.9％にまで落ち込んでいる[12]。総貯蓄量は1869年と戦後の1876年でほぼ同水準であり，証券市場の整備が進んだ1878年になってようやく急増する。固定資本形成も同様に，1869年から1879年がほぼ同水準であった[13]。その後の国内の工業投資額は，1877年から1883年の間は6.7パーセント，そして生産額はプラス0.5％であったが，1884年から1889年の間は投資額マイナス10.05％，生産額マイナス10.1％と大きく落ち込む[14]。

この資本蓄積には2つの型がある。1つは，生産過程の技術進歩のない外延的蓄積（雇用増加や生産力の集中）であり，もう1つは技術進歩を内包する内包的蓄積（雇用増加を伴わない）である。第2帝政期は後者の局面であり，フランスの歴史上はじめて，労働生産性の上昇が工業部門の雇用減少を伴うものとなった。労働時間は全般的にしかも継続して減少し，減少分は労働強化によって埋め合わされた。第2帝政終了時から1890年代前半までの期間の不況期も，内包的蓄積局面の性格を帯びていた。たしかに雇用は増加した。しかし労働時間も大幅に減少したので，実質的な生産性上昇が実現したのである。これに対して1890年代末から1914年までの間は，外延的蓄積が支配的であった。すなわち，工業部門の雇用拡大，労働時間のわずかな減少，生産性のわずかな上昇をその特徴とするのである。そしてこの時代，資本蓄積の新しい傾向が見られるようになる。それは生産財部門の発展であり，この部門の成長率が消費財部門のそれを上回ったのである（第2次産業革命）。これは大産業を舞台（製造，工場）とし，生産性上昇のテイクオフをもたらすものであった[15]。

---

12) Broder (1997, 11).
13) Broder (1997, 22-23).
14) Caron (1995, 120-121).
15) Le Bas (1984, 112).

2-4 貿　　易

　19世紀前半のフランスの貿易政策の基調は保護主義であった。すべての社会階層，すべての政治党派が，自由貿易に反対した。イギリスは，1846年の穀物法撤廃によって貿易自由化を断行した。この決断は，最終的にイギリスに食糧品価格の下落と広大な販路をもたらす。これに対して，フランスは相変わらず保護主義にとどまっていた。高い関税が大部分の輸入品にかけられていただけでなく，一部の商品については全面禁輸も実施されていた。イギリスの製鉄業に脅かされたフランスの製鉄業者は，関税引き上げだけを要望していた[16]。

　このようなフランスも，経済成長期の第2帝政期になると自由貿易に大きく舵を切る。1853年の政令によって，すでに一部の関税は引き下げられていたが，1856年にはあらゆる禁輸を廃止する法律が上程された。そして1860年1月，フランス工業は競争を経験すべきであり，工業の繁栄が農業にも波及するとして，皇帝は英仏自由貿易協定を締結した[17]。輸出税や輸入禁止措置は廃止され，1次産品や食糧品は自由に取引された。しかし，一部の鉄鋼製品だけは30％の保護関税を守り通した[18]。工業製品の輸出額は輸入の20倍に達しており，フランスはイギリスから石炭や半製品など未加工の生産物を輸入し，付加価値の高い製造物（絹織物やパリの品物）をイギリスに輸出していた[19]。

　しかし，1870年代以降になると世界経済におけるフランスの地位の後退が顕著となる。1860年頃のシェアを見ると，フランスの輸出は全ヨーロッパの5分の2，工業化を遂げた国の中の16.5％，世界全体の12.8％を占めていた。ところが，1913年には，それぞれ，12.6％，9.2％，7.2％のシェアしかなかったのである。そして輸出伸び率は1875年から1895年の間に毎年0.6％ずつしか増えなかった。フランスは世界貿易の新しい条件にうまく適応できなかったのである[20]。

---

16)　Lesourd, Gerard et Taha（1992, 262-265）.
17)　Lesourd, Gerard et Taha（1992, 255）.
18)　Lesourd, Gerard et Taha（1992, 266）.
19)　Asselain（1984, 156）.
20)　Caron（1995, 99）.

2-5 財　政

　フランスは，富の所有がきわめて少数の人々に集中し，とりわけ資産格差の大きい国であった。1人あたりの所得は1900年で1315フラン，一家の生計費の平均は993フランであった。勤労性所得（フロー）は，その56%を国民の86%を占める年間所得2500フラン以下の層が稼得している。これに対して資産（ストック）所有は少数者に集中していた。第1次世界大戦前には，そのうちの40%を国民の98%を占める資産10万フラン以下の人々が所有していた。だが，30%は国民の1%を占める資産10-100万フランの人々が，そして25%は，国民のわずか0.2%の資産100万フランを超える大資産家が所有していた。国民の2%が国富の60%を所有していたのである[21]。

　フランスの税制は，復古王政期は革命時代の旧四税（地代税，動産税，戸窓税，営業税）とよばれる直接税を基礎とする税制であったが，19世紀になると歳入に占める直接税比率は低下していった。これに対して，低所得者にとって負担の重い間接税の比率の引き上げが続いた。間接税は，タバコ，トランプなどの奢侈品（とはいえよく消費されるもの）を直撃し，パン，塩，肉，飲料など生活必需品のとりわけ食糧品を直撃した。間接税は，1830年の国と地方の収入の45%，1913年には61%にもなった[22]。この頃の住民1人あたりの間接税は37.45フランである。これは，フラン換算にして，ドイツの13.21フラン，イギリスの30.43フランに比べても高い。逆に地代税は，19世紀末期には，ロシアやスペインのような旧い農業国を除けばほとんどの国で実施されていなかった[23]。

　表6-2は，国内総生産に占める政府予算の比率である。この比率は，英仏共に戦争期に高くなっている。中央集権化の進んだフランスでは全体にこの比率

---

[21] Levy-Reboyer（1951-1952/訳 201-202）．

[22] 1843年度予算案の議会説明において，A. ティエールは，租税負担者は富裕者のみであると言明した。しかし，実際には，直接税が3億5000万フランであったのに対して間接税は7億2000万フランであり，低所得者に負担の重い間接税が予算の3分の2を占めていた（Levy-Reboyer 1951-1952/訳 25）。

[23] Lesourd, Gerard et Taha（1992, 250-251）．

表6-2 国民総所得(英),国内総生産(仏)に占める政府予算比率 (単位 %)

	1801(年)	1811	1851	1891	1911
英	13	20	10	7.4	9.7
	1785(年)	1810	1825	1895	1910
仏	12.6	13.6	11.5	18.6	14.7

出所) Lesourd, Gerard et Taha (1992, 247).

が高く,分権制をとるイギリスでは低い。19世紀においては,この比率は1830年から1891年までの間が最も低かった。20世紀それも1918年以降になると一般に19世紀よりも高くなる。時系列で見ると,20世紀に比較すればフランスも19世紀は総じて「小さな政府」であったといえる[24]。

2-6 人口と所得

19世紀初頭,フランスは西欧最大の人口数を擁していた。しかし,19世紀末から,ドイツやイギリスに追い抜かれてゆく。人口増加率もほかの諸国に比べてフランスは低い。特に,1870年代以降は人口増加率が急速に減退し,第1次世界大戦前には危機的状況に陥った(表6-3)。

1816年から1846年の間にフランスの人口は18%増加したが,同じ期間にイギリスは50%増加した。また,1800から1850年までの間にフランスの人口は年平均0.5%ずつ増加したが,ドイツは年平均で0.74%増加していた。1846年-1886年の間は,19世紀前半の約半分しか増加せず,1886年以降1900年ま

表6-3 ヨーロッパ主要諸国の人口発展

	実数(100万人)				増加率(%)		
	1800年	1850年	1900年	1920年	1800-1850年	1850-1900年	1900-1940年
英	11.0	21.1	37.6	43.2	92	78	23
独	22.5	32.5	51.0	59.2	44	57	37
仏	28.2	36.5	40.7	39.2	29	12	3
伊	18.5	25.0	34.0	38.0	35	36	29

出所) 岡田(1984, 202)。

---

24) GDPに占める政府支出の比率は,1930年代に30%を超え,1955年以降40%代に近づく。Gueslin (1992, 10).

ではほぼ停滞といえる状況であった。人口増加率の微増傾向の原因として、出生率の急速な低下と死亡率の緩慢な低下をあげることができる[25]。

特に1870年代の人口停滞は、農村部の貧困によって説明されうる。出生率の低下は1870年代後半以降に加速するが、とりわけ農村部で顕著であった。その人口増加率は1880年代末には0.1％以下にまで落ち込み、1891年にはついに死亡者数が出生者数を上回った。20歳以下の人口比率が下がることで中間年齢層は減少傾向が続いた。その一方で、60歳以上の比率だけは上昇し高齢化が進んだのである[26]。

次に人口増加率を国民所得増加率と比較してみよう（表6-4）。

19世紀の最初の30年は人口がある程度急増し、この時期は1人あたりの国民所得も緩やかに増加していた。特に1830年から1840年までの間は1人あたりの所得は毎年1.5％の増加を記録し、人口増加も相対的に見て高水準を維持していた。ところが、世紀半ばの転機を過ぎると、人口増加率は減速してゆく。これに伴い、国民所得の増加率も漸次減速してゆく。そして1875年以降は人口が停滞する。これに伴って国民所得の増加も大きくペースダウンしているのである[27]。

表6-4　国民所得年平均増加率

期間	国民所得(％)	1人あたり国民所得(％)
1825-1834年から1834-1844年	2.0	1.5
1835-1844年から1845-1854年	1.9	1.5
1845-1854年から1855-1864年	1.8	1.5
1855-1864年から1865-1874年	1.5	1.6
1865-1874年から1875-1884年	0.8	0.6
1875-1884年から1884-1894年	0.9	0.7
1884-1894年から1895-1904年	1.4	1.3
1895-1904年から1905-1913年	1.1	1.0

出所）Caron（1995, 23）.

---

25)　Caron（1995, 19-20）.
26)　Asselain（1984, 163）.
27)　Caron（1995, 22-23）.

2-7 ワルラスの課題

ここまでに見てきたフランス経済の諸問題を，ワルラスの課題と関連づけてまとめておく。

第1の問題は，フランス経済の成長鈍化であり，さらにいえば19世紀後半は，イギリスそして新興のアメリカとドイツに比して後れを取っていた。具体的に見ると，2-1と2-2において見たとおり，フランスは産業部門としては工業よりも農業それも小農中心の産業構造であり，そして工業も小企業中心であった。そのため，ワルラスが政策論を執筆する1880年代から1890年代は，資本蓄積による生産の大規模化と技術進歩が社会的要請とされる時代であったといえる。しかし，2-3より，フランスの資本蓄積は他の国よりも遅れを取り，生産財部門の生産力の発展（第2次産業革命）が見られるのは，不況脱出後の19世紀末から第1次世界大戦の期間のことであった。

第2の問題は，2-4において見たとおり，貿易におけるフランスの地位の失墜である。ワルラスは自由貿易を支持する。しかし，それは無条件なものではなく，彼はナポレオン3世の自由貿易政策には反対する。理由は2つある。1つは土地私有と租税の存在が，フランスの輸出生産物の生産コストを引き上げるというものである。もう1つは，生産性の低い小自作農と耕作意欲のない大地主のどちらかが支配的なフランス農業が，競争条件の面で不利であるというものである。したがって，自由貿易を実施する際には，土地国有化と租税廃止そして大規模耕作の導入が必須とされる[28]。

第3の問題は，2-5に取り上げた財政それも租税制度の問題である。当時のフランスは富の格差の大きい社会であった。しかも低所得者層にとって不利な間接税中心の税制であったため，彼らの消費は抑圧されていた。そこで，勤労性所得や資本蓄積を侵すことなく，かつ消費を拡大するための税制が必要とされる。そこでワルラスは，かねてからの持論である，課税がほとんどなされていない資産への課税（＝地代税）を主張する[29]。

---

[28] 髙橋（2011, 355-358）。
[29] 「地価の数理理論と国家による土地購入」（1881年）において，ワルラスは地主の

第4は，2-6で見た人口と所得の問題である。フランスでは人口増加率が他の主要国よりもはるかに低く，普仏戦争の敗北もあって，人口増加に対する懸念よりも，人口の増大が望まれていた。とりわけ，農村部の貧困が人口停滞の大きな要因となっていた。また国内の農業部門の不況は工業部門にも影響を及ぼした。すなわちこれは，工業部門への労働力供給にブレーキをかけ，工業製品への需要を減少させたのである[30]。高齢化と低い人口増加率は需要の拡大を遅らせ，資本収益率は1880年頃に19世紀を通じて最低水準にまで下落する。

　総じていえば，フランスは，他の西欧主要国に比べて資本蓄積が停滞し，世界経済では地位を下げ，人口は伸び悩み，資産格差の大きい国であった。これらが今後検討するワルラスの課題となる。

3. 資 本 理 論

3-1　貯蓄の資本への転化

　ここからは，政策論のベースとなる資本理論の課題を見ることにする。資本形成（または資本蓄積）とは何か。ワルラスはこれを貯蓄の資本への転化とよぶ。その具体的なイメージは次のようなものである。

> 　この貯蓄総額は，流動資本または固定資本に転化されることになっている。そして固定資本形成について言えば，それには三つの使途が示されている。そのうちの二つは個人活動の領域に対して開かれており，一つは集団活動の領域に開かれている。これら三つの使途のどれを取ってみても，貯蓄が一国の既存固定資本に付け加えられていくことになるだろう。貯蓄はある時は農業方面に向けられ，そこでは，建物の姿や，開拓，耕作，土

ための地代税の減税が行き過ぎていると批判する。フランス革命期に誕生した地代税は，フランスの土地用役価値総額が12億フランの時代に2億4000万フランであったものが，土地用役価値総額40億フランの現在の地代税収は1億8000万フランを割り込んでいると批判する（Walras [1896] 1990, 346）。

[30]　Asselain（1984, 164）．

地改良，灌漑に用いられる機械という姿で登場するだろう。またある時には製造業において普及し，そこでは新工場という姿で現れ，あるいは古い工場施設に用いられて修理補修という姿をとって現われるだろう。貯蓄は，またある時は，小道や道路や記念碑や要塞や戦艦や大砲や鉄砲にその姿を変えて現われるだろう。まさしく，このようにして貯蓄は資本形成されるであろう。（Walras［1898］1992, 384）．

　この引用の要旨を確認しておこう。貯蓄の資本への転化によって，第1に既存資本財に新たに加わる資本財増加分，第2に固定資本減耗分の修理・補修による補塡または補塡，そして第3に社会資本（公共財）整備がなされる。これらの資本の増加が資本蓄積である。

　さらに，この引用に続く文章についてワルラスは次のようなことを論じている。流動資本は「原料，生産されて店頭で販売される生産物」，固定資本は「建物，機械，生産諸手段，生産諸道具」である。また，資本形成の場となるのが，資本市場（証券市場）である。ここにはプロの投機家が介在し，大会社が資金調達をする場である（Walras［1898］1992, 383-384）。庶民はこのような場に容易に入ることはできない。そこで，中・小規模のアソシアシオン（協同組合・共済組合）が資本形成の場となる。これは庶民の安全確実な貯蓄と資金調達の場となる。

3-2　動学アプローチ

　次に，『要論』におけるワルラスの動学を確認する。これについては，『要論』第4編生産論から第7編動学論に至る議論において論じられている。

3-2-1　『要論』第4編

　『要論』第4編において，ワルラスは，「ある国の経済的生産の機能が一瞬停止したという仮定」のもとで生産要素を13項目に分類する（Walras［1874-1877］1988, 275-277/訳202-204）。1回以上役に立つ有限量の効用を，彼は資本または固定資本とよぶ。これに対して，1度使用すれば消滅するモノまたは1度

しか役に立たない効用は，収入または流動資本とよばれる。ただし，モノによっては，その用途次第で資本にも収入にもなりうる。両者のちがいは収入を生み出すか否かにある。たとえば，樹木は実をつける場合には資本であるが，薪として用いられる場合は収入である。

資本と収入はさらに次のように分類される。まず，広義資本として，(1)土地，(2)人間，(3)動産資本または狭義資本（今後は「資本財」とよぶ）の3種類がある。そして，これらの3つの所有者を，総称して広義資本家という。さらに，3種の広義資本が生産を通じて生み出す収入（これは通常の意味でいう生産用役）は，(4)土地用役，(5)労働用役，(6)資本用役とよばれる。またこのほかに，(7)新動産資本（今後は「新資本財」とよぶ）がある。これは資本財の在庫ストックを指す。すなわち，生産されたもののまだ販売されずに生産者の手元に保管されていて，当面収入をもたらさない財である。この点で，(7)は(3)から区別される。そして最後に，貯蔵（approvisonnment）すなわち在庫ストックがある。これは，収入つまり流動資本の集積とみなされ，固定資本からは区別される。これは継続的に使用されても果実をもたらさない。たとえば，倉庫に積まれた薪や，貯蔵庫に蓄えられている穀物や芋などである。これらはみな1回の使用や消費ごとに減少し，最終的に消滅する。

この貯蔵はさらに3種類に分かれる。第1は消費者が保有する，(8)消費財貯蔵である。これは家計の消費者が貯蔵庫に貯えている物（食糧や燃料など）である。第2は(9)原料貯蔵であり，これは企業の生産者が工場や倉庫に保管している物（燃料のほか，農業用の肥料や種子，工業用の金属，材木，繊維など）である。第3は(10)新収入財である。これは，消費者によって購入される予定の新消費財（たとえばパン屋のパンや肉屋の肉といった最終財）と，別の企業が購入して生産に投じられる新原料財（たとえば倉庫にある加工用金属や加工用材木，加工用織布）とに分かれる。(9)と(10)のちがいは，前者が原材料在庫すなわち生産への投入前に企業家が保有する流動資本であるのに対して，後者は製品在庫すなわち生産終了後に企業家が販売を待って保有する生産物というちがいである。

最後に貨幣である。これは3種類に分かれる。すなわち，消費者が支払いに用いる(11)現金流通貨幣，生産者が支払いに用いる(12)現金流通貨幣，消費者と生産者が手元に保有する(13)貨幣貯蓄である。

　以上の分類の後，ワルラスは，経済的な「機能が再び働き始めたと仮定」して再生産を論じる（Walras［1874-1877］1988, 277-278/訳204-205）。上記の番号と対応させて述べると，(1)土地資本は損耗も消滅もしない。(2)人口は生産の動きとは独立に，死亡・出生する。したがって，土地と人口は経済的再生産の対象外である。

　これに対して，(3)資本財はくり返しの使用によって損耗し，事故により消滅する。(8)消費財と(9)原料は1回の使用で直ちに消費される。よってこれらは再生産の対象である。これらは，損耗と消費の「事実によって消滅するが，生産によって回復する」。つまり，(3)資本財は(7)新資本財によって補填（補塡）され，(8)消費財と(9)原料は(10)新収入財によって補填される。(11)(12)流通貨幣の一部は貯蓄に回り，(13)貯蓄貨幣の一部は信用制度を通じて流通に再投入される。

　さて，以上の定義をふまえて「経済的進歩」の意味を確認しておくことにしよう。「進歩」とは，資本財ストックの補填にとどまらずそれ以上の資本財の増加が進行する状態ということになる。

　　(4)(5)(6)の項目に分類される土地資本，人的資本，動産資本が，新収入財を生産するだけでは不十分である。損耗された動産資本に代わる新動産資本，そしてもし可能ならば，既存の動産資本量に追加すべき動産資本をも生産しなければならない。そしてこの点に関して，経済的進歩の特色の一つをここで指摘することができる。すなわち，ある期間の終わりに，以前したと同様に再び経済的生産の機能を瞬間的に停止したと仮定し，そしてこのとき動産資本の量が以前より大であれば，それは経済的進歩の兆候である。経済的進歩の特色の一つは，動産資本量の増加にある。（Walras［1874-1877］1988, 279/訳206）.

この引用文を確認しておくと,「経済的進歩」のケースにおいて生産される財は,既存資本財の減耗分を補塡する新資本財と,これを上回って追加される新資本財である.

3-2-2 『要論』第5編

以上に見た第4編生産論に続く資本理論は,第5編(「資本形成と信用」)と第6編(「流通と貨幣」)の2編からなる.前者は固定資本形成,後者は流動資本形成の理論である.第5編では,与件が固定され,生産期間は存在せず,売買は瞬時に行われるなどの静学の特徴が述べられる.新たに生産された新資本財は,考察対象の期間の後の期間において考慮に入れられる.この場合,「経済状態は進歩の状態ではなく,依然として静態の状態」(Walras[1874-1877] 1988, 377/訳281)である.

たしかに,資本形成論自体は静学であるとしても,資本増加は時間の進行の中で実現する.その場合,企業家は動学独特の役割を果たす.1つは在庫調整の役割であり,もう1つは,支払に備えた貨幣保有によって再生産を途切れさせぬ役割である.そのために,「進歩する社会」の中に置かれた企業家は次の2点を知らなければならない.

> (1)生産と販売のために生産された生産物の貯蔵をどれだけ持つか,(2)この貯蔵を補塡するために,そして販売された生産物の代金の決済を待ちながらも生産用役を購入するために現金をどれだけ持つべきか.(Walras[1874-1877] 1988, 445/訳324).

さらに彼は,「静学的観点を離れることなく動学的観点に接近する」として,次のように述べる.

> こうしてわれわれの社会が機能する準備ができたのであり,もし望むならば,静学的観点から動学的観点に移ることも可能である.そのためには,問題の与件である所有量,効用曲線が時間の関数として変化すると仮

定すればよい。固定された均衡は，可変的すなわち移動的な均衡に変化するが，それは攪乱されても自然に均衡を回復する。(Walras［1874-1877］1988, 447/ 訳 325)．

ここにおいて，静学は動学の準備段階と位置づけられることになる。「進歩する社会」の任意の1期間を取り出し，時間の流れと共に常に変化する与件を固定し，不確実性を排除した状態，これが静学である。そこでは，「消費者である地主，労働者，資本家に対して土地資本，人的資本，貨幣の一定量が与えられ」ている。ここからワルラスは，次のような定義に入る。

> (1)均衡を原理的に成立させることを目的とする，予備的模索の過程。(2)考察される一定期間中，問題の与件に変化がなく，所与の条件のもとでの生産用役と生産物の引き渡しに関する均衡が，当初から有効に成立している静態の段階。(3)これらの与件の変化による均衡の連続的な攪乱，および，攪乱させられた均衡の連続的回復という動態の段階。これらの定義の結果として，次のことをよく理解すべきである。すなわち(2)の局面において，新固定資本と新流動資本（これらは，用役の市場価格と純収入率との比率が決定する販売価格に等しい生産費で引き渡される）は，(3)の局面における問題の与件の最初の変化としてのみ機能するということである。(Walras［1874-1877］1988, 447/ 訳 325)．

3-2-3　『要論』第7編

最終的にワルラスは，第7編において静学から動学の仮定に入り，その舞台を常設市場（marché permanant）とよぶ。

> いま，上に数字を示した1年の生産と消費を1年間のすべての瞬間にわたって行われているものと考え，また問題の基本的与件が各瞬間において変化しているものと考えよう。この場合，20億フランの消費財貯蔵，40

億フランの新資本財，40億フランの原料貯蔵，60億フランの新収入財は，ちょうど一方の端が絶えず切断せられ，他方の端が絶えず成長している樹幹のようなものである。あらゆる時間，あらゆる瞬間において，運転資金の一部が消滅したり，再び現れたりしている。人的資本，狭義資本，貨幣もまた同様に消滅し，再現するが，その速度ははるかに遅い。土地資本だけがこの補塡が行われない。常設市場とはこのようなものである。それは均衡への傾向を常に示しているが，決して均衡へは達し得ない。(Walras [1874-1877] 1988, 579-580/訳 399).

第 4 編の分類番号に対応させて上の引用文を再度確認すると，「20億フランの消費財貯蔵」は(8)に対応する。「40億の新資本財」は(7)に，「40億の原料貯蔵」は(9)に，そして「60億の新収入」は(10)に対応する。このように，常設市場の中にいる家計と企業家は，原材料，資本財，消費財の在庫を欠かさぬよう常時補充をすることで，生産，販売，消費が滞らぬようにする。つまり，再生産が行われている。

最後に，ここまでに見た資本蓄積を，いわゆる新古典派投資モデルによって定式化してみよう。企業が t 期に保有する資本財を k_t で表し，t 期における純投資 I_t で表す。I は，(7)新資本財すなわち固定資本と，(10)「新収入」すなわち新流動資本を含むものとする。そうすると，資本財増加（＝投資量）は次のように表すことができる。

$$I_t = k_t - k_{t-1}$$

さらに減価償却費と保険料の合計を σ で表すことにすれば，粗投資量は次式によって表される。

$$I_t = k_t - k_{t-1} + \sigma k_{t-1}$$
$$= k_t - (1-\sigma) k_{t-1}$$

図 6-1 は資本蓄積のイメージである。上段は経済成長（フロー）を表し，下

図 6-1　資本蓄積

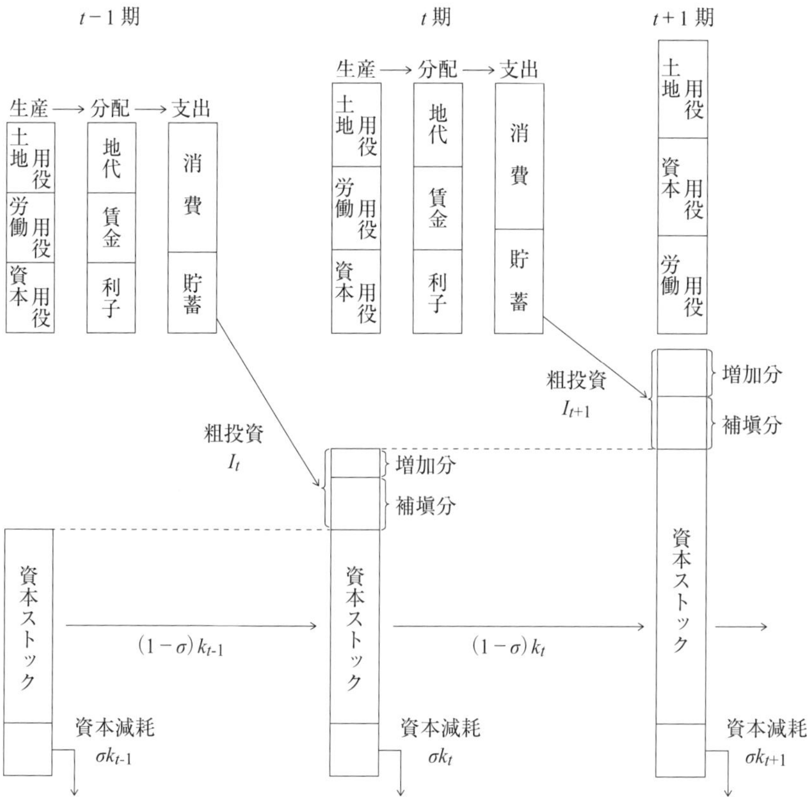

段は資本蓄積（ストック）を表す。今期の σk は，次期の粗投資によって補塡される。なお，この図では生産係数固定を仮定しているので，土地，労働，資本それぞれの用役投入比率は同一である。ただし，「進歩する社会」では生産係数可変が仮定されることになる。その場合には，土地用役投入比率が減少する一方で，資本用役投入比率が上昇することになる。

3-3　一般均衡モデル

　ここでは，以上に見た動学プロセスの1期間内（または無時間）の静学モデルである，一般均衡論の枠組による資本形成論を見ることにする。資本財に転

化される貯蓄の供給は，資本市場（証券市場）またはアソシアシオンを通じてなされる。貯蓄を需要するのは企業家である。彼らは証券市場で資金を調達した後，生産物市場と新資本財市場に赴いて原料と資本財を購入し，消費財，新資本財，新原料財を生産する。ここで，ワルラスは企業家を捨象して均衡状態における利潤ゼロを仮定するので，彼のモデルには企業家独自の投資関数は存在しない。彼のモデルで新資本財を需要するのは，企業家ではなく広義資本家である。それゆえ，新資本財の需要関数は広義資本家の消費財需要関数から間接的に定式化される。ただし，本章では新資本財の需要は論じない。以下，W. ジャッフェの2つの論文（Jaffé [1942] 1983, [1953] 1983）にしたがって，資本形成の一般均衡モデルを示すことにする。

ある社会には，土地 (T)，人 (P)，狭義資本財 (K) の3種類の広義資本が存在する。これらがもたらす土地用役 (t)，労働用役 (p)，資本用役 (k) を用いて，a財，b財，c財の3種類の財が生産されているものとする。各人の稀少性（以後「限界効用」）を φ，初期保有量を q，供給量を o (offre)，需要量を d とする。e は証券による貯蓄 (epargne) を意味する。

生産用役を供給して財を需要する場合の主体均衡条件は次のとおりである。

$$\frac{\varphi_t(q_t-o_t)}{p_t}=\frac{\varphi_p(q_p-o_p)}{p_p}=\frac{\varphi_k(q_k-o_k)}{p_k}=\frac{\varphi_a(d_a)}{1}=\frac{\varphi_b(d_b)}{p_b}=\frac{\varphi_c(d_c)}{p_c}=\frac{\varphi_e(q_e+d_e)}{p_e}$$

その予算制約式は，

$$o_t p_t + o_p p_p + o_k p_k = d_a + d_b p_b + d_c p_c + d_e p_e$$

である[31]。

---

31) ヴァン-ダールとジョリンクは，予算制約式を $o_t p_t + o_p p_p + o_k p_k = d_a + d_b p_b + d_c p_c + d_e p_e + \sigma_e$ と表す。σ_e は彼らがつけ加えた記号である。$d_e p_e$ は純貯蓄を意味し，σ_e は減価償却費と保険料の合計額を意味する。したがって，$d_e p_e + \sigma_e$ は粗貯蓄である。なお，ワルラスは，収入のうち資本財の原価償却費と保険料を超える額を「真の貯蓄」とよび，これを保険商品 E への需要 (d_e) と見なし，その価格を p_e とする（Walras [1874-1877] 1988, 359/ 訳 270-271）。ここで，数量を q，人間の健康，教育，家族の扶養に必要な部分を η_p で表し，資本の減価償却費を μ_k，保険料を υ_k とした上で，両者の合計を σ_e で表す。すなわち $\sigma_e = \eta_p q_p P_p + (\mu_k + \upsilon_k) q_k P_k + (\mu_{k'} + \upsilon_{k'}) q_{k'} P_{k'} + (\mu_{k''} + \upsilon_{k''}) q_{k''}$

生産用役の供給関数は次のとおりである。

$o_t = f_t(p_t, p_p, p_k, p_b, p_c, p_d, p_e)$

$o_p = f_p(p_t, p_p, p_k, p_b, p_c, p_d, p_e)$

$o_k = f_k(p_t, p_p, p_k, p_b, p_c, p_d, p_e)$

そして生産物の需要関数は次のとおりである。

$d_b = f_b(p_t, p_p, p_k, p_b, p_c, p_d, p_e)$

$d_c = f_c(p_t, p_p, p_k, p_b, p_c, p_d, p_e)$

$d_e = f_e(p_t, p_p, p_k, p_b, p_c, p_d, p_e)$

$d_a = o_t p_t + o_p p_p + o_k p_k - (d_b p_b + d_c p_c + d_e p_e)$

次に，この社会ではn種類の生産用役を用いて，m種類の生産物が生産されている。ただし，この社会では3種類の生産用役を用いて3種類の財を生産するのであるから，n=3, m=3とした上で社会全体の均衡を以下に示すことにする。

第1はn個の生産用役供給方程式である。

$O_t = F_t(p_t, p_p, p_k, p_b, p_c, p_d, p_e)$

$O_p = F_p(p_t, p_p, p_k, p_b, p_c, p_d, p_e)$

$O_k = F_k(p_t, p_p, p_k, p_b, p_c, p_d, p_e)$

第2は，収入の消費超過分の総額すなわち貯蓄方程式1個

$D_e p_e = F_e(p_t, p_p, p_k, p_b, p_c, p_d, p_e) p_e = F_e(p_t, p_p, p_k, p_b, p_c, p_d, i)$

この式は有価証券の形を取った貯蓄（＝資本需要）を意味し，$D_e p_e$は減価償却と保険料を含む粗貯蓄である。

$P_k + \cdots$である。σ_eは，商品Eの初期賦存量q_eを当初の水準に維持（いわゆる単純再生産）するために必要な貨幣量といえる（Van Daal and Jolink 1991/訳93-95）。ただし本章では，煩雑さを避けるために$d_e p_e$をもって$d_e p_e + \sigma_e$と同じ粗貯蓄を意味することとする。

第3は m−1 個の生産物の総需要方程式である。

$$D_b = F_b(p_t, p_p, p_k, p_b, p_c, p_d, p_e)$$
$$D_c = F_c(p_t, p_p, p_k, p_b, p_c, p_d, p_e)$$

ただし価値尺度財（A）の需要は，他のすべての生産物と生産諸用役の需要と供給に依存しており，

$$D_a = O_t p_t + O_p p_p + O_k p_k - (D_b p_b + D_c p_c + D_e p_e)$$

である。したがって，m 個の生産物の需要方程式は，価値尺度財以外について m−1 個の方程式と価値尺度財について 1 個の方程式が存在する。

第4は n 個の方程式である。

$$a_t D_a + b_t D_b + c_t D_c + k_t D_k = O_t$$
$$a_p D_a + b_p D_b + c_p D_c + k_p D_k = O_p$$
$$a_k D_a + b_k D_b + c_k D_c + k_k D_k = O_k$$

a_t, b_t, c_t, k_t はそれぞれ，各生産物に含まれる生産諸用役（たとえば添字が t であれば土地用役）の比率すなわち生産係数である。この生産係数は，変化せず固定されているとワルラスは仮定する。左辺は，企業が供給する消費財と新資本財生産量を意味し，右辺は家計が供給する生産用役量を意味する。

第5は，生産物価格（左辺）と生産費（右辺）の均等を意味する n 個の方程式である。

$$a_t p_t + a_p p_k + a_k p_k = 1$$
$$b_t p_t + b_p p_k + b_k p_k = p_b$$
$$c_t p_t + c_p p_k + c_k p_k = p_c$$

ここまでが『要論』第4編生産論に登場する方程式である。次に，これを第5編の資本形成論のモデルに拡張する。拡張モデルでは生産物として新資本財（k）が新たに登場し，次のような定式化がなされる。

第1は，生産用役合計額（生産費）と新資本財価格の均等を意味する1個の方程式である。

$$k_t p_t + k_p p_p + k_k p_k = P_k$$

第2は，純収入率均等を表す1個の方程式である。

$$P_k = \frac{P_k}{i + \mu + \nu}$$

第3は，1個の貯蓄関数である。

$$i = \frac{1}{p_e}, \quad \text{または} \quad p_e = \frac{1}{i}{}^{32)}$$

最後に，新資本財需要（投資）と貯蓄供給（貯蓄商品 E の需要）の均等を表す1個の方程式である。

$$D_k P_k = D_e p_e = E$$

この式は，資本所有者によって需要される新資本財量の価値額（左辺）が，粗貯蓄額 E（右辺）を吸収することを意味する。ただしワルラスは，各人の貯蓄額が，各人が用役を消費する資本財価値に等しいことは証明していない。

3-4 資本蓄積と3つの社会

さて，社会の動態の方向のちがいに応じて，ワルラスは「進歩する社会」「衰退する社会」「定常社会」の数学的定式を与える。資本蓄積はこれらのうち，どの社会において進行するであろうか。社会には，一方には収入以上の支出を行って自らの資本を食いつぶす者がおり，他方には収入以下の支出をして

---

32) 貯蓄商品 E の価格 p_e は次の式によって求めることができる。

$$p_e = \frac{1}{(1+i)} + \frac{1}{(1+i)^2} + \frac{1}{(1+i)^3} + \cdots$$

この式は等比数列の和の公式を用いて次のように変形することができる。

$$p_e = \frac{\frac{1}{1+i}}{1 - \frac{1}{1+i}} = \frac{1}{i}$$

貯蓄を行って新資本財を需要する者がいる。資本財それ自体は消費による直接的な効用をもたらさすものではない以上，これを需要する者は純収入（粗収入から減価償却費と保険料の合計額を控除した収入）を目的に資本財を購入するものとしよう。資本財1単位あたりの粗収入を p_k で表し，資本財そのものの価格を P_k で表すことにする。技術的に与えられる減価償却率を ν，保険数理的に与えられる保険料率を μ で表すと，純収入は次式となる。

$$\pi_k = p_k - (\mu_k + \nu_k) P_k$$

ここから，純収入率 i が得られる。

$$i = \frac{\pi_k}{P_k} = \frac{p_k - (\mu_k + \nu_k) P_k}{P_k}$$

変形すると，資本財価格が得られる。

$$P_k = \frac{p_k}{i + \mu_k + \nu_k} = \frac{\pi_k}{i}$$

ジャッフェは，摩滅または毀損された資本財が補填され，かつ一定が保たれる定常状態（いわゆる単純再生産）を静学とよぶ。資本市場は，この意味の静学を維持する上での条件であり，資本市場の存在理由もここにある。たとえば，ある社会では全住民が自らの粗収入をすべて食いつぶしているとしよう。この場合この社会に貯蓄者はいない。既存資本財の売買は存在せず，資本市場も存在しない。陳腐化・摩滅した資本財の補填もままならなくなる結果，資本財と収入は，時間の経過とともに次第に減少する。この場合，社会は衰退状態にある[33]。

さて，貯蓄者は，将来の純収入を確保すべく収入を現在と将来とに振り分ける。これが新資本財需要であり，次式によって表される。

$$q_t p_t + q_p p_p + q_k p_k = \underbrace{(q_t - o_t) p_t + (q_p - o_p) p_p + (q_k - o_k) p_k}_{\alpha} + \underbrace{d_a + d_b p_b + d_c p_c}_{\beta} + \underbrace{q_k (\mu_k + \nu_k) P_k}_{\gamma}$$

α の部分は，交換者が自らの使用のために手元に残す生産用役を表す。β の部

---

33) Jaffé（[1942] 1983, 142-143）.

分は生産物市場で彼が需要する消費財を,そしてγの部分は資本財の補填分を表す。この式を移項すると次式となる。

$$o_t p_t + o_p p_p + o_k p_k - (d_a + d_b p_b + d_c p_c) = q_k(\mu_k + \nu_k)P_k$$

左辺は「収入が消費を超過する額」すなわち粗収入を意味する。これを e（差額 excedent）で表す。ワルラスはここから 3 つの社会状態を定式化する。

第 1 は定常状態である。このケースでは純収入はゼロである。

$$e = q_k(\mu_k + \nu_k)P + q_{k'}(\mu_{k'} + \nu_{k'})P + q_{k''}(\mu_{k''} + \nu_{k''})P$$

「この場合,この人は所有する資本を単に維持するだけであり,これを増やすことも減らすこともしない」(Walras [1874-1877] 1988, 357/ 訳 269-270)。このケースでは,粗収入が減価償却費と保険料の合計に等しく,純収入はゼロである。これはいわゆる単純再生産の社会である。

第 2 は衰退する社会である。このケースの純収入はマイナスである。

$$e < q_k(\mu_k + \nu_k)P + q_{k'}(\mu_{k'} + \nu_{k'})P + q_{k''}(\mu_{k''} + \nu_{k''})P$$

「この場合,この人は狭義資本の一部を現実に消費している。この資本は償却も保険もなされず,次年度にはもはやその全額すなわち従来の額に等しい額は存在しない。なぜなら,この資本の一部は使用によって毀損し,一部は偶然の事故によって消滅するだろうから」(Walras [1874-1877] 1988, 357/ 訳 270)。これは,いわゆる縮小再生産の社会である。

第 3 は「進歩する社会」である。

$$e > q_k(\mu_k + \nu_k)P + q_{k'}(\mu_{k'} + \nu_{k'})P + q_{k''}(\mu_{k''} + \nu_{k''})P$$

「この場合,この人は資本量を増やし,消費的生産物を需要する代わりに,狭義新資本の生産物を需要する。彼は貯蓄を行っているのである」(Walras [1874-1877] 1988, 357/ 訳 270)。これはいわゆる拡大再生産の社会である。

最後の「進歩する社会」では,e が正であるだけでなく,彼が「真の貯蓄」

とよぶ純収入（粗収入－(減価償却費＋保険料)）もまた正でなければならない。これに対して，たとえ e が正であっても純収入が負であれば，資本の再生産は維持できず衰退状態に入る。

さて，ワルラスは，純収入からの貯蓄を商品化し，これを商品 E とよぶ。これは具体的には終身年金付生命保険証券であり，各証書は純収入を毎年保有者にもたらす。庶民のアソシアシオンであれば，共済組合の証券がこれに相当する。正の貯蓄は，この商品 E の購入を介して新資本財に転化され（すなわち投資需要となり），最終的に新資本財の投資量は，次の収入率均等化法則（1）式によって決定されることになる[34]。

$$\frac{p_k}{P_k}=\frac{p_{k'}}{P_{k'}}=\frac{p_{k''}}{P_{k''}} \tag{1}$$

分母の大文字の P は，3種類の資本財（K），（K'），（K''）の価格，そして分子の小文字の p は，これら資本財の収入を意味する。

3-5　人間の再生産

（1）式は，資本財のみの収入率均等化モデルである。これに対して，ジャフェは独自に人的資本価格の定式をも組み込んだモデルを呈示して，次のように述べている。

> 個人が，自らの経済行為において，自分自身と家族の生産能力の向上のために自らの貯蓄の一部を投資することを妨げるものは何もない。彼がそうするのは，増加した彼の総貯蓄量をこの目的に割り当てるか，もしくは狭義資本（K），（K'），（K''）の代わりに所与の貯蓄量のより大きな割合を人的資本（P）に割り当てるかのいずれかによってである。土地（T）とは異なり，人的資本（P）の総量は，経済全体の範囲内で増えたり減ったりする。それゆえ人的資本は，われわれの問題における重要な変数であ

---

[34]　貯蓄の資本財への転化と（1）式の導出については，髙橋（2014, 71-74）を参照されたい。

る。(Jaffé [1953] 1983, 166-167).

こうして(1)式は，ジャッフェによって次の(2)式に変更される。

$$\frac{p_p}{P_p}=\frac{p_k}{P_k}=\frac{p_{k'}}{P_{k'}}=\frac{p_{k''}}{P_{k''}} \tag{2}$$

この(2)式は，ワルラスの意図を逸脱するものではない。むしろ彼は，人的資本をモデルの変数とすることで人間の再生産も体系に導入することができたはずであった。なぜなら彼は，協同組合や共済組合への貯蓄が，人間の再生産の原資になるとするからである。

　　［労働者が期待することを認められる資本とは］大工業において所有される利付証券であり，これはこの事業の一定額の株式または債券に該当する。そしてその収入は，病気の際に一時的に労働を中断した時や，高齢化して仕事から完全に離れたときに，賃金の代わりとなるものであり，その資本価値は子女の就業（結婚）資金となる。……これは家族組織の経済的基礎であり，……これが資本と名付けられるものであり，その所有は庶民アソシアシオンによって組合員に対して認められるものである。(Walras [1865] 1990, 24).

そして『要論』では次のように述べている。

　　人間の人的能力もまた自然的資本である。その数量は産業的生産の動きによって定まるのではなく，人口の動きによって決まる。しかし土地とは異なり，人的能力は損傷され，死滅する資本であり，その償却と保険は，生殖と労働者の妻子を扶養し，教育し，訓育することによってなされると考えればよい。それゆえ，人的能力の量もまたわれわれの問題の与件であって，未知数ではない。……またその価格については，式 $P_p=\frac{\pi_p}{i}$ により，純収入を純収入率で割った商に等しい。(Walras [1874-1877]

1988, 352-353/訳266).

ワルラスは，人口（「人的諸能力の量」）を与件とする。だが，資本形成論を，資本財だけでなく人的資本にまで拡張すれば，ジャッフェの指摘するとおり，人口もまたモデルの変数となる。また，彼自身も，$P_k = \frac{P_k}{i+\mu+\nu}$ によって，「すべての土地資本，人的資本，動産資本の価格を決できる」(Walras [1874-1877] 1988, 349/訳264). と述べている。よって，$P_p = \frac{\pi_p}{i}$ に，人間の維持・補填と保険料の価値も含め，$P_p = \frac{P_p}{i+\mu+\nu}$ とすることをもって，人的資本の価値とすることができるだろう。

4. 再生産論と諸政策

4-1 再生産論と土地国有化

最後に，これもまた動学プロセスの1期間を取り出した再生産論と，政策論とのリンクを明らかにすることにしよう。ここでは，『要論』第4版の「経済表」および1907年の生涯最後の論文「社会正義と自由貿易による平和」(「社会正義」と略）を取り上げる。後者はノーベル平和賞を目当てに執筆された論文であるが，1881年「地価の数理理論」と1897年の論文「自由貿易」のエッセンスが再生産論と関連づけられている点で注目に値する。

土地国有化政策は，資本蓄積の進行する「進歩する社会」のケースにおいてのみ実施可能である。なぜなら，このケースでは，地代上昇率が第1世代の予想を超えて上昇し，地価もその分だけ増加する。そしてこの予想外の利益を後続世代が代々受け取る。国有化の対象となるのは，この予想外の部分だからである[35]。

それでは「経済表」を概観することにしよう。ワルラスは1期間（1年間）内の資本と人口の再生産の数値例を示す。それによれば，この国は2500万人から3000万人の人口を擁し，総価値800億フランの土地（T），総価値500億フランの人口（P），総価値600億フランの資本財（K）を保有する。つまり，

---

35) 髙橋 (2011, 352-353)。

広義資本は総額 1900 億フランである。地代 (t) は 20 億, 賃金 (p) 50 億, 利子 (k) 30 億フランと仮定されるので, 粗収入の総額は 100 億フランである。次に, 純収入率 (r) を 2.5% と仮定して, 地代, 賃金, 利子の純収入を計算する。まず, 地代は減価償却費も保険費も存在しないので, 粗収入と純収入は同じ 20 億である。次に, 賃金 50 億フランうち純収入は 12.5 億である。それゆえ, 残る 37.5 億フランが,「家族の扶養, 教育, 指導に費やされる償却と保険費」であり, これが人口の再生産にあてられる。最後に, 30 億フランの利子は折半されて, 15 億の減価償却費および保険費分と 15 億の純収入とに分かれる。前者は資本減耗分の補填に充当され, 後者のうち 5 億フランが新資本財創出のために提供される[36]。この 5 億フランが, 翌年の新資本財の純増加分となる分である。したがって, 資本家自らの自己消費分は純収入のうちの 10 億フランとなる。

　次に,「社会正義」論文では, 以上の『要論』と同じ数値例を用いて土地国有化が論じられている。国家は当初から, 公園や公共建築物の敷地, 道路, 運河, 鉄道, 国有地, 地代税と通行税収入の形で, 800 億フランの土地総価値のうちの 200 億フランを保有している。それゆえ残る 600 億フランの土地が, 今後の国有化の対象となる。国有地は企業家に賃貸され, 彼らから国は地代を受け取る。その一方で, 土地収用資金を国は公債発行によって調達し, その利子を年々返済してゆく。この社会の動態が「進歩する社会」であれば, 人口増加に伴う地代増加傾向と資本蓄積に伴う利子率下落傾向が存在する。それゆえ, 一定期間経過後に国が借換を行えば, 当初は公債利子の支払額が地代収入を上回ったとしても, 時間の経過につれてこの関係は逆転し, ある時点から地価の償却が始まる。最終的に償却が完了すれば, 地代のみを財源に国家は存続することとなり, 租税廃止も可能となる[37]。

　ワルラスは, 国有化のケースを 2 つあげる。国有地用役の賃貸には 2 つのケースが考えられる。第 1 は, 国有化前の旧地主, すなわち純然たる地主または

---

36) Walras（[1874-1877] 1988, 577-578/ 訳 397-399）.
37) Walras（1987, 495-496）.

地主兼耕作企業家である自作農に対して再び土地が貸し出されるケースである。第2は，国有化前の地主とは別個の土地を持たない純然たる企業家に対して土地が賃貸されるケースである。

国有化1年目に，国有化対象地の地価総額（600億フラン）の200分の1である3億フラン分が国有化されたとしよう。第1のケースの自作農がその内の1億8000万分を借地し，第2ケースの企業家が残る1億2000万分を借地するものと仮定する。両者はいずれも地代率2.5%で国に対して地代を支払う。その一方で，国は利子率3%で旧地主層に対して利子（年金）を支払うものとする。ここから，地主と国の得失を計算することにしよう。

地主についてみると，第1のケースの自作農であれば，彼らは450万フラン（1億8000万×0.025）の地代を国に支払う一方で，540万フラン（1億8000万×0.03）を国から受け取る。結果的に国有化によって90万の利益が自作農にもたらされる。第2のケースの企業家は，300万フラン（1億2000万×0.025）の地代を国に支払う。土地を売却した旧地主は，国有化前には300万フラン（1億2000万×0.025）の地代を借地人から受け取っていたところを，国有化後は360万フラン（1億2000万×0.03）の利子を国から受け取る。したがって，彼らは60万フランの利益を得る[38]。

つまり，国有化は，国有化前の地主と自作農にとっても利益となる。ことに，長期不況によって窮迫する小農は応じるであろう。こうして国有化は，強制収用によらずして自発的取引に任せられても進行するはずのものとなる。なお，ここで利益を守られるべきは，収用に応じた第1世代だけである。そもそも彼らは，自然権からして土地私有の権利を有さない。しかし，だからといって，彼らの現状利益に損害を与えてまで国有化は実施されるべきではない。ただし，たとえば30年後や50年後の後続世代についてまでは，補償の必要はないとワルラスは考える。

さて，国は2つのケースのいずれにおいても，300万+450万=750万フランの地代を受け取る一方で，360万+540万=900万フランの利子を地主に支

---

38) Walras（1987, 495-496）.

払わなければならない。したがって150万の損失が発生する。しかし先述のとおり，時間の経過とともに，公債利子＞地代収入という関係は逆転する。最終的には，「控え目に見積もっても，この差額の解消と補塡は，進歩しつつある社会において自ずと実現する」(Walras (1987, 499))。これがワルラスの見立てであった。

4-2 再生産論と自由貿易

さらに，土地国有化に貿易自由化政策を組みあわせた政策を考えてみることにしよう。ワルラスは「社会正義」論文において農業近代化の必要性を説く。彼は，多くの国で農業資本蓄積の必要が認識されており，従来の経験的な粗放耕作は合理的な集約耕作に転換すべきと語る。

具体的にいえば，これは，播種機，草刈機，刈取機，改良型粉挽機，圧搾機といった新技術を取り入れた大型機械への転換とこれらの資本蓄積が進むことである。こうすれば，外国からの安価な輸入食糧品にも対抗できる。この資本蓄積の実現のためには，分散した小農の土地を国有化によって買い集め，これを大規模借地に集約して専門的な農業企業家に賃貸する必要がある[39]。つまり，土地国有化とは，旧式技術で耕作を行う小農（地主兼耕作者）を，真の企業家であるフェルミエまた協同組合に置きかえる政策でもある。これにより，現在苦境に立たされている小農は，裕福なフェルミエに転換されるとワルラスは考える[40]。

さらに，フランスの資本と人口の増加について，彼は次のように述べる。

> この体制［＝自由貿易体制］のもとでは，地主である国家は地代について失うものは何もないだろう。そして労働者は，自らの賃金について失うものは何もなくなり，徐々にあらゆる租税から解放され，輸入生産物価格

---

[39] ワルラスの土地国有化と土地の企業家への賃貸の手法については，髙橋 (2007, 254-256) を参照せよ。
[40] Walras (1987, 499-500).

の下落から大きな利益を得るだろう。その結果，彼らが貯蓄を行い，人口が大幅に増加することが可能となる。すなわち，資本が増加し，これに続いて人口が増加する。その結果，生産物生産における土地用役の生産係数が小さくなり，資本用役の生産係数が大きくなる。換言すると，経済的進歩とは純収入率の低下と地代の上昇という点にあり（『要論』330節から334節），そして最終的に，国家は借換と返済を同時に行うことによって償還をすることができる。すなわち，無償で土地の買戻しができる。／［改行］人類はこのようにして，混乱も暴力も革命も戦争もなしに，農業段階から工・商業段階に移行することができるだろう。(Walras (1987, 501)).

　この引用においては，純収入率と地代の動態については述べられているが賃金の動態が述べられていない。そこで，『要論』の仮設を援用してみると，そこでは経済的進歩につれて，地代は増加，利子率は下落，賃金はほぼ一定とされている[41]。「進歩する社会」とは，生産係数固定の仮定が外されて可変とされる社会である。たとえばそれは，『要論』でいう，土地量が不変，人口が2倍，資本財が2倍以上に増加し，生産物量が少なくとも2倍となる社会であるとしよう。これは，土地用役の資本用役への代替が進行する社会である。そこでは，企業家は逓増する地代を支払わなければならなくなるため，土地用役の使用を次第に減らす。その一方で，利子率は下落することから，彼らはより多くの資本用役を生産に投じる[42]。

　またこの引用においては人口増加が否定的に描かれていない。国有化が行われる場合には，人口増加は必ずしも忌むべき現象ではなくなる。「地価の数理理論と国家による土地購入」（1881年）（以下「地価の数理理論」と略）において，ワルラスは「進歩する社会」では資本と人口増加のおかげで歴史上のある一時点で地代額が利子を支払うに足るものとなり，債務の増大が止むとして，人口

---

[41] 「進歩する社会においては，労働用役の価格すなわち賃金は目立って変化せず，土地用役の価格すなわち地代は目立って上昇し，資本用役の価格すなわち利子は目立って下落する」(Walras [1874-1877] 1988, 597/訳412).

[42] Walras ([1874-1877] 1988, 595-597/訳410-412).

増加を肯定的に評価する[43]。また，国有化される地代分は，公教育をはじめとする無償公共サーヴィス提供の原資となる。こうして，人口増加は社会に利益をもたらすようになることが見込まれる。

　それでは最後に，政策が実施された後の「進歩する社会」がいかなる社会となるかをまとめることにしよう。まず，生産面では次のような事態が考えられる。自由競争による資本蓄積は利子率を引き下げる。これにより，資本用役を多く使う企業家の借入は容易となり，設備投資が活発となる。また，地代増加の一方で利子率下落は，借換による公債償却を楽にするので土地国有化も容易となる。国有地は再編されて大規模経営を行う企業家に賃貸される。こうして資本蓄積は，農業だけでなく，農業機械を生産する工業部門の近代化・大規模化を促す。それは，フランスの経済発展段階を一段上に引き上げ，先進諸国（イギリス，アメリカ，ドイツ）にキャッチ・アップさせるはずである。

　次に分配面である。賃金については，上述したとおり，賃金率一定という仮定をワルラスはとる。ただし，貿易自由化に伴う低価格の輸入品と租税廃止とによって，労働者の実質所得の増加が見込まれる。地代はどうなるだろうか。「進歩する社会」の弊害は地代の傾向的増加であり，これが社会の資産格差を拡大する。この弊害は土地国有化によって除去される。地代は教育など公共サーヴィスの無償供給の財源となるからであり，これらの無償化政策もまた労働者の実質所得を引き上げることになる。かくして労働者の生活は，進歩につれて余裕が生じ，人口も増加する[44]。所得が増え，教育水準の上がった労働者は，先々を考えて貯蓄を行い，これが中・小規模のアソシアシオン（協同組合や共済組合）の原資となる。こうして労働者は，人間の再生産に関わる生活上

---

[43]　Walras（［1896］1990, 305）.
[44]　新マルサス主義者のK. ヴィクセルは，労働者の唯一の生活水準向上策は人口抑制にあると考える。それゆえ彼は，『社会経済学研究』の書評（1898年）において，土地国有化は人口増加をもたらすとしてワルラスを批判した。なぜなら，国有化を終えた政府は歳入を増やすべく人口増加・集中策をとって地代増加を図るからである（"Les recensions...," 503）。これに対してこの頃のワルラスは，人口増加に肯定的である。ただし彼は，過度の人口急増による労働供給増加には反対し，結婚と家族に関する深慮と抑制を労働者に勧める（Potier 1999, 62）。

のリスク（生活維持，疾病，老化，妻子の扶養）から守られ，かつ経済的地位も上昇する。

　最後に利子はどうなるだろうか。この場合，大ブルジョアら資産家階級の従来の貯蓄に加えて，アソシアシオンの労働者の零細貯蓄も金融市場に流れ込んでくるようになる。これにより，フランスの資本蓄積のテンポは加速する。貯蓄する労働者が増えるのであれば，これはさらなる利子率下落，ひいては資産（＝金利生活者）の地位低下を速める。こうして，「進歩する社会」において平等化が進行することになる。

5. おわりに

　ワルラスは社会問題の独特の解決策を提示した。「進歩する社会」は，これを放置しておけば，地主と勤労者（労働者・企業家）との間の格差拡大のプロセスとなる。これが，彼の提案する政策を媒介することによって，産業近代化（機械化・大規模化）のプロセスへと転換する。あるいは，自由競争の自動調整メカニズムが，資産家（地主・金利生活者）と勤労者との間の格差の縮小に向かわせる経済に転換するといってもよい[45]。そしてまた，ワルラスの社会改革プランを総体として見ると，それは，長期不況の中で行き詰まりを見せていたフランス経済において，「資本と人間の再生産」のメカニズムを再建する試みでもあったといえよう。

　［付記］　本稿は髙橋（2014）を大幅に書き改めたものである。

---

[45]　「進歩する社会」におけるワルラスの政策論は，自由競争の長期動態プロセスの帰結を，リカードウの「陰鬱」（カーライル）な展望から A. スミスの楽観的な展望に転換させるものともいえよう。「労働貧民の状態，すなわち大多数の人民の状態が最も幸福で最も快適であるように思われるのは，社会が富をとことんまで獲得しつくしたときよりも，むしろ富の一層の獲得を目指して前進している発展的状態にあるときであるということである。労働貧民の状態は，社会の停滞的状態においてはつらく，社会の衰退的状態においてはみじめである。実際のところ，発展的状態こそ社会のすべての階級にとって楽しく健全な状態であるは活気に乏しく，衰退的状態は憂鬱である」（Smith 1776/ 訳 139）。

参 考 文 献

Asselain, J.-C. 1984. *Histoire économique de la France du XVIIIe siècle à nos jours 1. De l'ancien regime à la première guerre mondiale*, Edition du seuil.

Broder, A. 1997. La longue stagnation française : panorama générale. in Y. Breton, A. Broder, M. Lutfalla (sous la direction), *La longue stagnation en France : l'autre grande dépression 1873-1897*, Economica, 9-58.

Caron, F. 1995. *Histoire économique de la France XIXe-XXesiècle*, Armand Colin.

Gueslin, A. 1992. *L'Etat,l' économie et la société française XIXe-XXe siècle*, Hachette.

Jaffé, W. [1942] 1983. Léon Walras' Theory of Capital Accumulation, In D. Walkar(ed.) (1983), *Jaffe's Essays on Walras*, Cambridge University Press, 139-150.

——— 1983/1953. Léon Walras's Theory of Capital Formation in the Framework of his Theory of General Equilibrium. In Walkar(ed.)(1983), 151-175.

Le Bas, C. 1984. *Histoire sociale des faits économiques:La France au XIXe siècle*, Presses universitaires de Lyon.

Lesourd, J.-A., C. Gerard, et G. Taha. 1992. *Nouvelle histoire économique*, t. 1., Armand Colin.

Levy-Leboyer, M. 1951-1952. *L'histoire economique et sociale depuis 1848*, Les cours de droits. 中山裕史訳『市場の創出―現代フランス経済史』日本経済評論社, 2003。

Lhomme, J. 1960. *La grande bourgeoisie au pouvoir (1830-1880): Essai sur l'Histoire sociale de la France*. Presses Universitaires de France. 木崎喜代治訳『権力の座についた大ブルジョアジー―19世紀フランス社会史試論』岩波書店, 1971.

Potier, J.-P. 1999. L'«économie politique appliquée» walrasienne: principe de la libre concurrence et intervention de l'Etat. *Revue européenne des sciences sociales*, t. XXXⅦ(116): 51-72.

Salvat, C. 2004. L'ambivalence de la référence physiocratique chez Walras. In R. Baranzini, A. Diemer et C. Mouchot (sous la direction)(2004), *Étude Walrasiennes*. Paris, L'Harmattan, 29-49.

Smith, A. 1776. *An Inquiry into the Nature and Causes of the Wealth of Nations*. 大河内一男監訳『国富論Ⅰ』中央公論新社, 1978。

Van Daal, J. and A.Jolink. 1991. *The Equilibrium Economics of Léon Walras*. Loutledge. 石橋春男訳『レオン・ワルラスの経済学』, 文化書房博文社, 1994。

"Les recensions de la première édition des Études d'économie sociale," in Walras, L. ([1896] 1990), 483-507.

Walras, L. 1987. *Mélanges d'économie politique et sociale*, Auguste et Léon Walras Œuvres économiques complètes (Œuvresと略), t. Ⅶ.

——— [1874-1877] 1988. *Élements d'économie politique pure*, Œuvres, t. Ⅷ. 久武雅夫訳『純粋経済学要論』岩波書店, 1983。

——— [1865] 1990. *Les associations populaires coopératives*, Œuvres, t. Ⅵ.

——— [1896] 1990. *Études d'économie sociale*, Œuvres, t. Ⅸ.

——— [1898] 1992. *Études d'économie politique appliquée*, Œuvres, t. Ⅹ.

安藤金男 1995「『経済表』として総括されたワルラスの一般均衡理論」『オイコノミカ』31(2・3・4)：57-75。
内田義彦 1966『資本論の世界』岩波書店。
岡田實 1984『フランス人口思想の発展』千倉書房.
髙橋聡 2007「J. S. ミルと L. ワルラスのレジーム構想―所有権構造の変容を通じて」音無通宏編『功利主義と社会改革の諸思想』所収，中央大学出版部.
――― 2011「L. ワルラスの土地国有化政策―動学理論から社会問題へ」音無通宏編『功利主義と政策思想の展開』所収，中央大学出版部，325-365。
――― 2014「L. ワルラスの資本形成論―蓄積・再生産論から社会問題へ」『大月短大論集』(45)：55-88。

第 7 章

フランク・ナイトのリカードウ批判をめぐって

和 田 重 司

1. はじめに

　本章で取りあげるのは，フランク・ナイトが1935年に発表したリカードウ批判論文である[1]。この論文はリカードウをイギリス古典派経済学の代表と見立てて，主としてリカードウに照準を合わせているが，射程はスミス以降の古典派経済学に広がっている。この論文は，アメリカ的な経済理論が形成途上にあった時期に，詳細にイギリス古典派理論を検討して，それを厳しく批判し，そうすることによって，アメリカで形成されつつあったミクロ的，静態論的，限界生産力的な市場理論と分配論の正当性を論証しようとしたものである。

　Frank H. Knight (1885-1972) は，シカゴ学派の始祖とも，始祖でないともいわれる。1930年前後ナイトがシカゴ大学で経済学の講義を担当していたころ，彼の手ほどきを受けた人には，後年アメリカ経済理論を2分した学派の代表がともに含まれている。一方では後年，シカゴ学派の代表といわれるフリードマンやスティグラーがいる。他方では後年，フリードマンが最大の敵手とみなしたサムエルソンがいる。ナイトが，この論文を書いていたころは，まだアメリ

---

[1] 本章で取りあげるナイトの論文の初出は，The Ricardian Theory of Production and Distribution, Canadian Jouranl of Economics and Political Seience 1 (February, May) 1935 である。なお，引照は本章末の参考文献に記載したリプリント版によって，そのページ数だけを記す。傍点はすべて引用者のものである。

カ経済理論が2派に分かれる以前であって、その意味ではアメリカ的な経済理論の形成途上だったといえるだろうが、形成途上であっただけにナイトは、イギリス古典派をどう受け止めるべきかを真剣に、また批判的に検討する必要を感じたのであろう[2]。

　私自身は、永らくイギリス古典派の研究になじんできた者であるが、ナイトの激越なリカードウ論難に対しては、抵抗感を禁じえない。ナイトは、リカードウに代表される限り古典派理論は間違いで、ナイトのアメリカ的な理論は正しいということを、激しい言葉で論証しようとむきになっているように見える。しかし私には、ナイトと古典派との関係を、ただ単に正と誤の関係に置く理論立てには、そのまま同意することができない。18世紀後半から19世紀初頭にかけてのイギリスと、20世紀にかけて世界随一の生産力国家にのし上がったアメリカ資本主義との、歴史段階や経済的の条件の違いがあるだろうけれども、ナイトが指し示したアメリカの経済理論の発展方向と、イギリス古典派に包含された経済・社会思想がその後のイギリスの歴史に実際に継承された思想的な影響とは、正誤の感覚ではとらえられない意味合いの違いをもっているように思われる。

　本章は、こうした社会史的な意味の違いを、ナイトのリカードウ批判の検討を通して試論的に考えようとするものである。

2. ナイトのリカードウ批判の指針

　ナイトの論文の構成はやや独特なものになっている。論文の冒頭でいきなり、リカードウ経済学の「誤概念」の一覧表を提示している。それはナイトのリカードウ批判の方針を予告しているようなものである。すなわちナイトの新しい諸概念を一覧表に示して、リカードウ批判の観点を表示したものである。

---

2) シュンペーター『経済分析の歴史』のリカードウの部分を開いてみると、4冊のリカードウ研究書が挙げられているほかに、無数といえるほどのリカードウ研究論文の中から2点だけ選んで紹介されている。そのうちの1点は上記のナイトの論文である。1950年ころ、一般均衡論を基本とするシュンペーターの立場からは、ナイトのリカードウ批判論文は強く注目されていたことがわかる。

詳しい検討は後回しにして，まずその一覧表をかかげておくことにする。リカードウは；──

① 「価値」を効用ではなく苦痛（労働）の語で語っている。経済行為は苦痛と効用の選択の行為であり，限界点では両者が等しくなるような選択の問題である。
② 「生産」は，富の生産ではない。サービス（効用）の生産でなければならない。
③ 「静態」的均衡論を現実的な成長論と区別して論ずべきであった。
④ 「効用逓減の法則」の認識がなく，これをコスト理論に適用していない。
⑤ 「数学的論理的方法」がなく，ある要因の微小増分が，他の条件一定のもとで生み出す効果を分析していない。
⑥ 「経済」は，与えられた稀少資源からの価値収益を最大化する過程だという認識がはっきりしない。
⑦ 「分配」問題が3大階級への分配とされており，さまざまな個別の生産要素への将来収益の帰属 imputation として価値づけ valuation されていない。これは3大階級がなくなり株式会社制度になった現代から見ると mysterious だ。(cf. Knight 1935, 237-240)

リカードウの経済学の主要問題であった分配論の構想も，ナイトにとってはミステリアスになってしまっている。リカードウの古典派的世界と1930年代のアメリカ経済学の概念は，すっかり別世界になった観がある。古典派になじんできた者にとっては，この一覧表は古典派とアメリカ新古典派との違いを際立たせるものかもしれない。現代経済理論になじんでいる人たちにとっては，この一覧表は当たり前でしかないだろう。実は上記の一覧表は，本文4ページ，注記2ページ，計6ページにわたるナイトの込み入った念入りの文章を，私が読みやすく整理したものである。アメリカ経済理論の形成期のナイトにと

っては，このような一覧表の深刻，かつ真剣な論証が問題でありえたのであろう。それだけにイギリス経済学からアメリへの理論の転進・転回の意味を検討するには貴重な資料である。リカードウとナイトの違いは，地主，資本家，労働者という3大階級への分配が，社会的制度や政策の影響をうける事情を問題にしたリカードウと，企業会計論的に，あるいは自由競争的な交換価値論の中に分配（＝生産要素の価値づけ）論を組み込んでしまうアメリカ的な分配論との違いというようにも表現できるだろう[3]。

　以下，上記一覧表をも念頭に置いて，ナイトの市場理論を検討しなければならないが，そのまえに，企業会計的，ミクロ的な生産要素の価値づけを示したナイトの数式を見ておきたい。ナイトはここで問題にしているリカードウ批判論文と，前年（1934年）に発表した 'Capital, Time, and Interest Rate' と題する論文で，自らの論旨を集約的に表す数式を記載している。両者はほとんど同じ数式であるが，'Capital, etc' の論文では，より一層詳しい説明がなされている。(cf. Knight(1935, 274n), Knight,(1934, 265-267))

　本章では，まずこの特徴的な数式について検討するような形で，ナイトの分配論の性格を解きほぐしてゆきたい。数式は私自身の納得のために，若干補筆してある；――

　　　ナイトの資本価値および利子率の計算。（算数はナイトに従っているが，表記の便宜上，ナイトの記号 C を n に，L を m に変更する。）

　　過去 n 年間に各年 \$S を支出してきた資本コストの現在価値を ΣS とする。

　　将来 m 年間に各年 \$R の収益を見込める場合の収益の現在価値を ΣR と

---

3) M. Dobb は，1973年の著書で経済理論を2つのタイプに区別している。1つは市場理論・交換理論に分配理論も包含させるものであり，他方は分配問題を，交換理論そのものからではなく，何らかの意味で社会制度や社会慣習に結びつけているタイプであるという。前者は，特にジェヴォンズからはじまりアメリカで展開された理論タイプであり，後者は，イギリスでアダム・スミスの古典派経済学の伝統を引き継ぐ流れに見いだされるという。ナイトの経済理論は前者に属する。

する。利子率 i で複利計算する。計算の便宜上，$(1+i)=A$ とする。

現在におけるコスト合計は

$$\Sigma S = S + SA + SA^2 + SA^3 + \cdots\cdots + SA^{n-1} = S(A^n-1)/i$$

各年の収益累計の現在価値は

$$\Sigma R = R/A + R/A^2 + R/A^3 + \cdots\cdots + R/A^m = R(A^m-1)/i\cdot A^m$$

ΣS と ΣR とが等置であるならば，

$$S(A^n-1)/i = R(A^m-1)/i\cdot A^m \tag{1}$$

すなわち，将来収益の現在値は，資本投下の現在値に等しくなければならない。あるいは，将来収益の現在値が，生産要素の投下額（＝分配分）の最高限度を規定する。

今仮に m 年目の年に＄1 の資本維持費（減価償却費を含む）を準備するための各年度の引当金，x を複利の利子付きで積み上げるとすると，その計算式は，

$$x + xA + xA^2 + xA^3 + \cdots\cdots + xA^{m-1} = 1 \quad \rightarrow \quad x = i/(A^m-1)$$

その年度の元本の維持費は，　　　　　　$\{S(A^n-1)/i\} \times \{i/(A^m-1)\}$

その年の純収益は，　　　　　　　　　$R - \{S(A^n-1)/i\} \times \{i/(A^m-1)\}$

その年の利子率＝（その年の純収益）／元本は，

$$i = [R - \{S(A^n-1)/i\} \times \{i/(A^m-1)\}]/\{S(A^n-1)/i\} \tag{2}$$

$$i = \{R - S(A^n-1)/(A^m-1)\} \times i/S(A^n-1)$$

以上の数式は，ナイトの交換論＝分配論を象徴的・集約的に表現しているように思われる。したがってその大意をあらかじめ押さえておきたい。

(1)式の右辺は，左辺に相当する資本額を支出した場合に，今後何年かにわたって得られるであろう収益を，複利の利子率でディスカウントして，将来の

収益の現在値を計算したものである。資本の支出額すなわち左辺は，この額を超えないようにしなければならない。超えれば損が出るだろうし，等額なら利子分は稼げるだろうし，見込み収益（右辺）よりも少なくてすめば利潤が見込めるだろう。このことを違った形で意味づけると，およそ現物の形態で現に投下しようとしている資本価値，あるいは現に追加雇用しようとしている労働への投下資本価値は，右辺のような将来収益の現在価値として帰属計算imputation されるべきだということをいわんとしている。

したがって，左辺にあるのが何らかの生産要因だとすると，その価値は，右辺の将来収益の帰属価値によるということを意味している。生産要因がそれ自体として価値を有しているわけではない。イギリス古典派と違って生産要因が労働であるか物的な資本であるか土地であるかも問題ではなくなる。どのような要因であるにせよ，その要因の追加投入が，どれだけの将来価値，あるいはサービス，あるいは効用の追加をもたらすかだけが問題である。生産物市場およびサービス市場での購買者サイドの価値評価によって，生産要因の価値が評価される。この評価に従って，その所有者への分配分が決まる。したがって，「生産」は効用の生産である[4]。「分配」分は，労働の「苦痛」や資本財を生産した労働の蓄積分によって規定されるのではなく，生産物やサービスの最終市場における価値あるいは効用の帰属価値として決まる。

その計算の仕方は企業会計である。ナイトの論文が発表されたのは1935年だが，そのすぐ前の1932年には，バーリとミーンズによる有名な『現代株式会社と私有財産』が出版され，スミスの私有財産観が激しく批判され，経営者資本主義という新しい見方が出されている。企業の利益を最大にするためにどれだけの資本投下ができるか。すべての企業が自由競争をしていて，精一杯企業規模を拡大している状態では，新投資がやっと利子をもたらすにすぎない状態が限度であろう。上記の数式はこのことを言い表している。その意味では，ナイトの説明は，限界生産力的分配論を前提している。それは「静態論」であ

---

4) 最後の点は古くはセイの考えに含まれている。リカードウはそれを批判し循環論だと皮肉った。彼は『原理』第20章でセイに含まれる矛盾を一覧表にしている。

り，静態的な均衡状態を表している。

　ではその場合の利子率はどのように表現できるだろうか。1934年の論文でナイトは利子率の数式(2)を立てている。この式で，S, R, n, m は企業家によって知ることのできる値だとされているが，これらの要素にいろいろな数字を当てはめて利子率を算出しようというのではない。数値の入れ方次第では，利子率はマイナスになってしまうこともあるだろう。自由競争の原理が作用すると，利潤率が押し下げられてゼロになるまで競争がつづくだろうというが，その同じ原理で，利子率がゼロになるまで競争はつづくことがありうるだろう。ナイトの数式の限りではこの推論は避けがたい。ナイトがいっていることは，静態的な均衡状態では，一定の利子率のもとで，S, R, n, m の間に何らかの均衡を可能にする量的関係がありうるはずだということであろう。資本の限界生産力，あるいは静態的な均衡状態で，利子率が決まるといい，逆に利子率が与えられていれば，均衡状態が決まるというのは，あからさまな循環論に見える。

　いま仮に，$n=m=1$，資本の回転は年に1回だとすると，(1)式からも(2)式からも，$i=(R-S)/S$ という結果が得られる。ナイトは Capital, etc. の論文に注を付して，これは古典派の賃金基金説を表す，『国富論』第2編第3章を参照と書いている[5]が，$(R-S)/S$ は古典派においては，利子率ではなくて利潤率を表している。また $n=1$，m は十分に大きい数ならば，(1)式，(2)式どちらで考えても，$i \fallingdotseq R/S$ であろうし，m が永続的ならば，$i=R/S$ であろう。しかしこの場合には，各年度の投資額 S に対して，将来の各年度の収益が R という固定的な額であること，また，この収益額がほとんど永続的に継続することが知られていることを必要とする。この条件によって，すなわち現下の資本の限界生産力によって利子率が決まるようである。この場合の，将来収益の imputation，ナイトのいう capitalization は，$S=R/i$ である。しかし，将来の定額収益 R を稼ぐための限界的な（最善の）投資額は，i の大きさによって決まるともいわれる。左辺の投資額は，右辺の収益の帰属価値であるというのだ

5）Cf. Knight (1934, 266).

から，この場合，利子率が計算のもとになっている。iが決まっていなければ，Sの限度額の計算もできないであろう。以上の限りではなお，ナイトの数式は循環論になる。ナイト自身には，次のような文章が見受けられる。「増分追加，収益逓減，残余による機構全体は，それが相互決定及び均衡の理論として展開されるまでは，循環論的であり，しかも悪循環的である」(Knight 1935, 260-261)。確かに上記の数式は，定義式であって，「相互決定の均衡」を表す方程式ではない。循環論でなくなるためには，利子率は，以上の数式とは別に決まっていなければならないことになろう。すなわち企業家とは別のところに資本家（投資家集団）があって，ある利子率以下では資本を提供しないという事情がなければならないだろう。それが企業家の限界投資額を決めることになるということであろう。ではiはどのように決まるのか。

　この点に関しては1934年のナイトの論文の「補説」の中で次のような短い文章を1つだけをみつけることができる。資本生産の分野における価格均衡（上記の，(1), (2)式）は，次のことを意味している，すなわち「利子率は，市場に流れ込む貯蓄が，正確に同じ時間率とスピードで，投資に流れこむこと」を意味している，そして「この投資は，貯蓄者が貯蓄の使用の代価として支払われるのとまったく同じ純収益を生産する」と[6]。文章の前半は，総貯蓄＝総投資を意味している。その場合に「貯蓄の使用の代価として支払われる」のは，資本の提供者に対して支払われる利子である。

　J. M. ケインズは『一般理論』(1936) で，Knight の論文(1934)に触れ，この論文が資本についての多くの興味ある観察を含んでいると評価したが，同時に今引用した文章をほぼ全文引用して，そこでは利子率がケインズの意味でいうところの「古典派的形態で」与えられていると注記している[7]。資本の価値，ないし投資の限度額の分析については，ナイトの将来収益の capitalization という考えは，ケインズの資本の限界効率の考えに近いところがあるという意味で注目されているが，同時にナイトの論理においては，古い考えの利子論が前提

---

6)　Knight (1934, 282).
7)　Keynes ([1936] 1973, 177/訳175).

されているというのである。ほとんどひそかに前提されているだけのようにも見える。貯蓄＝投資による利子率決定の文章は，「補遺」の中の通りすがりの短い一文に過ぎない。ほかの部分にははっきりした言明は見いだされない。

3. ナイトのリカードウ分配論批判

ナイトはリカードウ批判論文の最後の部分で，古典派の資本価値論，あるいは生産費論を批判して次のようにいう：——

> 資本の価値は'今'決めなければならないが，生産物は，(a)後になってから享受されるはずだし，(b)個別に帰属計算されねばならない。このことが，収益率の基礎としての資本にとっての中心問題であり，ほとんどその全問題であるのに，古典派の経済学者たちは，問題そのものに全く気付かなかった。……しかし，市場利子率が与えられているとすると，利子を含めたコストとしての資本の量という概念は，いたって簡単明瞭であって，事業経営や企業会計について何ほどかの知識をもっている人は誰だって，その意味になじんでいないことはありえないだろう。(Knight 1935, 270)

確かに前節の計算式がナイトの理論を集約したようなものだったことがわかるだろう。

この文章で「資本」というのは，リカードウの労働，資本，土地のすべてを区別なく包括しようとする概念である。リカードウは3大収入と3大階級とを問題にしているが，ナイトは3大収入を企業会計上のコスト＝資本に置き換え，3大階級を個人主義的な個人に還元する。その歴史的な理由づけは，彼によれば；——

> 封建後期のヨーロッパでは，これら3形態の収入を受け取る人はかなりはっきりした社会階級であった。労働者と地主と中産階級である。このよ

うな諸階級への生産物の分配としての分配の観念は，疑いもなく古典派経済学者たちを誤らせたポイントである。……社会的3階級は今日ではそれに対応する現実性がない。特に世界のnewer partでは現実性がない。階級は分配には関係がない。(Knight 1935, 252)[8]

もちろん歴史的事情の変化から学説の変化を見るのも1つの説明ではあるが，それだけで学説のもつ社会史的意味合いの相違が十分説明されているわけではない。

ナイトはまた，次のような批判の趣旨を述べている。彼の論文の中のまとまりのいい趣旨説明としては，数少ない個所の1つなので，引用しておきたい；──

> 経済学における分配理論の'正しい'接近方法は，生産組織論の方法である。実際健全な分配理論は，諸資源がさまざまな用途に配分されそれぞれの用途で，価格競争の力によって組織されるメカニズムの説明の補足か注意書き以上のものではない。……交換関係から利益を得ようとする社会の一般的な努力は，最大化への傾向という形をとる。この最大化は，サービス能力の各増分を，両当事者，能力の増分の所有者とその受取人の両方にとって，'最善の'利用を引き出すような仕方によってもたらされる。
> (Knight 1935, 254-255)

ここでいわれている「生産組織」は，企業家が各個人から生産用役を購入し，それを組織し，その結果としての販売収益を受け取るという組織である。「生産」は前述のように，富の生産ではなくて効用の生産であり，それは価格で表現される。「サービス能力の各増分」は，労働や物的な資本や土地の増分

---

[8] ナイトの次の世代のStigler(1941)も，その序文で同じ意見を表明している。『生産と分配の諸理論』と題するこの書は，限界生産力説の展開の歴史をジェヴォンズから始めている。

が，将来企業にもたらしうる効用の大きさ（価格で表現された）である。生産要素の価格づけは，予想収益の帰属見積もりによって与えられる。「最大化」は，企業家が各生産用役を追加雇用する場合に，どの要素の増分も最大の効果を期待されるときにもたらされるであろう。収穫逓減と利子率が前提されるならば，最大化は，どの要素増分も最低限利子率に等しい将来収益が予想されるときに得られる。これは企業家にとって'最善'であるだけではなく，生産要素の提供者にとっても'最善'である。社会はすべてうまくおさまる。なぜなら，そのときに労働者は（資本家や地主と同様に）自分が提供した（あるいは生産した）効用（＝収益）の全額を，報酬として受け取るからである。静態的な均衡状態では，労働者は，自分の提供した将来収益の全額を受け取ることになる。だから'最善'だというのである。この原理によって労働の搾取という社会主義者の言い分は否定される。このような均衡は資本の提供者（資本家と企業家が分かれる株式会社制度を想定すれば）にも，土地所有者にも同じように当てはまる――とナイトはいう。20世紀初頭のナイトは，このような理論をむきになって主張しているが，時代が進んで現代でのミクロ経済学では，このような考えは常識になっているだろう。

　しかし，このような状態はいくらなんでも現実的ではなく，ナイト自身がその非現実性を強く自覚しており，これに対して多くの反論があることも承知している：――

① ここで想定されている「個人」は現実的な個人ではなく，「抽象的な個人」（ホモエコノミクス）である。
② ここでの個人は現在と未来を比較しているのだが，
③ 不確実な未来に対して，諸個人が合理的な対応策をとるものと仮定するか[9]，あるいは人々が未来について完全知識 perfect knowledge をもっているという非現実的な想定をするほかなくなる。この後者の非現実的

---

9) 彼の主著（Knight 1921）では，企業家が不確実性に対してどのような合理的対応策を講じるか詳細に描いている。和田（2015）参照，特に96-100ページ。

想定がまさにここでの静態論的均衡論である。
④ 諸個人が「知的に」計算づくめで行動すると想定するのは「きわめて非現実的である。
⑤ 効用や将来収益などの経済的な「物事」は，計測不可能である。(cf. Knight 1935, 278-279)

　これだけの難点があるにもかかわらず，彼は抽象的な静態論に固執する。彼のいうその理由は，この原理は現実にはそのままの形では見ることのできないものであるが，現実の市場で人々の利益追求行為を無意識のうちに導いている基本原理を理解しようとすると，上記のような抽象的な理論的原理の理解を欠かすことはできないというのである。このように抽象的，仮想的世界とリカードウの現実主義的な理論との間には，大きな違いがあるだろう。風景が違うだけではなく，含まれている社会史的な意味合いが違ってくる。
　リカードウがその分配論で主張していることを，細かな議論は抜きにして，通説的に認められていると考えられる範囲内で取り出してみよう；――
　人口が増加して穀物に対する（物的な）需要量が増えると，それを満たすために一国の耕地は条件の優等な土地から順次劣等な土地に拡大せざるを得なくなる。農業の技術改良が進まなければ，耕地の拡大に伴って劣等地での農業労働の生産性は低下するから，一定量の穀物を生産するのにより多くの労働が必要になるが，一国の人口の穀物需要を満たすためには劣等地の耕作を避けることはできない。しかし，穀物価格は穀物需要を満たすために必要とされる最劣等地での労働の生産性によって左右されることになり，そのために穀物価格は上昇するであろう。しかし最劣等地への労働投入が可能であるための最低条件は，そこで農業資本家に対して平均利潤率が確保されることであるから，最劣等地では地代を支払う余地はない。逆に，そのような土地よりも条件のいい土地では，農業資本家は地代を支払うことができるだろうし，また実際借地契約改定に際して，平均利潤率よりも多くの利潤を得ていた農業資本家は，平均利潤を超える利潤部分を地代として支払わされることになるだろう。こうして差

額地代が生じる。しかし差額地代は，劣等地への耕作の拡大によって穀物価格が騰貴した結果として優等地で生じたものであるから，投下労働の実質的な基礎に基づくものではなく，穀物価格の構成要因とはいえない。ところで穀物価格が騰貴すると賃金水準も上昇せざるを得ない。しかし，工業では，一定量の生産物を生産するのに必要な労働量が増加するわけではないから，賃金が上昇しても，工業生産物の自然価格は上昇するわけではない。賃金が上昇するために，利潤率は低下するであろう。

　以上のようなリカードウの差額地代，賃金と利潤の相反関係，労働価値説の構想によって，彼が主張したことの1つは，差額「地代が決して生産物の価格に入らないし，入ることができない」という原理である。彼はこのことを彼の労働価値説に基づくものとして主張したのだが，彼はこの原理を「政治経済学の最重要な」原理であると信じた[10]。地代が労働と同じ仕方で，土地の生産性（収益＝効用の生産性）によるという上述来のナイトの静態理論は，まさこの原理に真っ向から対立していたわけである。

　リカードウの差額地代論はその形式的な（限界理論的な）組み立て方に，収穫逓減を共有する限界生産力説に似ているところがあるために，彼の理論の中でもナイトによってもっとも好意的に受け止められているが，リカードウ差額地代論に含まれていた不労所得的な考えは排除され，労働の生産性低減の代わりに，土地の限界生産力低減が置かれている。企業家が質の良い土地を高い価額を支払って購入しようとするとき，将来収益との最低限の比率関係は利子率に規制されるだろう。企業家が質の良くない土地を安い価格で購入（土地へ投資）する際も，計算の仕方は同じだろう。資本も土地も相続財産であるなら，両者を区別すべき理由はなにもない。(cf. Knight 1935, 253)

　古典派とアメリカでは地理的，歴史的な違いがある。すでにJ. B. Clarkは19世紀末の段階で，「もし経済学がアメリカで創始されていたならば，［古典派的な—引用者］この用法はけっして普及しなかったであろう。アメリカでは土地はいつでも商業的財貨であった。そこでは，その1区画を買うものは，その形

---

10) Ricardo([1821] 1951, 77/訳91) 参照。

態での彼の投資から，およそ他の形態から取得できるのと同じだけ高い利子が得られるかどうかを計算するのである」と述べている[11]。アメリカは独立後アパラチア山脈以西の土地を領有したし，さらに 1803 年にはナポレオンからミシシッピ川以西の広大な領地を購入した。政府は，開拓農民には区画ごとに土地を売却し，その収入を関税収入とともに政府の重要な財源とした。農民は土地を購入，すなわち投資しなければならなかった。こうしたイギリスとの事情の違いが，それなりに理論構成の違いに関連するかもしれない。

　しかしだからといって，イギリス古典派経済学は間違いで，アメリカ経済理論は正しいとはいえないだろう。ここで取り上げているナイトの論文の冒頭は，次の文章で始まる：——

　　　経済学の分野における'古代人'[イギリス古典派のこと—引用者]に対する主な関心は，その誤りから学ぶということだという前提で，本稿の議論の主なテーマは，'古典派の'体系と'正しい'見解とを対比することである。(Knight 1935, 237)

　本章で検討しようとしている問題は，イギリス古典派とナイトの見解の関係は，このように正と誤の関係と断言してすませる事柄であろうかという問題である。

　リカードウは穀物価格が上がると賃金が上昇するということを，当然なことのように書いている。彼によれば，労働の自然価格は，「本質的に国民の習慣と慣習に依存する。」[12] これは，労働者が社会生活をしてゆくうえで，恥ずかしくない生活を維持することができる賃金水準を意味する。この水準は長期的には人口増加と資本の増加率に大きく影響されると考えられた。彼は，救貧法が人口の増加を助長していると考え，その漸次的な廃止を求めた。他方，労働需要にかかわる資本の蓄積のテンポを高めるためには，穀物価格を引き下げ貨

---

11)　Clark (1899, 337/ 訳 341) 参照。
12)　Ricardo ([1821] 1951, 96-97/ 訳 113)．

幣賃金を低くすることが必要になる。そのために彼は，穀物の自由輸入を阻害する穀物法の撤廃を求めた。そのことによって貨幣賃金の上昇を避けることができるが，資本蓄積テンポが維持されるから，実質賃金はかえって長期にわたって高く維持されるだろうと考えられた。彼の分配理論は実際的，政策的な狙いと一体になっている。こうして国民の大多数を占める労働者の実質的な生活水準をかなり長期にわたって高く維持できるようにという願いが込められている。彼はこうした立場を，「人道の友」[13]とか，「貧民の，そして人道のために最良の友」[14]だと自認している。このように「賃金を左右し，あらゆる社会の最大部分の幸福を支配する法則」[15]を追及する彼の理論と政策は，倫理的立場を含むものであって，それは社会的功利を重視する功利主義とつながっている。

　以上にまとめたリカードウの理論と政策の性格は，倫理的要素を排除するナイトの抽象的・静態論的な自由競争市場原理とは，対照的な違いがある。この点はナイトが正しくリカードウが間違いだとは断ずることのできない問題であろう。経済学と倫理問題との関係のつかみ方の違いという問題である。

　ナイトは静態理論に多くの難点が伏在していることを認めながらも，リカードウ理論を容赦なく批判する。批判は細部にわたり詮索的であるから，それを全面的にフォローするのは大変だ。労力の割には益するところが少ないだろう。本章ではただ1点だけ，リカードウ賃金論を生存費説と受けとって，それを批判した問題を取り上げることにする。

　自然賃金は「本質的に国民の習慣や慣習」に沿うものというリカードウの規定は一種の社会通念，風習のような思潮を含む規定である。この規定はナイトの数式表現にはなじまない規定でもある。リカードウは賃金を問題にするとき，多くの場合「労働者とその家族の生活」を問題にしている。これに対して，ナイトの賃金は，個々の労働者が将来どれだけの収益を企業に与えるかを

---

13)　Ricardo（[1821] 1951, 100/ 訳 116）.
14)　Ricardo（[1821] 1951, 107/ 訳 126）.
15)　Ricardo（[1821] 1951, 105/ 訳 123）.

問題にする。賃金理論史上では生活給と能率給との違いがあるかもしれない。この理論によれば,家族の少ない労働者は,大きな家族を抱えた労働者よりも生活は楽であろうし,独身者はもっと有利であろう。労働者間の生活の格差も不可避であることが,暗に容認されている。しかし,ナイトの論述にはやや困惑じみた叙述が見られる。収益に見合う賃金という原則からいえば,「賃金は,荷車を引く獣の餌や世話と同様な原理で決められるだろう」(Knight 1935, 267) という過激な表現の本文に注を付していう;——

　　労働者は実際上,奴隷の子として生まれた奴隷ではないので[奴隷制の下では雇用者はその家族の維持費も負担していたのだがという意味。—引用者],個々の雇用者が,労働者にその家族維持費を支弁しなければならない理由はないということには,興味深い例外がある。しかしこのことは,労働者が家族をもち,賃金を家族と分けあうのを雇用者はとどめることはできないし,そのため彼は労働者のサービスを確保するために家族をサポートせざるを得ないのだと考えるならば,説明がつくだろう。ある種の社会的倫理的観点からは,労働者とその家族の生活上のいろんな出来事に備えるということは,労働者の個人的な責任になっているのだが,労働者が十分にこの責任を果たすことができないでいるというのは,市場システムの興味ある特徴である。しかし,すべての'個人主義的'社会は,この不十分さの最悪の結果をいろんな救済組織をとおしていくらかやわらげているのである。(Knight 1935, 286)

　この文章はナイトの賃金理論には,もともと労働者個人の将来収益の問題しか含まれていないから,家族給という点については,例外的に雇用者が妥協するほかはないだろうという困惑が表現されている。家族のサポートということについては,ナイトの原理への結びつきは取りにくい。彼はまたすべての社会で,貧困救済のための制度があるといっているが,これもまた彼の自由競争的な市場原理と直接的な連絡を取ることはできないであろう。経済科学は倫理的

な観点を交えないというのであるから，この種の問題は，経済学とは別に違った原理によって倫理的，社会的，政治的な考慮がなされるだろうという問題になる。しかし，社会生活の中で経済活動，したがって倫理的考慮を排除するとされた市場競争の原理は圧倒的に大きな影響力をもっているから，経済活動部面では原理的に倫理的ではないということになると，倫理的思考そのものが統一的なまとまりをもちにくくなるであろう。

　このように，ナイトの将来収益帰属論にも問題が残ることをナイト自身注記してはいるのであるが，リカードウ賃金論に見られる生存費説に対する批判は厳しい。生存費説は恣意的 arbitrary な規定だと断じている（Knight 1935, 267）。生存費による賃金というのは，企業家的な将来収益の帰属計算を忘れているというのである。リカードウのいう生存費は，社会通念上の労働者自身とその家族の生活費のことをさしており，「本質的に国民の習慣や慣習」によるというのであるが，そうだとするとその国，その時代，経済の発展の度合い等々によって，その水準はいろいろであろう。そのうえ生存費による賃金は，労働者の要求や運動次第では，労働生産物の全体に対する要求になるかもしれない。ナイトはこのことを恐れる。ナイトの目には，こうした分配論の主張の基礎には投下労働価値説が横たわっていると見られている。（cf. Knight 1935, 280, 282, 289）

　それだけではなくリカードウの生存費説には，ナイトにとってはもっと大きな社会的な心配がつきまとっている。ナイトはいう；——

　　賃金は生存費に依存するというこの理論のもう一つの側面は，この理論をひきつづきずっと教示してきたのが，急進的経済学派，特にマルクス主義者だったという事実である。……それは今日でも熱心に，若干修正を加えられながらも，労働運動の指導者やかなり多数の一般民衆によって信じられている。……この理論はそのために'交渉力'の形をとっている。（Knight 1935, 267-268）。

　生存費説の背後にある願望的思考を動機づけている実際的結論は，賃金

を上げるためには雇用者の膝元に火をつけることだということであって，……そのことの中にえてして含まれているのは，はっきりいわれているわけではないが，雇用者を取り除いて，労働者自身を（といっても実は彼らを代表するプロパガンディストを）その地位につかせて，雇用者が競争市場で受け取る所得に等しい賃金を支払らわせることが必要なだけだということである。（Knight 1935, 286-287）

　この文章は，ナイトが，生存費説と解釈されたリカードウ分配理論に，おおげさにも資本主義覆滅の危険を感じていたと理解するほかはない。19世紀末以後のアメリカ資本主義の急速な発展の中で，官憲の激しい暴力的抑圧のもとでの労使紛争や社会主義の言説の台頭とそれを巡る政治的な争い，さらにはヘンリー・ジョージの土地所有批判と地代単税論などが，激しい論争を呼び起こしていた時代である。アメリカ経済学の創始者の1人と見られるJ. B. Clarkは，すでに1886年に「分配問題は，正しい解答が与えられれば社会の秩序をもたらすが，もし間違った答えがなされると共産主義をもたらすし，答えられない場合には動揺と危険がもたらされる」という，分配問題に対する特徴的な観点を表明していたといわれる[16]。ナイトのリカードウ分配論批判は，彼の有力な先行者であるクラークのこの言明を受け継いでいるのであろう。

　前述のように，将来収益の帰属価値として賃金支払額が計算されるというナイトの理論には，倫理的要素は排除されている（cf. Knight 1935, 286）。彼はリカードウ批判論文では，このことにあまり触れていないが，1921年の主著では市場競争原理が倫理問題を含まないことを大変強調していた。この理論の立場では，イギリスやアメリカの資本主義の発展に伴って，なぜに激しい労働運動が生じたのかという歴史上の現実を説明する手がかりは無くなってしまう。そのことによって，経済学が社会科学の1分野であるという実効性を希薄にしてしまう。実はそれどころか，労働者は自分のもたらす収益に等しい価値を受け取るというのだから，歴史上多発したような労働運動の根拠はないということ

16）田中（2006），特に第4章を参照。引用は86ページ。

になる。他方，リカードウおよび古典派の生存費説的な分配論の中に，ナイトは，労働運動の発生を裏付ける根拠どころか，上述のように，資本主義の安泰を脅かしかねない急進的な運動への恐怖をかき立てているのである。

したがって次のようなリカードウおよびイギリス古典派の自由主義とナイト的，アメリカ的な自由主義との間には，対照性あるいは大きな歴史的意味合いの違いがあることに，注目すべきであろうと思う。リカードウも封建遺制としての救貧法を批判し，封建末期以降形を整えて展開された重商主義的な穀物輸入制限法の撤廃を求めた。また穀物価格の低廉と資本蓄積テンポの促進を求めた。そしてこのことが，実はスミス以来のイギリス古典派的な自由主義経済によって実現されると主張した。したがって彼の自由主義は封建遺制批判という意味での自由主義を引き継いでいる。彼の議会議員としての活動が，封建制以来の貴族勢力によって牛耳られていた議会の民主化と選挙制度の自由主義化であったことも想起されるべきであろう。

ところがナイトの自由主義は，社会主義への恐怖とそれに対する批判という意味をもっている。封建性批判という問題は出てこない。イギリス古典派もナイトも，ともに自由主義者ではあるが，その社会史的な意味合いは違う。一方は封建遺制批判としての自由主義だが，他方は社会主義への恐怖とそれに対する戦いとしての自由主義である。ナイトの数式だけではなく，この点にも注意を払う必要があるだろう。

自由主義に関してのこうした違いに対応して，リカードウ体系の基礎と認められた労働価値論に対するナイトの評価も，大変厳しい。リカードウ批判論文の最後の文章はこう結ばれている；――

> 古典派の全体的な立論の誤りは，……労働の特殊な性格と役割に根差している。より一層一般的に言えば，その誤りは，概念的分析［市場原理的分析のこと―引用者］と倫理的価値評価の混同による。(Knight 1935, 289)

「労働の特殊な役割」というのは，「労働だけが生産的だと考える」(Knight

1935, 282) ことを意味する。ナイトは，リカードウ分配理論の基礎に労働価値説があることを知ったが，労働価値説には倫理的な価値評価が混同していると批判しているのである。私はこの批判的指摘は必ずしも的はずれだとは思わない。労働価値論がリカードウ分配論の根底にあるという認定は，不当な結論ではない。リカードウは1817年の『原理』初版出版以来，自らの分配論の基礎を固めるために1823年の死にいたるまで，労働価値論の完結を目指して最大限の努力を重ねた。此の点はスラッファが，イギリスでは標準的だといえる『リカードウ全集』序文で描いているとおりである。

ナイトのリカードウ分配論批判は，ナイトとリカードウの関係を正と誤の関係とする見方をはるかに超えて，スミス以来リカードウを経て形を変えながら受け継がれたイギリスの経済思想史の性格と，ナイトが示唆したアメリカの市場原理主義的な思考との社会史的な意味合いの相違を含意している。

4. 古典派分配論の倫理とその思想史的継承

イギリス経済学史（あるいは経済思想史）の起点とも基点ともいうべきスミスにおいて，ナイトがいうとおり，その労働価値説は分配を巡る倫理的な価値評価と結びあっているといえるだろう。労働価値説は，価値・価格理論としては，リカードウを経て間もなく生産費価格論に変形してしまったし，さらに1870年代以降はジェヴォンズの効用理論の影響を受けるようになってしまった。この点にはイギリスの経済学史とアメリカのそれとの間には共通性がある。しかしスミスの労働価値説に結びついて分配論にかかわる倫理観は，その後イギリス経済思想史に連綿と受け継がれているように思われる。このことは，ナイトの分配理論が，倫理観を排した自由競争原理であって，その後のアメリカ的な経済理論の発展方向を示唆していた事情に比べて，イギリス経済思想史の1つの特徴として注目しなければならない。

この英米の対比対照は大きな問題をはらんでいるから，満足のゆくほどに書こうとすれば広範な準備が必要だろう。今の私にはその準備はできていない。以下，ナイトによって労働価値説と結びつけられたリカードウ分配論の倫理観

が，イギリスにおいては，ナイト的な，ある意味ではアメリカ的な理論の展開とは違った継承の流れを示したことを，できるだけ手短にまとめて，本章の結びに変えることにしたい。その場合でも，イギリス経済思想史の展開の複雑な様相を描くのを避けて，その中の一筋の，しかし主要な節目をできるだけ短かく浮き立たせるために，言及する人物はスミス，リカードウ，初期社会主義，ミル，マーシャル，ケインズ，ピグウに限ることにする。

そもそもスミスの労働価値説は，価値・価格論としては論理上の混乱を残すことになったとはいえ，確かに富の分配についての彼の社会観，倫理観と結びついている。彼の労働価値論は，生産者が投じた労働の成果は生産者のものになるのが本来的に自然だという主張に支えられている。ナイトはこのような自然権思想に強く反対する[17]。この思想は，封建制下の搾取を批判したものであり，自由主義的な経済組織を求めたものである。イギリスの自由主義史は，アメリカのそれにくらべて社会主義（改良主義化された）に対してよほど寛大だ。この点が，社会主義批判としてのナイトの自由主義と違う点である。ナイトは，自然権思想と結びつく労働論は社会主義に結びつくと考えて，それに反対したのであろう。社会の物質的な生活を支えているのは，生活物資を生産している労働者であり，また労働者は社会の最大多数を占めているのだから，労働者が豊かな賃金を手にすることは，倫理的観点から見て'衡平'equityであるというのが『国富論』第1篇第8章賃金論の主張である。労働価値説と結びついたこの衡平観は，イギリスではスミス以後もいろんな形で受け継がれたのではないか。封建制以来の貴族的土地所有がまだ強力に残存していた時代に，スミスは，地主は撒かないところで刈り取ることを好むなどといって地主階級を揶揄し，土地の商品化を主張した。この主張はJ. S. ミルにも強く受け継がれたが，商品化が実現されれば貴族的土地所有の瓦解を促進したであろう。

労働価値論を基礎としたリカードウの分配論のポイントは，先述のように差額地代論と賃金―利潤相反命題である。差額地代は価格の構成要素ではないと

---

17) ナイトは彼の主著でいっている。「自然権には多分に道徳的な flub-dub がある」〔訳語としてはでたらめ？ 大言壮語？―引用者〕。Knight(1921, 360).

いう命題は，ある意味では地代問題を価値・価格論の枠外に置いたことになり，その意味ではナイトの批判は全く不当だとはいえないが，リカードウの主張には，地代が不労所得であるという地主階級に対する社会的・政治的批判が含まれている。ナイトの分配論には，何らかの意味の不労所得という観念は存在しない。存在しないように理論が工夫されている。反対に上記のイギリス経済思想史では，何らかの形で不労所得批判は問題にされつづけた。ケインズにおいてさえも，利子生活者のユーサネイジアという意識がある。先に述べたようにリカードウは，労働価値論をもとにして賃金—利潤相反命題を導きだしたが，これは両者の対立関係をいおうとしているだけではなくて，穀物法撤廃→穀物価格低下→利潤上昇→資本蓄積のテンポ向上→労働需要増加という，彼の理論と政策が実現されるような状況で，社会の大多数を占める賃金労働者の実質的な生活水準が，賃金の自然価格，あるいはそれ以上の状態を維持することができるだろうということを主張するためであった。そしてこうした社会的功利の実現が，「人道の友」として当然ではないかといったのである。

　1820-30年代には，ロバート・オウエンなどに見られるように，スミス以来の労働価値思想が，社会主義的・人道主義的な個別の実験という形をとった。19世紀半ばのJ. S. ミルの経済学には，こうした初期社会主義の影響が大きい。彼の価格理論は生産費説であったが（価値・価格理論としては労働価値論を維持することはできなかったが），分配の問題に関しては，ナイトの理論とは反対に，スミスの思想を継承している。株式制度が整備されつつあった時期に，彼はそれを超えて，労働者自身で組織した協同組合組織で，スミス的な労働価値思想を（私的にではなく，協同組織的に）実現する方途を考案し志向し期待した。

　マーシャルを，イギリス新古典派の代表と見ることができるなら，アメリカ新古典派やナイトとの間には基本的な違いがある。ナイトは，1921年の主著で，自分の立場が，当時アメリカの諸大学で広く教科書に採用され権威も大きかったマーシャルにいちばん近いと自称しているのだが，彼は同書で，マーシャルは経済学の概念を現実に近づけすぎていると苦言を呈している。つまりマーシャルはナイト的な意味での静態論的な均衡論を基礎にしていないという苦

第7章　フランク・ナイトのリカードウ批判をめぐって　251

言である。この苦言には実は，彼とマーシャルの基本的な違いが示唆されている。マーシャルは静態論的均衡論の構想に反対しているからである。ナイトの静態論は彼の先行者 J. B. クラークの限界生産力的分配論の静態論的な基礎理論を基本的に継承している。田中敏弘氏の『アメリカ新古典派経済学の成立』には，クラークとマーシャルの間の未公刊の貴重な文通が原文で掲載されている。Pigou（〔1925〕1966）に編集された両者の間の数通の文通と合わせて，新しく掘り起こされたこの文通を読むと，マーシャルがクラークの静態論にはっきりと，断固として反対していることがわかる。静態論的，抽象的な均衡はこの世のどこにも存在しないというのである。イギリス経験論や現実主義の伝統からいえば当然の反対である。この点は，イギリス新古典派（マーシャルを代表者と見る限り）とアメリカ新古典派との違いの「根底」を示しているというべきである[18]。そのために前掲のステイグラーは，限界生産力的分配論展開の出発点をジェヴォンズにおいたのであろう。

　マーシャルはジェヴォンズの効用論，需要論を，「鋏の両刃」の一面としているにすぎない。彼の有名な「リカードウ価値の理論」（『経済学原理』付録Ⅰ）は，ジェヴォンズのもっぱら需要論サイドからするリカードウ批判を一面的だとして，むしろジェヴォンズ批判の方に力点をおいているように見える。リカードウの伝統を大事にしていることがわかる。ここでは問題とする分配論，あるいは経済学における倫理的な問題という点から，次の文章を1つだけ引用してみよう。国民の社会生活の改善を促進しようと努力する人が，個人によるより国家によってこの仕事の多くのことがよりよく遂行されうると信じているとするならならば，このような人は「社会主義者」でありましょうと，彼に特有な社会主義の定義を述べた後，次のようにいっている：──

　　この意味では現世代のほとんどすべての経済学者は社会主義者でありま

---

18) cf. Pigou（〔1925〕1966, 415）。同書所収の 1902 年 12 月 15 日付クラーク宛書簡にはなぜかかなり長文の省略部分があり，マーシャルの意図全体が汲みとれない。田中敏弘（2006, 229-231）はこの部分を埋めている。永沢越郎氏の部分訳には書簡は所載されていない。

す。私自身も，経済学については何も知らないうちからすでに社会主義者でありました。私が40年も前にA. スミスやJ. S. ミル，そしてマルクスやラッサールを読んだのは，社会改革において国家やその他の機関によって実現できるのは何かを知りたいと思う願望からでありました。それ以来私はいよいよ確信に満ちた社会主義者として成長したのであります。[19]

すなわち彼も，ナイトと同様に急進的社会主義に反対しているのだが，ナイトと違ってJ. S. ミルに受け継がれた古典派的伝統，J. S. ミルが主張した改良主義を受け継ごうとしている。この伝統に立って，改良主義的に社会主義の観念を彼なりに改編しようとしている。彼のいう社会主義というのは，社会改革において国家やその他の機関ができることにかかわる。すなわちレッセ・フェールの自由競争から出てくる貧困の弊害を教育制度などによって救済できるかという問題であった。彼は，ナイトのように社会主義に反対して自由主義を主張したのではなくて，自由競争の弊害を強制するために国家やその他の機関による改良主義を，社会主義と呼んで許容したのである。高賃金論とか，教育制度の民主化というような，社会福祉政策に通じる彼の言説を想起することができるだろう。彼の経済学は，少なくとも彼が主観的に自認しているところによれば，倫理的な意味合いを含めて，貧困救済のための機構とめどをつかもうとしたものである。したがって，経済学は貧困の研究だといったのである。こうした経済学は，倫理の問題を別において，希少資源の最適配分を扱うというナイトの定義とは大幅に方向性が異なる。

ケインズは，いわゆるセイ法則を順守する諸学説を「古典派」と呼んで批判した。しかしこのことは，リカードウ以後のイギリス経済学史を全面的に捨てたというのとは，まったく意味が違う。ここではあれこれと話題を広げないで，次のエピソードだけを取り上げるにとどめる。1936年の『一般理論』に対して，社会的地位の違いを示唆するような言葉を使ってProfessor Pigouが年下のMr. Keynesを揶揄するような書評を書いた。「月に矢を射るアーティス

---

19) Pigou([1925] 1966, 334/訳143).

ト」[20]といった具合である。『一般理論』でピグー自身がケインズの批判の矢面に立たされたからであろう。ところが1950年の著書ではマーシャル長期理論とケインズの短期理論との関係は「共通の先祖をもったいとこ関係」だといっているだけではなく，1936年のほんの数年後に出版されたピグーの1942年の著書（*Employment and Equilibrium*）は，『一般理論』に倣おうとしたわけではなかったのに，期せずしてピグーの理論立てはケインズのそれに一致していたと言明している。そしてケインズの業績を高く評価しなおしている[21]。ケインズはスラッファの『リカードウ全集』の完成を長年にわたり応援した人であり，またベヴァリッジの社会保障政策の作成に側面から助力した人である。イギリスのその後の社会民主主義的な人々の支えにもなった人である。マーシャル直系の厚生経済学の代表者であるピグーに，上記のように評価されていたということは，スミスの社会倫理と結びついたイギリスでの学説史の展開の中で，ケインズの位置づけを考えるうえで大変興味深い。「古典派」批判者，ピグー批判者といわれるケインズでさえも，社会的倫理観に開かれたスミス以来のイギリス経済思想史上の人として取り込まれているからである。

　他方，完全知識，完全自由競争を前提したナイトの仮想的・理念的均衡理論は人々の実際の経済活動の原理を理解するうえで欠かせないとされているのであるが，にもかかわらず静態論と現実は大きく違うということも，ナイトの強調点の1つである。現実は不完全知識，不完全競争，不確実性の世界であって，企業家は将来収益が不確実であるという危険を冒して，一獲千金の利潤の獲得に狂奔する。利潤というのは，利子率を超えるほどの余剰収益である。企業家が利潤を目指して狂奔することによって，静態状態が破られて，経済は発展するとナイトは主張する。しかし，多くの企業家は失敗して競争場裏から退場するだろう。相続と能力と運に恵まれた企業家は大きな利潤を手に入れることができるだろう。成功した企業家は，資産も事業も能力も次代の継承者に引き継がせるから，富の格差が大きくなる。代々の企業家は，もっぱら資産価値

---

20) Pigou (1936, 132).
21) Pigou ([1950] 1978, 20, 24, 65).

の増大,格差の増大だけを目指して狂奔しているのが実情である。他のことには目をくれない。そのため,富の格差があまりにも大きくなると,経済,社会,政治的民主主義,道徳のさまざまな生活部面で,ナイトの立論の基本である「個人的自由」や,自由に伴うべき倫理関係が危殆に瀕する恐れが生じる。

そのため,ナイトは,企業家のもっぱら利潤追求,価値増殖に明け暮れる競争ゲーム的な活動に含まれる非倫理的な実情を摘発し指弾して,社会生活のその他の諸部面での自由や倫理観との調整,proportion(均衡)を図る必要を強調し,そのための大変な努力と思索を重ねている[22]。しかし,企業に主導される人々の経済生活は,人々の社会生活全体の中で大きなウエイトを占めており,しかも経済の論理(その底にあるのが本章で見た企業家の将来収益の帰属計算であるが)と,その他の社会生活部面での人々の倫理観とは,結局は矛盾することを,ナイトは認めざるを得なかった[23]。そのため,経済原理と社会生活のその他の諸部面での自由や倫理観との調整とproportionを図る仕事は,複雑,困難,そして矛盾したものにならざるを得なかっただろうと思う。

私は,上述のイギリス型の思想史によって資本主義の矛盾が解決されているといっているわけではないが,ナイト的な思考の示唆する方向では,矛盾の解決はもっと難しいだろうと思う。

参 考 文 献

Clark, J. B. 1899. *The Distribution of Wealth, A Theory of Wages, Interest and Profits.* New York: Macmillan. 田中敏弘・本郷亮訳『富の分配』日本経済評論社,2007。

Dobb, M. 1973. *Theories of Value and Distribution since Adam Smith.* Cambridge, UK: Cambridge Univ. Press. 岸本重陳訳『価値と分配の理論』新評論社,1976。

Keynes, J. M.［1936］1973. *The General Theory of Employment, Interest and Money, Collected Writings of John Maynard Keynes,* 7. London: Macmillan. 塩野谷祐一訳『ケインズ全集』第7巻,『雇用,利子および貨幣の一般理論』東洋経済新報社,1973。

---

22) 多方面の資料をおさえて書かれた力作,黒木(2011)は,ナイトのこのような努力と思索の苦心のほどを描いている。

23) ナイトはいう,「これら2面の関心事の錯綜した関係によって,問題は複雑になる,……両面は切り離しはできないが,結局は矛盾しあっている。」(Knight 1951, 367)アメリカ経済学会会長講演。

Knight, F. H.［1921］1971. *Risk, Uncertainty and Profit,* with a forword by G.J.Stigler, Chicago and London: University of Chicago Press.

――― 1934. Capital, Time, and the Interest Rate. *Economica.* New Series 1(1-4): 257-286.

――― 1935. The Ricardian Theory of Production and Distribution. Reprinted in R. B. Emmet, ed. 1999, *Selected Essays by Frank Knight.*（1）*"What is Truth in Economics",* Chicago and London: University of Chicago Press.

――― 1951. Role of Principles in Economics and Politics. Reprinted in R. B. Emmet ed. 1999. *Selected Essays by Frank Knight*（2）*"Laissez-Faire Pro and Con".* Chicago and London: University of Chicago Press.

Pigou, A. G.［1925］1966. *Memorials of Alfred Marshall.* New York: August Kelley. 永沢越郎・部分訳『マーシャル経済論文集』岩波ブックセンター，1991。

――― 1936. Mr. J. M. Keynes' General Theory of Employment, Interest and Money. *Economica.* 3. May: 115-132.

―――［1950］1978. *Keynes's 'General Theory'.* Fairfield: August Kelley.

Ricardo, D.［1821］1951. *On the Principles of Political Economy and Taxation. The Works Correspondence of David Ricardo*（1）, ed. by P. Sraffa with the collaboration of M. H. Dobb. Cambridge, UK: Cambridge Univ. Press. 堀経夫訳『デイヴィッド・リカードウ全集』第1巻，『経済学及び課税の原理』雄松堂，1972。

Schumpeter, J. A. 1954. *History of Economic Analysis.* New York: Oxford Univ. Press. 東畑精一郎訳『シュンペーター経済分析の歴史3』（全体は7分冊）岩波書店，1957。

Stigler, G. J. 1941. *Production and Distribution Theories.* New York: Macmillan. 松浦保訳『生産と分配の理論』東洋経済新報社，1967。

―――［1952］. Ricardian Theory of Value and Distribution. Reprented in G. J. Stigler, *Essays in the History of Economics.* Chicago and London: Midway Reprint, 1987.

―――［1958］. Ricardo and the 93 Per Cent Labor Theory of Value, Reprented in G. J. Stigler, *Essays in the History of Economics.* Chicago and London: Midway Reprint, 1987.

黒木亮 2011「フランク・ナイトの経済学・競争体制批判―シカゴ"学派"再考」『経済学史研究』（経済学史学会）53(1)：21-142。

田中敏弘 2006『アメリカ新古典派経済学の成立―J. B. クラーク研究』名古屋大学出版会。

和田重司 2015「フランク・ナイトの不確実性の経済学」『中央大学経済研究所年報』(46)：87-106。

第 8 章

『国際経済学』におけるハロッドのヴィジョン
——同書の改訂内容をめぐって——

伊 藤 正 哉

1. はじめに

ハロッド（Roy Forbes Harrod, 1900-78）は，経済動学・経済成長論の開拓者としてよく知られている。しかしながら，ハロッドの最初の著作は，1933年に出版された『国際経済学』であった。同書は39年，57年，73年の大幅な改訂を経て出版されつづけた[1]。よって同書は，ハロッド最初の著作であるとともに最後の著作でもあったといえる。また『国際経済学』以外にも，彼には国際通貨制度に関する著作が数多くある。すなわち，国際経済・通貨の分野は，ハロッドにとって終生の研究課題であった。

かくしてハロッド経済学体系において，国際経済・通貨に関する彼の業績は不可欠の構成要素となるはずである。だが，彼の『国際経済学』および同分野のその他文献は，これまで経済学史研究の対象としての関心をあまり向けられてこなかったように見受けられる[2]。とりわけ同書の改訂内容の異同という側

---

1) 以下，参考文献を除き西暦は下2桁のみを示す。
2) もちろん皆無なわけではなく，海外では『国際経済学』における外国貿易乗数の理論を対象とする学史的研究として Besoomi（2000）がある。国内では，『国際経済学』を主題的に検討するものではないが，井上（1999），服部（2002）および中村（2008）が，ハロッドの基本的な国際経済認識および彼の国際経済論の全体像を明らかにしている。とりわけ，ハロッドの発展途上国に対する認識という本章のハロッド解釈にとって決定的に重要な分析視角は，井上（1999）から得られたものである。

面に着目した研究は,皆無であるといってよいだろう。したがって『国際経済学』において,ハロッドがいかなる理論や政策論を展開したのか,それらは改訂を受けてどのように変化したのか,また同書の改訂を促した歴史的な要因は何だったのか,そしてハロッドは結局どのような国際経済へのヴィジョンを示したのか,というような問題への答えは,いぜんとして不明確なままに残されているといえるだろう。

そこで本章は,ハロッド経済学研究への貢献,ひいてはケインズ学派の国際経済論の発展への寄与を視野に入れて,『国際経済学』における改訂内容の異同に着目し,その理論的・政策論的な変容過程をまず明らかにしたい。そしてハロッドに改訂を促した史的要因についても検討し,彼の政策論の基底にあったヴィジョンの形成過程ならびにその完成形を明らかにしていきたい。

本章の概略を示そう。第1節から第4節までは33年版と39年版が検討対象となっている。『国際経済学』の改訂において,もっとも大きな改訂となったのは39年版であった。初版の33年版から39年版への変容の史的要因となったのは,ケインズ革命であった。すなわち改訂内容は,古典派的理論からケインズ理論への展開であり,それにともなって政策論もまた,ケインズ的なヴィジョンにもとづいて再構築されることになった。なお理論面に関しては39年版でほぼ完成され,第2次大戦後の改訂において変更はほとんどない。

第5節と第6節は,第2次大戦後の改訂ならびにその他ハロッドの著作が検討対象となっている。第2次大戦以後の改訂内容は主に政策論からなり,とくに国際収支不均衡の是正と国際流動性の増大に議論の焦点が合わせられた。これらの改訂を促した史的要因は,世界資本市場の変容,ならびに先進国と発展途上国という新たな「全体としての世界」の誕生であった。そして彼の戦後の政策論は,「全体としての世界」における生産要素の完全雇用というヴィジョンから導かれたものであった。

また学史的研究に限定しなければ,ハロッドの国際経済論ないし国際通貨論を主題的に検討した文献は枚挙にいとまがなく,たとえば『国際経済学』については同書の翻訳者である藤井茂による概説がある(藤井 1955)。

かくして本章は，ハロッド『国際経済学』の改訂内容を検討し，彼が最終的に到達した国際経済へのヴィジョンを明らかにしていく。

2. 1933年版の貿易収支の理論

『国際経済学』の構成は，すべての版を通して，第1章から第4章までが比較生産費説，第5章が外国為替制度論，第6章が貿易収支の理論，第7章以降が政策論となっている。第5章までは，すべての版を通して，技術的な修正を除いて同じ内容を保っており，39年版以降に主要な改訂対象となったのは第6章以後であった。したがって以下では，ハロッドのヴィジョンの解明という目的に照らして，第6章以後に検討対象を限定することにしたい[3]。

まず本節では，33年版『国際経済学』の第6章「貿易収支」を見ていく。同章第1節「単純条件での均衡」では，ハロッドは，単純化のための特定の仮定をおいた上で，貿易収支の均衡が導かれる過程を明らかにしようとする。

単純化の仮定は，次のようなものである。まず，国境を越える資金の流出入は，すべて財貿易に関わるものであり，国際資本移動は存在しないと仮定される。さらに国内資本形成と貯蓄も存在せず，国内の経済主体は所得のすべてを支出すると仮定される。また第6章全体を通じて，金本位制がとられていると仮定される。

財の種類はA，B，Cの3種類に分類される。A財は1次産品など完全競争下にある財であり，世界価格水準が成り立っている。B財は不完全競争下にある財であり，単一の世界価格水準は見られず，地域差がある。以下ではA，B財の販売は輸出，その購入は輸入と見なされる。C財は国内のみで消費される財・サービスであり，一般の小売消費財や移動不可能な資本設備も含まれる。国内で生産されるA，B財が国内で消費されるとき，それは一般小売財としてC財に分類される。

経済主体の支出はA，B，C財の間で分けられる。国内の総所得は，これら

---

[3] 『国際経済学』におけるハロッドの比較生産費説解釈については，伊藤（2016）において検討されている。

の財の売上から得られる。C財への支出はC財の売上から得られる所得と等しい。A, B財への支出に対する売上の超過または不足は，貿易収支の黒字または赤字と等しい。ここでは貯蓄は行われないと仮定しているので，A, B財への支出は，A, B財の売上から得られる所得に等しいという関係が成り立つ。

つづいてハロッドは，次のような記号を導入する。Itを A, B財の売上すなわち輸出から得られる所得，hを A, B財への支出すなわち輸入の所得に対する割合，Iを国内の総所得を表すとする。そして以上から，彼は次のような関係式を導く。

$$I = \frac{1}{h} It$$

33年版では，ハロッドは「乗数」という名辞をまだ用いていないのであるが，上式は，単純化された条件における外国貿易乗数を示す式であるといえる。上式によれば，輸出額が大きいほど，社会の総所得は大きい。ハロッドは，輸出額の決定要因として次をあげる。①生産要素の貨幣報酬率，②生産要素の生産性，③世界価格水準。ハロッドは①と②を合わせて「生産要素の効率報酬」とする（Harrod [1933] 2003, 105）。

つづいてハロッドは，国内の生産と所得に対する輸出額の変化の波及過程について論じる[4]。日本の綿産業などイギリスと競合する他国産業に生産効率の改良があり，イギリスの海外市場が縮小したとしよう。その結果，A, B産業の生産と所得が減少する。ハロッドはこの所得減少のC産業への波及について考える。A, B産業の所得の初期損失を£Pとしよう。同産業に従事する諸個人は，全体で£Pだけ支出を減らす。この減少は，輸入財A, Bと国内財C

---

[4] ハロッドの外国貿易乗数の理論については，D. ベゾミがその成立過程を明らかにしている（Besomi 2000）。彼によれば，ハロッドは，R. F. カーンの論文や J. E. ミードとの書簡を通して，特定の支出の波及過程や乗数の概念，ならびにその外国貿易への応用を学んだ。ただし，ベゾミが明らかにするように，ハロッドは33年の段階では，投資から貯蓄へというケインズ的因果関係，ひいては有効需要の原理を理解できていなかった（Besomi 2000, 357）。33年のハロッドがいぜん古典派の枠組みの中にいたことは，次節において明らかにされる。

という2つのカテゴリーに分けられる。A，B財への支出が£q_1減少するならば，C財への支出は£$P-q_1$減少する。その結果，C産業の所得は£$P-q1$だけ減少し，同産業に従事する人々は支出を同額だけ減少させるだろう。彼らがA，B財への支出を£q_2だけ減らすならば，彼らはC財に£$P-q_1-q_2$だけ少なく支出するだろう。かくて£$P-q_1-q_2$だけ，C産業における所得のさらなる減少がある。この減少は，ふたたび2つのカテゴリーに支出削減をもたらす。こうした過程は，C産業における所得の波及的減少が消滅するまで進行する。これは，£$P-(q_1+q_2+\cdots)=0$となるとき，すなわち$q_1+q_2+\cdots=P$のときである。この式の左辺はA，B財の支出減少額の合計であるのに対して，右辺のPは自国のA，B産業の所得の初期損失額である。よって輸入の減少額は輸出の減少額に等しい。

かくして単純化条件の下では，輸出と輸入は，国内所得の変動を通して自動的に均衡化する。この結論の前提となる仮定を外し，国内における資本支出と貯蓄の存在を考慮に加えるならば，もはや輸出と輸入の均衡化は自動的ではなくなり，貿易収支の不均衡とそれにともなう資本移動ないし金流出入について考える必要が出てくる。さらにハロッドの議論を追っていこう[5]。

まず，国際資本移動が存在する場合の均衡を定義しよう。一国の総所得は，輸出，国内消費財および資本財の売上と，その他海外利子収入などの経常項目から得られる。得られた所得は，輸入，国内消費財への支出，イギリスから海外へ移転される利子などの経常項目，ならびに貯蓄（33年版のハロッドの表現では未消費所得）に分けられる。国内消費財に関する項目を除去し，対外取引を経常勘定として整理するならば，バランスシートの一方には経常勘定の残高と国内資本形成が残り，他方には未消費所得が残る。そして経常勘定の残高は，資本または金の流出入によって埋め合わせられる。以上はバランスシート上の関係にすぎないが，ハロッドは次のようにいう。「均衡において，経常勘定の

---

5) 33年版第6章におけるここまでの議論は，最後の73年版までほとんど同一の内容が保持されている。しかしつづいて検討される内容は，33年版に限定されるものであり，39年版において全面的に書き直されている。

残高は純海外貸出に等しい。したがって，海外貸出プラス国内資本形成は，未消費所得に等しい」(Harrod [1933] 2003, 123)。ここでハロッドは，経常収支の黒字を用いて海外投資を行うという状態を均衡と見なし，バランスシート上の関係から得られる恒等式を均衡方程式として解釈していると考えられる。すなわち国際収支の不均衡とは，金準備の流出入が生じている状態である。これは持続不可能なので，是正が必要である。このことをふまえて，つづくハロッドの議論を見てみよう。以下では利子などの所得収支は無視される。

　均衡状態が「有利な海外貸出の新分野の開拓」によって妨げられるとすれば，新海外貸出に等しい額の国際収支赤字が生じる (Harrod [1933] 2003, 124)。新海外投資が輸出の拡大をともなわない場合，金準備が流出する。新たな均衡のためには，貿易収支の黒字が新海外投資のフローをカバーできるまで十分に拡大しなければならない。この均衡化のためには中央銀行の政策が必要となる。すなわち中央銀行は，準備流出と歩調を合わせて，金融を引き締め，貨幣供給量を減少させる。市中銀行は，貸付を削減しなければならず，国内利子率は上昇するだろう。これは，国内の資本財生産を減少させるだろう。ハロッドは，乗数理論にもとづいて「これは，資本財産業に失業をもたらし，国内消費財産業に失業を伝播し，A，B財の購入を減少させる」と述べる (Harrod [1933] 2003, 127)。国際収支の赤字がつづき，金準備が減少しつづけるかぎり，利子率の上昇傾向はつづく。これは結果的に，輸入が新海外投資の大きさだけ減少するまで，C産業に失業をひき起こす。そして，新海外投資に等しい貿易収支黒字が生まれたとき，相応の失業と所得減少をともなった新しい均衡が成立する。かくてハロッドは，海外投資の増加が国内に及ぼすデフレ圧力を問題とする。そして乗数理論を用いて，その波及的な影響を分析するのである。

　海外投資がもたらすデフレ圧力という問題は，第1次大戦後にイギリスが直面した問題であった。第1次大戦前のイギリスは，ハロッドがいうように，経常収支黒字を海外投資に用いており，海外投資が金準備への脅威となることはなかった (Harrod [1933] 2003, 129)。しかし第1次大戦後，状況は変わった。海外投資は，輸出財産業の停滞に悩むイギリスにとって過度の負担となっていた

のである。同国は準備喪失を回避するため，高金利をはじめとするデフレ政策をとらざるをえず，失業を堪え忍ばざるをえなかった。ハロッドは，次のようにいう。「新たな均衡を確保するのに必要な量だけ A, B の購入を減少させるために必要な失業の伝播は，過度に大きく，同国の経済生活全般の麻痺をひき起こすかもしれない。そのような状況においては，外国為替取引すべての管理，または金本位の放棄が必要となるだろう」（Harrod [1933] 2003, 129-130）。ハロッドは，外国為替管理，とりわけ資本移動規制は本来ならば望ましいのであるが，実務的に困難であるとの認識を示している。すなわち「魅力的な解決は，政府が海外投資の統制権を獲得することである。しかしながら，この道筋は大きな実務上の困難に囲まれている」（Harrod [1933] 2003, 147）。かくて焦点は，通貨制度に絞られていく。つづいて第 7 章「金本位制が廃止されるとき」と第 8 章「世界貨幣改革」における彼の政策論を見ていこう。

3. 1933 年版の政策論

31 年イギリスは金本位制から離脱し，為替平衡勘定の管理下での変動為替相場制，いわゆる管理通貨制に移行した。ハロッドはこの状況を次のように述べている。「貨幣当局が，固定平価で外国為替レートを維持するよう義務づけられていないならば，かつそうしようと試みないならば，光景は大きく変化する。新しい自由が獲得される」（Harrod [1933] 2003, 138）。

管理通貨制の下では，与件が変化し輸出 It が減少し始めたとき，政府または中央銀行からなる貨幣当局は，生産要素の完全雇用を回復させるため，自国通貨の減価を促し，国内効率報酬の世界価格に対する関係を調整することができる。それがうまくいくならば，It は増加し，同国は失業とデフレーションの両方を回避できるだろう。

よって貨幣当局の行動が，一国経済にとって決定的に重要である。ハロッドの通貨改革論を具体的に見ていこう。分析の出発点として，初期状態において生産要素は完全雇用されているとする。ハロッドは，貨幣当局が，A, B 財で測られた自国貨幣の購買力を安定的に維持するように行動するという政策，彼

の言葉では「安定通貨政策」をまず提案する。すなわち，A, B 財の世界価格水準の上昇または下落は，自国通貨の対外為替レートの増価または減価によって正確に相殺されると考える。それによって，国内の効率報酬と世界価格水準の関係が一定に維持されるとしよう。そうなれば，世界価格の下落時において，自国の輸出は以前と同一水準に維持されることを期待できるだろう。

ただし，これは「類似の財の市場を追求する他の諸国に対しての略奪である」という異論がある（Harrod [1933] 2003, 149)。世界的な不況が生じ，世界価格水準の下落が生じたとしよう。このとき，貨幣当局が安定通貨政策をとろうとするならば，当局は外為市場に直接的に介入し，為替レートを下落させなければならない。ここで「外部世界への効果」，いわば負の外部効果が生じる（Harrod [1933] 2003, 154)。為替レート減価の結果，自国の財が外部世界に安く供給されることになり，また外部世界に対する自国からの需要は減少する可能性が高い。これらは世界価格水準をさらに弱めることになる。そして外部世界の不況をさらに深刻化させ，「リフレ国がリフレーションを確保するためにひき起こす必要のある為替減価」をさらに増幅させるだろう（Harrod [1933] 2003, 154)。要するに，世界価格水準の下落期における自国通貨価値の切り下げは，外部世界に負の外部効果をもたらし，世界不況を悪化させ，さらに通貨切り下げ競争をひき起こしかねない。これを回避するために，外国為替政策は国際協調が不可欠ということになる。つづいて彼の「世界貨幣改革」案を検討しよう。

33 年版の執筆時は世界的なデフレーションの時期であった。ハロッドは，それを避けるためには，世界における「貨幣的需要」のフローが，世界の財生産能力の増加と歩調を合わせる必要があるという（Harrod [1933] 2003, 161)。「貨幣的需要」についてハロッドは明確な定義を示していないが，それは貨幣の裏付けをもった総需要のことであると解釈できる。「貨幣的需要」と生産能力との調和が失われるとき，貨幣価値の一般的な上昇または下落が生じるだろう。ハロッドは，次の事実に着目する必要があるという。それは，好況期には一般に貨幣価値の下落があり，不況期には貨幣価値の上昇があったという歴史的な

事実である。これをふまえて、彼は景気循環の平準化のために貨幣価値の安定化が必要であると主張する。貨幣価値が安定していれば、かつ現時点で生産要素が完全雇用の状態にあれば、完全雇用水準で国内生産量は推移するだろう、という価格から生産量への因果関係を、ハロッドは前提視しているといえる。

世界全体で貨幣価値を安定化させ、世界不況を回避するためのプランとして、ハロッドが提案する通貨制度は2つである。1つは旧来の金本位制とは異なるものとしての固定相場制である。もう1つは、国際的に合意された率において年単位で為替レートを相対的に変化させる制度であり、後にクローリング・ペッグと呼ばれるものである。以下、この2つの制度に関するハロッドの議論を見ていこう。なお、ここでも議論の出発点は生産要素の完全雇用状態である。

まず固定相場制に向けてのハロッドのプランを見よう。もっとも単純なプランは、A財で測られた貨幣価値の安定化である。A財は組織化された世界市場をもち、よって世界共通価格をもつ。そこで各国通貨単位でA価格の世界指標を安定的に維持することが目指される。

ハロッドは、このようなシステムは深刻な問題を含むという。彼によれば、長期においてA財価格水準は、他のB、C財価格水準に対して相対的に下落していく傾向にある。というのは、世界所得が増加するにつれて食糧に費やされる所得の割合は低下するため、A財消費量は、他の消費量と比べて相対的に増加率が低いと考えられるからである（Harrod［1933］2003, 52-54）。これが正しいとすれば、A財価格水準の安定化政策は、世界的なインフレーションをひき起こす危険がある。財価格を上昇させるためには「貨幣的需要」を増加させる必要があり、「貨幣的需要」を増加させるためには、貨幣の流通速度を一定とすれば「新貨幣の持続的流列」が経済システムに注入されなければならない（Harrod［1933］2003, 162）。新貨幣の注入によって、本来下落傾向にあるはずのA財価格の安定化をねらうならば、B、C財の価格は上昇し、結果的に一般価格水準が上昇してしまう。またそれは世界各国に対して異なった影響をもたらすだろう。インフレーションは、輸出産業がB財の生産に特化する国々にお

いて最大になる。というのは，それらの国々は，A財を生産しないにもかかわらず，「貨幣的需要」を増加させて自国通貨建てのA財価格を安定化させ，それによって貿易収支の均衡ならびに固定された為替レートを維持する必要があるからである。

　貨幣価値安定化を前提とする固定相場制について，ハロッドはさらにいくつかの変種をあげているが，それらは同一の原因にもとづく困難に直面する。それは，産業構造と生産性上昇率が国ごとに異なることにもとづく困難である。たとえばA財だけでなくB財も含めた何らかの世界価格指標を各国で安定化させるとしよう。ハロッドは，「急速に進歩する社会」ではC財価格はA財価格に対して相対的に上昇する傾向にあると述べる（Harrod [1933] 2003, 170）。一国の貨幣報酬率はもっとも生産性の高い産業と見なしうるB産業の生産性によって決定されると考えることができる。だとすれば，全産業の中でB産業の比重が高く，その生産性の上昇が高いほど，その国のC財価格は高くなるだろう[6]。これに対して「定常的な社会」では，C財価格の相対的上昇はないだろう。したがってA財とB財ともに含む世界指標を安定化させようとするならば，進歩する社会では一般的な価格水準の上昇があるのに対して，定常的社会，とりわけA財の生産に特化する国では，A財価格の相対的下落傾向のために一般的な価格水準の下落が生じるだろう。かくて進歩する社会はインフレーション，定常的な社会はデフレーションに苦しむことになる。

　これらの困難はすべて固定為替相場制のために生じるものである。固定為替相場制では，出発点として特定の為替レートが各国に与えられ，かつ出発点において各国が生産要素の完全雇用状態にあるならば，それらを維持するために，各国貨幣当局は，「貨幣的需要」の操作を通して各財の価格水準をコントロールする必要がある。しかし産業構造と生産性上昇率が国ごとに異なっていることから，固定為替相場制を維持しようとするならば，一方ではインフレ圧力が，他方ではデフレ圧力が発生することになる。こうした問題を解消するた

---

6) Harrod [1933] 2003, ch. 4, sec. 4) を参照。これはバラッサ・サミュエルソン効果として知られるものに等しいといってよいだろう。

めには，固定為替相場制から離脱しなければならない。

　第2のプランを見よう。それは，外国為替レートが「規則的かつ秩序だった方法で変化する」ように管理されるというものである (Harrod [1933] 2003, 173)。ハロッドが想定する公定レートの調整幅は年率2％程度である。変化の間のインターバルでは，為替レートの変動は，公定レートに対して定められた特定の限度内に維持される。ハロッドは，このプランについて次のように述べている。「世界の安定性は，国際協調によって確保されなければならないが，その一方で各国は自国の状態にもとづいて，自国通貨で表されたA価格水準が安定的に維持されることを望むか，あるいは年あたり1％ないし2％程度下落することを望むかを決めるべきである」(Harrod [1933] 2003, 175)。ここでA価格水準が選ばれるのは，それが単一の世界価格水準をもつからである。世界各国は，自国の産業構造，各産業の生産性上昇率，貨幣報酬率上昇の要求の強さ，輸入性向hの長期的趨勢，海外投資の長期的趨勢などを考慮に加えて，自国通貨建てのA価格水準をどのように変化させたいかを決定する。そしてそれを「国際委員会」に伝達する。これを受けて「国際委員会」は，外国為替の公的レートを計算する。そして決められた公定レートは2％を限度として年ごとに変更されることになる。

　こうしたプランが首尾よく運営されるならば，たしかにB産業に特化するような急速に進歩する社会は，自国通貨の増価により自国通貨建てA価格を下落させ，インフレ圧力を除去し，かつ完全雇用を維持できるだろう。A産業に特化するような定常的社会は，自国通貨の減価により自国通貨建てA価格を安定化させ，デフレ圧力を除去し，かつ完全雇用を維持できるだろう。しかしながら「国際委員会」は，世界各国の対立的な要求を処理することになり，きわめて大きな困難に直面するであろうことは想像に難くない。ハロッドのプランじたいも，本節で見た以上に綿密なものとはいえず，むしろ錯綜が見られる。彼じしん，このような世界通貨改革が近い将来に実現されるとは考えなかったのであった。

　したがって本節では，次のことを確認するにとどめたい。すなわちハロッド

は，生産要素の完全雇用と国際収支均衡をともに実現するための手段として，国際協調を通じた，貨幣政策による価格水準の安定化，ならびに為替レートの相互調整を求めていた。また彼の政策論は，完全雇用を出発点として，その状態を維持することを目指した国際通貨改革論であった。これは，世界全体の有効需要を所与として，国内価格と為替レートを適切に調整すれば，世界各国の完全雇用は維持されるという彼の認識を含意する。そして，価格から生産への因果関係を前提とした政策論であったという意味で，33年版のハロッドは，いぜん古典派の枠組みにとどまっていたといえる。当時のハロッドは，後に外国貿易乗数と呼ばれる理論を確立し，一見したところ，ケインズの有効需要の原理に接近していたと評価することもできるだろう。しかしそれには限界があったのであり，結局，ケインズ革命を経て『国際経済学』は大きく改訂されることになった。つづいて39年版の改訂内容を見てみよう。

4. 1939年版の貿易収支の理論

　39年版の改訂内容について，33年版との比較という視点から検討しよう。本節では，第6章「貿易収支の理論」を取り上げる。

　第6章は，39年版以降，第1節として「古典派の理論」が加えられている。そこでは，ケインズ理論にもとづく乗数理論とは別個のものとして，古典派の貿易収支均衡化メカニズムが議論される。まずハロッドの古典派理論に関する説明を見よう。

　古典派の貿易収支の理論は，一般に次のように述べられる。金本位制を前提とするならば，経常収支と資本収支の合計が黒字または赤字の場合，金流出入が起こる。黒字国では金が流入し，それは一般価格水準を上昇させる。赤字国では金が流出し，それは一般価格水準を下落させる。金流出入が続くかぎり，双方で一般価格水準の変化はつづき，その過程で輸出入が調整され，金流出入が止むと同時に各国の収支は均衡化する。

　この伝統的な説明に対して，ハロッドは異を唱える。彼のA，B，Cという財の分類によれば，世界価格水準をもつA財価格は，一国にとって与件であ

る。B財価格についても，ある程度競争があるかぎり，一国にとって与件といえる。よって，一国に金が流出または流入したからといって，すべての財の国内価格が同時に下落または上昇すると想定することはできない。そこでハロッドは次のようにいう。例として国際収支の黒字による金流入について考えるならば，金流入が収支を均衡化させるためには，金流入国は，経済活動を増加させなければならない。すなわち，まず金流入によって現金準備が増加し，銀行体系は生産的貸付を増加させる。経済活動の増加は，生産要素の貨幣報酬率の上昇をともないながら国内所得を増加させ，A，B財の輸入を増加させるだろう。また，貨幣報酬率が高まれば，A，B財の限界生産者は事業から排除され，輸出は減少するだろう。金流出の場合はこの逆である。かくて貨幣報酬率を媒介として，金流出入が国際収支を均衡化させるというメカニズムを，ハロッドは古典派の貿易収支の理論と見なす。

さらにハロッドは，古典派理論が完全雇用を前提とすることを明示する。そして彼は，この前提が満たされないとすればどうなるかを問い，次のようにいう。

> 議論のために貨幣報酬率は容易に調整可能であると仮定しよう。金流出入の貨幣報酬率への作用を通して貿易収支の均衡を確保しようとするならば，いかなる水準の雇用が確保されるのだろうか。議論には明らかに見失われた環がある。金流出入は，貿易収支と完全雇用の両方を自動的に確保できない。何らかの決定因が考慮の外におかれているにちがいない［強調原文］（Harrod 1939, 117/ 訳 146）[7]。

すなわち，金流出入は，古典派の想定通りに貿易収支の均衡を確保するものであったとしても，自動的に完全雇用水準を確保するものではなく，いかなる雇用水準が確保されるかという問題は残されたままである。古典派理論は完全雇用を前提とすることで問題を回避したのである。

---

[7] 以下，訳文については断りなく変更していることがある。

かくしてハロッドはいう。「古典派理論の失敗は，論理の不十分さによるものではなく，その論理がいかなる場合においても完全雇用が維持されるという前提を必要とするという事実によるものであるにすぎない」(Harrod 1939, 119/訳149)[8]。そこで，完全雇用の前提を不要とする，より一般的な貿易収支の理論として，外国貿易乗数の理論が提示されることになる。33年版で見られた均衡方程式は，39年版では，正式に外国貿易乗数の理論と名づけられ，ケインズ理論にもとづく貿易収支均衡化メカニズムとして位置づけられる。ただし，単純化条件における所得変動による貿易収支均衡化の説明じたいは，ほぼ同じ内容である。

　39年版第4節「資本移動序説」以後は，33年版の第4節以後と比べて，内容が大幅に変更されている。33年版では，純海外投資の増加が国内に及ぼすデフレ的影響が乗数理論を用いて分析されていたのに対して，39年版では，こうした海外投資の負の影響の分析については除去されている。33年版第6章の主題が，国際収支不均衡が国内経済に及ぼす影響の分析であったとすれば，39年版同章の主題は，古典派理論の相対化であったといえる。以下それを見ていこう。

　資本収支の赤字が貿易収支の黒字を十分に相殺せず，国際収支が黒字となり金が流入するとしよう。国内に金が流入すると，国内経済主体の資産構成において流動性が高くなる。流動性が高いということは，資産の相対的に大きな割合が金または銀行預金によって占められ，収益性資産の占める割合が相対的に小であることを意味する。そこで国内資本家はまず国内証券に投資しはじめる。そして国内証券一般の利子率が低下すると，資本家は海外に目を向ける。海外では金流出があったので，流出国の流動性は低下し，利子率は上昇しているだろう。かくて黒字国において海外投資の増加が生じ，ついには金流入が止み，国際収支は均衡化するだろう。

---

[8]　古典派理論の現実妥当性喪失の原因を，論理の誤謬ではなく特殊な前提に帰するというハロッドの論法は，ケインズの古典派利子論批判に対するハロッドの反論を想起させるものである。ハロッドの古典派利子論に関する議論については伊藤(2006)を参照。

しかしながら，国内利子率の変化が，一国の経済活動に及ぼす影響についても考慮する必要がある。ひきつづき貿易収支の黒字による金流入の場合を考えるならば，国内利子率の低下は，企業の設備投資を増加させるだろう。投資の増加は乗数効果を通して一国経済全体の生産と所得を増加させる。所得増加は輸入を増加させ，貨幣報酬率の上昇があれば，これは輸出を減少させるだろう。かくて貿易収支の黒字は是正されていくだろう。金流出の場合はこの逆である。

金流出入と流動性と利子率の相互連関，そして投資変動と乗数効果にもとづく国際収支均衡化メカニズムの分析は，まさにケインズ理論にもとづくものである。これに対して，先述の古典派理論においては，金流出入はまず生産要素の貨幣報酬率を変化させ，それが貿易収支を均衡化させるように作用すると想定されていた。金本位制におけるケインズ理論と古典派理論の関係を，ハロッドは次のように要約している。なおKは固定資本支出，Eは輸出を表す。

> なぜ金の流入は産業の費用を高め，輸出を減少させなければならないのか。確かに，それは生産手段に対する競争をより激化させることによってのみである。それならば，Kへの有利な効果はEへの不利な効果に対して先行すると考えられなければならない。というのは，さもなければ生産手段に対する競争激化は生じないからである。したがって，活動の拡大を通しての作用形式が真の理論と考えられるべきであり，古典派的見解が強調する傾向にある現象は副産物と見なされなければならない（Harrod 1939, 140/ 訳 176）。

かくして古典派理論は，ケインズ理論にもとづく，より一般的な貿易収支の理論の特殊なケースとして位置づけられるのである。

以上，39年版の第6章「貿易収支の理論」を見てきた。第6章の内容は，第2次大戦後の改訂版においても39年版とほぼ同一に保持されており，36年ケインズ『一般理論』を経て，ハロッドじしんの理論もまた完成をむかえたと

いえる。33年版との差異を確認すると，まず大きな違いとして，次が指摘できる。33年版では，海外投資の増加が国内経済に及ぼすデフレ的影響の分析が主題的な位置を占めており，このための分析用具として乗数理論が提起されたと見ることもできる。しかし39年版では，海外投資による国内へのデフレ的影響の分析は除去されている。このことは，ハロッドのヴィジョンにおける海外投資の位置づけに若干の変化があったことを示唆するのであるが，これについては後に検討しよう。

また33年版では，正貨流出入にもとづく古典派理論にはまったく触れられていなかった[9]。これに対して39年版では，まず古典派の貿易収支の理論が説明される。ただしそれは，金流出入が一般価格水準に直接作用して収支を均衡化させるというものではなく，貨幣報酬率の変化を媒介とするものに改変された古典派理論である。そしてハロッドは，経済活動の変動を共通項として，ケインズ理論にもとづくより一般的な貿易収支の理論の中に，古典派理論を回収した。かくして39年版において貿易収支の理論は確立され，その後の政策論で用いられることになる。つづいて39年版の政策論を見ていこう。

5. 1939年版の政策論

39年版第7章「景気循環」および第8章「改革された世界」は，33年版の第7章および第8章とは，表題と内容ともにまったく異なっている。どのように異なるかをあらかじめ簡潔にいうならば，33年版の政策論が古典派の枠組みの中にあったのに対して，39年版のそれはケインズ理論にもとづくものとなっており，さらに第2次大戦後のハロッドのヴィジョンの基礎をなすものとなっている。以下，これを確認していこう。

第7章「景気循環」は，金本位制ならびに古典派理論からの脱却とケインズ理論にもとづく世界認識の表明と特徴づけることができる。景気循環の観点から，金本位制と古典派理論の問題点を改めて確認しよう。

---

9) この点は，当時の国際経済学のテキストとしては明らかに異質であり，G. ハーバラーが書評の中で問題としていた (Haberler 1934)。

まずハロッドは，19世紀後半以降，世界は好況と不況の波を各国同時に経験することになったという事実を指摘する[10]。しかし古典派理論によれば，金の流入または流出が経済活動に対する促進的または抑制的な作用を含んでいるかぎり，同一時点において，それは各国に対して方向を逆にする影響を与えているはずである。すなわち，古典派理論によれば，一方で好況があるならば，他方で不況があるはずであり，よって世界同時的な景気循環を説明することは困難となる。そこでハロッドは次のようにいう。

不況に焦点を合わせるならば，世界同時的な不況を説明するためには，「全体としての世界」において，外国貿易とは独立的な不況の要因が存在すると考える必要がある。ハロッドは，その理由を次のように述べている。「全体としての世界の経済が考慮されるとき，輸出と輸入は存在しないからである！すべての貿易は国内取引である」（Harrod 1939, 145/訳183）。彼によれば「困難の真の原因」は，世界有効需要の縮小，ひいてはそれをひき起こしたものである。だが，世界有効需要の縮小は，各個別国に対しては輸出の減少として姿を現す。よってハロッドは，輸出の減少や国際収支赤字を「困難の真の原因」と取り違えてはならないと主張する。

ここに39年版以降のハロッドのヴィジョンにおいて決定的に重要な視点が現れている。それは，「全体としての世界」における世界有効需要という視点である。戦後の改訂版では除去されたのであるが，39年版のハロッドは，「全体としての世界」に対して乗数理論をきわめてシンプルに適用している点は注目に値する（Harrod 1939, 150/訳190）。すなわち，「全体としての世界」では輸出と輸入は存在しない。したがって被乗数項は資本財生産から得られる所得のみであり，乗数は貯蓄性向から得られる。I_wを世界所得，K_wを資本財生産から得られる世界所得，s_wを世界の貯蓄性向とすれば，次の式が得られる。

$$I_w = \frac{1}{s_w} K_w$$

---

[10] 39年版以降『国際経済学』全体を通して，ハロッドは，好況と不況は世界同時的に発生するものと仮定している。

ハロッドは，この式によって，世界的な反景気循環政策としての世界有効需要管理の必要性を提起する。さらにこれをふまえて，ハロッドは改めて金本位制を批判する。金本位制下において，金流出入によって貨幣政策が規定されるとしよう。金流入国での利子率低下と資本財生産の促進は世界有効需要への付加となるが，それは金流出国における高い利子率と資本財生産の抑制によって相殺されるだろう。また不況期における資本の限界効率の低下を考慮すれば，そもそも金流入国において資本財生産が拡大するとは限らない。それが拡大しなければ，金流出国における資本財生産減少分の乗数倍だけ，世界有効需要は減少していくことになる。したがって，反景気循環政策としての世界有効需要管理という視点からは，金本位制は明確に棄却されなければならない。世界の反景気循環政策としては，不況期には各国一様に拡張的政策を取る必要がある。しかしこうした政策は，金本位制，あるいはそれに類する硬直的な固定為替相場制とは両立しないのである。

そこで，33年版の政策論の主題であった国際通貨制度について検討しなければならない。33年版の議論には錯綜が見られたのに対して，39年版の議論はシンプルである。

まずハロッドは次の命題を掲げる。「完全雇用と国際収支均衡の両方ともに確保するであろう国内資本支出と外国為替レートの一義的な水準がある［強調原文］」（Harrod 1939, 153/訳193）。しかしながら，完全雇用と国際収支均衡を同時に達成するように，国内資本支出と外国為替レートを各々管理することは実務上きわめて困難であろう。そこでハロッドは，次のような2つの実務上の準則をもうける。

　　(1) 失業があるならば，当局は資本支出を刺激すべきである。(2) 外国為替レートは，その水準が供給と需要の結果的な圧力によって決定されることを許されるべきである。ただし，資金の逃避的移動ならびに他の収支上の異常な項目は，為替管理の適切な操作によって相殺されることを条件とする（Harrod 1939, 157/訳200）。

すなわち，完全雇用は国内資本支出で実現し，国際収支均衡はそれを条件として外為市場の需給に委ねるという政策方針であり，39年版において提唱される外国為替制度は，条件付きの変動為替相場制であるといえる。このことは次のような含意をもたらす。すなわち，世界不況期には，国際収支がどのような状態であろうと，各国は資本支出を拡大させるべきである。上記の2つの政策準則は，「全体としての世界」における世界有効需要の維持・拡大という視点から導かれるのである。

さらにもう1つ，ハロッドのヴィジョン形成において決定的に重要な要素を，39年版第8章「改革された世界」に見いだすことができる。すなわちそれは，国際資本移動が果たしうる役割である。彼の文言を見よう。「改革された世界においては，不信の障壁は除去され，自由な国際資本フローはいま一度可能となるとさえ想像できるだろう。かかる場合においては，その新資本の必要量に比して高い貯蓄性向をもつ国は当然より低い貯蓄性向をもつ国に対して貸し付けるだろう」(Harrod 1939, 169/ 訳 214)。

「改革された世界」とは景気循環が制御された世界である。その世界において，かつて実現されていた自由な海外投資が復活するだろう，とハロッドは述べているが，かつての海外投資とは，19世紀後半から20世紀初頭のイギリス海外投資であると考えられる。そしてハロッドは，「新資本の必要に比して貯蓄性向が高い国」はその過剰な貯蓄を，「低い貯蓄性向をもつ国」に貸し付けることを望んでいる。前者を先進国と呼ぶならば，この貸出は，先進国における余剰の生産能力を活用した資本財生産とその輸出を随伴するだろう。だとすれば，資本輸出によって，先進国は生産要素の雇用を増大させることができる。ここで注目すべきは，ハロッドが，海外投資を世界有効需要にとっての拡大要因と位置づけていることである。すなわち，海外投資の復活は「その貯蓄性向がその正常の資本必要量との関係で高い国において，完全雇用を維持するために必要な資本支出に対する人為的刺激の程度を軽減するだろう」(Harrod 1939, 176/ 訳 224)。

しかしながら，ハロッドは次のように注記している。

海外投資の経路の再開は資本支出への人為的刺激を必然的に緩和するだろうと考えられてはならない。というのは，人々が完全雇用のときに貯蓄したいと考える所得量に対して，自発的に必要とされる資本追加量が，時に，持続的にすら，不足しなければならないということが，拡大された一国にすぎない全体としての世界においても当てはまりうるからである (Harrod 1939, 169/ 訳 214)。

ここでハロッドは，自発的な資本支出が「人々が完全雇用のときに貯蓄したいと考える所得量」に到達しないような事態が，任意の特定国と同じように「全体としての世界」においても生じうることを指摘する。完全雇用状態での貯蓄に実際の資本支出が満たないということは，生産要素の不完全雇用があり，したがって余剰生産能力が残存するということを意味する[11]。よってこうした状況下では，いぜんとして世界各国での資本支出の増加が必要である。

このように国際資本移動が活発化しても，各国の資本支出拡大がなお必要となる事態が起こりうる。そしてまた，資本支出による有効需要創出は，国際資本移動の復活のための必要条件でもある。その理由を，ハロッドは次のように述べている。「国際収支，確信，ならびにソルベンシーに対する現代景気循環による暴力的な打撃は，円滑な資本移動のために必要な水準での確信と安全の意識の維持と両立しそうにない。しかし景気循環の危害がおおいに緩和され政治的宥和が達せられた改革された世界においては，自由な資本フローはふたたび重要な役割を演じるだろう」(Harrod 1939, 169-70/ 訳 215)。かくしてハロッド

---

[11] 完全雇用状態での貯蓄という概念について，『国際経済学』のハロッドは詳しく説明していないので，ここで補足しておきたい。生産要素が完全に雇用された状態において人々が自発的に望む貯蓄量に資本財生産量がちょうど等しいならば，経済は，インフレ圧力を惹起せず総供給と総需要を均衡化できている。しかし，前者よりも後者の方が小さい場合には，消費財生産から留保された生産要素が，資本財生産にすべて活用されていないことになる。つまり生産要素は不完全雇用となり，経済は余剰生産能力をもつことになる。ケインズ理論によれば，投資は必然的に同額の貯蓄を生みだすのであるが，この場合には，現実に生じた貯蓄は，完全雇用状態での貯蓄に満たないということになる。こうしたハロッドの認識については，伊藤(2006)を参照。

は，世界各国による資本支出拡大を条件として，国際資本移動の自由化を望ましい政策として位置づけるのである。

　最後にハロッドは，何らかの国際的機関を通した国際信用の制度について提案する。ハロッドは条件付きの変動為替相場制を支持したのであったが，その条件の1つは，不況期の国際収支危機に見られるような為替レートの急激な変動の回避であった。これを避けながら，国際収支危機を乗り越えるためには，金または外貨の潤沢な準備が必要である。しかし準備の蓄積のためには国際収支の黒字が必要であり，黒字の追求は世界有効需要の縮小要因となりかねない。そこで国際信用の授受が意義をもつことになる。国際収支の黒字国から赤字国への信用供与を自動化するような国際信用体制が整備されるならば，赤字国は準備喪失と為替レート暴落を回避できるだろう。さらにまた，国際収支制約が軽減されることから，すべての国において資本支出を拡大させることが容易となる。かくて国際信用の整備は，世界有効需要の維持・拡大に大きく貢献できる。ただし，国際収支黒字をもつ与信国は，国際信用の供与とそれに付随する外貨大量保有は「自己犠牲」を求められるに等しいと不満を漏らすかもしれない。これに対してハロッドは次のようにいう。

　　　与信国が不安に思うならば，彼らはみずからの手に対策を有するだろう。彼らは，じしんの地域内で雇用と輸入を刺激し，黒字と外貨保有をなくす必要があるだけにすぎない。可能なかぎり早期に国内拡大の政策をとることによって黒字をなくすことは，不況期における黒字国のまさに特別な責務である（Harrod 1939, 177-78/訳 225）。

　この文言は，ケインズ「清算同盟案」におけるいわゆる黒字国責任論を想起させるものである[12]。黒字国の責務は，世界有効需要の維持・拡大のための不可欠な環として，導かれるのである。

12）　戦後の『国際経済学』改訂版においてハロッドは，「このような考えは戦時中に多数の意中にあったもの」と付記している（Harrod 1957, 170/訳 295）。

以上，39年版の政策論を検討してきた。33年版からの展開をまとめると次のようになる。33年版の政策論は，議論の出発点に完全雇用状態をおき，それと整合的な世界有効需要を所与とした上で，各財価格水準調整と外国為替レート調整によって，生産要素の完全雇用を維持することをねらったものであった。これに対して39年版の政策論は，「全体としての世界」における世界有効需要の維持・拡大，そしてその決定要因としての各国の資本支出を重視し，世界景気循環の平準化をねらったものであった。それに付随して，金本位制の限界が世界有効需要という観点から明確化され，ハロッドは変動為替相場制を支持することになった。さらに国際資本移動もまた，世界有効需要の観点から，復活が望まれることになった。かくして33年版から39年版の変容は，理論と政策論の両面において，ケインズ『一般理論』の影響下に行われたのであった。

『国際経済学』の理論・政策論の実質的な構成要素は，39年版で完成されたといってよいだろう。ハロッドのヴィジョンもこの段階ですでにある程度明らかになっていると思われる。すなわちそれは，「全体としての世界」における生産要素の完全雇用の実現である。しかしながら，第2次大戦後の改訂には，ハロッドのヴィジョンをより深く理解する上で見逃せない重要な論点が含まれている。つづいて戦後の改訂内容を検討していこう。

6. 第2次大戦後の改訂

戦後の改訂の対象となったのは，主に政策論である。まず57年版で新たに加えられた第7章「不均衡の是正」を見よう。57年版の政策論の主題は，国際不均衡の是正である。39年版では，条件付きの変動為替相場制が望ましいとされていたのであるが，第2次大戦後の改訂版では，ブレトン・ウッズ体制における現実の通貨制度としての固定為替相場制を，ハロッドは議論の前提として受け入れることになった。これを受け，国際収支不均衡の是正という問題が，戦後のハロッドにとって主要な検討課題になったと考えることができる。

その分析のため，ハロッドは新たな記号を導入する。39年版とは異なり，

所得は Y で表される。一国経済の総有効需要を Y_d, 生産要素の完全雇用状態における生産能力を Y_s とする。そして資本財の輸入を Z とする[13]。ついでハロッドは，国内均衡，すなわち国内における生産要素の完全雇用下での均衡と，対外均衡 $iY+Z=E$ を区別する。いずれか一方が均衡していても，他方が不均衡でありうる。望ましいのは2つの同時均衡である。不均衡の組み合わせとして，ハロッドは次の4つをあげる。なお以下では，後の議論との整合性を確保するため，ネットの長期資本移動と同額の貿易収支の黒字また赤字がある状態，すなわち「基礎的均衡」の状態を「対外均衡」と見なすことにする。

(1)　$Y_d < Y_s$　かつ　$iY+Z < E$

国内には失業があり，かつ対外黒字がある。この場合の適切な政策は，拡張的な財政・貨幣政策である。古典的事例は30年代のアメリカである。

(2)　$Y_d > Y_s$　かつ　$iY+Z > E$

国内にはインフレ圧力があり，かつ対外赤字がある。この場合，デフレ政策が必要である。これは第2次大戦後10年間の大部分にわたりアメリカ以外の国々で見られた状態であり，戦後イギリスにもあてはまる。イギリスは，持続的な金流出を受けて49年にポンドを切り下げたのであるが，他のヨーロッパ諸国の追随的な通貨切り下げを含め，これは誤りであったとハロッドは述べている。すなわち「そのデフレ政策を成功させるまで待ち，これらのデフレ政策が効果を得た後に「基礎的不均衡」が存在するか否かを判定した方がよかった

---

[13]　ハロッドは，資本財の輸入 Z をその他一般の輸入 iY から区別しているのであるが，その理由について彼は説明していない。彼の経済動学を加味するならば，一般輸入財の需要は所得の絶対水準に依存するのに対して，輸入資本財の需要は所得の増分に依存することから，それらは明確に区別される必要があるといえるだろう。付言すれば，57年版以降新たに加えられた第7章第3節「成長と貿易差額」において，彼は動学均衡についての予備的な考察を行っているのであるが，彼じしんが認めるように，そこでの議論はあくまで示唆の程度にとどまっている。彼の経済動学を十分に考慮に入れた上での，ハロッド国際経済論の再構築については，今後の研究課題として残しておきたい。

であろう」(Harrod 1957, 170-71/ 訳 297)。ここでいう「基礎的不均衡」とは，経常収支とネットの長期資本移動の間の不均衡を指し，均衡補正的な短資移動や投機的資金移動，ならびに金流出入は計算に入れられない。

(3) $Y_d < Y_s$ かつ $iY + Z > E$

国内には失業があり，かつ対外赤字がある。ハロッドは，この事態は 39 年以前の多数の国々に起こったと述べるが，おそらく彼が真っ先に念頭におくのは第 1 次大戦後のイギリスであろう。国内均衡のためには Y_d を増加させることが望ましい。しかし政府支出の拡大は対外不均衡を拡大させるので，E を増加させ，かつ i を減少させることによって Y_d の増加を実現すべきである。要求されるのは，まず生産要素の貨幣報酬率の引き下げであるが，これは現実的に実行困難である。そこでもう 1 つの方策となるのが，通貨価値切り下げである。

(4) $Y_d > Y_s$ かつ $iY + Z < E$

国内にはインフレ圧力があり，かつ対外黒字がある。例は 46-56 年の一部期間のアメリカである。この場合，国内均衡のためデフレ政策が必要であるが，これは輸入の縮小を通して対外不均衡を増大させる恐れがある。そこで必要なのは，通貨価値切り上げ，または貨幣報酬率の引き上げである。

これら 4 つの場合の是正策において，もっとも議論の余地が残るのは (3) の場合である。なぜなら，それは通貨価値切り下げを要求するが，これは「非善隣的」という性質をもつからである。(3) についてはすぐ後に検討される。

つづいて第 8 章「改革された世界」を見よう。39 年版の同章と比較すると，表題は同じであるが，節は表題を含め，内容を大きく異にしている。

ハロッドは，まず「善隣性の原理」を提起する。それは「一国が世界社会の構成員であるということを顧慮して自らの政策を形成すること」である (Harrod 1957, 167/ 訳 291)。いいかえれば，「全体としての世界」において外部効果は内部化されるから，任意の一国は自国の経済政策によって少なくとも負の

外部効果をひき起こしてはならないという準則である。上記(1), (2)の場合の是正策は, 39年版の政策論の主題であった世界的な景気循環の制御という視点から「全体としての世界」にとって有益であり, 「善隣性の原理」に適う。

しかし(3)の場合の是正策は, 「善隣性の原理」と明白に衝突する[14]。不況と対外赤字の組み合わせに陥った国の通貨価値切り下げは, とりわけ世界不況期には, 他国にとって不況を悪化させる要因となる。そこで「善隣性の原理」の見地からは, かかる国は, 拡張的政策によって失業回復を図ると同時に, 対外赤字に耐えることが望まれる。そして問題の国において, 世界不況が終わった後にも収支逆調がつづくならば, 当国は「基礎的不均衡」の状態にあると判定することができ, 通貨価値切り下げの妥当性を認めることができる。つまり各国が生産要素の完全雇用を実現できている状態にあるならば, そしてそのときのみ, 収支是正のための為替レート調整は正当化される。

しかしそれならば, 不況期において国際収支赤字国は, 相当の金・外貨準備流出を覚悟しなければならない。自国の準備流出に耐えながら, 資本支出を拡大させることは, 当該国にとっては「大胆」なことになろう (Harrod 1957, 168/訳294)。そこで必要とされるのは, 世界中央銀行のような国際機関による信用供与か, もしくは金の公定価格引き上げによる金準備の増強である。そしてハロッドは, 前者を望みながらも実現困難と見て, 後者を強く主張することになる。

---

[14] (4)の場合の是正策についても, 終戦後のような世界的にインフレ圧力が強まっている時期には, 他国のインフレ圧力を強めるという点において「善隣性の原理」の侵害となりうるとハロッドは述べている。この場合, 黒字国は, インフレに同じく苦しむ赤字国が, デフレ政策をとって収支均衡化に近づくことを待つしかない。つまり特定の国々が(4)の状態に陥っている場合, その他の国々は(2)の状態にあると考えるならば, もっぱら後者が対策をとる必要がある。これについては(2)で述べられた49年ポンド切り下げに対するハロッドの批判も合わせて参照されたい。他方(3)と(4)が世界において同時的に発生する場合, 各類型に入る国々が, 各々どのような対策を取りうるのか, ハロッドは検討していない。また(1)と(2)が世界において同時的に発生する場合についても, 同様に彼は検討していない。なぜハロッドが, これらの状況を検討しなかったかといえば, 先に触れたように, 39年版以降『国際経済学』全体を通してハロッドは景気循環には世界的な同期性があると暗黙に仮定しているからであるといえる。

金価格引き上げ論は，第2次大戦後のハロッドの持論であった。ハロッドは次のようにいう。第2次大戦終戦後，激しいインフレーションが起き，世界価格水準の暴騰によって「金の商品価値はその戦前の価値の半分以下に下洛していた」(Harrod 1957, 173/ 訳 300)。その結果，ハロッドは，世界各国の流動準備は世界貿易の円滑な拡大のために必要な額に比して著しく減少したと考える。彼はこの国際流動性の世界的欠乏を，各国の通貨価値切り下げや輸入制限，さらに不況期におけるデフレ政策といった非善隣的政策の主因と見なす。かくてハロッドは，準備増強の手段として，金の公定ドル価格引き上げを主張するのである[15]。

　57年版改訂の主要内容は以上である。つづけて 73 年版の改訂内容を見よう。73 年版の改訂では，57 年版で付加された内容に関する変更はなく，第 9 章「1958 年以後」と第 10 章「再生した危機」が新たに追加されている。それらの内容は全体的に時論であり，主に 58 年以後に生じた通貨問題を取り上げている。通貨に関して 58 年から 73 年の間の最大の出来事は「ブレトン・ウッズ体制の終焉」であり，73 年版は「ブレトン・ウッズ体制の終焉」という節で終えられている。ブレトン・ウッズ体制に対する彼の評価を見よう。

　　ブレトン・ウッズ体制によって描かれた，国際的均衡を確保するための
　　武器が十分であるかどうか，という問題を考察する必要がある。示された

---

[15] ハロッドの金価格引き上げ論については，たとえば小宮隆太郎が次のように述べている。「ロイ・ハロッドは国際流動性の不足のために国際的なデフレ・プレッシャーが生じる危険性が大きい，あるいはすでにそういう事態が生じ始めているとして，これを根本的に解決するためには金価格を大幅に引き上げるべきであるという主張を，ほとんど孤立無援のまま，永年にわたって繰り返した」(小宮 1975, 118)。「ほとんど孤立無援」とあるように，当時ハロッドの主張は等閑視されていたようであるが，優れた批評としては H. G. ジョンソンによるものがある (Johnson 1970)。ジョンソンは，ハロッドが第 2 次大戦前の世界と現代を比較するという手法にとらわれ，戦前の世界をある種の理想としているところに彼の議論の限界を見いだし，貨幣用金の新供給がゼロに近いといった事実から見ても，金にこだわるのではなく新たな国際準備資産を考案すべきであると論じている。ジョンソンの批判は妥当である。本章では，ハロッドの主張の是非よりはむしろ，その基底にあった彼のヴィジョンに注目していくことにしたい。

2つの主な武器の1つは，国際決済のためのより大きな量の準備の供与であった。これは意図されていたのだが，国際貿易に入る財のドル価絡の増加に比例して金の価格を引き上げることに失敗したため，実現されなかった。

　もう1つの武器は調整可能な平価であった。この武器の過度の使用には反対がある。なぜならば，それは国際貿易と投資の正常なフローに影響を及ぼすような不確実性を生みだし，それが正常なフローへの打撃になるだろうからである。さらに，国境を越えて移動する財に対する需要と供給の弾力性が十分に大きくないために，為替相場の変動が必ずしも治癒的な効果をつねにもたらすわけではない，という論点がある（Harrod 1973, 204/訳357）。

　したがってハロッドは，第3の武器として，輸入制限の必要性を認めるに至る。ただし，これはあくまで対外不均衡是正のための手段であり，赤字国に限定されなければならず，さらにその容認に付随して，黒字国は国内保護の撤廃という「道徳的義務」を国際合意によって課せられるべきである（Harrod 1973, 205/訳358）。すなわち，これは一種の黒字国責任論であり，「善隣性の原理」の侵害には当たらない。そして最後にハロッドは，60年代イギリスにおいて低成長率かつ高失業率の下でインフレーションが進んでいたことを受けて，インフレ阻止の武器として「所得政策」，端的には賃上げ要求の凍結に最後の望みを託す。

　ハロッドが，最終的に輸入制限に加えて所得政策まで必要とするに至ったのは，国内デフレ政策の回避とならんで，安定的な為替相場制を維持することが望ましい，と彼があくまで考えたからであるといえる。ハロッドは，「国際貿易と投資の正常なフロー」のために，安定性をもつ為替相場制を維持する必要があると考えていた。これは戦前のハロッドにはなかった認識である。そこでなぜ「国際貿易と投資の正常なフロー」，とくに国際資本移動に，ハロッドはそこまでこだわるのだろうか，という問いが浮かび上る。このことは，39

年版における彼の議論を想起すれば,ある程度明らかになるだろう。それは,過剰貯蓄をもつ先進国の余剰生産能力を貯蓄不足の国において活用するという論点であった。国際資本移動については,戦後の改訂版では国際復興開発銀行に関する記述の中で触れられている。

> 国際通貨基金と同時に計画されたこの銀行の目的は国際投資のフローを復活させることにある。このことの重要性は多くの場所で指摘されてきた。当銀行は発展途上国への投資にその主たる注意を向け,先進国の貯蓄をその目的のために動員することになるだろう。このためには,特殊の機関が必要だった。なぜなら民間国際投資は,信頼に対する経済的衝撃と政治的衝撃の両方のために減少したからである(Harrod 1957, 176/訳 305)。

この一文において,ハロッドが国際資本移動について論じるとき,彼が主に念頭においたのは発展途上国投資であったこと,そして彼が戦後におけるその減少に懸念を抱いていたことが明らかとなっている。しかしながら,前節で見られた貯蓄不足国すなわち発展途上国への投資に関する 39 年版の議論は,57 年版および 73 年版では除去されており,それについて第 2 次大戦後の改訂版ではほとんど断片的にしか触れられていない。この除去の理由としては,主題の変容が考えられる。すなわち,39 年版の政策論の主題が,世界有効需要管理による世界景気循環の平準化にあったのに対して,戦後の改訂版では,その主題が国内均衡と対外均衡の両立ならびに収支不均衡の是正へと変化したからであるといえる。39 年版では,発展途上国投資は,世界有効需要管理の一端に位置づけられていたのであった。

もちろん,戦後のハロッドが発展途上国への関心を失ったわけではない。戦後の彼が安定的な為替相場制にこだわりを見せたのも,それが国際資本移動の促進に有利であると考えたからであった。また世界景気循環の安定化にとどまらず,戦後の彼が,固定為替相場制を前提として,資本移動規制とは別個の国際収支不均衡の是正策を追求したのも,結局は,資本移動の復活を求めてのこ

とであったと見ることができる。そこで，これまでの議論を補強する意味合いを込めて，第 2 次大戦後，『国際経済学』以外の通貨に関する彼の著作を参照し，戦後の彼の国際資本移動への認識を改めて掘り下げてみたい。

7. 国際資本移動の位置づけ

これまで見てきたように，ハロッドは，33 年版『国際経済学』において国際資本移動の国内均衡に対する負の影響を認識しながらも，39 年版以降，国際資本移動の自由，あるいはその復活を望んでいたのであった。

金本位制ないし固定為替相場制では，海外投資分の資金流出が，経常収支黒字によってカバーされないかぎり，準備流出が生じ，均衡化のためのデフレ政策が必要となる。よって一国の見地からは，海外投資は輸出，とりわけ資本財輸出をともなうことが望まれる。しかし 19 世紀イギリスならばともかく，20 世紀において，一国の海外投資が当該国の資本財輸出をともなうという必然性はない。よって 33 年版で示唆されたように，経常収支黒字以上の資本移動があるならば，それは一国の見地からは規制されるべきといえる。だが，それでもハロッドは，国際資本移動の自由を求めたのである。ここで思い出されるべきは「全体としての世界」という彼の視点である。先進国は余剰生産能力をもち，発展途上国は生産能力を欠いている。そこで，前者から後者への投資があるならば，それは「全体としての世界」にとっては有効需要の拡大であり，余剰生産能力の活用にほかならない。したがって，国際資本移動は「全体としての世界」という視点から見れば抑制されるべきではなく，それによって任意の一国に国際収支危機が起こるならば，その是正策を別途考えるべきである。こうした認識もまた，第 2 次大戦後の『国際経済学』改訂版において，政策論の主題を，国際収支不均衡の是正策へと転換させた一因となったと考えることができる。

しかし現実には，ブレトン・ウッズ体制において国際収支が首尾よく是正されることは叶わなかった。60 年代の多くの経済危機は，直接投資および資本逃避という 2 つの意味での国際資本移動によってひき起こされたものといえ

る。アメリカの民間海外投資の増大は，ドル危機という新たな国際収支問題を生みだし，ヨーロッパ各国の国際収支不均衡の増大もまた，資本逃避と相次ぐ通貨危機という問題を生みだした。こうしてブレトン・ウッズ体制は終焉をむかえたのであった。しかしながら，たとえば 65 年に発表された『国際通貨改革論』においても，ハロッドはいぜんとして国際流動性の増大とならんで国際資本移動の自由を求めていた。アメリカからの資本流出について，彼は次のようにいう（Harrod 1965, 29-30/ 訳 52-53）。それが一時的現象ならば，事態が収束するまで流動準備を用いて切り抜けるのが望ましい。よって十分な準備が必要である。それが持続的現象ならば，貿易収支黒字をもたらすような国内生産資源の産業間転換が必要である。こうした産業構造変化の時間を稼ぐためには，十分な準備が必要である。かくて海外投資の活発化と整合的に国際収支を是正するための手段として，ハロッドは，国際流動性の供給増加を求めるのである。そのための方策として提起されたのが，金価格引き上げであった。

つまりそれは，先進国にとっては，固定為替相場制の下，国内デフレ政策を回避し，かつ活発な海外投資を維持しながら，国際収支を均衡化させるための最後の頼みの綱であったといえる。そしてまた，金価格引き上げ，ひいては国際流動性の増大は，先進国に対してだけでなく，発展途上国に対しても意義をもつ。ハロッドの次の文言を見よう。

> 私見では，既存システムに関する真の困難は，アメリカとイギリスが，国内の景気循環や成長政策の観点から必要とするよりも高い利子率をもつように強いられることがしばしばあるということである。……われわれは，不必要に高い利子率を維持しなければならないことからアメリカとイギリスを開放すべきである。高い利子率は，両国にとって，そして結果的に発展途上国全体にとって，負担となりうるのである（Harrod 1965, 176/ 訳 242）。

国際収支危機は，国内景気の引き締めや均衡補正的な短資移動の誘引を目的

とした高い利子率を要求する。しかし国際流動性が潤沢にあるならば，高金利政策は回避できるだろう。したがって国際流動性は，先進国が利子率を低く維持することによって経済成長率を高め，それによって発展途上国からの輸入を増加させるために必要である。そして高い利子率は，海外投資の受入国にとって負担であることを忘れてはならない。先進国はできるかぎり低い利子率で貸出を行い，発展途上国の利子負担を減らすべきであり，同時に自国の経済を拡大させて，途上国からの輸入を増やし，途上国の負債返済を支援するべきである。ハロッドは，先進国から発展途上国への資本移動を促進するためだけでなく，途上国の負担低減のためにも，国際流動性を増大させなければならないと考えたのである。

　こうしたハロッドの認識を支えたのは，39年以降『国際経済学』において政策論の基軸となった「全体としての世界」という彼の視点であった。ここで改めて「全体としての世界」について考えるならば，次のようにいえる。第2次大戦後，旧帝国主義国からの植民地の独立により，世界は，社会主義国を除けば，先進国と発展途上国によって構成されるようになった。とくにイギリス帝国はインド・パキスタンの分離独立を経て「王冠の下における完全に自由な国家の連合」としてのコモンウェルスに変容し，そこでイギリスは，旧宗主国として，旧植民地国に対する開発の責務を背負ったといえる。ハロッドは，53年に発表された『ドル』において次のように述べている。

　　もしそう呼ばれるべきならば，イギリスの帝国主義は，近年においては2つの側面をもっていた。すなわち一方では，王冠の下における完全に自由な国家の連合という側面があった。他方では，少なくとも原始社会の文明化の前提条件を整えるという，幾世代にわたるイギリス国民の精力的かつ大部分献身的な努力によって誠実に行われた仕事の具現化という側面があった。イギリス人は，これを世界史において比類のない価値あるものと見なし，大きな誇りとしている。このことは今日いぜんとしてあてはまる（Harrod 1953, 100/訳148）。

ハロッドの認識では，かつてのイギリスは「文明化」のために必要な物資を植民地に輸出してきたのであり，また植民地がポンドを取得するため，彼らの生産物を積極的に輸入してきたのであった。そうした関係性の具現化が今日のコモンウェルスである。そしてたとえ帝国主義と呼ばれようとも，今後も「自由な国家」のゆるやかな連合として，旧植民地国との相互発展の関係がつづくことを，彼は望んでいたのである。

　かつてのイギリス帝国では，イギリス本国から植民地への資本輸出が活発であったことに改めて注目しよう[16]。イギリス資本市場は，植民地投資のいわば窓口であった。しかし第1次大戦の余波を受け，資本輸出国としてのイギリスは後退し，世界資本市場の中心地はアメリカに移転した。しかしアメリカ資本市場は，国際開発金融の窓口とはいいがたいものであった。第1次大戦を境として，世界資本市場の性格は変容したのである[17]。こうした背景の下，ハ

---

[16]　第1次大戦前のイギリス資本輸出に関する文献は枚挙にいとまがないが，同時代に書かれた古典的研究書としては C. K. ホブソン『資本輸出』がある (Hobson [1914] 1963)。63年に再版された同書に対してハロッドは序文を書いている。そこでハロッドは，今日 (63年当時) のイギリスもまた，自国の収益のため，そして何より発展途上国の開発を助けるため，積極的に海外投資を行うべきであると論じている。過去の植民地投資に対するハロッドの認識は，次の彼の文言によく現れている。「ホブソンは「搾取」の可能性に気づいていた。特定の事例については率直に非難しながらも，彼は投資の大部分が途上国の貧しい人々の利益になると主張した。まさにいまこれらの国々の知識人は，より多くの資本援助の必要を主張しながらも，マルクス主義的解釈に則り，初期のイギリスの冒険的事業を躊躇なく断罪している。彼らが敵意に駆られているというよりむしろ誤解していることは明らかである。本書が彼らの手に渡るとよいだろう。ホブソンのように明白に公平で，客観的かつ人道的である誰かが別の仕方で考えるならば，それはマルクス主義的プロパガンダに多少とも不利に働くだろうからである」(Hobson [1914] 1963, viii)。

[17]　第1次大戦を境とするイギリスからアメリカへの世界資本市場の中心地移転，ならびにそれにともなう海外投資先の変化については Fishlow (1985) を参照。A. フィッシュローによれば，欧米主要国において，第1次大戦前は周辺国への開発金融が海外投資先の首位であったが，戦後それは産業国間の貸借に首位を譲った。産業国の借入は主に賠償金支払いと再軍備のためのものであった。また第1次大戦前のイギリスは，世界から輸入を受け入れる自由市場を保持し，投資受入国はイギリスへの輸出を拡大するによって債務の元利を支払うことができた。しかし覇権がアメリカに移ってからは，そのような金融と貿易の結びつきは断ち切られることになり，周辺国はデフォルトの危機により陥りやすくなった。

ロッドは，かつてのイギリス帝国の資本輸出を1つの理想像として，しかし今度は先進国と発展途上国の相互利益を念頭において，第2次世界大戦後の世界における国際資本移動の復活を求めたのだと考えられる。つまり，ケインズ革命とならんで，ハロッドのヴィジョンのもう1つの形成要因となったのは，世界資本市場の性質変容とイギリスと旧植民地国の新たな関係の誕生であり，ひいては二度の世界大戦を受けての世界資本主義の構造変化であったといえるのである。

　以上を整理しよう。戦後ハロッドの主たる関心事となったのは，金価格引き上げであり，国際資本移動の復活であった。われわれは，これらを「全体としての世界」というハロッドの世界認識から導かれたものと考えることができる。39年版『国際経済学』のハロッドの議論は，あくまで世界有効需要の観点からの国際資本移動の擁護であり，そこに発展途上国支援という視点は見られなかった。これに対して，第2次大戦後の同書改訂版では，先進国と発展途上国という新たな「全体としての世界」にもとづいて，その相互発展のための政策が追求された。その追求は，「善隣性の原理」にもとづく世界景気循環の安定化と国際収支不均衡の是正，安定的な為替相場制，そして国際流動性の増大，という一連の彼の主張に結実した[18]。そしてこれらの主張の先に，彼は，返済面への配慮も含めた発展途上国投資の促進，誤解を恐れずいえば，19世紀型資本輸出モデルの復活を見据えていたのであった。かくしてわれわれは，ハロッドの政策論の基礎に，余剰生産能力をもつ先進国と，生産能力に不足する発展途上国を合わせての「全体としての世界」における生産要素の完全雇用の実現という彼のヴィジョンを見いだすことができるのである。

---

18)　紙幅の都合上，本章では取り上げることができなかったが，この一連の彼の主張の中には，発展途上国に市場を用意するものとしての自由貿易主義も含まれるべきだろう。なお39年版までは「関税」という終章があり，そこでは最適関税の理論が解説されていた。しかしそれは，57年版以降除去されることになった。ミードは，57年版の書評（Meade 1958）において，ハロッドが関税の理論的分析を行っていないことを批判しているが，それは除去されたのである。

8. おわりに

『国際経済学』の改訂内容について要約しよう。33年版では，外国貿易乗数の理論の原型が示され，海外投資の増加が国内経済に及ぼすデフレ的影響が分析された。また生産要素の完全雇用を出発点として，完全雇用と貿易収支均衡を両立させるための政策として，産業構造と生産性成長率に応じた国際協調にもとづく通貨政策が提案された。これに対して39年版では，まず古典派の貿易収支の理論が，より一般的な外国貿易乗数の理論の特殊ケースとして位置づけられた。さらに「全体としての世界」という概念が示され，世界有効需要管理による景気循環平準化と，貯蓄性向の高い国から低い国への資本移動の促進が提案された。為替レートに関しては，世界各国が完全雇用を維持することを条件として，外為市場の需給に委ねるべきとされた。こうした理論および政策論における変容は，ケインズ革命という史的要因によって促されたものと見ることができる。そして39年版において，ハロッドのヴィジョンにとって決定的に重要な構成要素が整備されたといえる。

ハロッドのヴィジョンは，第2次大戦後の改訂版で追加された論点，ならびにその他の彼の著作において，さらなる深化が見られた。57年版および73年版では，国際収支不均衡の是正に政策論の主題が移された。固定為替相場制を前提として，不均衡は「善隣性の原理」にもとづいて是正されるべきと主張された。また39年版とは異なり，戦後のハロッドは，貿易と投資のフローを促進するものとして，安定的な為替相場制を支持するようになった。さらに戦後改訂版では，国際流動性にも注目され，その増大の手段として金価格引き上げが提言された。これらの政策提言すべては，先進国と発展途上国を合わせた「全体としての世界」における生産要素の完全雇用という彼のヴィジョンから導かれたものであった。すなわち，第2次大戦後のハロッドにおいて，より明確に発展途上国の支援という視点が打ち出されたのであり，それはイギリスと発展途上国の関係性の変化という史的要因に促されたであった。そして先進国と発展途上国の相互利益のため，国際資本移動の復活が望まれたのであった。

以上，本章では『国際経済学』の改訂内容に着目して，ハロッドの国際経済へのヴィジョンを明らかにした。「全体としての世界」における生産要素の完全雇用を目指すことが国際経済政策の目標として認められるならば，その過程において，先進国の余剰生産能力を発展途上国あるいは貧困国のために活用できるはずであり，そうすることが双方にとって有益となるはずであるというハロッドの問題提起は，今日においてもいぜんとして有効であるだろう。ただし，余剰生産能力の活用のための手段として，民間資本移動に依拠することの是非については，とりわけ変動為替相場制との関連において，議論の余地が大いに残されているといわなければならない。これはハロッドがわれわれに残した1つの課題である。

最後に，ハロッドのヴィジョンが端的に示される一文を引用しよう。

> 産業国と発展途上国の格差は増大しつづけているように見えることから，発展途上国の窮状は，想像力と慈悲心をもつ人々を刺激し，次のようなアイデアを彼らに支持させている。すなわち，全世界が友愛精神の下に結束し，自立のため，さらに貧しい人々を救うために，できるかぎり多くの財とサービスを生産すべきである（Harrod 1965, 166/ 訳 228）[19]。

---

[19] こうしたハロッドのヴィジョンをわれわれが無批判的に受け入れてよいのかどうか，改めて検討することも必要であろう。H. A. ホブソンは『帝国主義論』の中で次のような帝国主義の論理を紹介している。「われわれは，熱帯地物資に対する増大する需要を満たすためには，通常の経済的動機と自由交換という方法に頼ることはできない。熱帯地資源は原住民じしんによって自発的に開発されないであろう」(Hobson 1902, 239/ 訳（下）140)。すなわち熱帯地方の原住民は，その日暮らしに足る以上のものを求めて自発的に労働することはない。よって文明国との貿易がはじまったからといって，現地商品の価格上昇のような経済的インセンティブにもとづく増産を期待することはできない。そこで現地の増産を望む文明国は，資本輸出による直接・間接の支配を通して「原住民に産業の技術を教え，物質的ならびに精神的進歩に対する欲求を彼らの中に刺激し，あらゆる社会において文明の根底を形づくる新たな「欲望」を植え付ける」必要がある (Hobson 1902, 240/ 訳（下）141)。筆者はハロッドが帝国主義者であるというつもりはない。しかしやはり，発展途上国あるいは貧困国といわれる地に住む人々が現実に「開発」ないし「文明化」を望んでいるのか，という素朴な疑問をもつことを禁じえない。これに対するハロッドの

参考文献

Besomi, D. 2000. On the Spread of an Idea: The Strange Case of Mr. Harrod and the *Multiplier*. *History of Political Economy* 32(2): 347-379.

Fishlow, A. 1985. Lessons from the Past: Capital Markets during the 19th Century and the Interwar Period. *International Organization* 39(3): 383-439.

Haberler, G. 1934. Review of International Economics by R. F. Harrod. *Economica* 1(1): 98-103.

Harrod, R. F. [1933] 2003. International Economics. In *The Palgrave Macmillan Archive Edition of Sir Roy Harrod's Writings on Economics*. 7 vols. Basingstoke, Hants: Palgrave Macmillan.

―――― 1939. *International Economics*. Cambridge, UK: Cambridge University Press. 藤井茂訳『ハロッド国際経済学』実業之日本社, 1943。

―――― 1953. *The Dollar: Sir George Watson Lectures*. London: Macmillan. 東京銀行調査部訳『ドル』実業之日本社, 1955。

―――― 1957. *International Economics*. Cambridge, UK: Cambridge University Press. 藤井茂訳『ハロッド国際経済学(改訂版)』実業之日本社, 1958。

―――― 1965. *Reforming the World's Money*. London: Macmillan. 堀江薫雄監訳『国際通貨改革論』日本経済新聞社, 1966。

―――― 1973. *International Economics*. Cambridge, UK: Cambridge University Press. 藤井茂訳『国際経済学(全訂新版)』実業之日本社, 1976。

答えはおそらく次の彼の文言の中にある。「経済学が因果の跡づけに自制すべきか、または助言と推奨という実務の領域にまで踏み込むべきかについて多くの議論があった。批判者は、推奨を行うとき経済学者は倫理学または政治学の領域を侵犯していると主張する。しかし……経済学者によって研究される現象は、大部分が人間の目的に関わるものであり、人間の目的は、その相互作用の中で多少の複雑さをもつシステムを生みだした。システムの一部に変化が生じるとき、システムの他の部分にどんな帰結が起こりうるかを知ることは、興味深いことであり、経済学者が研究するのにふさわしいだろう。さらにまた、システムを生み出した目的が、そのシステムを通してどれくらい達成されているかという基準によって、このシステムを検証することも同じく興味深い。このようにしてシステムを検証することは、目的じたいを批判することではない。目的じたいの批判は実際に倫理的な問題となるだろう」(Harrod [1933]2003, 2-3)。この文言は、L. ロビンズを意識して書かれたものであると考えられる。ハロッドは、因果関係の跡づけにみずからを局限せず、所与の目的をもっともよく達成できる条件や制度は何かを検討することを選ぶ。その上で彼は国際経済学の解説をはじめるのである。つまり、資本輸出の問題に関していえば、ハロッドじしん、旧植民地国に住む人々が現実に開発を望んでいるということを経験的に知っており、この彼じしんの経験を、いわば自然主義的に目的として措定し、その実現のための政策を考えたのだといえる。こうしたハロッドの方法論的態度の是非については、本章の範囲をはるかに超える問題であり、いわゆる個人間効用比較の問題に関するハロッドとロビンズの論争の検討を含め、今後の研究課題としなければならない。

Hobson, C. K. [1914] 1963. *The Export of Capital* [preface by Sir Roy Harrod]. London: Constable.

Hobson, J. A. 1902. *Imperialism: A Study.* London: James Nibset. 矢内原忠雄訳『帝国主義論』上下巻，岩波文庫，1951, 1952。

Johnson, H. G. 1970. Roy Harrod on the Price of Gold. In *Induction, Growth and Trade: Essays in Honour of Sir Roy Harrod,* ed. by W. Eltis, M. F. Scott, and J. N. Wolfe. Oxford: Clarendon Press, 266-293.

Meade, J. E. 1958. International Economics. By R. F. Harrod. *Economic Journal* 68(270): 365-366.

伊藤正哉 2006「ハロッド利子論の歴史的基礎並びに思想的基礎の再検討」『商学論纂』（中央大学）47(4)：129-162。

伊藤正哉 2016「ハロッドの「比較生産費説」解釈についての一試論——リカードからハロッドへの展開」『政治経済研究所年報』（武蔵野大学）12：89-116。

井上義朗 1999「EC加盟論争」西澤保・服部正治編『イギリス100年の政治経済学』所収，ミネルヴァ書房，168-204。

小宮隆太郎 1975『国際経済学研究』岩波書店。

中村隆之 2008『ハロッドの思想と動態経済学』日本評論社。

服部正治 2002『自由と保護：イギリス通商政策論史（増補改訂版）』ナカニシヤ出版。

藤井茂 1955『増補 国際貿易論』国元書房。

第 9 章

高島善哉における価値論の「復位」と展開

音 無 通 宏

1. はじめに

『時代に挑む社会科学』(1986年)——高島善哉（1904～1990年）の最後となった著書名である。その表題には，彼の生涯を貫く学問的姿勢が簡潔直截に示されている。彼の生涯は，それぞれの時代が提起する問題を積極的に受け止めつつ，それらを学問的世界に送りこむことによって応答しようとする努力のなかから独自の社会科学体系を構想しようとする姿勢に貫かれていた。しかも，彼の著作や論文を少し読めばわかるように，彼の学問的営為における大きな特徴の1つは，既存の概念にもたれかかることなく，自らの言葉で語り表現しようとするところにあった。そして，そのため彼はしばしば——「専門家」と称する人たちによって——誤解され非難にさらされつつも，戦後日本の社会科学および読書界に対して大きな影響をおよぼした。しかし，そうした姿勢——時代に抗する姿勢——は戦後においてのみでなく，戦時においても同様であった。彼は太平洋戦争が始まろうとする1941年，『経済社会学の根本問題』[1]を刊行し，軍国主義化とファシズムが進行しつつあった時代に自由な精神の灯として若い学徒を鼓舞し続けたことはよく知られている[2]。その彼が，戦後まず

---

1) 高島（1941），高島（1997-1998, ②）。
2) 『経済社会学の根本問題』刊行の時期を含め第2次大戦終了までの高島について

集中的に取り組んだのが価値論の復興であり,またそれと関連させつつ生産力の問題であった。

彼は定年を待たずに一橋大学から関東学院大学に移っているが,自ら語るところによれば,彼の学問的生涯は大きく3つに区分することができる。すなわち,第1期は研究を開始した初期から『経済社会学の根本問題』刊行まで(～1941年),第2期は「終戦後から一橋をやめるまで」(1945年～1966年),第3期は関東学院大学に移って以後(1966年～1990年)である[3]。したがって,この時期区分にしたがえば,彼が本章で取りあげる価値論の復興に取り組んだのは,その学問的生涯の第2期においてであったということができる。

しかし,そうした時期区分に関連して彼自身が語るところによれば,第2期は成果の乏しい時期であった。彼は,続いて次のように述べている。「第2期は,いまから振り返ってみると非常にモタモタしておった。これという前進があまりなかったように思う。……というのはジャーナリズムにそうとうに追い回されて,当時まだタレントが比較的少ない時代でしたから,僕らのような人間がお役にたったんでしょう。それで次から次へと追い回されて未熟なものを出していったという感じがする。だからまとまったものはありません。……／もう一つは弁解がましくなるけれども,昭和27～28年ごろから次第に視力が衰えていって,精神状態がナーバスになってきて,イライラしてきた。同時に学内で行政事務を担当させられて,体力的に消耗した。いろんな内的,外的事情があって,純粋に1本にずうっと自分の問題を追求できなかった。……不本意な時代だったと思います。」[4]これは,上記の時期区分とともに,高島を知

は,上岡(2010),第5章,第6章を見よ。本書は,現在のところ高島善哉にかんする唯一の伝記であり,大変貴重である。著者上岡氏のご努力を多とするとともに,関心のある方にはぜひ読まれることを勧めたい。なお,本書はまだ入手可能とのことであるから,同書の出版社を通して上岡氏ご本人に連絡を取られることをお勧めしたい。

3) 高島(1985, 233-234)。なお,本間要一郎と清水嘉治によるこのインタビューは『エコノミスト』(1980) 4月1日号,8日号,15日号,22日号の4回にわたって連載された。

4) 高島(1985, 234)。

る人びとにはよく知られている言葉であるが，実際，彼は当時ジャーナリズムにおいてもっとも活躍した学者の1人であった。しかし同時に，肉体的には眼疾が急速に悪化しつつあった。音楽家が聴力を失うのと同様に，学者が視力を喪失する危機に見舞われているのであるから，その不安は察するに余りがあるというべきであろう。くわえて，学内では新設されたわが国最初の社会学部の整備その他に多くの労力と時間を費やさなければならなかった。上記の述懐には，そうした当時の状況についての高島の回想が率直に表明されているといってよい。「純粋に……自分の問題を追求できなかった」不本意さが語られているのも無理からぬことというべきだろう。

高島自身によるそうした表明にもかかわらず，筆者の理解では，上記の第2期における彼の諸作業は，少なくとも彼が生涯にわたって追究した「生産力の理論」の構築に関連していえば，第1期の研究成果を第3期へと展開し拡充していくうえでけっして小さくない役割を果たしたと考えられる。というのも，彼が追究した「生産力の理論」は，実質的にはすでに第1期の『経済社会学の根本問題』で提起されていたものだが，第3期においてより重層的・複合的なものとして展開——たとえ未完に終わったとはいえ——されるためには，第2期における価値論の検討と，それと関連づけつつ探求された生産力論の深化を必要としたと考えられるからである。したがって，第2期に属する諸論文の検討は，高島の思想および理論の展開を理解するうえで通常考えられているよりも大きな意義をもっているともいいうるのである。

以下では，高島がこの時期（第2期）に発表した諸論文のうち主として価値論にかんするもののみを取りあげることにするが，それだけでは不十分であるとのそしりは免れないだろう。しかし，一挙にすべてを取りあげるのは不可能であるから，同時期に発表された生産力論にかんする諸論文の検討は他日を期すことにしたい。以下の検討にはいる前に，最初に高島が敗戦直後5年ほどのあいだに発表した価値と生産力にかんする諸論文を発表年月順に掲げておくことにしよう。

1946年8月「価値論の復位」『経済評論』，第1巻第5号。

1947年6月「体制概念と価値法則——一つの経済社会学的反省」人文科学委員会編『人文』, 第1巻第2号。

1947年8月「価値論と社会主義——体制理論としての労働価値説—」『帝国大学新聞』, 第1036号。

1947年9月「スミス—リスト—マルクス」『経済評論』, 第2巻第8・9号。

1949年8月「生産力の構造」『経済評論』, 第4巻8月号。

1949年8月「生産力理論の課題——一つの問題提起」『一橋論叢』, 第22巻第2号。

1949年9月「経済」『文化の社会学』(『現代の社会学』第4巻) 所収, 実業之日本社。

1950年3月「価値論の新しい出発」季刊『理論』, 第12号。

1950年10月「生産力と価値」『思想』, 第316号。

1950年11月「技術と生産力—戦後の技術論争に寄せる—」『一橋論叢』, 第24巻第5号[5)]。

以後, 高島は価値論について論じることはしていない。そして, 生産力についても再び主題として明示的にとりあげるようになったのは晩年になってからのことである。

2.「価値論の復位」論文のねらい

さて, 上記の表にも見られるように, 高島は敗戦からまだ1年にも満たない1946年8月1日号の『経済評論』誌上に「価値論の復位」と題する論文を発表した。同論文は戦後における高島の姿勢を鮮明に示すとともに, 高島自身が別の機会に述べているように戦後社会科学のあるべき方向についても問題を提起するものであった。当時同論文が与えた影響について, 高島ゼミ出身者でも

---

5) これらの時期の高島の著作については, 高島 (1997-1998, ①) 1に付された「高島善哉著作目録」(上岡修作成) における1946 (昭和21) 年-1950 (昭和25) 年の項 (441-451) を参照。また山田編 (1991) 末尾の「高島善哉著作目録」(同じく上岡修作成) における「論文」の項, および渡辺編 (1995)「解説」末尾に付された収録論文の初出一覧 (239-240) も便利である。

あった本間要一郎は，次のように書いている。「かつてわが国の思想と学問の世界で確固たる地位を占め広範な影響力をもっていたマルクス主義が，10年間の抑圧から解放されて再び舞台の主役として返り咲きつつあった敗戦直後の状況の中で，この論文はある種啓示的な意味を帯びて迎えられた。何よりもまずその題名が，敗戦を境とする学界状況の急旋回のポイントをうまくいいあてて，一面では，当時いまだ将来の方向を見定めかねていた学生や研究者たちには一つの指針ともなり，他面では彼等の昂揚する気分に反省を促す効果をもっていた。」[6]これらの言葉は，当時同論文がもった影響力や果たした役割について的確に指摘したものといってよい。すなわち，敗戦という混乱状態のなかで，それは，一方では若い学徒や研究者に進むべき方向を示すとともに，他方では革命運動にはやる近視眼的な姿勢に対して反省を促す等の役割を果たしたとされている。この時期，高島は座談会等の他の機会にも，戦後経済の再建に向けて経済学が役割を果たしうるためにも労働価値論へ復帰する必要があることをくり返し強調している。

「復位」論文は，著者の生前，まず理論編集部編『近代理論経済学とマルクス主義経済学』(1948年)に再録[7]され，その折，文末に7行の文章が追加された。その後，著書『アダム・スミスの市民社会体系』(1974年)に「補論一」として収録されたが，そのとき上記の7行は削除され，全体にかなりの字句修正や加筆がなされた。そして，用語を例えば「利用価値」を「効用価値」とするなどより現代的なものに訂正したうえ，各節に新たに見出しを付すなどの工夫がなされた[8]。しかし，論旨そのものは変更されていない。(それに対して，同書に「補論二」として収録された「体制概念と価値法則」は大幅に書きかえられ，論旨も最初の見解とは反対の方向へと変更されている。その点については後に触れる。)いずれにしても，同論文は『経済評論』誌上で3段組5頁ほどの比較的短いものであったが，必ずしも平易とばかりはいいきれない面も見られる。その理由

---

6) 本間 (1991, 241)。
7) 理論編集部編 (1948, 12-22)。
8) 高島 (1974, 291-300)，高島 (1997-1998, ⑥, 376-387)。

の1つは，同論文が「実体」や「本質」，「素朴実在論」といったような「哲学的」な用語をまじえて展開されている点にある。以下，順を追って見ていくことにしよう[9]。

さて，同論文は3節からなっているが，第1節ではまず価値論をめぐる「第二次大戦開始前，及び大戦の進行中の学界の実状」について総括的に論じることから始められている。著者はいう，「一方においては経済学からの価値論の追放をもって経済学の王道であるとなし，……他方においては価値論の追放の過程をもって経済学通俗化の過程であると考え，自らはイギリス経済学の正統主義を労働価値論によって相続しようとする人々が対立した。……そしてこの際，価値論を奉ずるということは社会主義を奉ずると同じことを意味するものと解された。」(渡辺編 1995, 7．山田編 1991, 189)

前者の経済学が「理論経済学」＝近代経済学であり，後者がマルクス経済学であることは明らかである。著者は，近代経済学において「前世紀の七十年代に，イギリスのヂェヴォンス，オーストリヤのメンガー，スイスのワルラスによって，追放せられた価値論の王座を取戻そうとする革新的な企てがなされた」こと，そしてそのことが「経済学における理論的ニヒリズムの傾向を救済する」(渡辺編 1995, 6．山田編 1991, 188)とともに，他方では「ミル以後20有余年にわたって支配した理論経済学そのものの沈滞無気力に清新の気を注入するものであった」(渡辺編 1995, 6．山田編 1991, 188)として，近代経済学が効用価値論にもとづいて形成された点を評価している。いいかえると，彼は「利用価値論」＝効用価値論も価値論であるかぎり，それにもとづいて形成された経済学には，その後の近代経済学(価値論を放棄した理論経済学，マーシャル，ピグー，シュムペーター，そして，頂点としてケインズの名があげられている)にはない

---

9) 以下では，『経済評論』1(5) (1946年8月1日)，40-44に掲載されたものを，新字体および現代かなづかいに改めたうえ再録した渡辺編 (1995)，および同様の山田編 (1991) 所収のものを用い，『アダム・スミスの市民社会体系』に「補論一」として収録されたものは，字句修正だけでなく加筆も行われているので，必要に応じて参考する程度にとどめる。なお，本論文では，雑誌名，書名等についても新字体を用いることをお断りしておく。

積極的側面があることを評価しているのである。したがって，当面の「問題は労働価値論か利用［効用］価値論かということではなくて，価値論の上に立つ経済学か，或いは価値論抜きの経済学かということになってきた」（渡辺編 1995, 7. 山田編 1991, 189），——これが第 1 節の結論であった。したがって，この段階での高島の主張は価値論にもとづく経済学かそうでない経済学かということであって，必ずしも特定の価値論を主張するものではなかった。

事実，彼は 5 年後に発表した「価値論の新しい出発」（1950 年 3 月）において，「復位」論文について，次のようにふり返っている。

>　……この小稿は，すべてを御破算にして根本から建て直そうとする革新的な気風がみなぎっていた終戦直後の一般的雰囲気の中で，わが経済学の分野でもそれにふさわしい再出発が望まるべきではないかという信念の下に書かれたものであった。当時のわが経済学界にはまだ理論的なもの，原理的なものへの関心が十分に復活していなかった。……だから当時価値論の復位を説くということは，必ずしもある特定の価値論を復活させようとする意味ではなく，他の場合と同じく経済学においても今一度理論的なもの，原理的なものへ立ち帰って出直すべきだという要望を意味したのである。この意味では私の狙いはただ理論経済学者の陣営に向けられていたばかりでなく，社会主義的経済学者の陣営にも向けられていたことはもちろんである（渡辺編 1995, 63-64. 山田編 1991, 218）。

見られるように，「復位」論文のねらいは理論経済学者＝近代経済学者だけでなく，マルクス済学者にも向けられていたことが述べられているが，その理由として，どの陣営であるかにかかわりなく一般に「原理的なもの」，すなわち価値論への関心が希薄であったことが指摘されている。したがって，その限りで，「復位」論文は特定の価値論を復活させること意図するものではなかったという先の指摘は間違っていない。事実，上に見たように価値論にもとづいて形成された近代経済学＝限界効用学派に対しても著者は肯定的に評価してい

た。しかし，次節に進むと，その評価は限定的なものであったことが明らかとなる。

　第2節（上記「補論一」では「限界効用学派の自壊過程」と題されている）では，限界効用学派の価値論が当初から放棄される運命にあったことが，その理由とともに論じられている。すなわち，著者によれば，効用価値論はもともと個人と財との関係から出発して，貨幣や価格，所得等の社会的経済的問題を理論的に解明しようとするものであった。しかし，個人と財の関係は経済の基礎事実ではあるにしても，経済学の理論的基礎たりえない。そして，もし個人と財の関係を経済生活における消費面と解して，それを所与の経験的事実とみなすならば，限界効用均等の法則は「一つの心理物理法則」と化してしまい，そこでは効用の測定可能性や全部効用と限界効用の関係というような現実の社会関係の分析とは無関係なスコラ的議論に導かれることになる。それに対して，個人と財の関係を近代経済生活における合理性一般の表現形式とみなすならば，「心理主義的卑俗性」は免れるかもしれないが，その場合には消費面から出発するよりも，別の合理性，例えば「グレシャムの法則」や「最低生産費（あるいは最大生産費）の法則」等といった合理性から出発する方が，より現実的であり，また方法論的にもより正しいのである（渡辺編 1995, 8，山田編 1991, 190）。──必ずしもわかりやすい議論とはいえないが，個人と財の関係ないし消費面から出発する近代経済学の基本性格が主観主義的心理主義的であることにともなう問題点が指摘されているといえる。

　彼はさらに続けて論じている。──価値論の存在理由は，貨幣や価格等の現象的世界を理解する足場を与え，経済の日常的世界を批判的に再構成する本質原理を指示する点にある。そうした役割に照らしてみるとき，正統学派（古典学派）にとっては等しい投下労働量が相互に交換されることは経済の本質に合致した事実であり，望ましいことであった。同様に，限界効用学派にとっても，限界効用均等の法則が実現していることは欲望最大満足の状態を表わし経済の本質に合致するとともに，望ましい状態であった。そして，限界効用学派の強みは，そのような経済本質観から価格構成論を導きだしてくるところにあ

った。しかし，著者によれば，不幸なことに彼らの経済本質観は「心理主義的素朴実在論」に陥っていた。彼らは，社会過程である交換過程をあくまでも社会過程として分析することができず，それを個人と財の関係と解して実体化してしまった。しかし，社会的なものはけっして非社会的なもの，あるいは前社会的なものから説明することはできない。その意味で，限界効用学派はその出発点から価値論を放棄するように運命づけられていたのである（渡辺編 1995, 9-10，山田編 1991, 190-191）。

以上のように，限界効用学派はそれ自身の経済本質観を価値論と結合しつつもっていたとされ，その点で評価されている。しかし，他面，その経済本質観は「心理主義的素朴実在論」であり，経済過程をあくまでも客観的な社会過程として分析することができなかった点に限界があり，その点に近代経済学が価値論を放棄せざるをえなくなった理由が存在するとされている。著者によれば，限界効用学派以後の近代経済学は，例えばカッセルは効用価値論に代えて希少性原則で押し通し，リーフマンは古典的な価格構成論の代わりに価格変動論を持ちだし，シュムペーターは最初から価値を価格におきかえたが，彼らの場合にはまだ経済本質観の「余映」が残されていた。しかし，その後の近代経済学においてはいっさいの「経済本質観」が排除され，経済学の技術化が進行した。そして，その頂点に位置するのがケインズであるとされている（渡辺編 1995, 11，山田編 1991, 192）。

以上から知られるように，「復位」されるべき価値論とは，ひとまず広い意味での価値論であり，そこには効用用価値論も含まれている。しかし，効用価値論は心理主義的・主観主義的であることから，限界効用学派としての出発点から放棄されざるをえない運命にあり，その結果として近代経済学の技術化を招来したとされている。

それでは，真の価値論とはいかなるものだったのろうか。その点について論じたのが，次の第3節である。

3. 全体性認識の方法としての価値論

3-1 全体性把握の立場

「復位」論文第3節は，著者の価値論解釈を提起したものであり，その価値論解釈には経済社会学(「経済学の社会学化」あるいは「社会学の経済学化」)を構想した著者ならではの見解が示されているといってよい。その解釈は，価値論が本来もっている役割を明示したものであり，今日でも顧みられるべき重要な見解を提示したものということができる。著者自身，同論文を前述の『アダム・スミスの市民社会体系』に「補論」として収録するにさいして，文末に次のような注記を追加している。

> この論文が書かれたのは1946年夏(『経済評論』8月—高島)のこと，すなわち終戦後まもなくのことであった。それから早くも27年の歳月が流れたけれども，そしてあのときと今ではまったく状況が変わったようにみえるけれども，しかし筆者としては，ここで述べられていることがそっくりそのまま今日にも当てはまると考えざるをえない。『原点へ帰れ』という合言葉を，この論文はすでにその実質において先取りしていたものとみていいだろう(高島1974, 300, 高島1997-1998, ⑥, 387)。

著者によるこの注記は，同論文が発表されて70年になる今日，そのまま，あるいはむしろよりいっそう当てはまるといっても過言ではないだろう。(ついでに記しておけば，昨年2015年は戦後70年であったが，本年2016年は戦後わが国の社会科学において記念碑的論文となった「価値論の復位」刊行70年となる。本章は，その点をも記念して執筆されていることを付記しておきたい。)

以下で検討する同論文第3節には，上記「補論」として収録された時点で「全体認識の学としての価値論」という見出しが付されたが，それは著者の見解を簡潔に示したものといってよい。さて，著者によれば，技術化した経済理論の欠陥は，危機の時代にもっとも端的にあらわれる。例えば，ケインズおよ

びケインズ派の理論は，戦前と戦時を通じてアメリカおよび日本において，程度の差はあれ，その実践性を十分に証明された。しかし，真の実践性とは，所与の目的に対してたんに技術的な処置や対策を考案することではなく，目的それ自体をも設定する主体的実践性でなければならない。そして，真に主体的であるということは全体性の立場に立つことを意味するのである（渡辺編 1995, 11，山田編 1991, 192）。

　こうして，著者によれば，崩壊した戦後経済の再建の過程は真に全体を実現する過程でなければならず，そのためには錯綜した現実を全体として把握する全体性の立場に立つことがぜひとも必要である。そして，この全体性の立場を理論的に表現するのが価値論にほかならない。いいかえれば，複雑多様な現実の経済世界を統一的に把握する原理，——それが価値論（より正確には労働価値論）にほかならないということである。著者は，具体例として戦後インフレーションをあげ，それがたんなる貨幣・金融問題ではなく，全機構的問題であり，したがって価値論にもとづいて把握され，解決されなければならないことを強調している。そして，次のように論じている。

　　国破れて山河ありと言うが，社会経済が危局に臨んで価値の世界が現れて来る。即ち我々は貨幣や価格の体系がまさに崩壊し去ろうとするとき，財貨生産や生産力機構の総体が全面的に活動不能に陥ろうとするとき，全体を貫く統一的原理の強力さを今さらの如くに感得するのである（渡辺編 1995, 12，山田編 1991, 193）。

ここには，著者が主張する価値論の意味と意義が，簡潔明瞭に語られているといってよい。くり返すことになるが，全体性の立場に立ちつつ，複雑多様な現実を統一的に把握する原理，——それが価値論だということである。
　ほぼ同様の見地は，当時行われた座談会でも表明されている。少し長くなるが，価値論の役割についての著者の見解を再確認するためにも引用しておくことにしよう。

私が価値論の復位ということを言い出した理由には色々あります。まず第一には現在の理論経済学に対する批判としてですが，現在の理論経済学では問題は現象的な面に限られていて実体的全体的なものを全然見ていない。だから例えば貯蓄と投資の関係であるとか，金利と物価の関係であるとか，消費財価格と生産財価格の関係であるとかいう具合に，関係的な考察に主眼点が置かれている。これは経済事実の分析に当たってもちろん大変大切なことであるに相違ないが，理論的にはそれだけではまだ不十分である。これらの関係面を統一する一つの全体的原理がなければならぬ。それが価値論だと思います。それから第二には現在の理論経済学はプロセスの研究に没頭して社会の全体性を見ていないと思います。例えば正統学派にしろ限界効用学派にしろ，経済的変化の行きついた先というか変化の終ったところで価値論を始めているのですね。このことは単に自然価格とか均衡価格とかいうだけの問題ではなくて，経済社会の全体的意味を反省する立場を現わしていると見るべきだと思う。近代経済学の特色は自然価格そのものよりもむしろそれが成立するまでの変化のプロセス，現象そのものの変化の過程を捉える方向に進んでいるように思うのですが，これはもちろん決して無用なことではない。しかし，哲学的に言うと，そこにはまだ社会的理性批判というものがない。だから近代理論はただ現象変化の記述理論という性格を持ってはいるが，まだ本当に分析的な理論だと言うことはできないと思うのです。だから価値論の復位ということはこれらの近代理論の結論を内に含み，大いにこれを尊重し利用しながらも，一歩これを深く内省して全体的立場に徹したうえでそこから出直し，再構成しようとするものです。現代の時代というものは丁度このような全体的なものそのものが問題になっていると見るべきではないでしょうか。そうして考えてくると，価値論の復位ということには，単に理論的な要請だけでないもっと切実な要請が含まれていることが分かるのではないか。すなわち，インフレの問題とか，失業の問題とか，完全雇用の問題とか，……すべての問題が日本社会の全体的構造を全体的に把握する必要があることを示して

いると思います（高島 1947a, 81-82）[10]。

　見られるように，これらの発言にも「復位」論文のねらいが，第1に（技術化した）理論経済学＝近代経済学の批判にあったこと，そして第2に経済分析に対して全体性の立場に立つ必要性を訴える点にあったことが強調されている。しかし，忘れてならないのは，先に見たように「復位」論文の批判が，たんに理論経済学＝近代経済学者の陣営に対してだけでなく，社会主義的経済学者の陣営にも向けられていたとされている点である。マルクス主義的経済学者にも批判的であったとすれば，高島が立ち返ろうとした価値論とは一体何だったのだろうか。上述のように，効用価値論でないことはもちろんであるが，それでは復位されるべき労働価値論とはどこまで立ち戻ることを意味したのだろうか。

　結論からいえば，それはアダム・スミスの労働価値論であった。著者自身，次のように述べている。

　　では，価値論の復位ということはこの場合どこまで立ち戻ることを意味するであろうか。答えは明白である。限界利用学派を飛越えて，今一度正統学派の労働価値論に復帰するのである（渡辺編 1995, 12-3, 山田編 1991, 193）。

　そして，この「復位」論文が「補論」として先の著書に収録されたとき，「限界効用学派を飛越えて」のあとに「さらにマルクス経済学をも越えて」という言葉が追加され，そして上記の引用文「今一度正統学派の労働価値論に復帰するのである。」のあとに，「なぜなら，マルクス労働価値論の源泉はイギリ

10）　なお，この発言は渡辺編（1995, 217-219）にも引用されている。本章でも引用にさいしては，同氏にならって，文章表現を新字体，現代かなづかいに改めている。高島は他の座談会でも「価値論の復位」について発言しているが，こちらも戦後における高島の価値論についての考えを知るうえで参考になる。高島（1948, 2-25）等をも参照されたい。

ス古典学派の中にあるからである。」という文が挿入された[11]ことを考えると，著者がアダム・スミスに立ち返ろうとしていたことは明白である。

それでは，なぜスミスにまで立ち返るべきなのか。「復位」論文最後の数パラグラフは，この問題にあてられている。すなわち，著者によれば，正統学派（古典派経済学）の労働価値論は，18世紀の自然法的思考様式に縛られているかぎり問題を残していることは否定しえない。しかし，逆に，正統学派はその自然法的思考様式のゆえに，労働価値論によって経済学史上はじめて市民社会の全体観に達したのである。たしかに，自然法哲学的な思考様式そのものは18世紀の遺物とみなしうるにしても，哲学と科学との結合は今日ますます必要となっている。労働価値論は，正統学派において商品生産と価格運動との内面的統一原理として成立したものだが，同学派は労働価値論によってはじめて経済学の科学性を確立したというべきなのである（渡辺編 1995, 13-4，山田編 1991, 193-94）。

労働価値論という統一原理によって，市民社会の全体観に達しえたこと，「市民社会の全体認識への第一歩」（渡辺編 1995, 14，山田編 1991, 194）が切り開かれたこと，──その点に，スミスの労働価値論にまで立ち返る必要があった。そうした著者の視点は，戦後危機の認識と深く結びついていた。彼は，再度次のように述べて，「復位」論文を締めくくっているが，そこには戦後日本の再建のあり方・方向性（＝民主主義革命）についての著者の見解が示唆されているといってよいだろう。すなわち，

> 全体性の喪失は危機時代の特色である。従って，全体性を回復することが再建の課題でなければならない。かつて正統派経済学は，この課題を解決することによって，最も偉大な，最も生産的な役割を果たしたが，それは労働価値論という合理的な方式を考案することによって初めて可能となった。戦後経済学が解決しなければならない幾多の諸問題は，何よりもこの偉大なる歴史の教訓に傾聴することによって解決されるであろう。何故

---

11) 高島（1974, 297），高島（1997-1998, ⑥, 384）。

ならば第二次世界大戦は全体として資本主義体制を我々の問題たらしめることによって，我々を市民社会の出発点にまで押戻してくれたからである（渡辺編 1995, 15, 山田編 1991, 195）。

見られるとおり，時論的には「第二次世界大戦は全体として資本主義体制を我々の問題たらしめることによって，我々を市民社会の出発点にまで押し戻してくれた」ことが，理論的にはアダム・スミスの労働価値論にまで立ち返ることを要請する理由であった。

要約すれば，「国破れて，山河あり」という状況下で，資本主義が体制的危機に陥ったとき，その危機を分析し，あるべき方向を模索するためにも，資本主義＝市民社会の出発点にまで立ち返り，市民社会の全体認識への道を可能にしたスミスの労働価値論に学ぶべきである，——これが「価値論の復位」における著者の主張であった。

しかし，以上からも知られるように，「復位」論文において強調されているのは，本間も指摘しているように，貨幣論，信用論等々とならぶ経済学の一個別分野としての価値論ではなく，全体認識の方法あるいは方法態度としての価値論[12]であった。そして，そうした価値論はより具体化され，基礎づけられる必要があるだろう。そのため，彼は，価値論を基礎づけるものとしての生産力の概念に言及することになる。事実，「復位」論文末尾において「一切の経済的事象の根源的事実として労働生産力を考える」（渡辺編 1995, 14；山田編 1991, 195）という表現が見いだされ，また先に見た座談会でも続けて次のように発言している。「この日本社会の全体的構造の把握ということは，言い換えれば生産力の立場を確立することであって，生産力の立場を理論的に確立するものが価値論の立場だと，私はこう考えます。」[13] 高島のなかには，『経済社会学の根本問題』いらいの生産力論への意識が強く働いていることは十分推測される。しかし，「復位」論文末尾の文章や座談会での発言は，いまや（労働）

---

12) 本間（1991, 241-242）。
13) 高島（1947a, 82）。

価値論を媒介としつつ生産力論への移行を示唆している点で注目される。

3-2 価値と生産力

さて，学説史の視点から，上記の移行の問題ないしは価値論と生産力理論との関連を検討したものが，次に取りあげる論文「スミス―リスト―マルクス」(1947年9月) である。終戦から 1950 年までに書かれた著者の価値論と生産力論にかんする諸論文をまとめて『価値論の復位』として刊行した渡辺雅男は，「解説」のなかでこの「スミス―リスト―マルクス」を次のように位置づけている。すなわち，同論文は

> 高島の戦中の学説史研究が戦後の問題提起をどのように準備していたのか，彼の問題意識のなかで価値論が生産力論とどのような関係にあるのかを窺い知ることのできる貴重な論文。また『生産力理論と価値の理論との結合』を主張しながら，その『媒介』としていまだ『経済社会学』を構想している点でも，注目される (渡辺編 1995, 215)。

渡辺によるこの位置づけはけっして間違ってはいない。しかし，筆者の理解では，戦中の学説史研究に比してマルクスの比重が格段に増大したことが，戦後における高島の理論展開を考えるうえで重要な意義をもったことは忘れられるべきではないだろう。たしかに，本論文においてもスミスが始源としての位置と役割を与えられていることは「復位」論文と同様であるが，今やマルクスが価値論と生産力の理論との関連を考えるうえで学説史を総括する位置におかれていることはやはり重要であろう。

さて，著者によれば，経済学史上，歴史的理論的に見て現在われわれにもっとも多くの問題を投げかけているのは，次の3つの系列である。第1にスミス―リカードウ―マルクス，第2にスミス―マルサス―ケインズ，第3にスミス―リスト―マルクスである。これらのうち，第1の系列は，労働価値論の徹底ということで理解されるのが常識となっているのに対して，第3の系列は生

産力理論の徹底という観点から問題とすることができる[14]。

　まず第3の系列から考えるとすれば、『国富論』と『資本論』はともに労働の生産力を枢軸として展開されていることは忘れてならない古典的教訓を残しているが、リストの主著『経済学の国民的体系』もまた生産力の思想をもって生命としていることはいうまでもない。リストにおける生産力の理論は生産力の生産を求める理論であるが、生産力の生産を考えるということは生産諸力の相互連関（＝構造連関）を考えるということであり、そのことは価値の理論と矛盾するものではない。スミスやマルクスの優れた点は生産力の理論と価値の理論を結合しているところにあり、したがって、いまや問題は生産力の立場をいかにして価値の立場にまで客観化し、正確化（数量化）しうるかにある（渡辺編 1995, 48-50）。

　スミスは生産力を労働生産力として把握した。彼はリストがあげた生産力（国民生産力）の諸契機——政治的、宗教的、制度的等々の諸契機——を忘れていたわけではないが、スミスにとって市民社会とはすぐれて経済的な社会であり、したがって生産力は物質的—技術的な労働生産力でなければならなかったのである。

　それらの関連で、マルクスの生産力概念を正しく理解するには、二重の考慮が必要であろう。1つはスミスにおける労働生産力概念の抽象性を克服する問題であり、2つはリストにおける生産力の構造連関という考え方とマルクスの生産力概念との連携を考えるという面である。

　この見地から、スミスとマルクスを比較するならば、前述のように、スミスは生産力が物質的—技術的生産力として現われることによって労働生産力を高めることをよく知っていたが、しかし生産力の質的差異性が価値としていかにして量的同一性にもたらされるかの説明に困惑した。著者によれば、スミスは、この難問に答えるために労働生産力を抽象的な人間的労働の観点から説明

[14) 渡辺編（1995, 47）。本論文「スミス—リスト—マルクス」も、渡辺編（1995）に収録されているので、それを用いることとし、引用ないし参照は、これまで同様、カッコにいれて本文中に表示する。

しようとした。このことによって，労働生産力の質的差異が投下労働の量的差異に還元され，生産力の理論が価値の理論にまで深められる端緒が発見された。しかし，それはただ端緒が与えられただけであり，リカードウが投下労働価値説の徹底に尽力したが，スミスの弱点と難問を克服することができなかった。マルクスがでて，労働の二重性という観点からこの難問に答えるまでは労働価値論は崩壊の一途をたどったが，そのことは労働価値論を生産力の理論から切り離して取りあつかう危険性と誤りを示しているのである。

以上のような著者の論述は，「生産力の質的差異性」などの用語が説明なしに用いられていて，内容を理解しづらくしている面があることは否定しえないが，マルクスを念頭において読めば，相当程度まで理解することは可能であるように思われる。

次いで，リストとマルクスの関係についていえば，その関係は生産力の構造連関という点である。しかし，その点にかんしては，実際にはマルクスはリストから学んだのではなく，むしろドイツ・ロマン主義の遺産としてヘーゲルから学んだのである（渡辺編 1995, 52-54）。

以上のように論じた後，スミス―リスト―マルクスの系列にかんして，次のように結論づけられている。すなわち，階級の観念はスミスにあってリストにはなく，生産諸力の構造連関という思想はリストにあってスミスにはない。マルクスの階級的生産力の立場は，その意味においてスミスとリストを統一することによって新しい生産力の立場を築きあげたものだということができる（渡辺編 1995, 55）。

著者の論述を簡略化したため，論理に飛躍があるように受け取られることが危惧されるが，本論文において著者がいいたいことは以上で尽きていると考えられる。しかし，それらの結論に関連して他の2系列についても論究されているから，以下ではその点についても簡潔に見ておくことにしよう。

すなわち，価値の理論と生産力の理論との関係という観点からするとき，スミス―マルサス―ケインズの系列は何を意味しているだろうか。著者によれば，この系列の特徴は「価格生産力」の立場を代表しているということができ

る。この系列においては，生産力の構造分析ではなく，それが価格に反映されるかぎりでの生産力，すなわち価格生産力の測定に終始しているのが特徴である。そうした考え方においては「価値生産力」と「価格生産力」とを区別しないから，価値と価格との区別も存在しない。経済が順調に発展し，通貨量の増大が価値生産物の増大に照応するような状態であれば，価格生産力を価値生産力に一致するものとみなし，前者をもって後者の代用物とすることは便宜的にはさしつかえないともいえる。しかし，価格体系が混乱し崩壊し去ろうとする場合には，両者の原理的な差異がはっきりとあらわれてくる。インフレーションの場合がそれである（渡辺編 1995, 58-59）。これらの論述には，「復位」論文の主張が再現され，価格体系に対する価値体系（価値論）の優位性が主張されているのが見られるだろう。

　最後に，スミス―リカードウ―マルクスの系列にかんしてはどうであろうか。著者によれば，この系列において，われわれは労働価値法則が資本主義の体制法則であることを知るのみならず，生産力の生産ということは真実には生産力の構造連関としての体制それ自体の生産をも意味することを学ぶのである。しかし，真の問題は，スミスからリカードウへの発展にあるのではなく，リカードウからマルクスへの発展にある。その発展は，マルサスからケインズへの発展，あるいはスミスからリカードウへの発展とは原理的に違った意味をもっているからである。すなわち，マルクスには体制の意識があって，他にはない点が決定的だからである。生産諸力の構造連関を歴史的個体的な体制として把握する見地，そして，この体制を一方では内在的に価値法則によって把握しながら，同時に他方では，そこに超越的に，生産力の新たな歴史的個体的形成の可能性を見たところに，マルクスの独自性があるということができる。

　この最後の個所では，体制内については価値法則によって把握し，体制間の移行については生産力の視点から把握することが示唆されているといえる。

　以上から知られるように，本論文ではマルクスの比重が大きくなり，スミスを起点におきつつも，むしろマルクスの視点から問題を把握しているといえよう。しかし，論理の基本性格は「復位」論文と同じであって，違いは「復位」

論文では価値論に力点がおかれていたのに対して，本論文では価値の理論と生産力の理論の関連の問題に重点が移されている点にあるといってよい。しかし，学説史的な叙述形式にもよるが，上記の問題についての論究はいまだ一般的（したがって抽象的）なものにとどまっているといわなければならない。

4. 生産力論への移行の問題

4-1　体制概念と価値法則

　高島が，真の意味で価値の理論から生産力の理論へと下向するためには，もとより種々の問題を解決しなければならなかったと考えられるが，筆者の理解では，その下向において大きな意義をもったのは，かつてのソ連邦で議論され戦後日本へも紹介された社会主義と価値法則との関連をめぐる論争についての彼なりの検討であったと思われる。以下，この点を含めて，戦後の高島における価値論から生産力論への移行の問題を検討することにしよう。

　さて，高島が「価値論の復位」に続いて，強い関心を寄せたのが体制と価値法則との関連の問題であった。彼は上に見た「スミス―リスト―マルクス」論文に先立って，2つの論説「体制概念と価値法則」（1947年6月），「価値論と社会主義」（1947年8月）を執筆している。ここで「体制」とは，いうまでもなく資本主義体制とか社会主義体制といわれるものを指し，後者の表題にも示されているように，この時期，高島の関心の対象となっていたのは社会主義体制下における価値法則の妥当性の問題であった。それは，上述のようにソ連邦で議論され戦後日本にも紹介された同問題についての論争に触発されたものであった[15]。上記の2論説（ここでは資料入手の関係で前者のみに焦点を当てている）では，なお戦前・戦中から引きつがれたと思われる思考様式に制約されているの

---

15) ソ連邦での議論・論争を戦後いち早く日本に紹介したのは，都留（1946）であった。なお，高島は「体制概念と価値法則」のなかの注記の1つで，この都留論文とともに，それに対する批判として鈴木（1947）をもあげている。渡辺編（1995, 39），山田編（1991, 214）を参照。上記の都留論文，鈴木論文ともに，理論編集部編（1948）に収録されている。本書には，他に上記の論争に関連して『世界』1947年8月号に掲載された堀江邑一「社会主義社会の経済法則」等も再録されており，当時の論争状況を知るうえで便利である。

が読み取れる一方で，体制としての社会主義を視野に取りいれることによって，著者自身が新たな問題に直面させられているのが見いだされる。

さて，著者によれば，体制とは社会事象の歴史的個体性と構造的連関性とを統一する概念である。したがって，体制は時間性原則と空間性原則との統一概念であるということができる（渡辺編 1995, 18-19, 山田編 1991, 198）。しかし，それだけでは不十分であり，体制はまさにそれが1つの歴史的個体として他の体制から区別されるがゆえに，逆にそれらを結びつけ，比較を可能にする共通の地盤が存在しなければならない。そうでなければ，歴史は個別的個体的な体制がばらばらに独立した断片に分断されることになるだろう。もしそうなれば，歴史的相対主義へと陥る恐れがあるのみならず，体制と体制とのつながりや，1つの体制から他の新たな体制への移行を把握する立場もでてこないだろう。著者によれば，上述の意味での超体制的立場を確定するために経験科学としての経済社会学に残された道は，生産力の立場である（渡辺編 1995, 20-21, 山田編 1991, 200）。

こうして，著者は体制と体制を関連づけ，体制から体制への移行の把握を可能にする立場を生産力の立場と規定する。そして，ここに体制概念の展開にかかわらせて生産力概念の基底性が確認され，以後，そのような意味での生産力概念ないし生産力視点を高島は一貫して保持することになる。戦後，彼にそのような立場ないし視点を確認させることに導いたのは，次に述べるように資本主義とは区別された体制としての社会主義への着目であったことは明らかである。

体制概念の確立とならんで，本論文におけるもう1つのテーマ，あるいはむしろ中心的テーマともいうべきものは，社会主義社会における価値法則の妥当性の問題であった。すなわち，彼は，同問題をめぐって日本にも紹介されたオストロヴィチャノフの見解を取りあげ，それを批判しつつ自説を展開している。著者高島によれば，オストロヴィチャノフはソ連においても「価値法則が行われていることを確言したが，ただそれが資本主義体制下の価値法則と異なるところは，社会主義の下では価値法則が意識的に利用される点にあることを

彼は明言した」(渡辺編 1995, 39, 山田編 1991, 214)。高島は，オストロヴィチャノフの見解をこのように要約したうえで，社会主義社会においても社会的分業と労働生産物の交換が行なわれるかぎり「価値関係」は存在することを認めつつ，他方では「価値法則」は資本主義の体制法則であって，「社会主義社会における価値法則の概念について語ることは本質上不当である」(渡辺編 1995, 41, 山田編 1991, 216) として，社会主義社会における価値法則の妥当性を否定している。

　先にも触れたように，論文「体制概念と価値法則」は，後に著書『アダム・スミスの市民社会体系』に「補論二」[16]として収録されたが，そのさい大幅に書きかえられた。そして，結論も社会主義体制下における価値法則の妥当性を承認する方向へと変更された。同書が刊行されたのは 1974 年であり，著者の見解が変更された「補論二」の末尾に追加された注記には，その変更にそった文献として岡 (1963) と平田 (1969) があげられている[17]。そして，後者に対してはその画期性とともに限界を指摘する一方で，前者に対しては「労働価値法則をもって社会主義的計画経済を基礎づけようとする試み」として高く評価している[18]。しかし，高島が上記のように見解を変更したのは，実際にはそれらよりはずっと早く，次に取りあげる「価値論の新しい出発」(1950 年 3 月) において，すでに変更されているのが見いだされる。社会主義社会における価値法則の妥当性の問題をめぐって彼がいつ見解を変更したのかは現在のところ正確には不明であるが，論文「体制概念と価値法則」および「価値論と社会主義」以後，次の価値論にかんする論文「価値論の新しい出発」までのあいだに彼は生産力にかんする論文を執筆しており，あるいはそれらにおいてであったかもしれない。しかし，その変更の正確な時期を特定することは別の機会にゆずることとして，ここではただちに上記の論文「価値論の新しい出発」を取りあげ，その変更の理由とともに，高島における新たな論理の展開を見ることに

---

16) 高島 (1974, 301-327), 高島 (1997-1998, ⑥, 388-419)。
17) 岡 (1963), 平田 (1969)。
18) 高島 (1974, 326-327), 高島 (1997-1998, ⑥, 418-419)。

しよう。

4-2 体制概念と生産力

本論文「価値論の新しい出発」は，前述のように「価値論の復位」のねらいが（近代）理論経済学者に対してばかりでなく，マルクス主義経済学者にも向けられていたことに言及しつつ，とりわけ価値論の存在意義を認めない近代理論経済学に対して価値論が経済社会の全体認識を可能にする統一原理としての役割を担うものであることを改めて強調することから始められている（第1節）。第2節（本論文は3節からなっている）では，戦後の『資本論』研究の理論的実践的研究の深化を高く評価するとともに，再度，社会主義における価値法則の妥当性をめぐる問題を取りあげているが，そのことは，この時期，その問題が高島にとっていかに大きな関心の対象であったかを示している。そして，「社会主義社会にも価値法則が支配するということは，ソヴェートにおける社会主義建設の実践から獲得された生きた認識であると思われる」（渡辺編 1995, 76, 山田編 1991, 228）と書き，また「今日では社会主義にも価値法則は存在しており，また存在しなければならないということについては一応の定論が出ている」（渡辺編 1995, 76, 山田編 1991, 229）として，社会主義社会にも価値法則が妥当するとする見解を受けいれている。この見解の変更は，高島にとってけっして小さくない立場の変更を意味したと思われる。なぜなら，そのことは価値法則＝資本主義社会の体制法則としてきた彼のそれまでの見解に大きな変更を迫るものだったからである。

事実，彼は上記の見解を受けいれるについても，なお慎重に限定を付している。1つは，「実践的」なもので，それぞれの体制を担う主体の相違を正確に把握することが必要であるということである。そして，価値，貨幣，価格，競争等，言葉は同一であっても，2つの体制間での質的差異を見逃してはならないことを強調しつつ，「体制と体制の歴史的質的個体性を認識する」ことが，何にもまして「先決問題」であるとしている。2つ目は「理論的」なもので，「資本主義社会の体制法則としての価値法則」と「社会主義社会の体制法則と

しての価値法則」との「比較研究」をぜひとも行なわなければならないとしている点である。著者によれば、そのことによって、問題はさらにさかのぼって「資本主義体制と社会主義体制との差別と連関の問題」にまで発展せざるをえない。そして、後者の問題は、いいかえれば「体制法則としての価値法則の基礎を明確化する問題」であり、そこに「価値論を掘り下げてそれと史的唯物論との連関を研究する」意義が生じるとされている（渡辺編 1995, 77、山田編 1991, 229）。

こうして、高島は社会主義体制下における価値法則の妥当性の問題の考察を介して、価値論と史的唯物論との関連の問題へと議論を展開していくことなる。しかし、従来、高島理論の解説者たちによって、これらの点に対して社会主義社会における価値法則の妥当性をめぐる問題がおよぼした影響について、掘りさげた論究が必ずしも十分になされているとはいえないので、ここでとくに強調しておきたい[19]。

ところで、以上までのところでは、むしろ資本主義社会と社会主義社会における価値法則の質的差異の側面を強調することに力点がおかれていた。しかし、第3節では、両体制を「結びつけるもの」、あるいは両体制の共通の基盤をたずねる問題へと議論の重点を移している。彼は、次のように書いている。

　　私が今問題としたいことは、このように二つの体制における価値法則の質的差異を意識することによって、実は逆に、それを結びつけるものを意識することができるという点なのである。／価値論の基礎としての史的唯物論の問題がここにある。換言すれば価値と生産力との関連を尋ねる現実的実践的意義がここにあるのである（渡辺編 1995, 79、山田編 1991, 231）。

ここで「現実的実践的意義」ということが強調されている意味については後に触れることとして、著者がこれらの個所で「共通の基盤」としての生産力の

---

19) この点は、先にあげた本間（1991）、および渡辺編（1995）における同氏の「解説」においても同様である。

理論への移行を念頭においていることは明らかであろう。そして，そのための足がかりとして，高島は遊部久蔵の論文「価値論と史的唯物論」（1949 年 7 月）その他を取りあげ高く評価する一方で，問題点を指摘するかたちで自説の展開を試みている。彼は，上の引用文に続いて次のように述べている。

　　最近の価値論研究が，資本論初章の商品分析に関する理解を深めるに当り，生産力表現としての使用価値と，生産関係表現としての価値との相互関係を突っ込んで検討した結果，価値論と史的唯物論との関係はどうかというところまで問題を掘り下げてきたことは，もとより研究の必然的結果であるにしても，私たちにとって一大収穫であったといわなければならない（渡辺編 1995, 79, 山田編 1991, 231）。

また，関連して，ほぼ同様のことを次のようにも書いている。

　　……使用価値を生産力表現と解し，価値を生産関係表現と解すること，生産力はその場合内容であって生産関係は形式であること，商品において使用価値と価値とが矛盾的に統一されているように，資本主義的生産様式においても生産力と生産関係は矛盾的に統一されていることをはっきり認識するようになったのは最近における諸研究の結果である。殊に形式と内容が相互に浸透し，対立し，作用していることを認め，結局形式に対する内容の優位，即ち生産関係に対する生産力の優位を論証しようというところまできたのは，私たちにとって特に新たな問題意識の展開にとってよいだろう（渡辺編 1995, 81, 山田編 1991, 232）。

ここで指摘されている研究成果をもたらした代表的人物として遊部をあげているわけであるが，高島によれば，遊部氏は生産力と生産関係との統一を把握するための現実的な基盤として生産過程を取りあげるという正しい方法から出発している。資本主義的生産過程は労働過程と価値増殖過程との統一であるか

ら，遊部氏はこれを生産過程の二重性と名づけている。そして，労働過程は人間と自然とが直接交わる領域であり，使用価値が生産されるから，使用価値は生産力の集約的表現としての意味をもち，かつ使用価値の価値に対する根源性が理解されると解している。しかし，この場合，使用価値といっても，正しくはたんに使用価値一般ではなく，歴史的社会的な関係のなかでとらえられた使用価値である。労働過程もたんなる自然過程であることはできず，特定の歴史的社会的関係のなかで把握されなければならないが，使用価値の場合も同様であって，遊部氏はそれを使用価値の二重性といっている。こうして，遊部氏は，まず生産過程を取りあげることによって，価値論と史的唯物論との関連を把握する手がかりが与えられるのみでなく，生産力表現としての使用価値の根元性を基礎づけることができるとされている（渡辺編 1995, 82，山田編 1991, 233）。

　以上のような遊部理論のまとめ方自体に，この時点での高島自身の問題意識が反映されているといってよいだろう。その問題意識とは，価値論と史的唯物論との関係を問うことによって，価値論と関連させつつ自身の生産力論を引きだそうとするものである。こうして，彼は遊部の研究を高く評価する一方で，しかしその研究は当面の課題にとってはいまだ出発点にすぎないことを強調する。そして，むしろ遊部理論の抽象性，観念性とでもいうべきものについて論じているが，その批判の矛先は遊部理論における労働過程および技術の把握の仕方にも向けられている。

　すなわち，高島によれば，労働過程は抽象的には自然的技術的なものではあるが，具体的には歴史的社会的なものである。したがって，遊部氏のように一方では自然的技術的，他方では歴史的社会的ということを対立させるのは正しくない。技術もまた自然的なカテゴリーではなく，歴史的社会的なカテゴリーである。しかし，問題の本質は，生産過程と価値増殖過程とを統一する媒介的契機は何かという点にある。それは労働である。ここでは，労働はそれ自身1つのエネルギー支出でありながら，同時に他方では特定の歴史的社会的労働関係，すなわち生産関係の担い手となるのである。したがって，私たちは生産過

程の二重性の認識を出発点として，そこから労働の二重性およびその二重性を統一するものとしての労働の主体的役割へと掘りさげていく方が，価値論と史的唯物論との連関をよりよく把握することができるだろう。問題は生産力と生産関係との関連を明らかにすることにあるが，前者は何よりも労働の生産力として表現され，それが使用価値において物体化されるのである。しかも，ここで労働は後者の生産関係の表現でもある。遊部氏が使用価値の二重性と呼ぶものも，このように考えたときその意味がいっそうはっきりするだろう。すなわち，使用価値が一方では使用価値一般として超歴史的に考えられながら，他方では物の人に対する定在として歴史的に把握されなければならないのは，歴史的社会的に規定された主体としての労働のそうした二重性に由来するものなのである。そして，この二重性，すなわち具体的有用労働と抽象的人間労働という労働の二重性の把握は，使用価値と価値との対立と統一を基礎づけるために商品の二重性を掘りさげていった結果としてえられた認識にほかならないのである（渡辺編 1995, 84-5，山田編 1991, 234-35）。

　その他の，今日では『資本論』解釈の常識ともなっていると思われる論述を省略したため，著者による論理の運びが理解しづらくなったかもしれないが，要するに著者高島の主張の力点は，遊部の価値論と史的唯物論との関連の検討に依りつつ，さらに進んで生産力主体として生きた労働をより根本に位置づけ，そうした把握を媒介として価値論と史的唯物論を関連づけるとともに，後者の一側面としての生産力概念を理論化しようとするところにおかれているといってよい。

　高島はさらに，遊部における「ヘーゲル流の目的論的な考え方」に言及している。すなわち，遊部氏によれば，資本主義的生産様式のもとでは労働過程は価値増殖過程に従属し還元され，使用価値は価値に，具体的有用働は抽象的人間労に，それぞれ従属し還元されるとされる。いいかえれば，内容である生産力は形式である生産関係に従属するとされている。遊部氏がそれらによって語ろうとしているのは，資本主義的生産様式のもとでは，価値増殖過程が目的となることによって労働過程を手段化し，価値が自己目的となって使用価値を手

段の地位に押しさげ，その結果として労働する人間主体の自己疎外が完成し，かくして生産力と生産関係との矛盾の激化が必然であるということである。たしかにその意図は明瞭であるが，論理としては形式が目的であり内容が手段化するというヘーゲル流の目的論的な考え方に近いものがある。

　それでは，そのような目的の王国を打ち破るものは一体何であろうか。遊部氏によれば，それはもちろん形式が再び内容に復帰することである。すなわち，プロレタリアートが自己自身を開放することによって，生産力と生産関係との新しい関係を創出することである。しかし，高島によれば，ヘーゲル的な形式の目的論的支配を終わらせるのは，もちろん主体としての労働であり，労働者階級である。だが，労働がその主体性を喪失する筋道は遊部氏の論理によってはっきりしているけれども，労働が階級としての主体性を自覚し，回復しようとするにいたる論理は明瞭ではない。しかし，労働が自己意識を取り戻すことができるのは労働過程において（したがって生産過程において―高島），労働が客体化されていながら，実は本来主体だからなのである。しかし，この問題の解明は生産力の構造があらかじめ把握されているかどうかに依存するのである（渡辺編 1995, 86-88，山田編 1991, 236-38）。

　以上のようにして，高島は遊部に見いだされる「ヘーゲル流の目的論的な考え方」の克服について論じているが，そこには，すでに構想されつつあった彼自身の生産力論を背景としつつ，遊部理論の意義と限界を論じていることが読み取れる。そして，続く論述には，著者自身が生産力論を構想する場合の基本的見地が語りだされているといってよい。すなわち，上述の主体性回復の問題に関連して，彼は次のように論じている。

　遊部氏は資本の立場を徹底させれば自然に労働の立場がでてくるように考えている。しかし，資本の立場を徹底させるとはいかなることを意味するのだろうか。それが資本の立場を追求し，その立場を否定することによって，生産力の資本主義的限界を乗りこえるという意味であるなら，それは疑いなく正しいだろう。しかし，そのとき，乗りこえるものと乗りこえられたものとを媒介する要因は，資本主義的ではあっても形成されてきた生産力それ自体のなかに与

えられていなければならないのである（渡辺編 1995, 88, 山田編 1991, 238）。

　遊部理論に対して体制変革の主体形成の論理の必要性を指摘しているわけであるが，このことは高島自身が価値論ないし価値法則と生産力との関連を考える場合，そうした課題を強く意識していたことを示しているといってよい。

　次のパラグラフ——本論文最後のパラグラフ——で，高島は，以上で行なってきたことは「価値法則の理論的把握と実践的把握とを結びつける意義」を明らかにすることであったと述べ，そのためには次の2点を必要とすること改めて指摘している。すなわち，1つは「価値論を深めて生産力との結びつきを確認」すること，2つ目は「体制と体制とを分つと共に結びつける視点の獲得」である。前者は体制内の問題，後者は体制と体制との関連の問題といってよいだろう。つまり，前者は価値論と生産力論との関連づけの問題であり，後者はより根源的なものとしての生産力視点および生産力論の確立の問題である。これら2点の関連についての言及は見られないが，それらは当時の高島が解決しようとしていた問題関心を端的に語っているということができる。そして，以下に見るように，この最終パラグラフにおいてさらに注目されるのは，社会主義社会にも価値法則が存在することの認識が資本主義社会における価値法則の理解を深めるうえでも寄与することを強調している点である。たしかに，どのように寄与するかについては具体的には示されていない。しかし，これらの記述は，当時の高島が自らの課題を解決するうえで，社会主義社会における価値法則の妥当性をめぐる問題にどれほど大きな関心を寄せていたかを示唆している点で興味深い。少し長くなるが，重要なパラグラフであるから引用しておくことにしよう。

　　以上私が遊部氏の労作に関連して明らかにしようとしたことは，価値法則の理論的把握と実践的把握とを結びつけてみることの意義はどこにあるかということである。これには何よりもまず価値論を深めて生産力との結びつきを確認しなければならないが，しかしそれと同時に，体制と体制とを分つと共に結びつける視点の獲得が必要である。一年といわず，ただの

一日でも労働を停止したなら，その社会は生きてゆくことはできない。これは体制を超えた事実である。しかし限りなく多種多様な労働生産物が，社会的に生産され，交換される現実の様式は，体制から体制へと移動することによって質的に違うものでありうる。それにもかかわらず，社会主義社会にもやはり価値法則が存在するという最近の認識は，私たちにとって，資本主義社会において盲目的に支配する価値法則の確認とその掘り下げに対して，この上もなき良き手引きとなるものである。人間の解剖は猿の解剖への鍵となるからである。私はここに価値論の新しい出発点を発見することができると考える（渡辺編 1995, 89, 山田編 1991, 238）。

以上が，論文「価値論の新しい出発」の結びである。ここで「人間の解剖」は「猿の解剖」への「鍵」となるとされている場合の「人間」とは，いうまでもなく社会主義社会を指している。著者において社会主義社会はより高次の段階を意味する社会と考えられていたからである。再びくり返すことになるが，こうした社会主義社会の位置づけと理解に対して批判的になる前に，当時の社会主義社会の現実がいまだ資本主義に批判的な人びとの希望を失わせるにはいたっていなかったという状況にくわえて，高島の主張が原理の問題として提起されている点に注意しなければならないだろう。それはともかく，上の引用文最後でいわれている「価値論の新しい出発」とは，先の２つの課題，すなわち「価値論を深めて生産力との結びつきを確認」することと「体制と体制とを分つと共に結びつける視点の獲得」を視野におきつつ，価値論と生産力論との関連づけをより深め発展させることを意味していると考えられる。そして，上記のパラグラフは全体として，そうした課題に取り組むために社会主義社会における価値法則の妥当性をめぐる問題が重要な寄与をなしうることを指摘したものとして注目すべきものである[20]。

---

20) ここでいわれている「価値論を深めて生産力との結びつきを確認」する作業は，本論文「価値論の新しい出発」と次節で取りあげる「生産力と価値」にもとづいて，すでにある程度まで本間によって試みられているので，さしあたりはそちらに委ねることとして，本章ではやはり社会主義社会における価値法則の妥当性問題を視野

5. 媒介の論理の探求——「労働関係」と価値

　さて，高島は，「価値論の新しい出発」の後，同じ年の 1950 年 10 月，『思想』誌上に「生産力と価値」というやや長文の論文を発表している。この論文は，先の社会主義社会における価値法則の妥当性をめぐる論争からえられた認識を生かしつつ，価値論と生産力論の関連にかんして新たな展開を試みたものということができる。

　まず第 1 節において，戦後の『資本論』研究および価値論研究の高まりが指摘され総括されたのち，第 2 節にはいって再び社会主義社会における価値法則の妥当性をめぐる論争に言及している。そして，この論争の結果は「生産力と価値という問題」に対して，2 つの重要なことがらを教えるとして，次の点をあげている。すなわち，第 1 に，価値法則は資本主義社会の体制法則であるということ。しかし，第 2 に，社会主義社会が社会的分業と労働生産物の交換を基礎として成り立っているかぎり，何らかのかたちで「生産力の価値的表現」が必要であるということである。そして，後者においては価値法則は盲目的必然として作用する体制法則ではないが，労働生産物の質的差異を量的差異に還元する社会的な作用はやはり前提されなければならないとされている。

　ここでも，社会主義社会における価値法則の作用にかんする論争が，著者にとって大きな意義をもっていたことを確認しうるが，著者はさらに，「当面の問題」にとってこの論争から「多くのものを学ぶ」ことができるとして，以下の 3 点にわたって論じている。すなわち，第 1 に，価値法則について検討するさいには，つねに「主体」が思い浮かべられていなければならない。資本主義社会における主体は資本であり，社会主義社会においては労働である。この「主体」は何かということは，すでに述べたように著者の生産力理論にとって決定的ともいいうる重要性をもっている。しかし，著者によれば，資本主義社会においては資本が主体であり，価値法則が資本の運動法則として現われると

にいれた筆者の視点から検討してみたい。本間の分析については，本間（1991），とくに 244-247 を参照。

はいえ，その価値法則は資本にとっては盲目的な必然的法則として作用する。そのことは，資本が主体として現われながら，実は真実の主体ではないことを示している。資本主義社会では資本は労働に対して一応主体の立場に立つように見えながら，価値法則の盲目的な支配を受けるという点では労働と同じである。すなわち，資本主義社会では労働および労働者階級だけでなく，資本家およびその他の階級に属する人びともすべて主体性を喪失する。つまり，その意味で類的存在としての人間の自己疎外が完成しているのである。

こうした主張には，いうまでもなくマルクスの『経済学・哲学草稿』が参照されていることは明らかであるが，著者によれば，生産力の観点とは，そうした類的存在としての人間の自己疎外からの脱出，生産における人間の主体性の回復を指示するものである。社会主義社会においても，前述のように生産物と生産物の交換は価値関係を通して実現されなければならない。しかし，そこでは働く者が生産および生産力の主体であり，価値関係は，そこでは主体によって統御され，むしろ利用されるものとなる。こうして，著者によれば，私たちは青年マルクスが人間の自己疎外というかたちで把握したことの意味を，社会主義社会における価値法則の問題を通して再認識することができるのである。これが第2の点である（渡辺編 1995, 158-61，山田編 1991, 338-40）。

そして第3に，上記の論争から，使用価値は生産力を表わし，価値は生産関係を表わすという命題を正しく解釈する手がかりを引きだすことができる。すなわち，著者によれば，使用価値が生産力を表わすということは，資本主義社会においても社会主義社会においても変わりはない。しかし，価値は生産関係を表わすという命題は，資本という主体を抜きにして考えるなら，人間の労働が社会的分業と交換のなかで行なわれていることを意味するにすぎない。そのように広く理解された関係は生産関係といわれるほどのものではなく，「労働関係」と呼ばれるべきものである。生産関係は，たんなる労働関係とは違って，生産における地位の相違（親方と職人，資本家と労働者等），したがって生産手段の所有関係の相違を反映したものでなければならない。そして，このことは資本を主体と見ることによってはじめて明らかにしうることである。

ところが，社会主義社会では，資本の主体性は否定され，労働する人間が生産力の主体であると同時に，生産関係においても自己自身の規制者となる。したがって，社会主義社会では，大胆ないい方をすれば，上記のような意味での生産関係は存在せず，存在するのは労働関係だということになる。そこでは，労働関係が生産関係の現実形態なのである。そして，肝心なことは，社会主義社会において変容された価値法則とか，価値法則の意識的利用といわれる場合，その価値とは労働関係の表現にほかならないということである（渡辺編 1995, 162-63，山田編 1991, 340-41）。

ここでの最後の結論，つまり価値＝労働関係の表現という解釈は，著者が社会主義社会における価値法則をめぐる論争から獲得した新たな認識を示すものであり，著者の理論展開にとって重要な概念の1つとなりうるものであった。

以上のように，社会主義社会における価値法則をめぐる論争からえられる「教訓」について述べたのち，高島は節を改めて，使用価値は生産力を表わすという命題と価値は生産関係を表わす命題との関係ついて論じている。

まず，使用価値は生産力を表わすという命題から。著者によれば，生産力の把握においても主体の見地が確立され，生産力はまずこの主体，つまり労働主体の見地から把握されなければならない。これに対して，労働対象は生産力の客体的契機をなすものであり，労働主体の働きかけが歴史的社会的に変化し，複雑化すれば，それに応じて労働対象も歴的社会的に変化する。したがって，労働対象も歴史的社会的に把握されるべきものである。戦後，使用価値の歴史的性格について，あるいは使用価値の二重性について語られるようになったが，それらについて語る前に，労働対象そのものの歴史的性格あるいは二重性についてまず語るべきである（渡辺編 1995, 167-8，山田編 1991, 346）。

次いで労働手段についても言及されているが，生産力を労働の生産諸力（スミス）として把握しなければならない理由が，以下のように強調されている。そして，それらは，上述の場合と同様に，生産力を労働主体の側から把握することによって生産力の歴史的社会的規定性を把握しようとする著者の基本的立場を再確認するとともに，そうした規定性をふまえつつ生産力を生産関係へと

関連づけようとする著者独自の見解を提出することを意図したものであったということができる。すなわち，著者によれば，生産力が労働の生産諸力として把握されなければならないのは，生産力がたんに主体的および客体的諸契機の統一だからだけでなく，むしろ主体的契機である労働主体が多様な歴史的社会的条件によって規定され，労働対象および労働手段の歴史的社会的諸性質も労働主体の歴史的社会的性質が変化するにつれて変化することによるのである。したがって，生産力は労働の生産諸力として把握され，労働主体の面から歴史的社会的なものとして規定されなければならないのである。そうであるとすれば，それは何よりもまず一定の条件のもとで労働する人間相互の関係として，いいかえれば労働関係として把握され規定されなければならない。そして，これが生産力から生産関係への道を上向する「第一歩」なのである（渡辺編 1995, 169, 山田編 1991, 347）。

　以上の説明だけでは，生産力から生産関係へと上向する「第一歩」とされる意味を理解するのは困難であるが，「労働関係」を両者を結びつける概念として重視しようとしていることは明らかである。事実，この後，著者はマルクスの『ドイツ・イデオロギー』における「協働の様式はそれ自体一種の『生産力』である」という一文を引用しつつ，労働関係を一種の生産力として規定し，生産力から生産関係への移行を可能にする「中間項」とする解釈を提起している。そして，それがそうした役割を果たしうるためには，それは同時に生産関係でもなければならないとしている。「それ自身一種の生産力でありながら，しかも同時に，生産関係でもありうるようなもの」（渡辺編 1995, 172, 山田編 1991, 349）──それが労働関係なのである。著者によれば，労働関係は私有財産と結びつくことによって生産関係として把握され，とりわけ生産手段の私有と結びつくことによって階級的生産関係として存在するものである。したがって，その意味で，生産力と生産関係の中間に「労働関係」をおくことによって両者の関係をより正確に把握し理解する道が開かれるのである（渡辺編 1995, 172, 山田編 1991, 349）。これが，生産力と生産関係を媒介し結びつけるものとして構想された「労働関係」の概念にほかならない。

著者自身が述べているように,「労働関係」概念がはじめて導入されたのは,本論文が最初ではない。彼はそれが論文「生産力の構造」(1949年8月)においてはじめて導入されたことをくり返し指摘している[21]が,同時にその概念が導入されたときから種々の批判にさらされ,十分に展開できなかったことを認めている[22]。これらの「労働関係」概念の導入をめぐる事情と高島が生産力論を展開するうえで同概念にこめた意味や意図を整理することは,なお残された課題であるが,以上からだけでも,戦後における高島の生産力論の展開にとって同概念が重要な役割を担うものであったことは明らかである。

ともあれ,著者は本論文「価値論の新しい出発」において,従来の唯物史観の「公式」理解,すなわち生産力は「内容」であり生産関係は「形式」であるとする理解に対して,両者の関係をより深く基礎づけるための解釈を提起しているといえる。そしてまた,先の使用価値=生産力を表わすという戦後価値論研究の成果の1つに対しても,独自の解釈を示している。すなわち,生産力の主体たる労働主体の立場に立つことによって生産力を構成する諸契機の歴史的社会的性格を把握することが可能となり,その結果,生産物,すなわち使用価値の歴史的社会的性格をも把握しうるようになる。そして,それが使用価値が生産力を表わすということの真の意味にほかならないとする,新たな解釈である。

以上のように,使用価値は生産力を表わすという命題を検討したのち,著者は,価値は生産関係を表わすという命題の検討に移り,そのなかでさらに注目すべき見解を提示している。すなわち,それは,価値は生産関係を表わすのではなく,労働関係を表わすとする見解であり,著者独自の注目すべき見解といえる。以下,著者の論述にそくして,その点についても見ておくことにしよう。

著者によれば,使用価値に表現される生産諸力の主体としての労働主体は,

---

[21] 高島(1969, 319),高島(1970, 353-54),高島(1997-1998, ⑤, 350-351),高島(1975, 269),高島(1997-1998, ⑦, 336) 等を参照。

[22] これらの点については,渡辺編(1995)における編者「解説」,とくに229-30を見よ。

マルクスの『ドイツ・イデオロギー』の表現を援用していえば，交通と分業の発達によって社会的に媒介された主体である。それらの労働主体によって生産される使用価値は，発達した交通と分業および協業の結果として生産されるかぎり，労働主体相互の関係を体現するものとならざるをえない。そして，そこでは労働は具体的な使用価値をつくる労働としてあらわれるだけでなく，労働関係を表示する価値としてあらわれるだろう。したがって，使用価値は生産力を表わし，価値は生産関係を表わすという2つの命題を結びつけるには，後者の命題を価値は労働関係を表わすとする方がより正確なのである。そして，そうした価値関係を表現するものとしての労働関係は，社会主義のもとでのみ生産関係として現実のものとなりうるのであり，著者によれば，これが社会主義社会の価値法則にかんする議論から導きだすことができる1つの結論なのである（渡辺編 1995, 176-77，山田編 1991, 353）。

　以上が，本論文最後のパラグラフで論じられた結論である。たしかに，以上の論述からだけでは，著者の真意をくみ取ることは容易でないことは事実である。しかし，社会主義社会における価値法則をめぐる論争から引きだされた「1つの結論」としての価値＝労働関係表現とする見解は，著者自身が示唆しているように，使用価値＝生産力表現，価値＝生産関係表現としてたんに並列的に把握する従来の見解に対して，両者の関係を媒介し，より深く基礎づけるために構想されたものであると考えることができる。それは，たんに斬新な見解であるばかりでなく，価値論と史的唯物論およびその一側面としての生産力論との関係，さらには著者の社会体制論，すなわち市民社会と資本主義および社会主義三者の関連の把握にも波及しうる性質と可能性をもった見解でもある[23]。しかし，それらの見解は，前述のように，提起された直後から多くの批判さらされ，十分展開されないままに終わった。渡辺も指摘しているように，後年の高島はそのときの反省を踏まえて生産力論を構想しようとしたともいえる[24]。しかし，それらの構想において，上記の見解がどこまで維持され

---

[23] しかし，本間（1991）は，これらの点についての検討が必ずしも十分ではない。
[24] 渡辺編（1995, 231）。

ているかという点を含めて，高島の生産力理論について検討することは他日を期すほかはない．本章での検討は，主として戦後における高島の価値論に限定されたため，その検討自体も不十分なものにならざるをえなかったことをお断りするとともに，次稿では，上記の諸点をも念頭におきつつ，さしあたりは本章と同時期における高島の生産力論について検討してみたいと考えている．

参 考 文 献

遊部久蔵 2000『価値論と史的唯物論』こぶし書房．
岡　稔 1963『計画経済論序説　価値論と計画化』岩波書店．
上岡　修 2010『高島善哉　研究者への軌跡』新評論．
鈴木武雄 1947「価値法則と社会主義」『世界』2月号，13-24．
高島善哉 1941『経済社会学の根本問題―経済社会学者としてのスミスとリスト―』日本評論社．
―― 1946「価値論の復位」『経済評論』1(5)：40-44．
―― 1947a「杉本栄一，永田清，高島善哉，大河内一男，山田雄三『日本経済の再建と経済学の課題』を語る座談会」『経済評論』2(1)：66-95．
―― 1947b「体制概念と価値法則」『人文』1(2)：29-44．
―― 1947c「スミス―リスト―マルクス」『経済評論』2(8・9)：28-37．
―― 1948「高島善哉，迫間眞治郎，杉本栄一『共同研究　現代経済学と価値論』」『季刊　理論』(3・4)：2-25, 35．
―― 1949「経済」『文化の社会学』(『現代の社会学』4) 所収，実業之日本社，138-178．
―― 1950a「価値論の新しい出発」季刊『理論』(12)：4-19．
―― 1950b「生産力と価値」『思想』(316)：1-15．
―― 1954『社会科学入門―新しい国民の見方考え方―』岩波書店．
―― 1957『社会科学　見かた・考えかた』(長洲一二との共著) 青春新書．
―― 1969「高島善哉・平田清明〈対談〉近代化とナショナリズム」『社会の哲学』(『岩波講座　哲学』5) 所収，岩波書店，297-354．
―― 1970『民族と階級―現代ナショナリズム批判の展開』現代評論社．
―― 1974『アダム・スミスの市民社会体系』岩波書店．
―― 1975『マルクスとヴェーバー―人間，社会および認識の方法』紀伊国屋書店．
―― 1980「私の経済学を語る」『エコノミスト』4月1日号，80-88，8日号，54-61，15日号，54-61，22日号，50-58．
―― 1981『社会科学の再建―人間と社会を見直す目』新評論．
―― 1984『自ら墓標を建つ　私の人生論ノート』秋山書房．
―― 1985『人間・風土と社会科学―続・私の人生論ノート』秋山書房．
―― 1986『時代に挑む社会科学―なぜ市民制社会か―』岩波書店．

―――― 1997-1998『高島善哉著作集』全9巻, こぶし書房。
都留重人 1946「経済学の新しい課題―価値法則は社会主義社会にも妥当するか―」『世界』11月号, 2-17。
平田清明 1969『市民社会と社会主義』岩波書店。
堀江邑一 1947「社会主義社会の経済法則について『世界』8月号, 10-21。
本間要一郎 1991「解説　価値論の復位について」山田秀雄編『高島善哉　市民社会論の構想』所収, 新評論, 241-248。
山田秀雄編 1991『高島善哉　市民社会論の構想』新評論。
山田秀雄 2004「高島善哉先生の人柄と学問」「山田秀雄先生追想」編集会『知の俤―山田秀雄先生追想―』所収（非売品), 203-235。
理論編集部編 1948『近代理論経済学とマルクス主義経済学―現代経済と価値論―』理論社。
渡辺雅男編・解説 1995『高島善哉著　価値論の復位』こぶし書房。
渡辺雅男編 2000『シンポジウム　高島善哉　その学問的世界』こぶし書房。

第 10 章

安倍政権の足跡とその施策
―― イワ・クロ・アベノミクスにたいする批判も含めて ――

笹 原 昭 五

1. はじめに――安倍首相の施政方針演説にたいする論評

本年（2016年）1月22日の衆議院本会議において安倍晋三首相は今後の施政の根幹にかかわる演説をおこなったが，それは当人が自負するイワ・クロ・アベノミクス[1]の最新版であり，その成否はともあれ，われわれの生活に影響をあたえることは確かな施策にかんするものであるから，われわれのような庶民もそれを等閑に付すわけにはゆかないであろう。少なくとも筆者はそう思い，あえて本章で筆者の所見を書こうと決めたような次第であるけれども，それをおこなうにあたっては当人の演説の内容が明らかにされなくてはならない，と思われるので，まずはその内容を以下で紹介するとしよう[2]。

それは5部によって構成されており，その「はじめに」と銘打たれた冒頭部分は以降の清項における強調点の集約になっている。したがって，それらにかんする説明は逐次，おこなうことになるが，加えてそこではとりあえず短い文章の中にありながらも「挑戦」という言葉が頻繁に出てくることを指摘してお

---

1) 当世の語法にしたがえば，「アベノミクス」と書くべきであろうけれども，筆者は，安倍政権の施策が後で説明するがごとく，安倍首相自身だけでなくて日銀首脳部，とりわけ岩田副総裁の主張にしたがっていると，判断しているので，この用語を使う。
2) 演説内容の詳細は新聞紙上などに収載されている。『朝日新聞』（2006, 4 面）。

こう。なぜならばその言葉はこの時点でもっとも強調したかった基本的姿勢を提示している，と考えられるからである。

次は「地方創生への挑戦」と謳われた部分であるが，ここでは農業，中小・小規模企業，あるいは先頃の震災で被害を受けた所の対策などを，地方の政治・経済面において「挑戦」にかかわる方針がその内容になっているけれども，例えば「アベノミクスによって来年度の地方税収は〔民主党内閣から安倍自民・公明党内閣へと変わった〕政権交代前から5兆円以上増加し，過去最高となりました」とか，自分の内閣の業績をとりわけて強調している点が目立っている。

しかし，かれがとりわけて強調したい部分はそれにつづく，2つの節，具体的に言えば，「1億総活躍への挑戦」，ならびに「より良い世界への挑戦」と銘打たれた部分がそれであるが，前者は国内を対象にする施策であるのにたいして，後者は対外政策にかんする方針を示したものと言うことができるであろう。ついてはそれぞれにかんして，どのような記述がなされているかという点についても説明する。

前者では「1億総活躍」の具体的課題として「1人ひとりの事情に応じた，多様な働き方が可能な社会への変革」と「ワーク・ライフ・バランスの確保」を掲げ，そのための目標として「介護離職ゼロ」と「希望出生率1.8」を提示している。しかしそれらが実現されるためにはそれらを可能ならしめるための経済政策が必要であるとして，一方では「名目GNPは28兆円増えました」とか，すでに公約済みの「『失われた国民総所得50兆円』の奪還は本年実現する見込み」などと，「アベノミクスの果実」をことさらに強調しながらも，そうした成果の実現を可能にする条件もあわせて指摘しておかないと後腐れになると懸念したためか，一転して「経済再生なくして財政再建なし」とか，「強い経済，『成長』の果実なくして，『分配』を続けることはできません」とかと，前述の――おそらくは内閣支持率の向上を目的にした――公約実現の条件とならざるをえない課題も加えて，「『介護離職ゼロ』『希望出生率1.8』という2つの『的』を射抜くためにも，また，その安定的な基盤の上に，『戦後最大の

GDP600兆円』という　もう1つの『目的』を掲げ，新しい『三本の矢』を放ちます」，と総括している。筆者はつづいて過去の「三本の矢」との比較も記述する予定であるけれども，内閣支持率への不安がにじみ出た2つの「矢」にくわえて，わざわざそれを実現させるための要件にもふれざるをえなかったということは当人の強気の発言の裏に潜む不安を暗示したものとして重視していることを取急ぎ指摘しておくようにしたい。

　ところで，今回の施政方針演説では以上のような新規の「三本の矢」に加えて，自身の内閣が外交面で目指す，もうひとつの——見方によってはどす黒く血潮の跡が残った布で覆われているような——「矢」が付記されているが，それはもしかすると，今回の方針演説の最重要部分と言えるかもしれないので，その点も併せて指摘するようにしよう。もっとも，本人は第2次安倍内閣成立以来の3年間に「63の国と地域を訪問し，首脳会談は400回を超えました」と，あたかも旅行談を始めるかのごとき前置きを掲げているのであるが，読みすすめてゆくと，「こうした外交を展開する，その基軸は，日米同盟であります。普遍的な価値で結ばれた日米同盟，世界第1位〔のアメリカ〕と第3位〔のわが国〕の経済大国による日米同盟は，世界の平和と繁栄のため，共に行動する『希望の同盟』であります」，として自画自賛しているのであるが，わたくしはそこを読んで，内心，当人の祖父，岸信介の生まれ替わりの弁か，と首を竦めたことを告白しておきたい。しかし以上のような解説は安倍首相の出自や政治家歴が分かってないと理解しにくいかもしれないと思われるので，次節ではそうした事柄などを記述する。

2. 安倍内閣の足跡

　さて，ここでは先ず始めに，安倍晋三現首相の出自を記しておくが，当人は1954年9月に安倍晋太郎（戦中・戦後の衆議院議員で一時，外相にも就任）を父，岸信介（岸内閣の首相）の娘を母として出生したが，その母方の祖父は首相の座を下りたとはいえ，当人の出生時にはまだ生存していたのだから，直接，訓導を受けたかもしれないし，そこまでは言えないとしても，著名な祖父であっ

ただけにその意向を秘かに継承しようとしたかもしれないとわたくしは邪推している，失礼かもしれないけれども[3]。

　蛇足はその程度に止めて，安倍首相の政治家歴をさっそく略述しよう。かれは1993（平成5）年の総選挙で初当選して，それ以降は自民党の若手議員として活躍するようになったが，その当時は村山富市社会民主党総裁下の野党が自民党内閣の政策の行詰まりでなんとか政権を奪取していた。しかしその時期も長続きせずやがてまた自民党内閣の段階に入り，とりわけ小泉純一郎内閣期（2001年～2006年）においては小泉首相支持層の中心人物として活動したことがあって，小泉の退陣にともなう新自由民主党総裁として選出され，2006年9月26日には衆参両院で首相にも選ばれた。

　こうしてわが国政治史上で安倍晋三内閣が初登板することになったが，その時は自民党政権下でようやく物価の下落傾向にブレーキがかかったことなどを強調して，最初の首相所信表明演説[4]では「長い停滞のトンネルを抜け出し，デフレからの脱却が視野に入る」などと力説しながら，一方では「文化，伝統，自然，歴史を大切にする」・「自由な社会を基本とし，規律を知る，凜とした」・「未来へ向って成長するエネルギーを持ち続ける」・「世界に信頼され，愛される，リーダーシップのある」，「美しい国，日本」を「自民党及び公明党による連立政権の安定した基盤に立って，『美しい国創りの内閣』を組織しました」，と美辞・麗句をならべながら自画自賛しているのであるが，それに加えて，「『成長なくして財政再建なし』の理念の下，引き続き……経済成長を維持しつつ，国民負担の最小化を第一目標に，歳出の最小化を第一目標に」したり，「郵政民営化を確実に実施」するとか，「教育再生」のために「教育基本法案の早期成立を期」すなどと，現下の緊急課題も指摘した。しかしその一方で，「米国との緊密な連携の下……新たな思考に基づく，主張する外交へと転換する時がやってきた」と強調しながら，最終の「むすび」の中では，「国の

3）　安倍晋三首相の略歴は別稿（笹原2016）で記述したが，それをご覧になっていない方もおられる，と思われるので，本章で再説する。
4）　前掲の『朝日新聞』（2006, 4面）からの引用文である。

理想，かたちを物語るのは，憲法です」けれども，「現行の憲法は，日本が占領されている時代に制定され，［その時から数えて］既に60年近くがたちました。……［そこで］日本国憲法の改政手続きに関する法律案の早期成立を期待します」，と発言している。筆者はその発言内容を新聞で読んで，安倍首相は岸元首相の意向を引き続ぎながらも，さらにその先へと進んで，わが国の戦後改革の逆転さえ企画しているらしい，と感じ，いささか，背筋が寒くなるような思いが沸きでたことを告白しておきたい。

　もっとも，こうした高言はデフレからなんとか退却できた段階でしか通用しなかった，と言わざるをえないであろう。というのは確かに「いざなぎ」景気に並ぶ経済拡大期に入ったと評価されている間はそれなりに庶民から評価されたかもしれないけれども，現実の経済動向はそれ以上には及ばない，と分かってしまえば，安倍内閣への期待におのずから減退せざるをえない。その点を如実に現わしているのは内閣支持率であるけれども，それは一時は63％台に高まりながらも，2006年11月以降は低下し始め，翌年（2007年）1月には39％までにさえ続落してしまったし[5]，同年夏の参議院選挙で与野党の勢力が逆転したことも加わって同年9月11日には，とうとう安倍首相は公式に辞意を表明して，最初の安倍内閣は悪評の中で総辞職することになってしまった。

　さて，自民党が政権を投出したあとはおのずから，野党第一党の民主党が政権の座に着くことになるけれども，その座は不安定で，あたかも恒例行事と評さざるをえないほどに，毎年，首相が交替するというような状況になったが，この間の経済成長率は，2010年に3.5％を記録したことを別にすれば，マイナス値か，せいぜい1％程度で，要すれば世間は不況色に包まれていた，と評せるであろう。こうした世情であれば，自民党がふたたび政権奪取を目指して蠢動しても，別段，不思議でない，と評さざるをえないけれども，その最たる動きとして安倍元首相の再興の動きが強まることになった。その機会となったのは2012年9月の同党総裁選挙である。この時は当初，具体的に言えば地方票の開示段階では安倍氏は次点にとどまりながらも，つづいておこなわれた国会

[5]　『朝日新聞』（2007，1面）参照。

議員票に基づく決戦投票ではかれが首位に跳び出て総裁の地位へ返り咲くことになった。

ついで，それから3か月ほどすぎた同年12月16日，衆議院議員総選挙がおこなわれたが，すでに民主党はこれまでの支持層に見放されていたことに加えて，無党派層も他方を向くという大敗を喫したが，その反面で自民党は単独で過半数を越える票を得たうえに，公明党も政権の座の復帰を目指したので，民主党代表の野田首相は責任をとって代表辞任の意向を示し，それから1か月後の12月26日招集の特別国会において正式に辞任した。そしてそのあと新首相選出の議事に移って安倍自民党総裁は5年ぶりで首相の座に復帰することになり，第二次安倍首相期が開始されるに至った。

さて，この段階で安倍首相は何を目指したか？　その点を探るためにまず新内閣発足時の記者会見のさいに表明した発言要旨[6]を参照するとしよう。そこでは経済，エネルギー，外交，教育，そして社会保障問題と，多岐にわたって自らの所見を公示したけれども，その中でとりわけ世人の注目を集めたものは金融と財政の二輪で，ここではこれまでの慎重な姿勢から一挙に膨張路線へ転換することが明らかにされたことが注目されなければならないであろう。しかし，そのうちでもとりわけ重要な方針は金融面での大胆な緩和政策の実行であったが，これは当時の白川方明日銀総裁の任期が翌2012年4月に終わるという事情があって一気呵成にその準備が進められた。なお，この段階で早くもインフレ・ターゲット論の強力な主張者として知られている岩田規久男学習院大学教授が前日銀副総裁の岩田一政日本経済研究センター理事長と並んで日銀総裁の候補として下馬評されたりしたが，それは安倍政権の新金融政策の行向を暗示するものとして参考までに付記しておこう[7]。

とはいえ，日銀総裁の人事ということになれば，政府とても簡単に結論をく

---

6)　『朝日新聞』(2012, 4面) 参照。
7)　この文章にかんしては下記の新聞記事を参考にした。なお岩田規久男の張切り様にかんしては付則した雑誌記事で，インタビューのさいに「日銀総裁の覚悟ある」とまで発言した，と報道されている。『朝日新聞』(2013a, 7面) および『週刊文春』(2013, 35-36) の記事。

だすわけにはゆかない。そこで，安倍首相は見方によってはごり押しと言われそうな手段で自己の方針の実行を画った。ついてはその経緯もあわせて説明するが，政府と日銀は第 2 次安倍内閣発足から 1 か月もたたない 2013（平成 25）年 1 月 22 日に共同声明を発表し，その中で「デフレからの早期脱却と物価安定の下での持続的な経済成長に向け，以下のとおり，政府と日銀の政策連携を強化し，一体となって取り組む」としたうえで，「日銀は，今後，日本経済の競争力と成長力の強化に向けた幅広い主体の取組の進展に伴い持続可能な物価の安定と整合的な物価上昇率が高まっていくと認識している。この認識に立って，日銀は，物価安定の目標を消費者物価の前年比上昇率で 2 ％とする」など，と謳っている[8]。

その文章を見ている限りでは，政府・日銀の円満な話合いのうえで了承された，と見えるかもしれないけれども，現実はけっしてそうではなかった。こういう点なども知ろうと思うならば，市中では「政府・日銀の連携強化に向けた文書が『共同声明』として仕上がるまでの約 1 カ月，首相と日銀は物価目標を巡って暗闘を続けた」[9]，と推測されていたことも参考資料として注意されるべきであろう。しかしそれは単なる憶測ではない。こうした判断は共同声明発表の翌日，白川総裁が記者会見で告白した，次のような弁を読めば，おのずから明らかなるのではなかろうか。

「日銀は国債を大量に買い入れているが，中央銀行による財政ファイナンスであると受け取られるとに及べば長期金利が上がり，かえって金融緩和の効果がそがれてしまう。日銀はみずからの判断と責任において適切な金融政策運営を行っていく。……2 ％という物価目標を掲げることがさまざまな経済主体の予想物価上昇率に対しプラスに働くとすればそれは一つの効果だ。……［しかし］逆に 2 ％という上限の目標が予想インフレ率の急上昇を防ぐ効果もある。［日銀はそうした物価上昇率の限度を画するも

8）『日本経済新聞』（2013a, 夕刊, 3 面）。
9）『日本経済新聞』（2013b, 3 面）。

のとして2％ということに同意したのであるから〕日銀は，従来，物価の安定のめどについて『2％以下のプラスの領域』にしてきた考え方は今回も変わっていない。」[10]

　回り諄い表現であるので，このような発言を通読しただけでは，当人の真意を判断しにくいけれども，要すれば政府・日銀の共同声明は安倍首相の異状な執念のために，やむなく日銀が「折れた」結果であった，と判断すべきであろう。もちろん安倍首相としても無理やり了承させたことは自覚していたし，そのために交渉に苦慮したことも身にしみていたであろう。そうなれば，白川総裁の任期切れに乗じて，日銀首脳部自体を自らの配下のものとしようと画策することも世間ではべつにめずらしくない推移と思われるが，その後の日銀人事を見れば，それは単なる憶測でないことが明確になるであろう。
　とにもかくにもこのような安倍首相と白川日銀総裁の密かな，しかし執拗な対立の中で2013年を迎えることになったが，時計の針はそうした世相などにはお構いなしに時の推移をきざみ，日銀総裁の任期切れは刻々とせまった。そうであれば自ずと新総裁の人事もささやかれるようになったが，そうした段階での下場評の一例として「日銀総裁候補？　の2氏講演」と題した，下記の新聞記事を紹介しておこう。

　「日本記者クラブで講演した岩田一政氏〔当時は日本経済研究センター理事長〕は，『安倍政権が掲げる『物価上昇率2％』の達成には『円高是正ができなければ不可能だ』とし……『財務省の為替介入と日銀の量的緩和で円高が是正され，物価や賃金は上昇した。量的緩和はデフレ脱却に効果がある』と，2003〜08年〔日銀〕副総裁在任中の実績を強調。……〔他方〕学習院大で定年退官前の最終講義を行った岩田規久男氏は『日銀は，金融政策が物価・動かす力には限界があると言い，自己否定している。こんなおかしな中央銀行は世界のどこにも存在しないと，これまでの

10）『日本経済新聞』（2013b, 6面）。

日銀の姿勢を批判し，『日銀が心を入れ替え，大胆な金融緩和を推し進めれば，市場にインフレ期待がつくり出され，デフレから脱却できる』と訴えた。」[11]

ただし，日銀総裁ともなれば，それなりの職歴が必要，ということになったのであろうか，実際には「安倍首相は……白川方明総裁の後任に元財務官の黒田東彦（ハルヒコ）・アジア開発銀行（ADB）総裁……を起用する方針を決めた」が，その点にかんしては「黒田氏は1999年から2003年まで，通貨政策を仕切る財務省の財務官を務めた。財務官時代から物価目標の導入を日銀に求めるなど，金融緩和に積極的な姿勢を示していた。首相はこうした黒田氏の姿勢に加え，国際金融の世界的人脈やADBという国際機関を率いた組織運営力を評価している」[12]と論評された。

しかし，岩田規久男氏の，これまでの間における多数の出版物による，ずばぬけた金融緩和論には関心を持ったせい，と思われるが，黒田氏の起用と同時に岩田規久男氏を日銀副総裁に任命している。なお，そのさいには中曽宏日銀理事も副総裁として発表した。これはおそらく日銀内部の意向もそれなりに尊重せざるをえなかったためであろう，と推察される。

3. 現内閣（第3次安倍政権）までの施策

さて，つづいては，黒田新総裁のもとでどのような金融政策が実行されたか，という点を説明しなければならないが，そうであればなにをさておいてもまず，「異次元の金融緩和策」として世上で話題となった政策を取上げなければならないであろう。そしてその内容は？　と問いつめられれば，筆者はこの決定がなされた2013（平成25）年4月4日の金融政策決定会合後の記者会見の場で口述された，次のような発言をその答として引用したい。

11）『朝日新聞』（2013a，7面）。
12）『朝日新聞』（2013b，1面）。

「問　今回の金融緩和の中身について　［総裁の］答・量・質ともに次元の違う金融緩和を実施する。物価安定目標2％の早期達成に向け，操作目標を従来の無担保翌日物金利からマネタリーベース（資金供給量）と変更。年間60兆〜70兆円増加するよう調整し，長期国債，株価指数連導型上場投資信託（ETF）の保有額は2年で2倍と極めて巨額にする。従来のような段階的な緩和では不十分だ。現時点で必要な措置はすべて講じる。……問　緩和策のメニューは出し尽くしたのか。答　2年で2％の物価上昇目標を念頭に，必要な措置をすべて取った。……問　マネタリーベースを2倍に拡大しても物価目標2％の達成が困難な場合，さらに3，4倍と伸ばしていくのか。答　安定的な物価目標を達成できるまで金融緩和を継続するので，必要ならリスク要因を点検して実施する。ただ，現時点で必要なものはすべて入っていると確信しており，実に2年で達成できると思う。……問　財政ファイナンス（財政赤字の穴埋め）ではないのか。答　あくまで物価安定のための方策。最も広く流動的な市場においてオペを続ける。財政ファイナンスの意図はない。」[13]

　さて，以上のような安倍首相の突出した自信のもとで日銀を配下に下してデフレ脱出の雄途と進もうとしたけれども，はたしてその思惑は世間に通用したのか。筆者の以下の記述はそのような疑念にたいする答になるが，その手始めとしては消費税率引上げ問題にたいする対応状況を説明するとしよう。念のためあらかじめ解説しておくが，こうした処置はべつに安倍内閣が決めたものではなくて，2015年10月に法律として決定されていた。なお消費への課税は1989年に初めて実施され，そのさいの税率は3％であったが，その後，具体的に言えば1997年にその率が5％に引き上げられているから，17年ぶりの増税として8％へと税率が高められた，という次第になっている。しかも消費税の新設や第1回増税にともなって景気が後退したことも首相自らも十分に承知していたはずであり，市井では現にそうした懸念もささやかれはしていたけれ

---

13)　『日本経済新聞』（2013c, 6面）。

ども，首相は増税の影響について「手は打っているが，注意深く見守っていこう」と周辺の人たちに伝えながらも，記者会見の席では「今後も強い経済を取り戻すことが安倍内閣の最重要課題だ」と力説し，周辺は「経済最優先を続けるメッセージを市場に送った」と解説されているが，首相がそこまで重視している政策であれば，首相に望まれて発足した日銀首脳部の新対策であるだけに，なんとしても思い切った処置を構じなければならない，という覚悟のもとで「量的・質的に異次限の金融緩和策」が定行に移された，ということになるであろう。要すればこうした次第で金融市場調制のための操作目標は無担保コール・レートからマネタリーベース，つまり日銀発行の金額そのものに変更され，しかもその金額が年間で約 60〜70 兆円を予定することになったので，その結果として 2012 年末のマネタリーベースの 138 兆円が 2014 年には 270 兆円まで増加されることになったから，後で論及対象とする岩田新副総裁の弁を使うとすれば，まさしくお金を「ジャブジャブ」市場に投入するようになったと形容することも許されるべきである[14]。

　しからば，はたして市場はそうした目論見に同調したか，と問いなおされるかもしれないけれども，それにたいしてはひとまずはその思惑に同調したかに見えたと答えなければならないかもしれない。そうした点は例えば景気動行を見て，経済成長率（実質 GDP の前年度比）が 2010〜11 年は 0.4〜1.0% にとどまったのに 2013 年はめずらしく 2.1% まで回復し，2014 年には物価の上昇で実質値は −0.3% だったにしても名目値はおおむね前年並の 1.0% にはなったことを知ってもらえれば，了承されるにちがいない。そしてかくなれば，安倍政権への評価もなんとか維持された，と解説できるだろう。ついてはその点にかんしてもついでに付記するが，2014 年 12 月 14 日に実施された衆議院選挙で与党つまり自民・公明両党の当選者数は公示前の水準を確保している。おそらくはこうした時流にうながされてか，安倍首相はアベノミクスの継続が容認されたと判断し，第 3 次安倍政権を発足させることになった。ただし，閣僚はほ

14）『朝日新聞』（2013c, 2 面）。

ほ全員再任をされているから[15]、その面では特段の変化は見られない。にもかからわず、第3次として世上で特別視される所以は、一方では庶民の反発を警戒して予定されていた消費増税の延期を決定したり、「新三本の矢」中の項目として希望出生率1.8の実現や介護離職ゼロをあげたことが衆目を集めているけれども、他方では日米関係の一層の強固を志向しつつ安保関連法案や憲法改訂問題の審議推進を目指したことが注目されなければならない。しかし、このような戦後改革を軽視する安倍内閣の復古調の政治理念にたいして一般庶民がつよく懸念されるようになったことも注意されなければならないであろう。こういうことが如実に示されたものは、昨年（2015年）夏に発足した、かつて岸内閣をゆるがした、1960年安保を因とするデモが彷彿されるような国会前デモであるけれども、安倍内閣の強引な議次進行で閣僚法案は可決されたとはいえ、今後に大きな問題を残すことになったことは十分に承知されるべきであろう。

　もっとも、このような叙述は筆者の一人合点にすぎず、事態はアベノミクスの有効性を裏書きしている、とおっしゃる方もおられるかもしれない。すくなくとも昨年夏に公表されたばかりの『平成27年版　経済財政白書』（内閣府編）においては、筆者とは違って、一時は景気は後退しながらも目下、そうした事態を乗切って勇躍、成長路線を躍進している、というような説明をおこなっていた。ついてはそのような、筆者とは異なるご高説もあわせて以下に記載しておくようにしよう。

「2014年4月の消費税率引上げ以後、経済成長率は2四半期連続マイナス、2014年度後半にはプラス成長に転じたものの、個人消費等に弱さがみられたことなどから年度全体でみると、マイナス成長となった。これは1997年の消費税率［の3％から5％への］引上げ後と比べても、当時の

---

[15] 『朝日新聞』（2014a）。ただし、防衛相兼安全保障法制担当相にかんしては、予定した人物が再任を固辞したため、改訂人事になった（『朝日新聞』（2014b、1面）参照）。

伸びを下回ることとなった。他方，今回は総じてみれば，物価がデフレではなくなる中で，企業収益や雇用・所得環境の改善傾向が続き，経済の好循環が進み，景気の緩やかな回復を支えるモメンタムが続いている。特に，デフレ脱却・経済再生に向けて，デフレマインドの払しょくが重要であることが改めて確認された。今後の課題としては，引き続きデフレ脱却に向けた取組を進めるとともに，労働生産性を引上げることによって，実質賃金の伸びを高めていくことが重要である。企業が期待成長率を高めるとともに，消費者が将来の所得・雇用環境に確信を持てるようになることが，民需主導の持続的な成長につながると期待される。」[16]

ただし，筆者はそのような「期待」にそうような動きが現実に進行しているとは思われない。かような実態を理解していただくために，ひきつづいて本年（2016年）早々に日銀が決定した「追加金融緩和策」を吟味するようにしよう。これは1月29日に開催された金融政策決定会合で黒田総裁が提案し，辛くも承認された処置であるけれども，当日の総裁発言の要点と関連事項の発言内容を具体的に示すと，以下のようになる[17]。

① マイナス金利政策を導入する

関連発言：

1) 「金融市場不安定さが国内に波及するリスクを防ぐ」

2) 「量的・質的緩和の限界ではなく，金利面での緩和策を追加」

3) 「必要であれば，引下げる」

② 日銀当座預金を3分割してプラス・ゼロ・マイナス金利を適用

関連発言：

---

16) 内閣府（2015, 156-157）。
17) 当日の金融政策決定会合においては「審議委員（9人）のうち，5人が賛成，4人が反対」（『朝日新聞』2016a, 1面）だったが，「賛成」の5人のうちで3名（日銀総裁と2名の副総裁）」は提案者であって，当然，賛成するはずであるから，そうした日銀専任者を除いた委員にかんして言えば，たった1名の賛成多数（？）で新金融政策が採決された，という次第になる。

「金融機関の収益に過度の影響が出ないようにする」
③　物価目標の達成時期を「〔20〕17 年度前半ごろ」に先送り
　関連発言：
　　「先送りは原油価格の下落によるもの」

　ところで日銀は先月（2016 年 2 月）25 日に自行のホームページで，「マイナス金利」について，以下のような解説をおこなったそうである。そのような金利政策にかんしては「個人の預金は別の話」であり，それどころか，「住宅ローン金利は下がって〔市中の〕銀行のローンセンターは大忙しで，家を建てようとしたりする時は有利」になった。さらに金融機関への「収益悪化」問題にかんしても「大丈夫で……日本の金融機関は昨年もたくさん利益を上げています」などと，不安の打消しに努め，また「マイナス金利を巡っては，『タンス預金』が増えているとの見方」があるけれども，その点にかんしては「マイナスという言葉の響きも〔あって〕悪かったかもしれませんが」，「いずれはプラスの効果が出て，明るくなってくる」。これがそのホーム・ページの内容だったらしい。

　筆者自身はこうした日銀当局の報道を知って，さすがに同行は市井での疑念にたいして無関心な態度をとれなくなっているようだ，と判断したが，その 10 日ほど前（2016 年 3 月 14〜15 日）の金融政策会合において，総裁と副総裁以外の政策委員の多数から「新政策を評価する意見が続いた［けれども］――預金などに懸念・不安を招くなど，リスクが顕在化したと［主張する］否定的な意見も出された」[18]と伝えられていることなどを踏まえれば，そうした所見も許していただけるのではなかろうか。

　しかし，重要なことは政策決定の当事者の判断よりも現実はどうなったか，という点である。そこで観点を市中の状況へと移すことにするが，筆者が見ているかぎりでは，確かに総裁・副総裁の側に立った審議委員は設備投資を促すことなどあって間違いなく効果があった，と言っているようであるけれども，

18）『朝日新聞』（2016b, 3 面）。

筆者はそうだとは思われない。現に政府は本年3月の月例報告で5か月ぶりに「個人消費，企業収益，企業の業況判断を下げ」[19]ているほどである。ということは「マイナス金利」政策の論拠材料となった（例えば国内総生産は2015年10～12月の成長率がマイナス1.4%となるような）暗い状況が今後も続きそうだ，ということになるであろう。そうなれば，安倍政権の支えも崩潰の危機に直面することは必然である。これは筆者の単なる推測ではない。最近の世論調査などにおいてもこうした事態を裏書きするような結果があらわれている。例えば『日本経済新聞』に「アベノミクス道険し」という見出を載げた，以下のような厳しい調査経過が収載されている。

　「安倍政権の経済政策『アベノミクス』の評価がこれまで最も低くなった。急激な円高・株安の進行などが背景にあるとみられ，追加の財政出動を伴う景気対策や2017年4月の消費増税の中止を求める声が多い。世界経済の不透明感が増すなか，安倍政権は経済成長と財政再建を両にらみしながら難しい経済運営を迫られている。……［調査結果を具体的に示すと］『景気対策必要』47%，『消費増税反対』55%［である。］」[20]

　さて，かくなれば自ずと安倍内閣は政権の座を明け渡さねばならなくなるけれども，その座を引き継ぐべき野党側は予想される衆参両議院の総選挙に向けて統一候補の選出などの準備に取組んでいるので，その成果を筆者は期待しているが，いずれにせよ現段階においてはその成果を予断できる状況ではない。したがって，時事評の叙述はこの辺で止めるようにする。しかしながら，何故に「アベノミクス」が頓挫せざるをえなかった，という点は後学のためにぜひとも考究されなければならない事柄と思われるので，本章のまとめを兼ねて，その点についての私見を以下に記述させていただく。

---

19)　『毎日新聞』（2016, 1面）。
20)　『日本経済新聞』（2016b, 2面）。

4. 安倍政権の施策の理論的吟味
——岩田規久男氏の所見を対象にして

　前節で予告した岩田規久男氏のご見解にたいする論評はじつはすでに一度，公表した[21]。しかし，そのさいは日銀編集のパンフレットを底本として説明をおこなったが，そこでは省略された数表や図表を加えた新版[22]が本学経済研究所の研究叢書中の第1章として刊行されたので，内容にかんしては以前の論述と重複するところが多いけれども，ご参考までにもう一度，本章での叙述と関連付けながら，あえて私見を記述するように決めた。なおその際は前稿と同様にご講演の内容にしたがって，先は日銀の「量的・質的金融緩和」政策自体にかんするご説明を筆者なりに整理して紹介し，論評するけれども，同氏は他の出版物でわが国の金融・財政史，とりわけ高橋財政[23]をご自分の政策論の前例として重視された，という経緯があるので，前稿と同様に，ここでもその点にたいする筆者の所見を再説する。

　前置きめいた余談はその程度に止めて，早速，同氏の講演の説明に入るが，それは2013年が中央大学経済研究所の創立（精しく言えば，その年月日は1964年6月26日）から数えて50年目に当たることを期に，2013年10月18日，当大学多摩キャンパスの8号館で同研究所創立50周年記念公開講演として披露されたご高話であるけれども，同氏はまず始めに，日銀が同年4月4日，「量的・質的金融緩和策」の導入を決めたことを述べられたあと，以下のような3点の講演内容をあげられた。

　「①なぜ日本銀行は2%の『物価安定の目標』の達成とその推移を目的としているか。②『量的・質的金融緩和』政策はどのような経路を通じてその目的を達成・維持するのか，③実際に日本経済は日銀が想定している

---

[21] 笹原（2015）。
[22] 岩田（2016）。
[23] 高橋是清の足跡や業績にかんしては別稿（笹原1981）で解説をおこなったので，併せて参照していただければ，幸甚である。

経路を歩んでいるのか」

　ついで述べられたことは以上の3点にかんする説明であるが，その内容も以下で順を追って説明する。最初の課題にかんしては，次のように述べられた。「なぜ日本銀行が2％というインフレ率の達成を目指すのか，その理由は……『デフレは絶対に避け〔られ〕なければならない』ということです。デフレは，商品やサービスの価格下落を通じて企業収益を圧迫します。このため……負債の実質的な負担が増加するのです。……〔そうなると〕設備投資に消極的になり，その結果として経済全体の生産と雇用需要が減るため，失業率が上昇し，賃金が下がり，人々の暮らしは貧しくなります。そして，デフレを絶対に避けるためのバッファー［backer—筆者注］としては，1％程度のインフレ率では必ずしも十分ではないということです。」

　次いで，「1％程度のインフレ率」では不十分であるという理由について説明されているが，その点にかんしては「消費者物価指数の上方バイアス［偏り］を指摘し，ついては「消費者物価指数を参照指標とする場合，〔そのような〕上方バイアスの存在も織り込んだ，少し高めの目標数値を設定する必要があるのです」と述べられた。

　第3の物価引上げ目標設定の理由は「1990年代から最近にかけての先進国の実績を見ると，2％程度のインフレ率を維持している国の経済において，経済成長率が高く失業率は低いという，良好なパフォーマンスを示していること」をあげておられるが，こうした史的観点からインフレを推進すべきという主張は同氏においては別の著作で，わが国の場合も少なくとも戦間期の高橋財政のもとでは同様に物価上昇を政策の中に取り入れて不況からの脱出に成功した，と説諭されている。しかし，筆者はそうした歴史解釈は正しくない，と考えている。そのため，つづいてはその点にかんして筆者なりの史的研究を基にしながら同氏の所見にたいする異論を書く予定であるので，ひとまずはそうした事柄をさしおいて，同氏の，別言すればイワ・クロ・アベノミクスの経済理論面の内情を解説するとしよう。

その点を端的に言えば，これは古めかしい貨幣数量説の現代版，ないしはそれを基板にしたマネタリズム型金融政策論ということになるだろう。そうした特質は筆者が勝手に言い出しているわけではなくて，前記講演の中でご当人がそのように説明しておられる。その点を明示するため，関連個所をここで引用するとしよう。ただし，同氏は自分の主張は「素朴な貨幣数量説」ではなくて，「将来の貨幣ストックの経路に関する予想と予想インフレ率の間」にかんする関係を問題にしている，と注釈されているが，その「素朴な」説の根幹をなす有名な数式，つまり MV ＝ PT（Mは貨幣数量，Vは貨幣の流通速度，Pは物価，Tは売買品の数量）は当然，具体的な数値をあげるとすれば，ある期間内の数量関係，ないしは時差をともなった数量関係を想定していると考えられるから，その点から「素朴な貨幣数量説」と同氏の主張を区別することは不当であり，したがって前者が間違っているとすれば，ご自身の論述も同じ誤りを犯すことになるはずだ，と筆者は考えている。そこで前記の論評中で示された，こうした点も念のため付記しておこう。

　　「金利の予想インフレ率に影響するのは，中央銀行の金融政策レジームと，そのレジームを前提とした市場参加者の将来の貨幣ストックの予想であって，現在の貨幣ストックではありません。この意味で，『現在の貨幣ストックと物価との間に一対一の関係が成り立つ』という，素朴な貨幣数量説＊＊現実に妥当しないでしょう。しかし，将来の貨幣ストックの経路に関する予想と予想インフレ率の間には密接な関係があり，そうして形成される予想インフレ率が現在のインフレ率を決定するのです。」[24]

　なお，当日のご講演の中では特段，論及されなかったけれども，ご著書では強調され，そのため筆者はすでに論評したという経緯があるので，同氏の歴史観，とりわけ戦間期の高橋財政にかかわる叙述を以下で論評する。筆者の私見にしたがえばそれはとりわけ問題があると思われた点であるけれども，そう

24）　岩田（2016, 26）。

した事実が明らかにされれば，現代のイワ・クロ・アベノミクス型金融政策論はどのような点で問題があるか，という点もご承知おきくださるであろうから，あえて，ここで付説するという次第である。とはいえ，本章を読んでくださる方がたの中では高橋財政自体にかんしても通暁されていない方がおられるかもしれないと思われるので，末尾になったけれども，その点も合わせて説明する。

5. 高橋財政の施策——イワ・クロ・アベノミクス批判のために

高橋が日銀総裁の職務をはなれて政界入りし，蔵相，さらに一時は首相の地位にさえついたのは大正期の史実であるけれども，高橋財政として現在，注目され，同氏も論説されている時期は昭和の御世に入ってからの事柄になる。なにはともあれ，その時期における高橋の施策にかんして，どのように同氏が論評されているかを，ご著書に基づいて紹介するとしよう。なお，その文中では「レジーム〔regime〕転換」という，講演では日銀の新方針の一角として論及された所為が——当時はまだ日銀副総裁ではなかったにもかかわらず，すでに——登板していることに注意してもらいたい。そうされれば同氏のかような論述の安倍首相やお取巻きに注目されて副総裁に推挙され，同内閣の経済政策や日銀の金融政策中の重要な唄い文句に成り上がったという経緯も分かっていただけるであろうから，筆者が「イワ・クロ・アベノミクス」という新造語を使いだしたことも承容してくださるのではなかろうか，と思っているけれども，いかがであろうか。

「日本は高橋財政によって，昭和恐慌からの脱出に成功し，高橋財政期（1931年12月～36年2月）の日本は，実質経済成長率7.2%，インフレ率2%という抜群に良好な経済パフォーマンスを達成した……。高橋財政が昭和恐慌からの脱出に成功した要因は，金本位制からの離脱と，日本銀行による国債の引受けの2つであった……。……まず金本位制からの離脱から説明しよう。金本位制は経常収支赤字国にデフレを強いるレジームである

から，金本位制が採用されている限り，人々のデフレ予想が改まることはない。そして，デフレ予想が定着している限り，予想実質金利の上昇と資産価格の低下により，経済はいつまでたってもデフレから脱却できない。……このように考えると，昭和恐慌からの脱出から学ぶべき教訓の第1は，デフレ下では，まずデフレ予想を払拭して，インフレ予想の形式を促す経済政策が不可欠だ，ということである。……デフレ予想を完全に払拭して，昭和恐慌から脱出するためには，1931年12月の金本位制からの離脱だけでなく，1932年末に至って，政策当局が国債の日本銀行引受けを柱とする積極的な金融緩和政策に転換するという，金融政策のレジーム転換が必要だった……。」[25]

6. おわりに——イワ・クロ・アベノミクスと高橋是清見解の相違

ついつい長々と，岩田氏の文章を引用したけれども，筆者自身は元々「デフレとは貨幣的現象である」[26]と言い切って憚ぬような貨幣数量説論者，ないしは伝統派あるいは新古典派流の景気変動論には強く反発している人間であるけれども，ここではそうした個人的心情はさておいて，同氏が高橋是清の足跡にかんしてあれこれ記述されたことにかんして——高橋自身がかりに現存，生存するとしたら——かれは果してどのような発言をするか，という点を推理するとしよう。その手始めとしては同氏が日銀，ないしは自らの所見を新型の貨幣数量説と特徴づけられた点に注目し，高橋がそれにたいしてどのような感想を述べるかを推理するとしよう。これはかれがまだ政界に入るまえの日銀総裁時（当時はまだ明治期）の弁であるけれども，こんな所見をすでに発表している。

「近年我国の名士の演説にも赤新聞にも，この我国の物価の騰貴は，偏へに交換券の膨張にありと云ふ論が却々盛んでございます。即ち是は貨幣の数量説であって，欧米に於てリカルド一第一派の経済学者が唱へたとこ

---

25) 岩田（2004, 280-281）。
26) 岩田（2001, 152-153）。

ろの説で,今日欧米ではこの貨幣数量説を以て物価を解釈せんとするは,まるで間違ひであるといふ事になって居るのであります。……然るに陳腐なる貨幣数量説が,今日我国の間に盛んに行はれて居るといふ事は,甚だ遺憾に存ずるのであります。」(記述の年月日は明治45年2月26日)[27]

　もっとも,この段階での当人の思想は高橋財政期のそれとは違って伝統的経済理論に片足を預けたていた。しかし,本人がそうなることを意図していなかったばかりか,むしろ政界をはなれて閑居しようとしてさえ考えていたけれども,田中義一の要請を受けて蔵相を務め,昭和2 (1927) 年の金融恐慌の鎮静のために努力したが,それが契機となって以下で説明するがごとく自らの景気観も一変させることになった。もっとも当人はやむなく重責を負っただけだという理由で,すぐに辞任した。とはいえ,当人の手腕を期待する動きは収まらず,現につづいては昭和6 (1931) 年12月に犬養毅内閣が発足するにあたってはまたしても同様に犬養に頼まれて大蔵大臣に就任し,それ以降――ただし一時はその職をはなれて後継者に後を託すことがあったけれども,それもまた短期間にとどまって――いわゆる高橋財政を継続し,最終的には二・二六事件 (1936年2月26日に勃発) で,まことに遺憾な最後を迎えるまで,わが国経済の安定化に努力したことは周知の事柄である。しかしこの段階での当人の考えや政策が岩田氏が説くような性格を基幹とするものでなかったことは留意されるべきであろう。

　その具体例としてはデフレやインフレにたいする考え方を取上げることができる。かれはもちろんデフレ政策には反対する。しかし,そうだからといってインフレに賛成していたわけではけっしてない。確かにかれはインフレになるような施策を実行した。しかるに,当人は自分はインフレを意図したわけではない,と明言しているのである。そうした点を理解していただくために,当人の次のような弁明を引合いにだすとしよう。それを読んでもらえれば,かれはむしろインフレ主導者と思われることを恐れていた,という実情が分かるであ

27) 高橋 (2013a, 257-260)。

ろう。

　「[自分が田中内閣の蔵相として]金[輸出]再禁止をした事の，[それと支持した]政友会の目的はどうであったかは知らぬけれども，あの時は何人が時局に立っても，一刻も早く金の再禁止をしなければ正貨は皆失くなってしまう，公債其の他海外支払の義務のある我国の正貨が皆失くなってしまって，さうして破産同様な始末になる事が明らかに見えたのです。必ずしも『インフレーション』をやって物価を上げるとかそんな目的から起ったのではない。もっと大きな原因から生じた政策である。……不景気を直す為めに，建直らせる為に『インフレーション』をやって物価を上げる斯う云ふような，さう云ふ単純な意味でやったのではない，もう少し深い大きな目的があった。」(昭和8年2月20日)[28]

　さてそうであれば次いで「もう少し大きな目的」はなにがある，と問われることになるであろう。そこで，かれに代って筆者がその「目的」を説明せよ，と言われれば，それは経済界における「購買力」，もう少し経済学的な用語で述べれば有効需要の不足を打開しようとしたためであった，と回答したい。じつはこうした発想は昭和恐慌時にはまだ持っておらず，その後，わが国経済の再構を企図する努力の中で当人が固めた論語があるが，それは図らずも，結果的にはJ. M. ケインズらが有効需要の不足という観点から不況を説明しようとしたことに同調するという結果になったが，この点はわが国の経済論説史の重要な注意事項になるべきであろうと筆者は思っている。ついてはそうした配慮を込めて，高橋の文章を引用する。

　「昭和4年7月浜口内閣の成立する辺，金解禁を以て主要政綱となし，是が遂行の準備として財政の緊縮，国債の整理，消費の節約を強調し，予算に就ても極端なる節約緊縮を実行したのであります。是が為に我経済界

---

28)　高橋 (2013b, 636-637)。

は，日に月に不況に沈淪し，産業は衰頽し，物価は暴落して，農工商等の実業に従事する者は，苟くも物を作れば損失を招き，之を売れば更に其の損失を加ふるの有様でありました。勿論世界不況の影響が，我国に波及した事も争されない事実であります。……世界的に増大したる物資の供給と，之を消費すべき購買力との間に均衡を失ひ，為に物価の下落となり，失業者の増加となり，米，仏両国を除くの外，概ね不景気風に襲はれつゝあったのでありましたが，その米国も一昨年 11 月〔正確にいえば一昨年 10 月〕，遂に財界の恐慌を惹起したる事は，ご承知の通りであります。」
（本文は昭和 7 年 1 月 21 日，衆議院での発言内容）[29]

　ところで，筆者はこのような高橋の告白を思い出しながら，岩田氏の文章を拝読していると，同氏の説明は持論をあくまでも守ろうとする余り，高橋が深慮遠謀して実行した秘策が見る影もないものに成り果てるという結果をもたらしてしまった，と思わざるをえない。その一例は高橋財政実行のために日銀——実際面では当時副総裁の地位にあった深井英五——に打ち明けて了承をえたあと実行した，著名な日銀引受を前提とした国債発行方針がそれであるけれども，高橋と深井は——岩田氏の言葉を流用すれば，市中に日銀券が「ジャブジャブ」投げ込まれて物価が上昇することを防ぐので——それはインフレそのものの抑制に効果があると深慮したにもかかわらず，岩田氏の場合はせいぜい高インフレの回避策にとどまると認定されているが，これはまことに遺憾である。しかしとにもかくにもその実情を知っていただくため，以下の文章を引用するけれども，筆者の思いにも同時に配慮してほしい。

　　「高橋財政とは〔19〕32 年から 35 年までの財政を指す。この 4 年間の国債発行高の累計は 32 億円で，そのうち 86％ は日銀引受けであった……。しかし，日銀は引き受けた国債の 90％ を市中で売却し貨幣の回収を図った。したがって，日銀引受けといっても，日銀が引き受けるのは一

---

29) 高橋（2013c, 81-82）。

時的であり，財政支出によって財政資金が市中に出回って，銀行の余剰資金が増えると，そのとき，日銀は手持ちの国債を市中銀行に売却するという方法が取られたのである。……このように，国債発行の日銀引受けは一時的なものにとどまったため，32 年から 35 年にかけての貨幣（MI）の平均増加率は 5％とマイルドなものであり，消費者物価の平均上昇率という低い水準にとどまったのである……。」[30]

この文章を高橋が見たら，なんと言うであろうか。筆者はそんな場面を夢想した結果として当人は多分，以下の文章（なお，それは筆者の作文である）を書くであろうと思ったが，これは高橋の脳中には有効需要論が渦を巻いていたはずだ，と判断したせいであるので，その点でも承知おきされたい。

「(高橋) が日銀の了承をえようとしたのは，蔵相という地位についている当事者であるからには，なんとしても日銀券を入取したかったからです。というのは不況下でも需要がないわけではない。しかしそれがあくまでも潜在的需要にとどまって有効需要になりえないのは，庶民においては銭が手元にないからです。そこで，政府は日銀引受け発行という秘策で日銀券を得て，それで公共事業などを興したあとでその公共事業にかれらをかかわらしめて，その報酬としてお札をわたしたかったのです。そうすれば，かれらはさっそくその銭を持って店にゆき，生活必需品を買うでしょう。そうすれば社会全体として有効需要が増大して景気が善くなります。しかし，その銭が市中にとどまって万が一でもジャブジャブになるというような状況になれば，それはまさしくインフレです。そこで，銭が店，次いで金融機関へと回流したところで，日銀は預け金としてその札を回収しようとしたのです。そうすれば，日銀引受けで発行した札が日銀に舞いもどり，金融界の混乱をおこさずに，つまりインフレを起こさずに需要を増大せしめて不況から退出できるはずです。」

---

30) 岩田（2001）。

すでに，当初予定した原稿の枚数をかなり超えているけれども，以上の叙述に込められた現代のイワ・クロ・アベノミクス批判の裏付けになる事象は他にもいろいろと存在するので，さらに数件を補記させていだくが，その１つは消費税にたいする態度である。安倍首相は確かに消費税率の引上げをためらっているらしいが，その腹案を断念したわけではないことはご存じの通りであるけれども，高橋財政下ではすでに軍部などから軍需資金を要求されて財政が逼迫していたにもかかわらず，少なくとも大衆課税になるような財政策は絶対に回避しようとした点は強調されなければならない。ただし，軍需でうるおった会社などにたいする課税は別である。そこで消費税率の増大は避けても特別利得税の設置を企図した点は，現内閣委が内閣支持率の低下を恐れて大衆課税には多少は遠慮していてもその側ら大企業むけの法人税にたいしてはその税率の引下げを企図していることなどは対照的であると言えるであろう。とにもかくにもこうした訳で現下と高橋財政時を比較した場合，もしも後者が政策の成功例として挙げられるならば，前者はその失敗例に落ち入ると予想されるが，それはもちろん筆者の勝手な推測である。とはいえ，最近の経済記事を見ていると，これは筆者の個人的な推測でなくて，おおかたの状況判断になっている，と思われるのであるが，邪推であろうか。（2016年４月記）

参 考 文 献

岩田規久男 2001「デフレは何をもたらしたか」『デフレの経済学』第４章所収，東洋経済新報社。
——— 2004『昭和恐慌の研究』，東洋経済新報社。
——— 2016「『量的・質的金融緩和』の目的とその達成のメカニズム」中央大学経済研究所編『日本経済の再生と新たな国際関係』所収，中央大学出版部。
笹原昭五 1981「積極的景気政策論の理論的基盤─高橋是清の場合」『中央大学経済研究所年報』（12）：201-226。
——— 2015「日銀の『量的・質的金融緩和』政策の内実─岩田日銀副総裁見解にたいする批判的吟味を軸にして─」『創価経営論集』（創価大学）39(1・2・3)。
——— 2016「わたくし自身の戦中・戦後史」『中央評論』（中央大学）（296）：109-125。
高橋是清 2013a 上塚 司聞き書き「公債消化力の限界」『経済論』中央公論新社。
——— 2013b「金再禁止断行は正貨維持のため」『経済論』中央公論新社。

―――― 2013c「金再禁止の断行に就て井上準之助に問ふ」『経済論』中央公論新社。
内閣府 2015『経済財政白書』(平成 27 年版)。

[新聞・雑誌記事]
『朝日新聞』 2006 2006 年 9 月 29 日，夕刊。
―――― 2007 2007 年 1 月 23 日。
―――― 2012 2012 年 12 月 27 日。
―――― 2013a 2013 年 1 月 17 日。
―――― 2013b 2013 年 1 月 25 日。
―――― 2013c 2013 年 4 月 5 日。
―――― 2014a 2014 年 12 月 15 日。
―――― 2014b 2014 年 12 月 25 日。
―――― 2016a 2016 年 1 月 30 日。
―――― 2016b 2016 年 3 月 24 日，夕刊。
『週刊文春』 2013 2013 年 2 月 14 日号。
『日本経済新聞』 2013a 2013 年 1 月 22 日，夕刊。
―――― 2013b 2013 年 1 月 23 日。
―――― 2013c 2013 年 4 月 5 日。
―――― 2016a 2016 年 1 月 30 日。
―――― 2016b 2016 年 2 月 29 日。
『毎日新聞』 2016 2016 年 2 月 14 日。

執筆者紹介（執筆順）

八幡　清文　客員研究員（フェリス女学院大学名誉教授）
前原　直子　客員研究員（法政大学大原社会問題研究所嘱託研究員）
荒井　智行　客員研究員（東京福祉大学国際交流センター特任講師）
只腰　親和　研究員（中央大学経済学部教授）
益永　　淳　研究員（中央大学経済学部准教授）
髙橋　　聡　客員研究員（中央大学大学院経済学研究科客員講師）
和田　重司　客員研究員（中央大学名誉教授）
伊藤　正哉　客員研究員（佐賀大学経済学部准教授）
音無　通宏　客員研究員（中央大学名誉教授）
笹原　昭五　客員研究員（中央大学名誉教授）

経済学の分岐と総合　　　　　　　中央大学経済研究所研究叢書　68

2017 年 1 月 30 日　発行

編著者　　益　永　　　淳
発行者　　中　央　大　学　出　版　部
　　代表者　神　崎　茂　治

東京都八王子市東中野 742-1
発行所　中　央　大　学　出　版　部
電話 042(674)2351　FAX 042(674)2354

Ⓒ2017　益永　淳　　ISBN 978-4-8057-2262-6　　　　藤原印刷

本書の無断複写は，著作権法上の例外を除き，禁じられています。
複写される場合は，その都度，当発行所の許諾を得てください。

中央大学経済研究所研究叢書

6. 歴史研究と国際的契機 　　　　中央大学経済研究所編 A5判　1400円
7. 戦後の日本経済——高度成長とその評価——　　中央大学経済研究所編 A5判　3000円
8. 中小企業の階層構造
   ——日立製作所下請企業構造の実態分析——　　中央大学経済研究所編 A5判　3200円
9. 農業の構造変化と労働市場　　中央大学経済研究所編 A5判　3200円
10. 歴史研究と階級的契機　　中央大学経済研究所編 A5判　2000円
11. 構造変動下の日本経済
    ——産業構造の実態と政策——　　中央大学経済研究所編 A5判　2400円
12. 兼業農家の労働と生活・社会保障
    ——伊那地域の農業と電子機器工業実態分析——　　中央大学経済研究所編 A5判　4500円 〈品切〉
13. アジアの経済成長と構造変動　　中央大学経済研究所編 A5判　3000円
14. 日本経済と福祉の計量的分析　　中央大学経済研究所編 A5判　2600円
15. 社会主義経済の現状分析　　中央大学研究所編 A5判　3000円
16. 低成長・構造変動下の日本経済　　中央大学経済研究所編 A5判　3000円
17. ME技術革新下の下請工業と農村変貌　　中央大学経済研究所編 A5判　3500円
18. 日本資本主義の歴史と現状　　中央大学経済研究所編 A5判　2800円
19. 歴史における文化と社会　　中央大学経済研究所編 A5判　2000円
20. 地方中核都市の産業活性化——八戸　　中央大学経済研究所編 A5判　3000円

中央大学経済研究所研究叢書

21. 自動車産業の国際化と生産システム　中央大学経済研究所編　Ａ５判　2500円
22. ケインズ経済学の再検討　中央大学経済研究所編　Ａ５判　2600円
23. AGING of THE JAPANESE ECONOMY　中央大学経済研究所編　菊判　2800円
24. 日本の国際経済政策　中央大学経済研究所編　Ａ５判　2500円
25. 体制転換──市場経済への道──　中央大学経済研究所編　Ａ５判　2500円
26. 「地域労働市場」の変容と農家生活保障
　　──伊那農家10年の軌跡から──　中央大学経済研究所編　Ａ５判　3600円
27. 構造転換下のフランス自動車産業
　　──管理方式の「ジャパナイゼーション」──　中央大学経済研究所編　Ａ５判　2900円
28. 環境の変化と会計情報
　　──ミクロ会計とマクロ会計の連環──　中央大学経済研究所編　Ａ５判　2800円
29. アジアの台頭と日本の役割　中央大学経済研究所編　Ａ５判　2700円
30. 社会保障と生活最低限
　　──国際動向を踏まえて──　中央大学経済研究所編　Ａ５判　2900円〈品切〉
31. 市場経済移行政策と経済発展
　　──現状と課題──　中央大学経済研究所編　Ａ５判　2800円〈品切〉
32. 戦後日本資本主義
　　──展開過程と現況──　中央大学経済研究所編　Ａ５判　4500円
33. 現代財政危機と公信用　中央大学経済研究所編　Ａ５判　3500円
34. 現代資本主義と労働価値論　中央大学経済研究所編　Ａ５判　2600円
35. APEC地域主義と世界経済　今川・坂本・長谷川編著　Ａ５判　3100円

中央大学経済研究所研究叢書

36.	ミクロ環境会計とマクロ環境会計	A5判	小口好昭編著 3200円
37.	現代経営戦略の潮流と課題	A5判	林・高橋編著 3500円
38.	環境激変に立ち向かう日本自動車産業 ——グローバリゼーションさなかのカスタマー・サプライヤー関係——	A5判	池田・中川編著 3200円
39.	フランス—経済・社会・文化の位相	A5判	佐藤 清編著 3500円
40.	アジア経済のゆくえ ——成長・環境・公正——	A5判	井村・深町・田村編 3400円
41.	現代経済システムと公共政策	A5判	中野 守編 4500円
42.	現代日本資本主義	A5判	一井・鳥居編著 4000円
43.	功利主義と社会改革の諸思想	A5判	音無通宏編著 6500円
44.	分権化財政の新展開	A5判	片岡・御船・横山編著 3900円
45.	非典型型労働と社会保障	A5判	古郡鞆子編著 2600円
46.	制度改革と経済政策	A5判	飯島・谷口・中野編著 4500円
47.	会計領域の拡大と会計概念フレームワーク	A5判	河野・小口編著 3400円
48.	グローバル化財政の新展開	A5判	片桐・御船・横山編著 4700円
49.	グローバル資本主義の構造分析	A5判	一井 昭編 3600円
50.	フランス—経済・社会・文化の諸相	A5判	佐藤 清編著 3800円
51.	功利主義と政策思想の展開	A5判	音無通宏編著 6900円
52.	東アジアの地域協力と経済・通貨統合	A5判	塩見・中條・田中編著 3800円

中央大学経済研究所研究叢書

No.	タイトル	判型	編著者・価格
53.	現代経営戦略の展開	A5判	林・高橋編著 3700円
54.	APECの市場統合	A5判	長谷川聰哲編著 2600円
55.	人口減少下の制度改革と地域政策	A5判	塩見・山﨑編著 4200円
56.	世界経済の新潮流 ――グローバリゼーション，地域経済統合，経済格差に注目して――	A5判	田中・林編著 4300円
57.	グローバリゼーションと日本資本主義	A5判	鳥居・佐藤編著 3800円
58.	高齢社会の労働市場分析	A5判	松浦 司編著 3500円
59.	現代リスク社会と3・11複合災害の経済分析	A5判	塩見・谷口編著 3900円
60.	金融危機後の世界経済の課題	A5判	中條・小森谷編著 4000円
61.	会計と社会 ――ミクロ会計・メソ会計・マクロ会計の視点から――	A5判	小口好昭編著 5200円
62.	変化の中の国民生活と社会政策の課題	A5判	鷲谷 徹編著 4000円
63.	日本経済の再成と新たな国際関係 (中央大学経済研究所創立50周年記念)	A5判	中央大学経済研究所編 5300円
64.	格差対応財政の新展開	A5判	片桐・御船・横山編著 5000円
65.	経済成長と経済政策	A5判	中央大学経済研究所経済政策研究部会編 3900円
66.	フランス―経済・社会・文化の実相	A5判	宮本 悟編著 3600円
67.	現代経営戦略の軌跡 ――グローバル化の進展と戦略的対応――	A5判	高橋・加治・丹沢編著 4400円

＊価格は本体価格です．別途消費税が必要です．